OLD-AGE SECURITY

养老保障

陈 龙 木 薇◎主 编
阮 翔 马克继 范永娴◎副主编

U0833008

中国财经出版传媒集团
中国财政经济出版社
·北 京·

图书在版编目（CIP）数据

养老保障／陈龙，木薇主编；阮翔，马克继，范永娴副主编. -- 北京：中国财政经济出版社，2025. 1.

ISBN 978 - 7 - 5223 - 3659 - 6

Ⅰ. D669. 6

中国国家版本馆 CIP 数据核字第 2025NK5385 号

责任编辑：闫　娟　　　　责任校对：胡永立

封面设计：陈宇琰　　　　责任印制：史大鹏

养老保障

YANGLAO BAOZHANG

中国财政经济出版社 出版

URL：http：//www. cfeph. cn

E - mail：cfeph@ cfeph. cn
（版权所有　翻印必究）
社址：北京市海淀区阜成路甲 28 号　邮政编码：100142

营销中心电话：010 - 88191522

天猫网店：中国财政经济出版社旗舰店

网址：https：//zgczjjcbs. tmall. com

中煤（北京）印务有限公司印刷　各地新华书店经销

成品尺寸：185mm × 260mm　16 开　23. 5 印张　490 000 字

2025 年 1 月第 1 版　2025 年 1 月北京第 1 次印刷

定价：88. 00 元

ISBN 978 - 7 - 5223 - 3659 - 6

（图书出现印装问题，本社负责调换，电话：010 - 88190548）

本社图书质量投诉电话：010 - 88190744

打击盗版举报热线：010 - 88191661　QQ：2242791300

前　言

当前，我国人口老龄化增长加快，预计2035年左右，60岁及以上老年人口将突破4亿人，在总人口中的占比将超过30%，届时，中国将迈入重度老龄化阶段。老龄化是我国21世纪始终面临的一项重大挑战。

养老保障是指为了满足老年人的各种养老需求，一个经济体建立的涵盖养老资金积累、老年风险分散和身心照护等多方面的综合性制度安排，涵盖从物质到服务的各个范畴，是确保老年人能继续追求美好生活的一揽子制度安排。中国政府倡导“积极老龄化”和“健康老龄化”的思想，提出了“老有所养、老有所医、老有所为、老有所学、老有所乐”的战略目标。近20年来，中国建成了世界上规模最大的社会保障体系，人民群众获得感、幸福感、安全感更加充实、更有保障、更可持续，我国政府提出要“健全覆盖全面、统筹城乡、公平统一、安全规范、可持续的多层次社会保障体系”。社会保障是现代经济社会运行的“安全网”和“减震器”，在我国老年人口不断增长的背景下，养老保障更是社会保障制度中举足轻重的一环。当前，我国的养老服务供给制度还不够完善，还存在着区域发展不平衡、运行效率差和专业人员短缺等问题，中国养老保障的发展任重道远。

本书根据老年人的养老需要，将养老保障分为三个篇章。除第一章到第二章为基础概念和理论外，第一篇章从第三章到第九章，介绍养老保障中的经济保障。养老保障首先是一个经济问题，只有解决养老的经济来源问题才能保障更高层次的养老需求。第二篇章从第十章到第十二章，介绍养老保障中的服务保障。为全体老年人提供多层次和多样化的养老服务，让养老服务实现广泛的可及性，才能实现供需匹配，才能让老年人有更多的获得感和幸福感。第三篇章从第十三章到第十五章，介绍养老保障中的精神保障。营造更加尊老敬老的社会氛围，保障老年人的社会参与和安宁疗护，体现老年人的价值，让老年人精神世界更加丰富，让老年人安享体面的晚年。从这三个角度出发，力求打造“三位一体”的养老保障体系，实现积极健康老龄化理念下的养老保障变革。

本书有助于提升读者对养老保障的认识，可为教学部门、决策部门、研究机构及行业投资者提供参考借鉴。中国特色的多层次养老保障体系正在搭建，我们相信思想的碰撞能够激发更多思考，为追求更加美好的明天凝聚养老保障共识。由于学识的限制，书中不如人意之处颇多，敬请读者赐教。

《养老保障》编写组

2025年1月12日

目　录

第三篇 精神保障

导言　奔向美好生活

习近平总书记说："我们的人民热爱生活，期盼有更好的教育、更稳定的工作、更满意的收入、更可靠的社会保障、更高水平的医疗卫生服务、更舒适的居住条件、更优美的环境，期盼孩子们能成长得更好、工作得更好、生活得更好。"① 今天，中国特色社会主义进入了新时代。这个新时代，是决胜全面建成小康社会、进而全面建设社会主义现代化强国的时代，是全国各族人民团结奋斗、不断创造美好生活、逐步实现全体人民共同富裕的时代②。进入新时代，我国社会主要矛盾转化为人民日益增长的美好生活需要和不平衡不充分的发展之间的矛盾。党的十八大以来，习近平总书记提出"人民对美好生活的向往就是我们的奋斗目标"的重要指示。

美好生活是人类不懈追求的目标，可以说，一部人类史就是人类不断向往、追求美好生活的历史③。反思过去社会保障"分散并抵御各种社会风险"的目标定位，今天社会保障的根本目标正在转变为确保每一个公民都能有机会、有能力和有保障地去追求自己的美好生活，奔向美好生活成为我国社会保障事业的新目标。作为社会保障体系中重要的组成部分，养老保障的目标也应转变为确保每一位老年人有机会、有能力和有保障地去追求自己的美好生活。

相比过去的20年，或者更长的时间，今天的老年人在价值贡献、财富积累和领导能力上表现得更为优秀，有更多的老年人继续在岗位上工作，有更多的老年人成为消费市场的主力，有更多的老年人正成为个人理财投资的生力军。然而，仍有不少人因为自然或社会的因素失去依靠自己养老的能力，他们或因为疾病而卧床不起，或因为孱弱而需要别人的照护，或因为知识储备和能力不足而长期从事低收入的工作，或因为青年时期缺乏规划而导致没有为退休做好准备。为了解决这些问题，大多数现代国家的政府都会编织一张巨大的安全网，通过经济保障、服务保障、精神保障等来确保每个人、每个家庭能继续前行，继续去追求属于自己的美好生活。

一、老年阶段发生的变化

伴随经济增长、技术进步和生存环境的改善，人类正在收获社会文明进步带来的重

---

① 习近平谈治国理政［M］．北京：外文出版社，2014：4.

② 习近平．决胜全面建成小康社会 夺取新时代中国特色社会主义伟大胜利［M］．北京：人民出版社，2017：11.

③ 林闽钢．以"美好生活"为核心的新时代社会保障论纲［J］．内蒙古社会科学，2019，40（03）：30－35.

要果实，那就是长寿。今天的老年人更加独立、需求更加多样、面临困难的解决方案也更加多元。相对于青年阶段，处于老年阶段的人群在生理心理、消费需求和收入上都发生了变化，他们相对青年时期，更加脆弱、更加保守、对照护和健康服务的需求更强。

（一）老年阶段应从什么时候开始

什么时期被称为人的老年阶段，受人均预期寿命、社会福利发展水平和其他多种因素的影响。老年人年龄的社会界定从工业化开始带有浓厚的经济色彩，其主要目的是消除老年人因退出就业大军而产生的依赖，以便使老年人老有所养[①]。大部分国家将退休年龄视为领取养老金的年龄，同时也将其视为进入老年阶段的年龄界限。以美国、英国和中国等代表性国家为例，2021 年，各国的人均预期寿命不同，退休年龄也不同。如果将退休年龄与其人均预期寿命进行对比，可以看到人生的后半程大约处于人均预期寿命的 82% 百分位点，其中男性处于 86% 百分位点，女性处于 78% 百分位点，如果将退休年龄视为进入老年阶段，那么中国女性的“预期老年阶段”长达 26 年，而俄罗斯男性的“预期老年阶段”则只有 4 年（见图 0－1）。

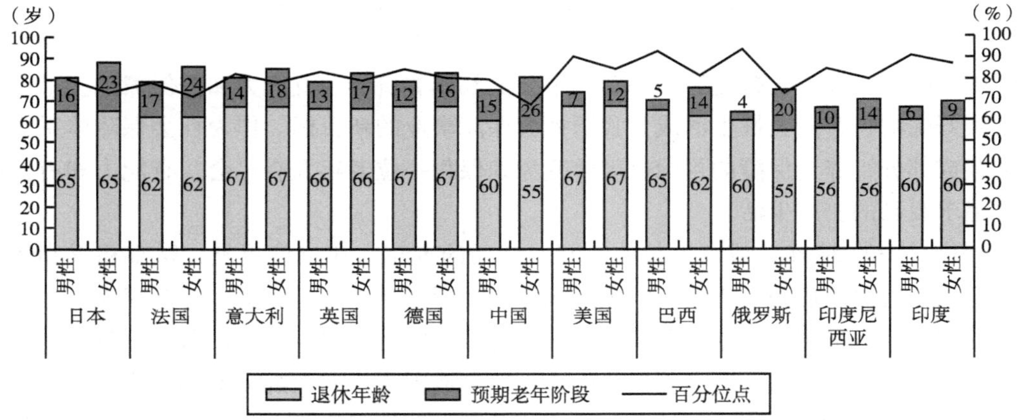

图 0－1　2021 年代表性国家人均预期寿命与退休年龄[②]

20 世纪末，国外学者提出将 10 年或 15 年的期望余寿（Prospective Age）作为划定老年的标准，即老年阶段的年龄门槛等于人均预期寿命减去 15 年的期望余寿[③]。如果按照这个观点，人均预期寿命越长，进入老年阶段的年龄越大，可以从图 0－1 中看出，中国女性进入老年阶段的年龄门槛在 2021 年应该是 55 岁，男性应该是 60 岁。可以看出，判定一个人何时进入老年阶段的年龄限定是比较复杂的。2021 年世界银行的统计

① 顾大男．老年人年龄界定和重新界定的思考［J］．中国人口科学，2000，78（03）：42－51.

② 数据来源：世界银行数据库（https：//data. worldbank. org/）和 OECD 官方数据（https：//data. oecd. org/）。

③ 卢敏，彭希哲．基于期望余寿理论的老年定义新思考与中国人口态势重新测算［J］．人口学刊，2018，40（04）：05－18.

数据显示，非洲国家的人均预期寿命仍然比较低，如塞拉利昂的人均预期寿命只有 60 岁。如果我们用目前大多数国家所采用的 60 岁作为进入老年阶段的标准，显然对于塞拉利昂是不合适的。在老龄化加速的现实下，重构老年年龄界定的研究对于延迟退休具有重要意义，目前不少国家已经开始实施更为人性化的退休年龄界定，也就是说，什么时候进入老年阶段，已经不再是一个精准统一的概念，而是一个根据经济发展、福利水平和健康状况综合决定的问题，例如，日本 2021 年宣布实施的《改定高年龄者雇佣安定法》规定，最高退休年龄为 70 岁，但允许 65 岁法定退休人员自行选择是否继续工作五年①。

（二）老年阶段生理、心理和行为的变化

进入老年阶段后，人的生理、心理和行为都会发生变化，这些变化在医学上已经得到了充分重视，但是在养老保障领域，特别是养老服务适老化上还没有得到充分重视。对老年人生理心理和行为特征的学习，可以更好地理解老年人在养老上的特殊需求，根据这些变化特点来不断完善养老保障体系，更好地促进老有所养、老有所医、老有所为、老有所学、老有所乐。

1. 老年阶段的生理变化

随着年龄的增长，人体出现生理退行性改变，主要包括：

（1）代谢功能降低。合成代谢降低，分解代谢增高，尤其是蛋白质分解代谢大于合成代谢。当蛋白质代谢分解大于合成时，消化、吸收功能减退。蛋白质轻度缺乏时可出现易疲劳、体重减轻、抵抗力降低等症状；严重缺乏时可导致营养不良性水肿、低蛋白血症，及肝肾功能降低等。

（2）基础代谢降低。老年人体内的瘦体组织减少，脂肪组织增加。随着机体的老化，不饱和脂肪酸形成的脂质过氧化物易积聚，后者极易产生自由基，血清、脂蛋白也是自由基的来源，随着年龄的增长，血液中脂质明显增加，易患高脂血症、动脉粥样硬化、高血压及脑血管疾病。

（3）消化功能减退。牙齿脱落，嗅觉和味觉迟钝影响食欲，肠道消化液分泌减少，消化和吸收功能减弱。胃黏膜及腺细胞萎缩、退化，胃液分泌减少，会造成胃黏膜的机械损伤。

（4）机体成分改变。细胞数量下降，肌肉萎缩，器官减轻，功能下降。身体水分减少，就会影响体温调节，老年人对环境温度的变化适应能力降低；骨组织矿物质减少，骨密度降低，容易出现骨质疏松症。

（5）器官功能改变。肝肾功能减低致使消化功能降低，维生素 D 的利用降低；胰腺功能降低，糖耐量降低。胰腺萎缩，胰液分泌减少，酶量及活性下降，严重影响淀

---

① 明起．日本正式进入 70 岁退休时代［N］．广州日报，2021 - 3 - 31.

粉、蛋白、脂肪等消化和吸收；胰岛细胞变性，胰岛素分泌减少，对葡萄糖的耐量减退，会增加发生胰岛素依赖性糖尿病的危险。

（6）免疫组织减少，免疫细胞数量下降，老年人免疫功能降低。免疫细胞的识别能力随年龄增加而减弱，除攻击外来病原体外，还会攻击自身组织，引起机体衰老死亡①。

2. 老年阶段的心理变化

老年人的心理特征包括基本的心理过程和人格两个部分，心理过程包含认知过程、情绪情感过程和意志过程。老年阶段的心理特征会发生以下变化：

（1）感知觉的变化。感知觉是个体心理发展过程中最早出现的心理功能，也是衰退最早的心理功能。老年阶段感觉功能的变化越来越明显，视觉功能下降速度明显，出现“老花眼”，听力也出现下降，味觉、嗅觉和触觉的敏感性也有所下降。例如，老年人在黄昏时段或者天气不佳时驾驶汽车会感觉到吃力，步行时由于深度感觉和暗适应较差，老年人摔跤的风险就会增大。

（2）记忆力的变化。由于老年人感知觉能力下降，从外界获得信息的速度下降。老年人无论在识记，还是再认、再现，能力均不如中青年。老年阶段的短时记忆能力差，对于记忆材料保持和加工的能力也在下降，影响了老年人对复杂任务的处理和记忆。

（3）智力的变化。按照心理学家卡特尔（Cattell）和何恩（Horn）对智力的分类，人类智力被分为液体智力和晶体智力。液体智力的发展与年龄有密切的关系，一般人在18 岁到 25 岁时达到顶峰，之后随着年龄的增长而降低。晶体智力不因年龄的增长而降低，而是因为知识经验的积累而增加。老年人接受新知识的能力开始下降是因为液体智力的减退，而运用已有知识和经验解决问题的能力不降反升。

（4）思维的变化。思维是人类认知过程的最高形式，是更为复杂的心理过程，但由于老年人记忆力的减退、视力和听力的减退、疲劳及认知过程的延缓，无论是概念形成、解决问题的思维过程，还是创造性思维和逻辑推理方面都受到影响，而且个体差异较大。尤其是思维的敏捷性、流畅性、灵活性、创造性方面比中年时期差，表现为说话不利落、话到嘴边说不出、翻来覆去讲同样的话②。

（5）人格的变化。老年人的个人特征是经过了幼儿期、儿童期、青春期、中年期等各阶段的实践活动发展而形成的，人格有其稳定性，但不是一成不变的。一般情况下，个体气质类型总体并不会随年龄增长而变化，而是相对稳定，但是个体在少年期神经系统表现为兴奋强、抑制弱；中年期神经系统的兴奋和抑制过程会逐渐平衡；到老年期，兴奋弱，抑制强，具体表现为沉着安静、冷淡迟缓。

---

① 陈露晓，王兴佳．老年期生理、心理变化及应对［M］．北京：中国社会出版社，2014：3.

② 胡秀英，肖惠敏．老年护理学［M］．北京：人民卫生出版社，2022：6.

3. 老年阶段的行为变化

随着年龄的增长，人的生理和心理发生变化，达到一定的程度后就会影响人的行为变化。例如，肢体关节活动范围降低、手部握力衰退等，这些常见的衰退造成了行为上的障碍。如果按照障碍种类引起的行为变化，主要分为：

（1）受视力障碍引起的行为变化。视力障碍会导致老年人难以分辨细节，难以感知光线明暗和色彩变化。视力障碍会导致老年人看不见或者看不清一些设备上的警示性文字、公共场所的温馨提示等，因此会出现不正规的操作行为。

（2）受听力障碍引起的行为变化。出现听力障碍的老年人在沟通行为上会发生变化，表现为与人沟通时，需要对方提高音量才能听清。因为听力障碍，老年人经常突然斥责别人声音大，但自己却大声说话。

（3）受下肢障碍影响的行为变化。轻度的下肢障碍会影响老年人的平衡，因此老年人容易摔倒，严重时需要使用辅具协助获得平衡①。这也是解释为什么老年人在过人行横道时需要更长时间，如果出现视力障碍时，即便是红灯也有老年人继续穿行通道。如果是重度下肢障碍，老年人就需要使用代步工具进行辅助。

（4）受记忆力减退影响的行为变化。由于老年人记忆力减退，年轻人会抱怨老年人听不进去自己的建议，非常顽固。原因是一方面可能受听力影响，没有听清；另一方面也会因为记忆力下降，容易健忘。

（5）受消化功能减退引起的行为变化。进入老年阶段，人的饮食习惯会发生变化。例如，大部分老年人爱吃蔬菜，原因可能是为了健康，但更重要的原因是老年人因为受到咀嚼能力下降、消化能力下降和中枢神经机能衰退等因素的影响。对于肉类和高纤维的食物而言，老年人需要更多时间和力量去咀嚼和消化，导致老年人不愿意过多摄入。此外，老年人容易产生口臭，这也是口腔问题和消化问题导致的②。

（三）老年阶段的需求与收入变化

老年人不是一个同质群体。老年人异质性非常明显，包括是否退休不同、消费类型不同、收入历史不同和退休类型不同等③。因此，老年阶段的需求和收入是非常复杂的问题。但是从总体来看，老年人的需求和收入也有一定的趋同性。了解老年人需求与收入的变化，可以更加深入地了解当下养老服务市场出现的供需不匹配，以及市场发展不畅的根本原因。

1. 老年阶段的需求变化

马斯洛的需求层次理论同样适用于老年人，除了日常的吃穿住行的生存需求外，老年人同样有安全、社交、尊重和自我实现的需求。但与青年阶段相比，老年阶段的需求

① 钟振亚．基于老年人生理与行为特征的无障碍家居设计研究［D］．南京林业大学，2016，6.

② ［日］平松類．当你老了：老年人行为说明书［M］．北京：企业管理出版社，2019：11.

③ ［美］詹姆斯·H．舒尔茨．老龄化经济学［M］．北京：社会科学文献出版社，2010：1.

出现了以下变化：首先是照护服务需求增加。《中国民生调查2018》的调查结果显示，随着高龄和空巢老人的增加，送餐、家政服务、助浴等生活照护类服务的需求在不断增加。其次是健康服务需求增加。在《中国民生调查2018》调查中显示，健康服务需求是老年人的主要需求，其中上门医疗服务达到了52.5%的比例①。最后是在消费需求结构的变化上，老年人的食品和医疗保健消费占比明显高于人均消费，但在居住、交通和通信上的占比却低于人均消费。

2. 老年阶段的收入变化

进入老年阶段，个人的收入会发生较大的变化，特别是工薪阶层。近10年来，以我国为例，老年阶段的收入来源主要包括养老金、工资性收入、经营性收入、财产性收入和其他转移性收入等。尽管不同的群体收入不同，但是同一个人进入老年阶段后，总体收入呈现下降趋势。详细来看，在各项收入中，随着年龄的增长，社会保险转移收入的占比逐渐增高，而工资性收入、经营性收入则随年龄增加而减少，家庭转移收入和公共财政转移净收入则增加②。

3. 老年阶段的有效需求不足特征

在市场交易活动中因为缺乏实际购买能力而无法满足的需求，常常被解释为是有效需求不足导致的。有效需求不足理论是国家干预学派推崇的基础理论，最早可以追溯到重商学派，到凯恩斯时期达到了一个顶峰，凯恩斯认为消费不足会导致有效需求不足，投资不足也会导致有效需求不足，有效需求指与社会总供给一致的社会总需求水平，这是一个宏观概念③。尽管这个概念与此处的老年人有效需求不足的内涵不完全相同，但是有效需求不足的概念能很好地解释老年人因为购买力不足而导致需求得不到满足的现象。也可以用于解释因为购买力弱，老年人更加需要社会保障的原因。

二、家庭养老与社会养老

养老的核心内容是老年人生活的经济来源问题。按照养老的经济和服务来源不同，可以将养老分为家庭养老和社会养老两种模式。当老年阶段收入减少，不足以实现自我供养的时候，养老是家庭的责任，还是社会的责任？学术界对这个问题的讨论一直没有停止过。今天，大部分国家都建立了自己的多支柱养老保障体系，这种保障体系正在冲淡家庭和社会之间的界限，呈现一种“你中有我，我中有你”的家庭、社会养老融合的局面。

---

① 国务院发展研究中心社会发展研究部课题组．健康老龄化政策与产业双轮驱动［M］．北京：中国发展出版社，2022：9.

② 孙小雁．中国城乡老年人收入：个人、家庭和政府的作用［D］．上海社会科学院，2021，6.

③ 郭丽娜．有效需求理论演进及其发展研究［D］．辽宁大学，2011，6.

（一）家庭养老的合理性及基本路径

当家庭是生产和消费的基本单位时，家庭承担着分配、储蓄、保障、生育、抚养、赡养等各种职能。在农业社会，或者说在农村，家庭养老一直是一种重要的养老方式。家庭养老是指老年人生活所需的经济来源、生活资料全部由家庭提供，如果老年人失去生活自理能力，则由家庭成员来提供照料服务的养老模式。家庭养老是一种养老资源提供者和养老职能实施者均是家庭的养老模式①。

家庭养老有其独有的合理性、可靠性、稳定性，除此之外，家庭养老也是一种非常经济的养老模式。首先，家庭养老的交易成本很低。从养老资源的提供到养老职能的实施，均在家庭内部完成，几乎没有交易成本。家庭内部可以很容易地通过合理的分工来完成对老年人的赡养。其次，家庭养老所需要的资源是边际性质的，包括住房和日常生活消费等。家庭养老的另一优点是，在为老人提供生活上方便的同时，还可以给老人以精神上的慰藉，满足老人的精神需求②。

家庭养老的路径主要包括子女供养、亲属扶养和自我供养三种路径。中国老年人权益保障法中对老年人的赡养与扶养作出规定："老年人养老以居家为基础，家庭成员应当尊重、关心和照料老年人。赡养人应当履行对老年人经济上供养、生活上照料和精神上慰藉的义务，照顾老年人的特殊需要。老年人与配偶有相互扶养的义务。"③ 同样受儒家思想影响的新加坡，在1996年生效的《赡养父母法》中规定："任何60岁以上的新加坡居民，如果不能完全自我供养，可以向特别法庭申请一个或多个子女按月或其他定期方式或一次性支付赡养费。"④

借鉴《中国老年人权益保障法》的规定，子女供养通常指子女作为赡养人对老年人经济上的供养，生活上的照料和精神上慰藉的义务。亲属扶养主要指配偶扶养，或由兄、姐扶养的弟、妹成年后，有负担能力的，对年老无赡养人的兄、姐有扶养的义务。尽管法律并没有对自我供养进行界定，但伴随不婚化和少子化的人口发展趋势，自我供养将成为家庭养老的主要路径。

（二）社会养老的合理性及基本路径

当工业化降低了土地收益，城镇化助推了人口流动而缩小了家庭规模，家庭的养老功能也遭到了弱化，这个时候社会养老逐渐走上了历史舞台。社会养老是指通过社会化途径为老年人生活提供经济来源、生活照料和情感慰藉，从而帮助老年人提高生活质量

---

①② 秦梓萌．现代家庭养老保障探析［J］．新西部（理论版），2016（20）：9－10.

③ 参见《中华人民共和国老年人权益保障法》，中国人大网，2019。

④ 余桔云．中新两国家庭赡养法律的比较研究——基于多元协同治理的视角［J］．国外社会科学，2017（03）：136－144.

的养老模式。社会养老的主体包括政府、社会组织、企业和志愿者等①。德国 1889 年颁布了《老年残疾保险法》，从法律规定的角度确定了社会的养老功能，尽管当时的初衷是为了预防工人运动冲击社会稳定，但是却确立了通过社会保险来提供抵御由于谋生能力下降、年老以及死亡等原因造成的财务风险的基本逻辑。

社会养老通过收入再分配、社会养老保险或税收优惠激励个人储蓄的种种方式来解决老年人生活的经济来源；通过市场来进行资源配置，向老年人提供照料服务、精神慰藉服务。与家庭养老相比，社会养老拓展了养老责任的时空范围，其不仅运用共济共担的机理提供保障，更是利用平滑个人一生收入的机制来抵抗养老风险。这种模式具有长期性和稳定性，可最大限度分摊养老风险，提供安全可靠的养老预期②。

社会养老的路径主要包括国家福利、社会保险和政策优惠下的个人储蓄制度。国家福利即国家承担养老的责任主体，资金筹集依靠的是国家税收，给付待遇的标准是一致的。这种模式的代表国家包括英国、挪威和瑞典等北欧国家，过去的苏联和计划经济时期的中国也采用过这种模式。这种模式将公平放在第一位，但是效率却遭到忽视，因而包括英国在内的代表国家也正在进行改革。第二种路径又被称为自保公助的社会保险模式，强调个人、用人单位的责任，政府承担不同程度的拨款补助、管理和监督责任，目前常见的模式包括公共养老金、年金等，在我国则表现为社会养老保险和年金制度。第三种路径是享受政策优惠的个人储蓄制度，这种路径包括强制性的个人积累型养老金制度，也包括享受税收优惠激励下的自愿型个人养老金制度，从全球范围看，这种储蓄制度的资金来源可以来自个人，也可以来自用人单位。强制性个人储蓄制度的代表国家有新加坡、智利。非强制性的，享受税收优惠的个人储蓄制度代表国家有美国、加拿大和中国等国家。

按照《中国老年人权益保障法》的规定，老年人享受的国家福利路径主要包括 80 周岁以上低收入老年人高龄津贴制度，对于无劳动能力、无生活来源、无赡养人和扶养人，或者其赡养人和扶养人确无赡养能力或者扶养能力的老年人，由地方各级人民政府依照有关规定给予供养或者救助。对于非这两类人群的公民而言，政府通过基本养老保险制度保障老年人的基本生活。而个人储蓄养老路径方面，我国 2022 年实施的《国务院办公厅关于推动个人养老金发展的意见》则是社会养老的另一种路径。

（三）多样化的养老路径

家庭养老与社会养老，并没有孰优孰劣的比较，相反大量的学术研究指出，家庭和社会养老的互补和融合才是当下及未来的养老模式。从今天各国的养老保障体系看，通过家庭养老的家庭正在得到来自社会养老的帮助，如公共养老金、医疗保险和长期护理

---

① 林闽钢．现代家庭养老保障探析［J］．人口与社会，2014，30（01）：7－11.

② 刘一伟．互补还是替代："社会养老"与"家庭养老"——基于城乡差异的分析视角［J］．公共管理学报，2016，13（04）：77－88.

保险。而依靠社会养老的个人也正得到来自家庭成员的精心照料。在养老的经济来源方面，世界银行在 1994 年出版的《防止老龄危机——保护老年人及促进增长的政策》中首次提出“三支柱”养老金改革的理念。2005 年又提出了“五支柱”的养老金改革方向，其主要思路就是提倡养老来源的多样化。五种经济支柱中，“零支柱”是非缴费型养老金，可以是国民养老金或社会养老金，为终身贫困者以及那些没有资格领取正式养老金的退休工人提供最低水平的老年经济保障，旨在消除老年贫困。“第一支柱”是缴费型养老金制度，它与本人的收入水平不同程度地挂钩，旨在替代部分收入；“第二支柱”是强制性的个人储蓄账户，各国建立形式可以各有不同；“第三支柱”是灵活多样的自愿型保险，可以是完全个人缴费型、雇主资助型、缴费既定型或待遇既定型，个人可自主决定是否参加以及缴费多少；“第四支柱”是非正规的保障形式，一部分退休者的消费可能来自非养老金资源，如家庭成员之间、社区或 NGO 对于老年人在经济或非经济方面的援助，包括赡养、医疗和住房方面的服务等。

在养老服务和精神慰藉方面，以我国《“十四五”国家老龄事业发展和养老服务体系规划》的布局为例，中国将在“十四五”规划期间构建和完善兜底型、普惠型、多样化的养老服务体系。其中一个基本原则就是“多方参与，共建共享”。坚持政府、社会、家庭、个人共同参与、各尽其责，弘扬中华民族孝亲敬老传统美德，巩固家庭养老的基础地位，打造老年友好型社会。规划还提出，各地要根据财政承受能力，出台基本养老服务清单，对健康、失能、经济困难等不同老年人群体，分类提供生活照料、康复照护、社会救助等适宜服务。

三、积极健康老龄化理念下的养老保障变革

人口老龄化对养老保障制度的可持续发展带来了巨大挑战，这种挑战表现为缴费能力的弱化和养老金支出的持续成倍增长，表现为养老保障管理服务需求的成倍增长，更表现为基本养老保险制度“现收现付”的制度设计面临失效的挑战。为了更好地应对老龄化带来的挑战，全球性组织和各个国家都在积极制定应对战略，其中，健康老龄化和积极老龄化是两个重要的指导理念。

（一）健康老龄化的提出

“健康老龄化”概念在国外最早出现于 1987 年 5 月召开的世界卫生大会，当时大会把“健康老龄化的决定因素”列为老龄研究项目的主要研究课题。1990 年世界卫生组织在哥本哈根世界老龄大会上把“健康老龄化”作为应对人口老龄化的一项发展战略。1993 年

第15届国际老年学学会布达佩斯大会把“科学要为健康的老龄化服务”作为会议的主题①。

1999年，世界卫生组织发布《老龄化与健康规划》的健康理念：一是认为老年阶段的疾病实质上是人的成长和工作生活中长期积累的结果，从人的青壮年时期就应该形成有利于健康的生活方式，从生命全程健康保护的层面及早干预和维护老年健康。健康不是单纯的生理健康，而是身体健康和精神健康的有机统一。二是重视文化及社会环境对老年健康的影响，认为老年同辈群体的压力、社会传统、精神和宗教价值观、慈善习惯、家庭责任等都是形成和维持老年生活方式、影响老年健康的重要因素。三是重视老龄化进程中的性别差异、代际传递与冲突及老年伦理问题②。

2021年1月，世界卫生组织又发布了《健康老龄化十年基线报告》，进一步明确了积极的健康老龄化的测量要素，提出积极的健康老龄化包括内在能力（intrinsic capacity）、功能能力（functional ability）和环境（environments）三大核心要素。所谓内在能力，是指老年人可以利用的所有身心能力，包括运动能力、感觉能力、平衡能力、认知能力和心理能力等，这是老年人健康生活的基础和根本保证。所谓功能能力，是指在内在能力的基础上实现个人的内在能力和环境的有机统一，主要包括人的学习、成长和决策能力、自由流动的能力、建立和维系人际关系的能力和作出社会贡献的能力等。所谓环境因素，主要是指社会环境因素，它决定了具有一定内在能力和功能能力的老年人的积极老龄化社会目标的实现，包括家庭、社区和更广泛的社会领域。

（二）积极老龄化的提出

所谓积极老龄化（positive aging）就是老年人在身体层面、心理层面、社会层面和社会福利保障方面处于完美，并能够参与社会、经济、文化、精神和相关公民事务的良好状态。积极老龄化是实现健康老龄化、尊严老龄化、幸福老龄化、效益老龄化和成功老龄化的必经之路。20世纪60年代由美国学者提出的“成功老龄化”观点主张老年人应该继续保持中年人的活动和价值观，这是对老年人社会角色关系退出的一种回应。20世纪80年代，这一理论演变为“生产性老龄化”，强调老年人仍然能够从事一些适应性活动。直到1990年“健康老龄化”的出现，解释为老年人身体健康、心理健康、社会功能完善的理想状态。2002年在马德里举行的第二届世界老龄大会中，“积极老龄化”的概念被正式提出，内容比“健康老龄化”更加宽泛，强调老年人仍可利用自身优势像以前一样积极参与社会活动，不断完善自我，创造价值。其核心理念为“健康、参与和保障”三大支柱，这与积极心理学倡导心理学研究积极取向，关注人类积极的心理品质，强调人的价值与人文关怀的观点是一致的。使老年人获得更多的机会，不断努力自

---

① 宋全成，崔瑞宁．人口高速老龄化的理论应对——从健康老龄化到积极老龄化［J］．山东社会科学，2013（04）：36－41．

② 宋全成，温欣．论积极的健康老龄化的政策框架与行动方略［J］．中州学刊，2022（08）：69－78．

我实现，发展并利用他们自身的潜能并以此提高和完善生活意义，达到自身幸福感的真正实现①。

1997 年，在西方七国丹佛会议上，首次提出了“积极老龄化”的概念。1999 年，在人口老龄化最为严重的欧洲，欧洲联盟召开了会议主题为“积极老龄化”的国际会议，学者们首先从理论上探讨了积极老龄化问题及其解决的现实可能性。2002 年 1 月，世界卫生组织健康发展中心正式出版了《积极老龄化：从论证到行动》一书。2002 年 4 月，联合国召开第二届世界老龄大会，大会接纳了世界卫生组织提交的一份“积极老龄化”的书面建议书。会后，世界卫生组织正式公布了《积极老龄化：政策框架》的报告。从此，“积极老龄化”理论日渐成为应对 21 世纪人口老龄化问题的新的理论、政策和发展战略②。

（三）养老保障变革的方向

未来，养老保障不仅要解决脆弱、贫穷和孤独，还要注重更加积极、更加健康的需求。政府要鼓励人们在生命的前半段就积极为老年阶段进行谋划。例如，通过养老保险、养老投资和个人储蓄，增加退休后的经济收入，确保更高的生活质量。在制度的设计中综合运用财政、税收和金融政策来增加老年人的收入。

在人口老龄化的背景下，养老保障还要将家庭养老与社会养老进行融合发展，首先，通过法律来进一步支持家庭养老，继续探索以家庭为保障单位的家庭共济制度。其次，在生活照料方面，对于家庭照护给予更多的社会支持，包括喘息服务和交通服务等。最后，逐渐加大农村老年人的保障的力度和范围，让以家庭养老为主的农村获得力度更大的社会养老支持。

此外，在信息时代，伴随着物联网、云计算、大数据、人工智能等现代化信息技术的运用，养老保障中的服务保障更加智能化、人性化。例如，人工智能可以通过监测老年人的生理数据，如血压、心率和血糖等，及时提供健康风险预警；通过大数据跟踪，帮助老年人维持良好的生活习惯和健康管理；智能家居系统可以通过自动化控制和智能识别技术，为老年人提供便捷和安全的居家服务，如自动照明、智能安防和远程医疗等。除了服务保障外，人工智能的发展将使得经济保障更加精准化和可及化。相信在不久的将来，人工智能能根据不同人群的数据特征，将老年人进行分类，通过基于老年人的“精准画像”，实现“政策找人”和“服务找人”，让保障体系主动匹配老年人。

随着社会文明的不断进步和共同富裕的到来，养老保障的保障内涵和外延将不断发展，从经济保障向服务保障发展，从物质保障向精神保障发展，从单一保障向综合保障发展。在积极健康老龄化的理念下，养老保障将整合社会保障的种种资源，与健康保

---

① 宋全成，温欣．论积极的健康老龄化的政策框架与行动方略［J］．中州学刊，2022（08）：69－78.

② 宋全成，崔瑞宁．人口高速老龄化的理论应对——从健康老龄化到积极老龄化［J］．山东社会科学，2013（04）：36－41.

障、就业保障、社会福利和社会救助等协同为老年人提供更加全面的保障，促进老年人继续追求美好的生活。

思考与训练

1. 进入新时代，我国社会主要矛盾转化为人民日益增长的美好生活需要和不平衡不充分的发展之间的矛盾，请思考养老保障如何服务于社会主要矛盾的解决。

2. 何谓家庭养老，何谓社会养老，在人口老龄化加速发展的今天，家庭养老和社会养老如何更好地融合发展?

3. 请在网络上下载《中国老年人权益保障法》，并与同学进行讨论。

第一章　养老保障概述

学习目标

1. 了解人口老龄化的现状。
2. 了解养老保障产生缘由及其发展历程。
3. 能够运用养老保障的研究内容和方法建立相应的概念体系和逻辑框架。

案例：当你老了，让我们一起呵护——破解老龄化挑战的中国探索

重阳节至，养老又成为人们热议的话题。这是一场你我皆置身其中的变化：每天有两万多人步入老年，中国60岁以上老人近2.5亿，这个数字意味着什么？它相当于英国总人口的3.76倍，日本总人口的2倍，澳大利亚总人口的10倍。面对挑战，“中国式”养老，将走出一条怎样的新路？

新华社记者近日赴多地调研发现，从面向困难老年人逐步拓展到全体老年人，从保基本、兜底线到满足老年人多样化、多层次的需求，中国正以前所未有的力度，探索健康老龄化的“中国方案”，满足亿万老年人对美好生活的新期待。

在记者的镜头下，北京朝阳区100岁的老人哈爷爷在家中扶着新安装的沿墙扶手行走。在安徽省五河县特困人员养护院，工作人员陪老人晒太阳。在上海市闵行区新虹街道的“记忆家”，护理人员为认知障碍老人提供认知训练。浙江省杭州市临安区板桥镇豆川村老年食堂的工作人员为一名行动不便的老人上门送餐。在浙江省杭州市余杭区瓶窑镇港东村，76岁的王爷爷在院子里把吃剩的菜用来喂狗，该村有十多位“抱团养老”的老人，每天一起逛街买菜、跳舞、打麻将，如同多年老友。在江苏省昆山市周市镇永共村为老综合服务中心，老人们在吃午饭。在北京市丰台区东高地街道日间照料中心的舞蹈老师在梅源社区组织老年人开展舞蹈训练。最后一个镜头是我国著名海洋地质学家、“南海深部计划”专家组组长、82岁高龄的同济大学汪院士乘坐我国自主研制的4500米载人深潜器“深海勇士”号在南海第三次下潜。

夕阳无限好，人间重晚晴。这一组组的镜头记录下“中国式”养老的生动场景，让我们不得不去思考，这是一个什么样的好时代，才能让老年人有这样美好的生活。

资料来源：当你老了，让我们一起呵护——破解老龄化挑战的中国探索，人民网，2019－10－08。

思考与训练

1. 简要归纳“中国式”养老的特点。
2. 阅读我国最新的老龄事业发展规划，了解国家积极应对老龄化的战略。

第一节　老龄化与社会保障

我们的世界正在发生根本性的变化，其中一个趋势就是不可逆转的人口老龄化，未来的30年，全球65岁以上的人口数量预计将翻一番，到2050年时预计达到16亿人，届时老年人口占全球总人口的16%以上。人口结构的变化给社会发展带来了巨大影响，对当下各国的养老保障制度提出了挑战，如果没有一个有效的养老支持制度，那么并非所有的老年人都能从长寿中获得同样的好处。最近20年，由于经济增长的速度放缓，发达国家和发展中国家的收入不平等正在加剧，经济不安全感也在增加，但是值得宽慰的是，我们正在寻求一种两全的做法，那就是不牺牲老年人的利益，在公平和效率之间寻求统一，找到一条既能保障老年人经济安全，又能让财政支持可持续的方法。

一、人口老龄化的现状

衡量人口老龄化的指标中，常见的有两种：一种是65岁（或60岁）以上人口数量占总人口数量的比例，另一种是老年抚养比。2021年，世界人口中，每10个人中就有一个老年人，到2050年，每6个人中可能就有1个老年人。

（一）世界各国的老年人口正在迅速增长

1980—2021年，全球各地区的老年人口数量迅速增加，预计未来30年将继续增长。据预测，2021—2050年，东亚、东南亚、中亚和南亚地区的65岁及以上人口将增加超过5.4亿人，占全球增长的60%以上。在未来30年内，北非和西亚以及撒哈拉以南非洲的65岁及以上人口增长速度预计将最为迅猛。此外，全球范围内80岁及以上人口的增长速度甚至快于65岁及以上人口的增长速度。据估计，到2050年，全球80岁及以上人口将达到4.59亿人，数量几乎是2021年的三倍。2021—2050年，除欧洲、北美以及澳大利亚和新西兰外的所有地区，这一年龄组的人口预计将增长超过200%，而在这两个地区，预计将分别增长10%和60%①（见表1－1）。

表1－1　　1980年、2021年和2050年65岁以上人口比例较大的国家

等级	1980年		2021年		2050年	
	国家或地区	超过65岁人口比（%）	国家或地区	超过65岁人口比（%）	国家或地区	超过65岁人口比（%）
1	瑞典	16.3	日本	29.8	韩国	39.4
2	德国	15.7	意大利	23.7	日本	37.5

① World Social Report 2023：Leaving No One Behind in An Ageing World［R］. United Nations，2023.

续表

等级	1980 年		2021 年		2050 年	
	国家或地区	超过 65 岁人口比（%）	国家或地区	超过 65 岁人口比（%）	国家或地区	超过 65 岁人口比（%）
3	奥地利	15.4	芬兰	22.9	意大利	37.1
4	英国	14.9	葡萄牙	22.6	西班牙	36.6
5	挪威	14.8	希腊	22.5	希腊	34.8
6	比利时	14.4	保加利亚	22.4	葡萄牙	34.5
7	丹麦	14.4	波多黎各	22.4	新加坡	34.2
8	法国	14.0	德国	22.2	科威特	33.6
9	瑞士	13.8	马提尼克	22.1		
10	卢森堡	13.6	克罗地亚	22.0		

注：适用于截至 2021 年年中人口达到或超过 9 万人的国家和地区①。

与此同时，当下的发展中国家老龄化的进程比历史上发达国家的老龄化进程要短。在大多数较发达的国家（除了日本），65 岁或以上人口的比例从 7% 上升到 14%，经历了 20—50 年的时间，而一些发展中国家达到这一比例仅用了 15—35 年。预计在 2021—2050 年，全球大部分国家或地区平均年龄的中位数都将上升，从 2021 年的 30 岁上升至 2050 年的 36 岁。拉丁美洲和加勒比地区的年龄中位数预计将从 2021 年的 30 岁迅速上升到 2050 年的 40 岁。欧洲和北美的年龄中位数预计将从 40 岁增加到 46 岁。预计到 2050 年，将有 16 个国家的中位数年龄达到 50 岁或更高。

（二）老年抚养比持续增大

如果按照“三分法”将人口分为未成年人口、劳动年龄人口和老年人口的话，劳动年龄人口的数量在经济增长中发挥重要的作用，因为劳动年龄人口既是经济中劳动力的主要来源，同时也是抚养未成年人口和老年人口的重要力量。抚养比是人口结构的一个重要指标，它包括老年抚养比和少年抚养比。按照联合国的标准，老年抚养比等于老年人口数量（65 岁以上老年人口数量）② 比劳动年龄人口数量（20 岁至 64 岁人口数量），少年抚养比等于未成年人口数量（19 岁以下人口数量）比劳动年龄人口数量。老年抚养比通常用百分比表示，说明每 100 名劳动年龄人口大致要负担多少名老年人，数值越大表明单位劳动年龄人口所负担的赡养老年人口数量越多，则劳动年龄人口的负担越重③。在世界各国，老年抚养比自 1990 年以来一直在增加。2021 年，全球每 100 名劳动年龄人口要负担 17 名老年人，到 2050 年，每 100 名劳动年龄人口要负担 29 名老

① World Social Report 2023：Leaving No One Behind in An Ageing World［R］. United Nations，2023.

② 我国抚养比计算公式中，未成年人口指少年儿童人口数，即 0 岁至 14 岁人口数量。老年人口指 65 岁以上人口数量，劳动年龄人口数量指 15 岁至 64 岁人口数量。

③ 李军. 老龄经济学［M］. 北京：中国社会科学出版社，2022：10.

年人[①]。由于计算的年龄不同，我国国家统计局统计数据显示，2022 年，我国老年抚养比为 21.8%，即每 100 名劳动年龄人口负担 22 名老年人。

（三）人口结构正在转变

在人口的转型过程中，导致人口老龄化的机制主要有三种：第一，生育水平的下降导致老年人口比例增加，从而降低了年轻人的比例，这被称为“从底层”的老龄化。第二，人类寿命的持续延长使得老年人的数量增加，这被称为“从上到下”的老龄化。第三，当即将步入老年的人群相对于他们的前辈人数较多时，他们进入老年阶段会扩大老年人口，这被称为“队列效应”。由于年轻人的死亡率下降，大量人口进入老年，但也不排除是因为过去生育率较高或大量移民的流入。在人口转型之前，人口分布呈金字塔状，基数较宽，老年人口相对较少。

在人口转型初期，往往会出现与人口老龄化相反的现象——人口年轻化。由于营养状况的改善和肺炎、腹泻和疟疾等传染病的有效控制，婴儿和儿童的死亡率通常首先下降，而生育率水平仍然很高。由于低龄死亡率下降，人口增长，儿童和青年的比例扩大，金字塔的底部变宽。在中间阶段，生育率开始下降，而死亡率继续下降，则人口金字塔的底部随着儿童比例的下降而缩小，而处于工作年龄和生育年龄的人口比例则扩大，这标志着人口老龄化的开始。最终，老年人口的比例也开始增加。随着时间的推进，生育率可能稳定在所谓的“更替”水平，在这个水平上，连续几代人的人口数量大致相等。在这种情况下，随着人口“金字塔”变大，各年龄段人口规模的差异会变小。这时的人口规模图会变为“火箭”或“钟楼”的样子（见图 1－1）。

二、老龄化带来的挑战

人口老龄化是人类历史上前所未有的一场无声的革命，足以影响或改变未来。一些研究认为老龄化将导致经济增长放缓，因为劳动力供给不足，或因为社会的储蓄率降低造成资本形成率低，老龄化还会导致创新力不足等。综合而言，老龄化、低出生率和预期寿命上升相结合，将对劳动力市场和社会保障可持续产生负面影响[②]。但也有学者认为，当人们进入老龄阶段后更加健康、更加积极参与经济活动，老龄化也会成为社会财富的来源。并且，由于自动化技术的普及有效代替了下降的劳动力，经济并不会出现下行的情况[③]。

---

① World Social Report 2023：Leaving No One Behind in An Ageing World［R］. United Nations，2023.

② Maciej Bazela. Can the 4th Industrial Revolution be a Solution to the Challenges of Social Aging?［J］. Global Journal of Human－Social Science，2022，22（08）：23－29.

③ 陈东升．长寿时代的理论与对策［J］．管理世界，2020（04）：66－85.

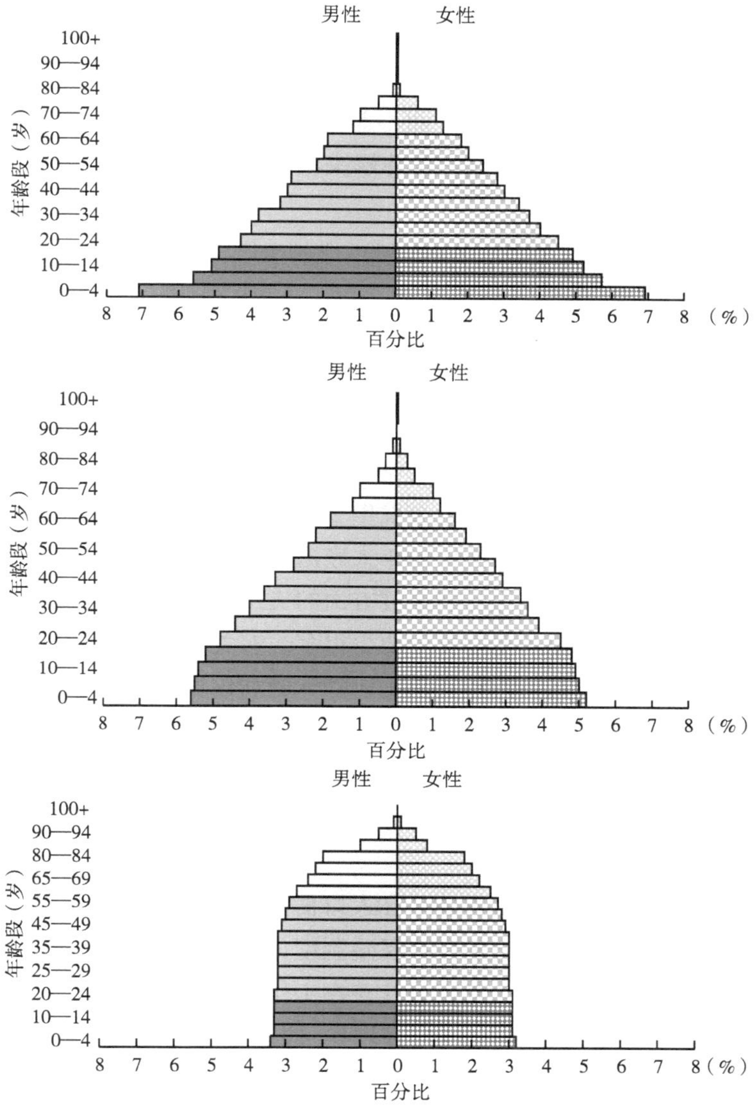

图1－1　人口转型中初期（上图）、中期（中图）和晚期（下图）的人口规模

（一）老龄化对劳动力的影响

伴随人口年龄进入老龄化，加上出生率的下降，适龄劳动力人口将逐渐减少，如果在劳动生产率不提高的情况下，生产力就会受到严重影响。在严重依赖体力劳动的国家，伴随老龄化的到来，这会进一步降低这些国家的生产能力。根据国际劳工组织的定义，劳动参与率是指16岁及以上人口通过劳动获得收入的人群与总人口数量的比例。

2019 年全球劳动力参与率为 60.7%，其中，男性为 74%，女性为 47%[①]。由于老龄人口增多，劳动参与率则会不断下降，从而降低人均总产出，原因包括劳动力数量减少导致的劳动力价格上涨，劳动力的健康状况不佳等。此外，还有分析认为养老金制度也会促使老年人选择按时退休或提前退休，而不是继续工作。为了应对劳动参与率的下降，不少国家开始延长退休年龄，并且制定法律解决就业上的年龄歧视问题，确保老年人可以继续工作。

（二）老龄化对储蓄和消费的影响

老龄化使人口结构老化，居民储蓄率的变化呈现出先增后降的倒 U 形，由于退休金的替代率下降速度更快，最终导致全社会储蓄率下降，影响社会资本的形成，也会使消费能力下降，导致需求不足。有研究指出，随着人口抚养比的上升，抚养支出增加，储蓄率下降，储蓄率下降则会导致资本形成率下降[②]。随着收入、需求和偏好在老年阶段发生变化，消费行为和边际消费倾向也会发生变化，这对社会消费的构成和水平产生了影响。在美国，与工作年龄人群相比，老年人家庭（家庭成员年龄在 65 岁以上）在住房、水电费和燃料、家务、家政用品和保健方面的支出占总支出的比例更大，他们在酒精饮料、服装、烟草和吸烟用品上的支出要少得多。有关中国消费模式的数据显示，与年轻家庭相比，老年家庭较高的两种支出是医疗保健和住房。学者研究中国城市居民家庭的消费模式发现，由于老龄化程度的加深，城市居民在衣着、交通通信和文化娱乐等类别的消费支出逐步缩减，而医疗消费支出则会不断上升[③]。

（三）老龄化对社会保障的影响

代际转移的养老保障制度逻辑是建立在人口良性增长的基础之上的。例如，大多数国家所实施的是现收现付的养老金和医疗保险制度，现收现付制度的本质就是年轻的一代赡养老去的一代。儿童、老年人都可以从正在工作的一代那里获得教育、医疗、养老金和其他支持，当工作的一代进入老年阶段时，他们也可以从后代那里获得同样的支持。这个看似“完美”的保障制度逻辑在老龄化、不婚化和少子化的人口发展趋势下，很快将面临严峻的挑战。由于医疗保健、长期护理和其他支持费用的增长，加上工作一代纳税人口的减少，政府的税收收入也会减少，一边是财政支出的刚性支出增长，另一边是税收收入的减少，政府将面临前所未有的双重挤压。

在中国，老年人口增加将使政府公共财政在基本养老金、退休金、保险费补贴和医

① World Employment and Social Outlook: Trends 2020. Geneva: International Labour Office.

② 陆旸，蔡昉．人口结构变化对潜在增长率的影响：中国和日本的比较［J］．世界经济，2014（01）：3－29.

③ 都阳，王美艳．中国城市居民家庭的消费模式——对老年家庭的着重考察［J］．人口研究，2020，44（06）：20－34.

疗方面的支出增加。据测算，2015—2050 年，中国用于养老、医疗、照料、福利与设施方面的费用占 GDP 的比例将来可能会接近欧洲国家的平均水平。此外，人口老龄化改变家庭结构和规模，抚养比上升，削弱家庭的养老功能，导致家庭养老的风险增加，家庭的代际矛盾显性化。随着年龄的增加，收入和工作的能力会变低，养老的成本将增加，但是随着生育率的降低，第一支柱难以维持现收现付的运转逻辑。随着年龄的增长、出生率的降低使得劳动力市场的差距不断扩大会出现更加严重的不平衡现象，会使大量的老年人在养老问题中面临更大的风险。

三、全球积极应对老龄化的战略和行动

为应对人口老龄化挑战，国外发达经济体较早对养老保险制度实施改革，从 20 世纪提高缴费比率、延长退休年龄和抑制提前退休的一般性改革，到结构调整，大力发展市场化营运的第二、第三层次补充保险计划。由于养老保险制度存在的长期性、复杂性、敏感性等特征，除瑞典、英国、意大利等国家对第一层次基本养老保险制度实施较大幅度改革外，大多数发达经济体的公共养老保险制度改革步伐缓慢，阻力重重，但养老保险改革已成为发达经济体经济社会发展的中心议题之一，受到高度关注。

（一）发达经济体应对老龄化的措施

1. 延长退休年龄，实施弹性退休制度

作为应对人口老龄化的主要战略措施，不少国家通过了延长退休年龄的立法，还有些国家采取了弹性退休的制度安排。纵观西方国家对退休制度所进行的改革，通过对弹性退休待遇的调整，以鼓励劳动者延长就业时间，从而增强劳动者的就业意愿；通过对雇主给予一定程度的优惠，鼓励其接纳老年劳动者，改善老年劳动者工作环境，从而提高老年劳动者的就业机会；通过对雇主和雇员提供详细信息，以便使其了解不同的退休计划对养老金收入的影响，从而使退休制度调整有理有据。

2. 大力发展第二、第三层次养老保险

传统的现收现付制养老保险受人口老龄化进程冲击而难以为继。对于建立这种类型养老保险体系的发达经济体来说，缩减公共养老保险的开支无疑成为改革的重点。对于西方发达经济体而言，建立第二（以职业年金为代表）、第三（如私人养老金、个人退休账户）养老保险计划，成为对逐渐缩水的公共养老保险系统的必要补充。以职业年金为代表的第二层次养老保险，大多采用基金制、DC 型，有助于优化人口老龄化背景下养老金的权责关系，提供更可靠的养老保障，减轻财政压力，使制度可持续得以执行。同时第三层次养老保险发展是应对养老金系统长期成本、维护养老金系统可持续发展的合理选择。经过近 30 年的改革调整，发达经济体在第二、第三层次养老保险计划发展

的规模、速度及在经济总量中的比重有较大幅度的提升，既促进了经济发展和金融市场的完善与创新，又成功实现了政府养老保险承担无限责任向有限责任转变，在多层次养老保障的战略举措上迈出了重大步伐。

3. 采取综合性的积极老龄化配套改革方案

老龄化危机将影响经济社会生活的各个方面，因此，应对老龄化挑战的措施也绝非单一、孤立的。西方国家在应对老龄化挑战的过程中，大多从宏观着眼，全盘考虑，建构应对老龄化挑战的一揽子政策，包括养老保障体系、劳动力市场政策和医疗服务体系的综合配套改革。在养老保障体系和就业退休政策的具体改革之中，也充分注重了各体系内部的综合性改革，如养老保障改革涵盖了公共养老金改革、引入多层次养老计划及个人储蓄计划、加强最低保障养老金建设以及建立养老储备基金等多个维度。改革就业退休计划则更是从退休年龄设计、退休待遇改革、退休条件改革、提高雇主雇佣意愿以及对新型退休制度的宣传等多方面进行综合改革，从而使制度能够顺畅运行。

4. 兼顾养老保障体系可持续性与充足性

各项社会政策中，受老龄化进程冲击最大的是养老保障体系，然而在应对老龄化挑战中扮演最重要角色、起基础作用的同样是养老保障制度。老龄化进程对养老保障体系构成了双重挑战——人口结构变化对现收现付式公共养老金的财务可持续性提出了严峻考验，而人均寿命的延长则对养老金的充足给付提出了更高的要求。前一项挑战天然地要求降低养老金给付，缓解财务压力；后一项挑战则需增加养老金给付总量，以求应对日渐延长的退休岁月。但二者虽然互相矛盾，却又必须统筹兼顾，否则必将造成严重的社会问题。西方国家在探索养老金体系改革的进程中，逐渐探索出压缩公共养老金给付和大力发展第二、第三层次补充养老保障的改革路径，以同时应对两种挑战。

（二）新兴经济体应对老龄化措施

新兴经济体国家与发达国家应对人口老龄化挑战的最大不同背景，在于缺乏成熟稳定的就业、退休、养老保障的制度支撑。人口老龄化挑战将使得养老保障系统的可持续性受到严重冲击，新兴经济体各国在第二次世界大战后建立的养老金体系基本仍以待遇既定型（Defined Benefit，DB）、现收现付型为基础，所以老龄化背景下的可持续性危机仍然无法避免。同时，新兴经济体国家养老金替代率普遍低下，以亚洲国家为例，除菲律宾养老金替代率接近80%外，其余各国养老金替代率平均不足40%[①]。从新兴经济体建立多层次养老保障体系的经验可以看出，针对低收入者的“零层次”保障，即全民性质的基本养老金的建设是必不可少的。事实证明，多层次养老保障体系构建仍然是一

---

① 王岱，刘旭，蔺雪芹．发达国家应对人口老龄化的对策及对我国的启示［J］．世界地理研究，2013，22（01）：138－147＋31.

种较为全面的老年人风险应对机制。

1. 引入缴费既定型基金积累计划

新兴经济体尝试在养老金系统中引入缴费既定型（Defined Contribution，DC）的基金积累计划。而更为彻底的尝试则是将整个养老金体系（除公职人员等国家部门职工以外）转变为 DC 型养老金系统，这种做法在拉美国家尤其常见①。受智利 20 世纪 80 年代成功转型的影响，拉美国家纷纷效仿，一时间 DC 型养老金系统遍地开花，这也是拉美国家市场化改革的一个重要组成部分。相比之下，亚洲新兴经济体则保守许多，除新加坡、马来西亚等少数东南亚国家外，东亚国家大多仍旧依循 DB 型养老金系统的基础地位，但在此基础上对多层次养老金计划的关注也日渐加深。

2. 强化构建基本养老金、救助养老金制度

随着人口老龄化进程的深入，新兴经济体数量庞大的非正规就业群体最终将面临巨大的养老困境。同时，DC 型基金积累养老金系统本身存在的投资风险也需要政府作出兜底的保证。因此，当各国政府充分致力于提高养老金体系的可持续性的同时，对养老金给付充分性的关注也必不可少。新兴经济体国家也大都处于逐渐完成生产方式转型，并开始寻求社会全面发展、全民分享经济建设成果的阶段，需要探索适合自身发展路径的方式，努力提高制度的公平性和共享性。养老保障体系的完善将是应对老龄化挑战的首要保证，而在这一过程中，基本养老金和非缴费救助养老金的建设将是一种必不可少的组成部分，将扮演比以往更加重要的角色②。

3. 扩宽投资渠道，确保养老保险基金保值增值

养老基金的投资、运用和保值增值将是新兴经济体国家应对老龄化的重要课题。一方面，养老基金的保值增值是应对未来老龄化高额支出、确保养老金充足给付的基础，尤其在各国纷纷引入 DC 型养老金的背景下，则具有更为明显且重要的意义；另一方面，养老基金作为重要的机构投资者，对于一国金融市场与资本市场的完善具有十分重要的促进作用，对于正处于人口红利期的诸多新兴经济体国家而言，养老基金的运用和投资也对宏观经济发展起到重要推动作用。尽管如此，由于新兴经济体国家普遍欠缺发达的资本市场，同时投资策略也相对保守，因此，养老保险基金投资营运、保值增值一直未见起色，这不仅会对未来养老金充足性的实现造成阻碍，也将错失一次良好的发展机遇。亚洲及拉美的新兴经济体国家也开始纷纷尝试更加多元化的投资方式，以确保养老保险基金的合理运用。新加坡、韩国、马来西亚、泰国、菲律宾等国均利用完全基金制或部分基金制养老保险基金建立了公共储备基金，亚洲各国养老基金投资的总体趋势也开始向更趋于多样化的投资渠道和海外投资靠拢，考虑到新兴经济体本身欠缺发达的资本市场，海外投资成为许多国家的共同尝试。

---

① Richard Jackson，Rebecca Strauss & Neil Howe. Latin America's Aging Challenge - Demographics and Retirement Policy in Brazil，Chile，and Mexico［J］. CSIS，2009：31 - 32.

② Peter S. Heller. Is Asia Prepared for an Aging Population［J］. International Monetary Fund，2006：14.

四、中国人口老龄化的现状及积极应对战略

为了积极应对老龄化，我国制定了一系列政策措施：包括《国务院关于加快发展养老服务业的若干意见》（国发〔2013〕35号），《国务院关于促进健康服务业发展的若干意见》（国发〔2013〕40号），《国务院关于印发“十三五”国家老龄事业发展和养老体系建设规划的通知》（国发〔2017〕13号），《中华人民共和国老年人权益保障法》（2018年修正），《国务院办公厅关于推进养老服务发展的意见》（国办发〔2019〕5号），中共中央、国务院印发的《国家积极应对人口老龄化中长期规划》（2019）等。党的第十九届五中全会中提出国民经济和社会发展第十四个五年规划和二〇三五年远景目标建议，其中在社会保障体系建设方面，提出了“健全老年人、残疾人关爱服务体系和设施，完善帮扶残疾人、孤儿等社会福利制度。”

（一）关于人口方面的战略

从人口老龄化的根本要素——劳动力供给进行分析，人口老龄化是一个必然趋势，那么如何提升新出生人口的综合素质，提升现有劳动力的水平，形成老龄人口的终身学习的思想和体系就显得尤为重要。面对不可逆转的老龄化趋势我们国家应当提升人口的总体素质，实现更高水平的就业，确保我国在人口老龄化这个难题上能够平稳过渡，保障在老龄化背景下人力资源的总量和高素质。在提升现有劳动力素质的同时还要推动适龄青年的生育水平。提升生育意愿需要从以下几个方面进行努力：首先是需要完善生育政策，减轻青年人的养育、教育的成本，消除社会对于产假的偏见，完善赡养老人的政策。其次是要做好公共服务的各种保障措施，提升优生优育的服务设施，提升新出生人口的质量。最后是做好人口监测，对出生率进行密切关注，研究人口发展的战略，对人口数据实施全方位的管理。

（二）关于经济方面的战略

我国应对人口老龄化除了对人口进行分析外，对于财富方面也需要进行分析。为了平稳地渡过老龄化的这个世界难题，需要足够的资金支持，实现养老资金的开源节流，增加养老金的储备。优化养老服务体系，引入社会资本加入养老产业，帮扶养老体系发展，政府、企业、居民的共同参与下的养老产业可持续发展，将养老资金储备起来，实现社会的可持续发展，提升人民的生活满意度，保障人民生活的福利水平。

（三）对于物质保障方面的战略

高质量的养老生活离不开物质保障，中国政府通过建立社会养老保险制度，为老年人提供基本的养老金。该制度覆盖了大部分的城镇职工和农村居民，为他们提供了一定

的经济保障。此外，政府还不断提高养老金的发放标准，以适应老年人生活成本的增加。中国政府积极推进医疗保障制度的改革，为老年人提供医疗保险覆盖。这包括基本医疗保险和大病保险，确保老年人在面对疾病时能够得到及时的医疗救助，并减轻其经济负担。

中国政府还加大了对老年人福利设施的建设力度。例如，养老院、社区日间照料中心等设施的建设和改善，为老年人提供了更好的居住和生活环境。政府还鼓励社会力量参与养老服务，推动社会化养老服务的发展。中国政府也在加强老年人的就业保障。通过鼓励企业延长退休年龄、提供灵活的就业机会等措施，政府希望能够减少老年人的经济压力，并提高他们的生活质量。

总体来说，中国应对老龄化的国家战略中，物质保障方面对于老年人的帮助是全面而有力的。政府通过建立养老保险制度、医疗保障制度，加强福利设施建设以及就业保障等措施，为老年人提供了经济和社会保障，提高了他们的生活质量和福利水平。

第二节 养老保障的历史进程

养老保障理论不仅为各国养老保障制度的建立、发展和完善提供思想指导，而且为各国在实践操作过程中提供具体的分配原则和方法。养老保障的历史发展悠久，理论也源远流长。本节将着重梳理中西方养老保障的思想渊源和制度演变，以厘清养老保障制度发展的脉络。

一、西方养老保障制度发展概述

（一）英国养老保障制度的发展历程

英国早期的社会保障制度始于 1601 年伊丽莎白女王颁布的《济贫法》，到 20 世纪 40 年代被有关公共福利制度的社会立法所取代①。

1. 萌芽时期

英国是世界上最早建立养老保障制度的国家之一。英国第一个积累型职业养老金计划建立于 1590 年，17 世纪和 18 世纪退休职业年金给付扩展至公共服务的其他部门。1906 年上台的自由党宣布将在全国实行免费的养老金制度。到 1908 年，议会正式批准自由党政府的《养老金法案》。该法案是 20 世纪初英国社会保障制度的里程碑，它为部

① 邓春容．英国社会保障制度［M］．上海：上海人民出版社，2012.

分年老贫民提供了较为有效的养老保障。此后的1925年，英国又颁布了《孤寡老人交费养老金法》，该法案改变了英国养老金制度的免费性，第一次在英国历史上建立起交费养老金制度①。

1941年，被称为“福利国家之父”的牛津大学教授贝弗里奇受英国内阁委托，负责起草有关第二次世界大战后福利制度基本框架的报告。1942年《社会保险和相关服务》出版，即著名的“贝弗里奇报告”，英国正是在这一报告的思想基础上建立起一整套的现代社会保障制度。1946年，英国政府筹建社会保险部，并根据贝弗里奇报告颁布《国民保险法》，将国家养老金制度纳入整个国民保险制度之中，使其成为综合社会保险的组成部分，它标志着英国养老金管理体制的一次重大变化。

2. 快速发展时期

第二次世界大战后，经过30多年的发展，英国社会福利制度的主要目的已不仅仅是为了“济贫”，而是实现国家全民福利。与全球其他的福利国家相比，英国社会福利制度的最大特点就是国家在福利中发挥主导作用。

1980年英国通过的《社会保障法案》规定，英国国民养老金的增长和价格变化并没有直接地同英国国民的平均收入水平相关联。1986年的《社会保障法案》则引入了一系列新规定：一是允许由保险公司和其他金融中介机构提供“个人养老金计划”；二是雇主可以设立供款确定型职业年金计划，养老基金投资风险由参与计划的个人承担，对雇主则不存在“最低保证养老金”要求，该计划方便了小企业主举办职业年金计划；三是终止养老金计划成员身份强制性的规定，雇员不能被强制要求加入或保留雇主职业养老金计划；四是自1988年7月1日起，法案中引入的个人养老金计划取代退休年金保单。

1995年，英国政府颁布了最新的《养老金法案》，该法案也成为英国史上关于“养老金信托”问题的主要成文法之一。英国依据该法案成立了职业养老金监管机构，全面负责职业养老金的监管工作，从而减轻了政府财政负担，促进了英国经济的复兴②。但改革也产生了一系列新问题：一是解除了必须将职业养老金计划成员资格作为就业条件的要求，是否加入属于自愿，结果仅有50%多的雇员参与雇主项目；二是从职业计划向个人养老金计划转移，并没有考虑雇员利益的最大化；三是未限制个人养老金计划的收费标准，希望依靠在有竞争的情况下的市场力量保证个人养老金供款，这是后来出现问题的根源之一；四是给予个人养老金成员再次协议转回国家收入关联养老金计划的权利，但这种方式对政府部门而言成本较为昂贵，违背了降低成本的原则。

3. 完善时期

1997年，以布莱尔为首的工党上台执政。布莱尔当局指出，在自由国家的福利政

---

① 赵立新. 英国养老保障制度［J］. 中国人大，2018（21）：51－54.

② 蒙柳晓. 英国《1908年养老金法案》研究［D］. 陕西师范大学，2015.

策上，无论是高福利制度下的国家过度干预，还是撒切尔时代对市场的自由放任，都行不通。为此，布莱尔政府在经济上继承了撒切尔的做法，但又力图避免撒切尔主义的负面影响，尽量把自由市场经济同基本的社会保障相结合，达到在市场经济范围内实现公平、机会均等和照顾社会弱者的目标。基于此，英国社会保障部于 1998 年 12 月推出了绿皮书《新福利契约：养老金合作》，该书在继续原撒切尔政府力图减少国家公共养老金给付成本改革思路的基础上，通过引入存托养老金计划，向私营部门转移支出压力负担。该提议奠定了英国福利改革和养老金法案的基础，于 1999 年经议会批准通过[①]。与保守党相比，工党的重点放在了向社会贫困人口进行再分配方面。2002 年 12 月，英国政府又颁布了《简便、安全与选择：为退休而工作、储蓄》绿皮书，其中包括多项关于简化职业和个人养老金税收待遇的提议。

（二）德国养老保障制度的发展历程

德国养老保障制度的起源可追溯到工业革命时期。当时，德国正经历着快速的社会和经济变革，工业化进程导致劳动力结构的显著变化，传统的家庭养老模式逐渐难以满足日益增长的养老需求。同时，社会矛盾的激化也促使政府考虑建立更加完善的社会保障体系。在这样的背景下，德国成为世界上第一个引入社会保险制度的国家，养老保障是其中最为重要的一部分。

1. 萌芽时期

德国养老保障制度的萌芽是社会各方力量斗争的结果，一定程度上讲是工人运动的成果。19 世纪 50—60 年代，德国第一次工业革命进入大规模发展阶段，劳工矛盾异常尖锐。在这种背景下，一些有社会保障意识的企业为了缓和社会矛盾开始自发地为工人提供养老保障，主要资助雇员年老、丧失劳动能力者或者已故雇员遗属。此时的行动主要是一种企业自身行为，尚不具有法律约束力，并且发展缓慢，因此还不能称之为一种制度，但是企业为雇员提供保障的思想和做法对德国养老保障萌芽的出现起到了一定的推动作用。

19 世纪后期，随着工业革命的发展和产业工人的剧增，德国社会结构急剧转型，养老保障需求日益迫切。1879 年《皇帝诏书》中提出工人因年老而出现经济困难时有权得到救济，并颁布了养老保障的实施计划。1881 年，德国皇帝威廉一世根据俾斯麦的建议，发布《建立完善的社会保险的皇帝诏书》，诏书宣布，工人在患病、发生事故、伤残和老年经济困难时应该受到保障[②]。

2. 形成时期

欧洲各国的养老服务体制一般都是以立法先行，而德国的养老保障制度也具有较丰

① 吴香雪．福利供给责任与福利契约践行问题研究［J］．社会保障研究，2018（01）：87－95．

② 李闪闪．德国养老保障制度研究［D］．华东师范大学，2011．

富的立法基础，德国在完成国家统一后通过了三项社会保障立法，形成了德国社会保障系统的总体框架。19 世纪末，德国工人运动和社会民主运动日益高涨，以稗斯麦为首相的德国政府试图通过养老保障及其他社会福利措施来收买日益高涨的工人运动。因此，接受了社会政策学会关于经济和社会的政策主张，在依据《社会法案》的前提下，分别于 1883 年、1884 年、1889 年先后颁布了《疾病保险法》《工伤事故保险法》和《伤残和养老保险法》，德国也由此成为世界上社会保障体制的主要缔造者，建立起了社会保险法的基本思想和原则，确立了专门面向产业工人的养老保险制度。

《伤残和养老保险法》是德国第一部的基本养老保险法，该法规规定，对工人和低职官员一律实行老年和残障社会保险，同时规定了医疗费用的标准由雇主、员工和国家三者共同承担，主要是由员工和雇主承担的责任制度，决定了养老保险制度实行基金制，标志着养老保障制度在德国的建立。

3. 完善时期

一直到 1957 年之前，德国的养老金都是固定金额，但是随着时间的推移，这种模式的弊端逐步显现，原有的资金运行模式难以承受经济危机或者通货膨胀的影响，国家也难以承受长期储备大量资金的负担。1957 年，德国养老保险制度迎来了第一次重大改革：退休职工的养老金与薪水指数挂钩，即随着全国工资水平的提高而增加。同年，颁布了《农民老年保险法》，农民养老至此被纳入社会保障体系。也是从 20 世纪 50 年代开始，德国步入了联合国定义的老龄化社会，成为欧洲人口老龄化比较严重的国家之一。

20 世纪 70 年代，资本主义固有的经济危机爆发，德国经济发展遭遇停滞，该危机使德国的公共养老保险制度也发生了诸多改变。首先，1972 年德国打破公共养老保险制度中的岁退休严格规定，推出“灵活退休”制度；其次，德国公共养老保险局实行以职工平均工资净值为基础的养老金指数调整上限，放弃先前以在职职工税前工资总额为基础的规定。为了促进和规范企业补充养老金的发展，1974 年德国通过了《企业补充养老金法》，这标志着德国企业补充养老金计划开始走上有序发展的道路，逐步成为一种制度。

（三）美国养老保障制度的发展历程

美国养老保障制度的起源可以追溯到 19 世纪末，当时主要依赖于家庭养老和慈善机构。然而，随着工业化进程的加速和人口老龄化的趋势，家庭养老逐渐变得困难，社会各界开始呼吁建立更为完善的养老保障制度。在这样的背景下，美国政府逐步介入养老保障领域，并开始了其制度化的进程。

1. 保障制度建立前

如果从萌芽阶段算起，美国的养老保障体系可以回溯到美国内战时期的养老金规定。该计划实施于 1862 年，其中规定对在内战中致残的士兵提供养老金，后来又将支付范围扩展到阵亡士兵的家属。19 世纪末期，美国社会各个方面都开始发生巨大的变化，涉及老年人的家庭经济情况和社会保障状况等。随着国家经济的快速工业化加上美国人口由乡村到都市的大规模转移，给整个国家和社会造成了包括赡养在内的许多新问题。美国快递公司于 1875 年成立了首个官方的雇员养老计划，在美国，直到 1900 年之前，也只有个别的、分散的雇员养老计划存在，其中只有几个州满足了养老的相关规范，还未能在联邦内部实行统一的养老保障制度①。

2. 建立和发展阶段

在 20 世纪 30 年代大萧条前夕，美国已从农业社会转变为工业化社会，越来越多的美国人依靠现金工资生活。在大萧条期间，数百万美国人的毕生积蓄化为乌有。对于大量的老年人和接近老年的人来说，失去积蓄意味着他们将在贫困中度过余生。1935 年罗斯福政府通过了《社会保障法案》（Social Security Act），建立了以现收现付为养老金财务模式的养老保障制度。这是美国第一个由联邦政府承担义务的，全国性的以解决老年和失业问题为主体的社会保障立法，为日后美国社会保障制度的进一步发展与完善奠定了基础。

从 1935 年开始建立养老保障及社会保障体系以来，美国的社会保险体制经过了许多变革，其范围也不断扩大。从政府所制定的长期目标出发，老年综合收益制度旨在支持所有个人储蓄给在经济大萧条时代中损失殆尽的老人。1950 年，美国进行了有关增加符合一定条件的受益人及其支付者范围的改革。原来的制度仅仅覆盖了少数人，主要是由当时工薪制度自身的特性所决定。随着会计方法的发展，该体系下覆盖的人群也不断扩大。从 1950 年的有关数据来看，当时美国的养老保障及社会保障体系基本覆盖了整个劳动力人口的 50%②。

3. 逐渐完善阶段

美国现行养老保险体系由社会养老保险、雇主养老保险和个人储蓄养老保险三部分组成，这三部分俗称“三角凳”，分别发挥政府、企业和个人作用，它们相互补充，形成合力，为退休人员提供多渠道、可靠的养老保障。20 世纪 70 年代以来，美国的雇主养老金计划从数量上和资产的金额方面都经历了突飞猛进的发展，但是随着雇主养老金计划数量和资产规模的扩张，养老金计划参与人的利益保障问题变得越来越突出。1974 年，美国国会通过《雇员退休收入保障法案》（ERISA），设立了“养老福利担保公司”（PBGC），这在很大程度上促进了雇主养老金计划的迅速发展。在联邦政府的鼓励下，雇主养老金计划迅速扩大起来。70 年代以后，随着与养老金相关的税收、企业会计规则等法律法规的不断完善，雇主养老金的资产规模不断扩大，在退休收入保障中发挥了越来越重要的作用。美国当今的雇主养老金计划主要分为两大类：待遇既定型计划和缴

① 马凯旋，侯风云．美国养老保险制度演进及其启示［J］．山东大学学报（哲学社会科学版），2014（03）：88－95.

② 于洪．外国养老保障制度［M］．上海：上海财经大学出版社，2005.

费既定型计划。2011 年，参加 DC 计划的人数已经超过参加 DB 计划人数的一倍以上。与之相反，由于政府部门雇员流动性相对较弱，公共部门雇员并没有和私人部门员工一样迅速转轨，时至今日，参加 DB 养老金计划的人数仍占据绝对多数。因此，虽然企业雇员参加 DC 养老金计划的人数不断增长，但仍有部分雇员选择参加 DB 计划，甚至若雇员将参加 DC 计划的累积缴费重新转向 DB 计划，也不违反相关的法律规定。由此可见，美国雇主养老金计划改革是根据环境变化而实施的权变式改革，而非颠覆式的强制性转轨①。

2019 年美国通过的《安全退休储蓄法案》，对美国国民退休金存款账户系统实施了从 2006 年开始的最大幅度变革，包含了调整缴费比例限制和扩大提前领取范围等五项变化要点。当前的养老保险业务模式主要分为法定养老保险、个人退休账户以及由企业为职工补充的基本养老保险三个形式。

二、我国养老保障制度发展概述

2020 年《中国社会保障绿皮书》显示，“十四五”时期是我国全面建成小康社会后的第一个五年规划期，是推进国家治理体系建设和实现治理能力现代化的重要时期，也是养老保险制度走向更加成熟更加定型的改革攻关时期。下文对我国养老保障制度的沿革简要进行回顾。

（一）中国古代尊老养老的社会实践

我国的老年救济制度和朝廷官员的退休制度从古代就已建立。从养老的经济来源、养老方式和提供养老服务的人员方面来看，即使在古代，养老方式也不是唯一的，主要还是以家庭养老为主。历朝历代发扬了中国以孝为先的优良传统，在一定程度上保障了老年人的晚年生活，也为我们现代养老保障制度奠定了一个良好的基础。

1. 鼓励尊老助老的社会制度

赐高龄老人生活物资是中国古代统治者非常重视的养老制度，历经各朝并成为各朝代坚持的“仁政”，给予高龄老人酒肉布帛钱粮的养老实践在一定程度上保障了老年人的生活。各朝代赐高龄老人生活物资的记载汗牛充栋，不胜枚举，汉代从文帝十三年到汉平帝元始年间，赐孤寡布帛粟米者三十余次。其他各朝代赐老人养老物资的记载也非常多，南北朝到宋元明清，由国家给予高龄老人一定的养老物资的社会制度一直延续，保障了高龄老人养老物资②。

致仕制度即退休制度，是官员因为老、病、孝养等原因交还官职，退休养老的行

① 刘海宁．美国养老金制度改革——权变而非颠覆［J］．老龄科学研究，2016，4（02）：69－80.
② 姜向群．老年社会保障制度——历史与变革［M］．北京：中国人民大学出版社，2005.

为。官员在致仕以后，生活没有保障，国家给予致仕官员俸禄或者赏赐田地银钱等物，以助其养老。致仕制度在夏商周时期就已经开始形成，自王莽初步确立致仕制度之后，围绕着致仕的年龄、待遇等问题，开始出现制度规定。官员致仕后，还可以得到致仕前官职的全俸、半俸，保障了官员的养老生活。同时，各朝代对致仕官员还赐车马、银钱、土地、仆人等，官员致仕制度是国家对老年官员的特殊照顾，保障了官员退休后的养老物资①。

2. 国家设立专门的养老机构

南朝梁武帝萧衍建立了中国第一个由国家出资的养老机构——孤独园，由国家给予衣食和住所，“凡民有单老孤稚，不能自存，主者郡县咸加收养，赡给衣食，每令周足，以终其身。”齐武帝设立“六疾馆”，免费救助“鳏寡孤独残废”等人。唐代由寺庙筹建“悲田养病坊”，救助鳏寡孤独等人，武则天主政期间，开始由国家出资并由专人管理，成为专门收容贫苦老人的养老机构，唐武宗后改为“养病坊”，并成为国家制度，保障鳏寡老人可以在官办养老机构养老。宋代设立“福田院”“居养院”“安济坊”“养济院”等机构，救济无依无靠流落街头的老人和幼童，给需要救助的老弱孤贫衣食住所和医疗救助，而且各州县都建立专门救济老人的养老机构②。宋代以后，元明清均把宋朝集养老和医疗救助于一体的养老机构作为制度，在各州县均设立官办养老机构“养济院”，收容“不能自存”的鳏寡孤独废疾等需要救济的人，养济院每月给予老人钱粮物资，并免费进行医疗救助，在制度上日益完善，受益老年人越来越多，元明清时期都规定符合收容条件的老人要应收尽收③。

（二）中国近代养老保障的社会实践

民国时期，中国的养老保险正处于由传统家庭照顾模式向现代社会保险模式转变转型阶段。中国的养老保险业开始从无到有，从小到大，其间曾有过相对意义上的发展甚至是鼎盛。

1. 太平天国运动时期的养老制度

太平天国起义主张“有田同耕，有饭同食，有衣同穿，有钱同使，无处不均匀，无人不饱暖”，“天下大家处处平均，人人饱暖”。所以，凡老年人幼儿、残疾以及其他因素而缺乏劳动技能者，政府“皆颁国库以养”。在太平天国时设立牌尾馆，专门收容15岁以内小孩、50岁以上的老年人和残废者，由社会公养。定都天京后，在天京城里也广泛设置了牌尾馆，当时关住在馆内的以老病者居多，共有七八千人。牌尾会馆，亦称为老人堂、老民残废室。通常由25人一厅。老民能在轻便劳作时的，只需做一些事情，

---

① 谢贵安．古代的致仕制度与官员的退休生活［J］．人民论坛，2023（10）：110－112.

② 陶立群．中国老年人社会福利［M］．北京：中国社会出版社，2002.

③ 曹源．宋代养老思想及措施研究［D］．华中师范大学，2015.

如扫街拾渍纸等。有时候也会拆内城，搬庙砖，上城头打更子，或收割菜籽①。

2. 南京国民政府时期的养老保障制度

国民政府养老保险制度的实施活动最具代表性的便是20世纪30年代上海租界人力车夫互助保险、民国政府创立的简易人寿保险和40年代川北盐工保险，从而使社会保险渐渐地转入了正规化渠道，养老保险开始萌芽。1935年10月，国民政府公布《简易人寿保险法》《简易人寿保险章程》，邮政储金汇业局于12月1日起开始办理该项业务。寿险是以人的生命为保险标的。1936年5月1日开始实行的上海市人力车夫互助会创办的保险被视为“在我国最先具有社会保险形式的保险组织”。1940年，国民政府社会部所属的社会部社会福利司专管社会福利事项，其职责之一便是指导实施社会保险，由第一科主管社会保险业务。1947年10月31日，国民政府国务会议通过《社会保险法原则》，对伤害、失业、老年及遗族保险作了明确规定。其中老年遗族保险法及失业保险法还形成了单行法规。《社会保险法原则》及有关宪法条款，在国民政府败退台湾后被奉为各种社会保险立法之圭臬②。

3. 陕甘宁边区政府实施的养老保障制度

1937年陕甘宁特区政府就颁布了《抗日军人优待条例》，详细规定了对抗日将士及其家属优待事项。1940年的《陕甘宁边区抚恤暂行办法》中就对边区内直接参战的抗日战士之优老养病抚恤伤等作了详细规定。1941年6月23日，边区政府为敬养革命老人而颁布的《边区养老院组织规程（草案）》就专门规定要成立敬老院，规定了凡年满60岁以上的革命同志不能服务革命者，抗战家属老人无法维持生活者或有特殊原因者，有功于国家社会的边区老人无法维持生活者，经民政厅审查合格均可入养老院，由院方负责衣食住等。系革命退职者仍发原津贴，有病者可送医院治疗，对革命老人，在边区可享受着特殊的待遇和得到体贴入微的照顾。对于那些不尊重父母的人，政府则给予严厉制裁③。

（三）中国当代养老保障的社会实践

严格意义上来说，中国养老保障制度是在新中国成立后逐步建立起来的。经过不断发展与改革，目前形成了以基本养老保险为基础，以老年救助为兜底，以年金、个人养老金和商业养老保险为补充的多支柱现代养老保障体系。

1. 中国特色社会养老保障制度的初步时期（1949—1986年）

中华人民共和国成立伊始，即以制度安排的形式确立了国家主导的养老保障制度。

---

① 陈功．我国养老方式研究［M］．北京：北京大学出版社，2003.

② 刘秀红．南京国民政府时期劳工社会保障制度的现代化——以工业劳动者为考察中心（1927—1937）［J］．临沂大学学报，2011，33（05）：85－90.

③ 胡国胜，董娟．论抗日战争时期陕甘宁边区政府的社会保障建设［J］．郑州航空工业管理学院学报（社会科学版），2009，28（01）：35－38.

1949 年发布的《中华人民政治协商会议共同纲领》确定了人民在新中国养老保障制度中的基本权益，是人民政权不同于传统封建地主政权和资本主义政权的最大特色，也是中国养老保障制度最基本的特点。1951 年通过 1956 年开始施行的《中华人民共和国劳动保险条例》，是我国第一部具有法律效力的劳动保险法律性文书，为企业建立了涉及养老在内的保障制度框架，完成了养老保障制度体系构建的任务①。

1978 年第五届全国人民代表大会第一次会议通过了重新修订的《中华人民共和国宪法》，重申了法律在国家运行中的权威，明确了包括养老在内的公民基本权利和义务。同年 6 月，国务院颁布了《关于安置老弱病残干部的暂行规定》《关于工人退休、退职的暂行规定》，为全民所有制企业、事业单位和党政机关、群众团体的工人集中修订了统一的退休规定和退休费标准、退休费来源，企业单位的由企业财政支付，党政机关、群众团体、事业单位由所在县级财政支付，这些标志着退休养老制度得以恢复重建。1983 年国务院颁布《关于高级专家离休退休若干问题的暂行规定》《关于延长部分骨干教师、医生、科技人员退休年龄的通知》。1985 年国务院发布的《关于发给离休退休人员生活补贴费的通知》，总体上对"文化大革命"期间遭到严重破坏的部队、科技、教育、文化等领域的事业单位离退休制度进行修复②。

2. 中国特色社会养老保障制度的社会化改革探索时期（1986—1992 年）

在中国特色社会主义理论的指导下，中国特色社会保障制度开始建设。中国特色社会养老制度来源于 1986 年 4 月《国民经济和社会发展第七个五年计划》，其中提出：适应新的经济体制要建设中国特色社会保障制度。1986 年 7 月 12 日，国务院发布《国营企业实行劳动合同的暂行规定》，这是对"七五"计划中关于社会养老保障制度改革的具体实施。暂行规定实现了以下创新：劳动合同制工人退休养老要实行"社会保险制度"，法定退休后可以按月领取包括退休费、医疗费和丧葬补助费、供养直系亲属抚恤费、救济费等在内的退休养老待遇直至死亡，而工人退休养老工作也从所属单位转由劳动行政主管部门所属的社会保险专门机构管理，其主要职责是筹集退休养老基金，支付退休养老费用和组织管理退休工人。这标志着养老保险脱离单位内部事务的身份走向社会，成为社会事务。劳动合同制最终助推企业摆脱了职工养老的沉重负担，为企业走向市场奠定了制度基础③。

1991 年 6 月 26 日国务院颁布的《关于企业职工养老保险制度改革的决定》提出了"基本养老保险加企业补充养老保险加职工个人储蓄型养老保险"相结合的"逐步建立"的职工养老保险，实现"国家 + 企业 + 个人"的多责任主体模式，为多层次社会养老保障制度的构建奠定了基础。1992 年 1 月，民政部颁布了《县级农村社会养老保险基本方案》，明确指导思想和原则、保险对象、资金筹集、交费和领取要求、基金保

---

① 张林广．中国特色养老保障制度的改革与发展［J］．中国社会保障，2017（09）：88.

② 林嘉．中国特色社会保障制度的发展［J］．人民论坛，2009（22）：43－45.

③ 陈之楚．中国社会养老保障制度研究［D］．天津财经大学，2008.

值增值、立法和管理、衔接方式，探索建立农村社会养老保险制度。

3. 中国特色社会养老保障制度的系统建设时期（1992—2008 年）

中国特色社会养老保障制度系统建设的主要依据和环境是 1992 年 10 月 22 日党的十四大确定要建立的社会主义市场经济体制。1993 年《中共中央关于建立社会主义市场经济体制若干问题的决定》中明确了建立多层次社会保障制度的重点是养老保险和失业保险，城镇职工养老保险由单位和个人共同负担，实行社会统筹和个人账户相结合的筹资方式，首次肯定了个人账户在养老保险中的积极作用，是中国社会养老保障制度全面创新的标志。1994 年 1 月，国务院颁布了《农村五保供养工作条例》，明确了五保供养的对象、内容、形式、标准和经费来源等内容，标志着五保供养工作逐步走上规范化和法治化的轨道①。

2000 年国务院发布的《关于完善城镇社会保障体系试点方案》是制度调整完善的起点和标志，是这一时期制度调整完善的政策指导，提出调整和完善的主要对象是城镇企业职工基本养老保险制度，调整和完善的目的主要在于强化社会统筹作用，调动个人账户积极性。2003 年 10 月，社会保障部下发《2003 年劳动与社会保障工作要点》，提出做好农村社会养老保障工作，进一步理顺农村社会养老保障管理体制，在有条件的地方积极探索建立农村社会养老保障制度。2004 年 5 月，劳动和社会保障部颁布了《企业年金试行办法》，明确企业年金基本要求、缴费比例、领取标准、转移接续等内容，标志着中国养老保险第二支柱——企业年金正式确立。总之，中国特色社会养老保障制度的系统建设以企业社会养老保险制度的建设为主要内容，建成了与社会主义初级阶段、市场经济、收入水平基本相适应的养老保险制度框架，为中国特色社会养老保障制度的升级奠定了坚实的基础。

4. 中国特色社会养老保障制度的升级时期（2008 年至今）

之所以将这一时期定位为中国特色社会养老保障制度的升级时期，是因为从这一时期开始，中国的社会养老保障制度终于突破了初步时期单位保障的藩篱，在全国范围实现了制度的全覆盖和统一化，标志着养老保障的社会化改革成功，标志着社会养老保障的社会互助互济功能才真正开始发挥作用。2009 年人力资源和社会保障部会同财政部通过了《城镇企业职工基本养老保险关系转移接续暂行办法》，所出台的养老保险关系跨省转移具体办法适用参加城镇企业职工基本养老保险的所有人员，包括农民工，这是中国社会养老保险结束地区碎片化、单位分割的关键步伐，为养老保险在更大范围实现统筹、调剂、互助奠定了基础。2010 年 10 月 28 日，胡锦涛主席签署第三十五号主席令，通过了《中华人民共和国社会保险法》，该法明确社会保险的内容、征缴、基金、经办、监督、法律责任等，以法律的强制性提出了进一步改革的要求，明确了改革任

① 屈小博．中国养老保险制度的演变、发展与思考［J］．社会科学管理与评论，2010（03）：57－65＋112.

务，是中国社会保障法制建设中的里程碑①。

2014 年 2 月 26 日，国务院发布了《关于建立统一的城乡居民基本养老保险制度的意见》，将新农保和城居保两项制度合并实施，统一采用社会统筹 + 个人账户的模式，正式构建全国统一的城乡居民基本养老保险制度。2017 年 7 月，国务院发布的《关于加快发展商业养老保险的若干意见》提出总体要求、基本原则、监督管理、投资运营、支持体系等六项二十条意见，对完善养老风险保障机制、提升养老资金运用效率有着重要意义。

2022 年 10 月，人力资源社会保障部、财政部、国家税务总局、银保监会、证监会印发《个人养老金实施办法》，个人养老金实行个人账户制，缴费完全由参加人个人承担，自主选择购买符合规定的储蓄存款、理财产品、商业养老保险、公募基金等金融产品（以下统称“个人养老金产品”），实行完全积累，按照国家有关规定享受税收优惠政策。同年 12 月 29 日，国家标准化管理委员会、民政部、商务部组织制定了《养老和家政服务标准化专项行动方案》。总体要求，到 2025 年，养老和家政服务标准体系基本健全，标准化发展基础更加牢固，标准推广应用效果日益凸显。

思政专栏

铺展最美“夕阳红”的温暖画卷：来自人民领袖的关怀

夕阳无限好，人间重晚晴。我国 60 周岁及以上老年人口有 2.8 亿人。习近平总书记指出：“满足数量庞大的老年群众多方面需求、妥善解决人口老龄化带来的社会问题，事关国家发展全局，事关百姓福祉，需要我们下大气力来应对。”党的十八大以来，在以习近平同志为核心的党中央引领下，从探索建立国家基本养老服务清单制度，到构建居家社区机构相协调的“中国式”养老服务体系，再到理顺养老服务监管机制，一项项养老服务领域改革“实招”“硬招”不断落地见效。借改革之力、创新之举，最美“夕阳红”的温暖画卷正渐次铺展。

2013 年 12 月，习近平总书记来到了北京四季青敬老院，同老人们亲切交谈，关切地询问他们的身体状况、家庭情况和在敬老院的生活情况。2019 年 11 月，总书记来到上海市长宁区虹桥街道古北市民中心考察调研。2021 年 6 月，总书记来到青海省西宁市文亭巷社区了解社区向老年人提供餐饮、健康服务等做法。同年 8 月，总书记来到河北省承德市高新区滨河社区，考察社区居家养老服务中心。习近平总书记指出，要把老有所为同老有所养结合起来，研究完善政策措施，鼓励老年人继续发光发热，充分发挥年纪较轻的老年人作用，推动志愿者在社区治理中有更多作为。2023 年春节前夕，习近平总书记通过视频连线看望慰问基层干部群众时指出，“一个社会幸福不幸福，很

---

① 李海峰，周青．“中国特色社会保障制度：回顾与前瞻”理论研讨会综述［J］．中国特色社会主义研究，2013（03）：111－112.

重要的是看老年人幸福不幸福。”我们坚信在中国共产党的领导下，一整套面向未来的“中国式”养老方案已经清晰，亿万老年人对美好生活的新期待正在变为现实。

资料来源：《让老年人都有幸福美满的晚年》，新华社，2023 年 10 月；《老有所养 总书记始终倾心关注》，新华社，2021 年 8 月；《为了最美夕阳红——习近平总书记牵挂的民生事之“老有所养”篇》，新华社，2019 年 8 月。

第三节　养老保障的概念、研究内容和方法

为了更好地应对老龄化带来的挑战，更好地让每一个老年人继续追求美好的生活，实现老有所养，全球都在积极制定各种老年保障政策，这些政策已经超越了以往的措施，超越了养老金、退休储蓄制度和补贴制度带来的经济安全。在追求健康、富裕和繁荣的道路上，除了解决养老的经济来源外，为老年人提供普惠可及的多样化、多层次养老服务成为 21 世纪的主题，这些服务不仅仅要满足老年人的老有所养、老有所医、老有所为、老有所学、老有所乐，还要充分利用老龄化带来的发展机遇，让老年人本身成为劳动、消费和投资的主体，真正进入一个银发经济的时代。

一、养老保障的概念和功能

养老保障（Old - Age Security）是社会保障（Social Security）概念在老年人群的延伸，是一系列关于老年人群的社会保障制度的总称。社会保障是国家依法实施的具有经济福利性的现金给付及服务提供等的干预措施①。在西方发达国家中，养老保障的制度和研究通常表现在养老金（Pension）、老年福利（Old - Age Welfare）、老年人的经济安全（Economic security for the elderly）等方面，而养老保障作为一个概念通常在东方国家的研究中出现。在全球范围内看，养老保障没有一个统一的概念，养老保障既是关于老年人的社会保障制度的总称，但又具体散见于各种保障制度中，例如医疗保障中也涵盖了老年人的保障。

（一）何为养老保障

当前国际上对养老保障的定义以国际劳工组织（ILO）的规定为主，根据 ILO 的规定，养老保障是指人口在达到法定退休年龄以后，可以按照工作年限中积累的社会保障金享受相应的现金待遇和服务待遇。国内目前对养老保障的定义是指所有公民在进入老龄以后，依照《中华人民共和国老年人权益保障法》的规定享有安享老年、保障老年权

① 郑功成，沃尔夫冈·舒尔茨．全球社会保障与经济发展关系：回顾与展望［M］．北京：中国劳动与社会保障出版社，2019.

益的权利，是为了保护公民在进入老年阶段后，由于身体和其他原因无法通过劳动获取现金等报酬收入时，可以保障老年人获取一定的资金或者物质收入从而满足长期生活需求。

按照保障功能划分，养老保障主要包括老年生活所需要的资金保障和养老服务保障。养老保障中的资金保障是指在人口进入老年阶段后，虽然无法直接参与到经济生产过程中，但是有足够的资金保证生存需求和生活质量不发生较大的改变，从社会保障角度来说，资金保障主要通过社会养老保险给符合待遇领取标准的参保老年人口支付养老金，同时也可以通过社会救助等途径给予生活困难的老年人口以必要的资金补助。养老保障中的服务保障是指老年人口除去必要的资金保障之外，提供给老年人口的生活保障，以满足老年生活中必需的物质生活和精神生活需求。养老服务的供给方式是多样化的，既有基于传统的家庭养老保障方式发展而来的居家养老服务模式，同时也有根据中国人聚居生活模式发展而来的社区养老服务模式，此外还有商业养老服务模式。

为了更好地讨论养老保障，本书将养老保障界定为政府和社会为老年人提供的经济、服务和精神等方面的保障措施，以确保老年人的基本生活质量和尊严。中国的养老保障制度主要包括养老金制度、养老服务制度、老年福利和老年人权益保护等。在养老金制度方面，中国实行公共养老金、年金和个人养老金等多种形式。在养老服务方面，政府积极倡导社区居民养老服务、机构养老服务和医养结合服务等。在社会福利方面，中国实行城乡居民最低生活保障、残疾人福利、特困人员救助等制度。在老年人权益保护方面，中国实行老年人权益保障法、老年人服务设施建设等措施，以保障老年人的合法权益和生活质量。

（二）养老保障的功能

随着人口红利的消失，老龄化进程与经济转型的矛盾相互交织，从而使中国社会的抚养压力不断增大，社会养老保障和养老服务的需求急剧增加。养老是一个连续、动态、综合的过程，受到各种因素的制约，且单一的养老方式难以解决所有的养老问题。为老年人织就养老保障的安全网，目的是要实现老年人老有所养、老有所医、老有所为、老有所学、老有所乐。从老有所养看，核心是要解决老年人的养老的经济来源。养老保障通常发挥着稳定、调节、提升道德、互助共济、预防风险等方面的作用。养老保障体系结合国情和老年个体情况，具有现实的广泛性和针对性，并随着不断发展完善，其综合养老的功能将会有效发挥出来，成为一个立体养老的支撑体系。一个完善的养老保障体系能够为老年人提供一个安全、健康、充实和有尊严的晚年生活。

1. 稳定功能

随着年龄的增长，老年人会更加重视安全感和舒适感，追求稳定的生活环境。养老保障有助于提升整个社会的稳定性和和谐度。为老年群体提供稳定的经济支持和社会服务，增强他们的安全感和满意度，这对社会整体的稳定与和谐至关重要。养老保障的稳定作用表现在对个人、家庭、社会等方面。首先，从个人角度来看，养老保障可以通过为老年人提供稳定的收入来源，以减轻他们的财务负担。帮助他们保持退休后的生活水平，减少因退休带来的生活方式剧烈变化，确保其基本生活需要得到满足，提高他们的心理安全感。还可以通过提供必要的护理和支持服务，包括医疗保健和生活照料，保障老年人的健康和日常生活质量，帮助老年人应对身体和认知能力的衰退。通过提供无障碍设施和便利的日常生活服务，改善老年人的居住和社会环境。其次，从家庭角度来看，养老保障可以为家庭子女分担一些赡养老年人的责任，减轻家庭成员对老年人抚养的经济压力，从而减轻家庭负担，维护家庭和谐，促进代际和谐。最后，从社会角度来看，随着人口老龄化的加剧，养老保障有助于平衡人口结构。养老保障能够保障老年人在丧失劳动能力的情况下不被社会抛弃，从而有效地缓和乃至消除引起社会震荡与失控的潜在风险，进而维系社会秩序的稳定和正常。还可以增强社会福祉体系，使社会能够健康发展。

2. 调节功能

养老保障的调节作用主要涉及经济、政治、社会发展等领域。在经济层面，一方面，当老年人拥有稳定的经济保障时，他们更倾向于维持甚至增加日常消费，这有助于稳定整体市场需求。此外，养老金基金作为重要的资金来源，可以投资于股市、债市等多种金融产品，从而促进资本市场的发展。这种大规模资本运作对经济的长期增长和稳定具有关键作用。另一方面，通过养老金的分配与再分配，可以减少贫困和降低贫富差距，促进经济的平稳发展。同时，稳定的社会环境和消费市场也为企业提供了创新和发展的良好条件，促进社会经济发展。

在政治层面，养老保障体系的建立和完善能显著提升政府的公信力和民众的满意度。这一点在于，有效的养老保障体系体现了政府对民众特别是老年人福祉的关注和承诺，从而增强民众对政府的信任和支持，养老保障体系还提供了重要的政策反馈机制，帮助政府更好地理解社会需求，从而进行有效的政策调整和制定。

在社会发展层面，面对日益严峻的人口老龄化问题，一个合理有效的养老保障体系能够帮助缓解由此带来的社会和经济压力，促进社会结构的优化和调整。养老保障有利于劳动力群体的正常代际更替，老年人年老退休，新成长劳动力顺利就业，保证就业结构的合理化。养老保障还能够提高整个社会的生活质量和福祉水平，尤其是对于老年人这一群体。此外，通过养老保障制度的实施，政府能够有效管理和平衡不同社会群体之间的利益，减少社会矛盾和冲突，促进社会发展。

3. 道德功能

养老保障不仅是一种经济安排，更是体现社会责任和人文关怀的重要机制，对社会道德风气的塑造和提升有着重要作用，其主要体现在四个方面：一是增强社会责任感。养老保障体系的建立和维护体现了社会对老年人的关怀和尊重。这种制度安排能够培养公众对弱势群体的同情和责任感，促进社会成员间的相互支持和关照。二是树立正义和公平的价值观。一个公正合理的养老保障体系有助于社会成员认识到社会正义和公平的重要性。它体现了对所有社会成员，特别是老年人的平等关怀，从而促进了公平正义的社会价值观。三是反映和强化社会凝聚力。养老保障作为社会保障体系的重要组成部分，其有效实施有助于增强社会的整体凝聚力。让社会成员感受到来自社会的关怀和支持，从而更加积极地参与社会活动和公共事务。四是提升社会道德标准。养老保障体系的存在和完善，可以作为衡量一个社会文明程度和道德水平的重要指标。它鼓励社会成员不只关注个人利益，更要关注整个社会的福祉。

4. 互助共济功能

支撑养老保障体系设计的社会价值观是社会共济①。养老保障的互助共济功能体现在四个方面：一是培养自助意识，通过互助养老实现了自身的物质、情感需求的满足，排解孤独无助的情绪困扰。老年人在相互交流中容易发掘出适合其身心特征的活动内容和方式，在互动中逐渐培养了自助意识，在互助中提升了自身选择与整合适宜的养老资源来满足自身养老需求的能力②。二是风险共担，通过建立养老保障体系，社会成员可以共同分担个人老年时期的生活和医疗风险。三是财务互助，养老金的累积和分配，实现了年轻时缴纳、老年时领取的财务互助模式。四是代际互助，当前的劳动者通过纳税或社会保险的形式支持退休人员，将来这些劳动者退休时，则由下一代劳动者来支持。

5. 预防功能

养老保障利用养老保险，事先筹集保障资金，用以防范老年人出现经济、心理、安全、健康等风险，因此具有预防风险的功能。从贫困老年人口开始，社会要逐步担起养老的责任。贫困老年人口独居的比例逐渐提高，社区如果没有建构相应的老年人口照顾体系，老年人口将独自面对病痛、意外、失能及死亡，有违生命伦理和基本的人文关怀③。养老保障运用强调预防重于治疗的做法，辅导理财促进老年人经济安全与尊严自主，促进高龄老人运用志愿服务开创、辅导老年人参与运动、休闲、娱乐等活动。老化预防是社会工作介入高龄老人社会参与的积极目的，社会参与是社工介入老化预防的有效策略。在促进高龄老人社会参与的进程中，老化预防需要老人自身、家庭、社区、全社会的共同努力④。

二、养老保障的研究内容

加快完善养老保障体系是应对人口快速老龄化挑战的迫切需要，是实现老年人幸福

---

① 郑功成. 多层次社会保障体系建设：现状评估与政策思路［J］. 社会保障评论，2019，3（01）：3－29.

② 陈静，江海霞. “互助”与“自助”：老年社会工作视角下“互助养老”模式探析［J］. 北京青年政治学院学报，2013，22（04）：36－43.

③ 慈勤英，宁雯雯. 家庭养老弱化下的贫困老年人口社会支持研究［J］. 中国人口科学，2018（04）：68－80＋127.

④ 许晓芸. 老化预防与社工介入：积极老龄化视野中的高龄老人社会参与［J］. 社会工作与管理，2019，19（05）：52－60.

美好生活的迫切需要。社会主要矛盾的变化意味着老年人的需求层次正在升级，对老年保障体系的发展完善提出了更高要求。老年人的美好生活需求是全方位的，我们需要构建一个包括经济保障、服务保障、精神保障为主要内容的“三位一体”的老年保障体系，这个体系将努力实现人人有保障、缴费有激励、待遇有差异、制度可持续、多层次与多支柱的养老保障体系框架①。

（一）经济保障

养老是一个经济问题。当个人进入老年阶段之后，绝大部分人将告别工作岗位或者丧失劳动能力，其生活来源则主要依靠劳动期间的储蓄、保险及其财产增值积累，这要求劳动者要对未来进行规划和自觉实施储蓄计划。世界银行在1994年的报告中提出了多支柱的养老金计划，包括旨在减少贫困的公共部门管理的强制性资金体系，私人管理的基金制度，以及自愿的退休储蓄计划，如果按照这种“三支柱”的建构，世界很多国家都建立了多支柱的养老金体系来解决养老问题。比照多支柱的养老金体系，我国的养老金体系也是多支柱的，目前有学者认为是“三支柱”，也有学者认为是“五支柱”。“五支柱”包括：零支柱是一种非缴费的救助制度，即老年福利和救助制度；第一支柱是强制性部分收入替代性保障制度，是基本养老保险制度；第二支柱为职业年金或者企业年金，由雇主和雇员共同供款或者单纯的由雇主供款为企业员工提供必要的养老金保障；第三支柱为个人自愿保障，即个人养老金或个人储蓄；第四支柱是家庭提供的代际赡养。在本书中，基本养老保险（公共养老金）、年金、个人养老金、商业养老保险、长期护理保险、慈善助老、老年福利与救助都是解决养老的资金来源。

（二）服务保障

经过多年建设发展，我国基本建成了居家为基础、社区为依托、机构为补充、医养相结合的养老服务体系，老年人及其家庭的获得感和幸福感显著增强。但总的来看，养老服务市场活力尚未充分激发，发展不平衡不充分、有效供给不足、服务质量不高等问题依然存在，人民群众养老服务需求尚未有效满足。我国养老服务体系也面临一些突出问题，主要表现为：养老服务支持体系不完善且缺乏整合、养老服务有效供给不足且质量效益偏低、养老服务资源配置不均衡且失位错位突出、养老服务人员综合素质不高且专业人才短缺。当前，我国正处于全面建成小康社会决胜阶段，也是我国老龄事业改革发展和养老体系建设的重要战略窗口期。应当抓住一切有利机会，加快养老服务体系建设，努力实现让所有老年人都能老有所养、老有所依、老有所乐、老有所安。未来我国将继续健全市场机制，建立健全高龄、失能老年人长期照护服务体系，强化信用为核

① 王延中，单大圣，龙玉其．中国社会保障发展报告（2019）养老保险与养老服务［M］．北京：社会科学文献出版社，2019.

心、质量为保障、放权与监管并重的服务管理体系，大力推动养老服务供给结构不断优化、社会有效投资明显扩大、养老服务质量持续提高、养老服务消费潜力充分释放，有效满足老年人多样化、多层次养老服务需求的养老服务体系。

（三）精神保障

老年人精神保障主要是指老年人获得人格尊重、情感支持和心理慰藉的制度保障，是养老保障的重要内容。满足老年人精神需求，一是表现为对老年人的尊重，尊重老年人自主决策和参与家庭决策、社会决策的权利，尊重老年人作为独立个体和社会成员的自主性和选择权。二是表现为对老年人的情感支持和关怀，满足老年人对家庭亲情和天伦之乐的需求，重点体现在老年人与家庭成员之间保持一定频率的情感交流和互动，这也是为何立法需要强调“常回家看看”的原因所在。三是表现为对老年人的心理疏导和安慰，及时化解老年人因个人、家庭和社会等因素产生的心理压力，满足老年人的心理期待等。

与物质需求不同的是，精神需求涉及老年人与家庭成员乃至他人和社会之间的关系，包含代际关系和人际关系。满足老年人精神需求不仅与老年人及其家庭成员有关，还与社会公众及社会环境等因素有关。仅凭老年人自身努力很难实现精神需求的满足，需要社会各方共同努力。随着我国人口老龄化程度不断加深和社会发展水平不断提高，满足老年人精神需求不仅是应对人口老龄化的当然之举，也是社会进步的必然要求。当前，我国老年人口比例不断提高，规模迅速膨胀，产生养老精神需求的潜在群体正在扩大。可以说，我国当前正处于一个养老精神需求快速膨胀和多样化、复杂化的阶段。随着老年人经济供养状况的改善，满足老年人精神需求的重要性日益凸显①。

三、养老保障的一般研究方法

本书界定的养老保障是一系列涉及老年人口的保障制度总称。尽管养老保障是人们观察总结养老规律而构建的一系列制度，但目前养老保障还没有形成一门成熟的学说。养老保障是以政府为主体，综合运用经济、社会、文化多种手段确保老有所养而织就的安全网，涉及经济学、管理学和人口学等学科的知识。在研究养老保障的一般规律时，我们可以从经济学、管理学和人口学等视角去进行，从大量的研究成果来看，养老保障已经不囿于传统的抵御风险范式之上，而是以包容并兼的态度去看待老年人的全面发展，从而实现人的全生命周期发展。

（一）规范的研究方法

尽管养老保障是一个制度运用，但我们可以借鉴规范的研究方法进行研究。规范研

① 林宝．记者观察：关心老年人精神需求［N］．人民日报，2013－07－30.

究的目的是根据一定的价值判断来识别和解决问题，确立理论的前提作为形成政策的基础，并参照这些标准思考制度设计的方向。在养老保障制度的完善上，我们的价值观往往决定了制度的优劣判断。规范的研究方法通常在试图解释我们的制度应该是什么样子？例如，我们应该建立长期护理保险制度，我们应该建立高龄老年人的补贴制度，我们应该确保每一个老年人都要实现老有所养。

从"应然"的视角看，规范的方法更像哲学方法，它追求的是这个世界最理想的制度设计应该是什么样的。例如，养老保障涉及个人、家庭和社会三个主体，每一个主体都应该为老有所养贡献力量。养老保障存在保险市场失灵问题，存在信息不对称和风险选择等问题，导致市场无法有效提供充分的养老保障服务，因此需要政府介入，通过制定相关政策来解决市场失灵问题，保障老年人的基本生活需要。养老保障制度应该基于公平原则，让不同经济状况的老年人都能够获得相应的保障。政府应该通过税收、社会保障等手段来提高弱势群体的养老保障水平，以保障社会的公平和稳定。养老保障制度应该是可持续的，避免财政压力过大和资源的浪费。政府应该通过合理的养老保障政策，支持老年人自我养老和家庭养老，鼓励个人储蓄和私人保险，以提高养老保障制度的可持续性。养老保障制度应该是高效的，能够在保障老年人基本生活需求的同时，尽可能地节约资源。政府应该通过合理的制度设计和管理，使养老保障制度运行效率更高，降低管理成本和监管成本。总之，规范经济学认为，养老保障制度应该基于市场失灵的认识，通过政府介入和制定相关政策来解决市场失灵问题，保障老年人的基本生活需要。同时，养老保障制度也应该是公平、可持续和高效的，以保障社会的公平和稳定。

（二）实证的研究方法

实证的研究方法更加注重的是"实然"，也就是这个世界本身是什么样的，尽管我们有美好的期望，但是现实是受到多种条件"约束"的，我们能求的只是一个最优解，或者说是相互妥协的结果。在养老保障研究领域，我们希望养老金替代率能足够高，但是拥有不同资源、属于不同保障制度的人群养老金替代率却是不相同的，这是公平和效率的平衡问题。

在实证的研究思路下，经济学家还会讨论保障水平的高低是否促进了经济增长，他们运用不同时期的数据，不同的变量关系，构建不同的分析模型，得到可能完全不同的结论。以养老保险对储蓄的影响为例，当期养老金缴费可能会减少个人当期可支配收入，进而抑制消费，并可能提高储蓄率。这个观点认为，如果没有借贷约束和不确定性，养老保险与私人储蓄之间存在替代关系，有此消彼长的关系①。但也有研究认为随着我国老龄化程度加剧，将导致储蓄率下降。这个观点认为老龄化加剧，储蓄先升后

① 白重恩，吴斌珍，金烨．中国养老保险缴费对消费和储蓄的影响［J］．中国社会科学，2012（06）：48－71.

降[①]。近期，还有研究认为养老保险对储蓄率存在非线性影响。这个观点认为在不同的人口抚养比区间，养老保险参保率与替代率对储蓄率产生的影响存在差异。随着老龄化的加速，养老保险的“认知效应”转变为“替代效应”，这种此消彼长的正负转换显示二者呈现非线性关系[②]。从这些研究看出，不同的时间序列、不同的变量、不同的研究侧重点，研究结论可能南辕北辙。

思考与训练

1. 总结人口老龄化的特征。
2. 概述人口老龄化对社会保障带来的影响。
3. 简述养老保障的功能。

扩展阅读

老年人不是一个同质群体

如果把老年人当作一个同质的群体，就会出现试图为他们制定一个普适的经济政策的倾向，正如在其他领域人们所做的那样，我们总是试图制定一个普适的住房政策或卫生政策。但经验告诉我们，在面对多样化的群体时，这种努力是不够成功的，相反那些把老年人口分解成多个子群体的方法才是有效的。

——退休者与非退休者

分解数据的第一个步骤非常简单，即把老年人分成两大类——已退休的人和未退休的人。遗憾的是，大部分数据来源都没有提供这个分类。我们看到的典型数据都是把有收入和没有收入的老年人放在同一类。当然，仍在工作的老年人会有较高的收入。但把他们与没有收入的老年人的收入平均起来，所谓老年人收入的“平均值”和“中位数”就提高了。这样一来，统计结果看起来会比实际情况要好一些，然而事实上，那些退休者比那些仍在就业的人的实际情况要糟得多。

——不同的年龄分组

在分析有关老年人的数据时，另一个主要问题是把老年人按照组距为 15 岁或 20 岁的年龄差分组，这往往是很不恰当的做法。关于老年人经济状况的统计经常把所有 65 岁及以上的人归类成一组。需要再次强调的是：用这类数据得出的结论很可能带有误导性。首先，老年人在退休刚开始和即将结束两个极端时期的需求往往是非常不同的，意识到这一点很重要。

——消费类型

① 赵昕东，王昊，刘婷．人口老龄化、养老保险与居民储蓄率［J］．中国软科学，2017（08）：156－165.

② 王颖，刘新慧．养老保险对储蓄率的非线性影响及人口老龄化的门槛效应——基于 PSTR 模型的分析［J］．人口与经济，2023（01）：106－119.

麦克康奈尔和戴尔扎万（McConnel and Deljavan）所做的有关退休者与仍在工作的老年人的支出情况比较研究发现，与仍在工作的老年人相比，退休者的预算支出有更大的一部分是花在住房、居家食品和卫生保健方面。但是随着收入的增加，退休家庭的额外收入中只有较小部分用于生活必需品支出，较大部分则用在了礼物和慈善活动上。

然而还有另外一个因素导致高龄老人的支出升高。在高龄老人中，因患慢性病和住院（包括养老院）而导致特别高支出的比率急剧上升。75 岁及以上群体的卫生保健支出比例几乎是 65 岁以下老年人支出比例的四倍。尤其是那些患有特别严重疾病的老年人，他们的经济需求增加可以说是灾难性的。

——性别差异

正如我们在本章后面要讨论的，老年妇女中存在严重的贫困问题，而且问题比男性的要严重得多。表中（表略）显示了非婚状态的老年妇女收入分布状况。将这些人分为未结过婚、丧偶或离异三类后，我们发现，丧偶和离异的老年妇女陷于低收入状态的可能性要比未结过婚的老年妇女大得多。在本章后面的部分我们会展示对老年妇女贫困率的估计，并且说明最高贫困率就发生在“离异妇女”中。

资料来源：詹姆斯·舒尔茨．老龄化经济学［M］．北京：社会科学文献出版社，2010.

第二章　养老保障的思想与理论

学习目标

1. 理解马克思主义社会保障思想。
2. 了解西方经典养老保障理论。
3. 理解中国养老保障思想，能够运用养老保障理论解释养老保障的现实问题。

案例：养老保障的政治哲学基础和实践演化历程

在现代社会诞生以前，养老一直是家庭的主要职能之一。直到 18 世纪晚期，养老才伴随着人的社会化而逐渐走出家庭的范畴，成为某一社群共同负担的社会职能之一。随着基于行业的纵向和基于阶层的横向各种社群养老项目覆盖人群的不断扩大，1948 年《世界人权宣言》明确将养老保障作为基本人权后，各国公权力机关基于为主权者提供公共服务的法理逻辑，对各个社群的养老项目进行整合，将养老保障发展成了现代国家的基本职能。至此，我们所熟知的社会化的公共养老保障系统才基本成型。

理解现代养老保障的关键是社会化，即从古代养老到现代养老保障变化的核心是，曾经作为私人行为的养老活动逐渐社会化，最终步入了公共领域，从私人行为最终演化为社群的公共政治行为。如我国在改革开放之初引进社会化养老保险项目的初衷之一，就是鼓励劳动者脱离体制并参与到市场生产竞争之中。此后，在现代经济和社会系统联系越发紧密的背景下，个人成就的取得越发依赖其所处经济体和社会的各项公共支出，由此产生了个人应依其所得支付其为此所消耗的公共资源费用，并向公共资源的所有者即全体社会成员付费的思想；并进一步引申出一代人的社会成就均是建立在上一代人的社会投入基础之上的，支持代际间再分配的思想。正是基于上述思想，养老保障逐步衍生出了对社会财富进行再分配的职能。这种再分配既包括由基准养老金执行的同代人中不同阶层间的再分配，也包括随人均经济情况而调整的增量养老金。

在养老保障的政治哲学思想不断演化的同时，养老保障项目的运营模式也在不断演化。尽管现收现付型的养老保障运营模式遭到了诸如“老人对年轻人的盘剥”的质疑且其稳定性也存在风险，但需要注意的是，现收现付模式蓬勃兴起的背景是第二次世界大战结束后的婴儿潮时期。当时人口规模的不断膨胀和年轻世代的增加，使相对人口比重较小的老年人的养护变得人均负担极小。其背后的运营逻辑是通过基金化运营，达成同代人财富的共有和增值，使一代人承担起其自身的养老责任并规避道德风险。可见，以养老金为核心的现代养老保障的实质，其实是社会财富再分配的工具，其再分配的基准是现实的人均经济情况，而非整体经济发展情况。

资料来源：养老保障制度的设计逻辑——与李军教授商榷［J］. 探索与争鸣，2019（04）：66－74＋158＋161.

思考与训练

1. 你认为上文观察养老保障制度演变的视角是从经济学视角还是政治学视角出发的？

2. 如果老年人占总人口比重越来越大，现收现付制度将面临什么样的挑战？

第一节　马克思主义社会保障思想

现代社会保障制度的起源以工业化为前提，在城市化和法治化的共同推动下产生与发展[①]。今天，随着经济全球化的趋势愈演愈烈，世界各国的养老保障制度出现趋同化的一面，例如“多支柱”的养老金体系。但是，由于各国的历史、文化和政治制度不同，各国建立养老保障的动机和时机并不相同。因此，用来指导养老保障制度运行和发展的理论也不尽相同。养老保障制度的理论基础，包含马克思主义经典社会保障思想、西方经典养老保障理论、中国特色社会主义的养老保障思想与理论。其中，中国特色社会主义的养老保障思想与理论是中国式养老保障制度的理论基础，中国养老保障制度是在马克思主义社会保障思想的指导下建立和发展起来的[②]。

一、马克思、恩格斯的社会保障思想

马克思、恩格斯皆从不同程度、不同角度揭示了社会养老的基本特质，提出了现代社会建设社会保障制度的必要性和具体方法。比较遗憾的是，1883 年马克思逝世，同年德国俾斯麦政府颁布世界上第一部社会保险单项法规《疾病保险法》，马克思并没有能够对资本主义社会的保险制度进行系统的研究。

（一）关于批判资本主义社会的社会保障思想

马克思通过科学研究和革命实践活动已然认清资本家的本质，对资本主义的社会保障思想进行了尖锐的批判。

---

① 封进．社会保险经济学［M］．北京：北京大学出版社，2019.

② 邓大松，杨燕绥．社会保障概论［M］．北京：高等教育出版社，2019.

第一，资本主义的社会保障是资本主义社会阶级矛盾激化的产物。资本主义虽然创造了高生产力，但是资本主义生产方式又是在极为矛盾、毫无出路之中运动着，这不仅表现为资本主义社会已无法支配生产力的发展，其狭窄的生产关系已容纳不了它本身所创造的财富，而且表现为两大阶级的利益矛盾对抗越来越尖锐，整个社会一极是财富的增长，另一极是工人失业率和贫困的增加，甚至生活条件也没有保证。在这种必然的对立状况中，工人既要为物质生活资料而斗争，也要为谋求工作而斗争，不管社会财富处于衰落状态还是处于增长状态，给作为资本的奴隶的工人带来的都是苦难①。

第二，资本主义的社会保障基金主要来源是工人阶级所创造的剩余价值。虽然社会保障基金从表象上看是源自资本家，但事实表明，资本家是不可能把这项费用加注于自己身上，他们一定会将其转嫁到工人阶级和下层中产阶级肩上。马克思认为，“一部分剩余价值，作为总利润的一部分，必须形成一个生产保险基金。这个保险基金是由一部分剩余劳动创造出来的，就这一点说，剩余劳动直接生产资本，就是说，直接生产那种要用在再生产上的基金。……只是证明，工人既为保险基金，也为修理基金提供剩余劳动。……保险必须由剩余价值补偿，是剩余价值的一种扣除。”②

第三，资本主义社会的社会保障本质上具有欺骗性。马克思认为，尽管从表象来看，这些形式的社会保障产生了一定的积极作用，但究其本质却远非如此，它们是具有欺骗性的。因为资本主义开展社会保障工作并不能改善工人阶级生存和生活现状，而是为了缓和劳资矛盾，延缓资本主义体系的崩溃。马克思、恩格斯提出，在资本主义社会的背景条件下，社会保障是“资产阶级装出一副大慈大悲的样子，一旦也只有他们自己的利益需要这样做的时候才会如此。”恩格斯提出：“穷人们拒绝在这样的条件下接受社会救济，他们宁愿饿死也不愿到这些巴士底狱里去，这还有什么可以奇怪的呢?”③所以，马克思在《资本论》中指出，“需要救济的贫民实际人数的官方统计也越来越带有欺骗性”④。

（二）关于未来社会社会保障制度的构想

马克思主义认为，资本主义只是历史发展的一个阶段，它要被新的更高的社会所代替。在认清资本主义社会保障的本质的同时，马克思、恩格斯也对未来社会及未来社会的社会保障制度进行预测和构想。

第一，社会主义社会的社会保障目的是满足人类基本生活需要。马克思认为：“社会保障就是为了人的生产和发展，故实施这一制度是人类生存的需要，人的存在和发展是社会为其服务的前提条件。”⑤ 社会保障最初目的在于满足人类的最基本的生存需求，

---

①② 林闽钢，现代西方社会福利思想——流派与名家［M］．北京：中国劳动社会保障出版社，2017.

③ 马克思恩格斯全集：第2卷［M］．北京：人民出版社，1957.

④ 王彦龙．中国共产党社会保障思想与实践研究［M］．北京：中国社会科学出版社，2020.

⑤ 马克思恩格斯全集：第31卷［M］．北京：人民出版社，1998.

进而满足更高的需要。只有当人们满足了最低层次生存需求，他们才会去追求更高的跟人的意识、智力发展有关的需要。社会保障制度的建立，正是促使社会成员的需要获得满足并由低级向高级转移的良好的社会机制。

第二，社会主义社会的社会保障的价值取向是维护社会公平。“多劳多得，少劳少得”的分配原则体现了社会主义社会在劳动产品分配上的公平性。劳动产品的初次分配以劳动量来计算，这在形式上是公平的，然而在内容上由于劳动者个人差异而变得不公平。劳动者由于个人天赋不同而在同一尺度劳动量的衡量下获得劳动产品，这必然激发自身条件优越、劳动天赋较强的劳动者的劳动积极性，而那些个人条件差、劳动天赋低的劳动者在劳动产品初次分配过程中则处于劣势地位，这样极容易产生贫富差距。因此，社会主义的初次分配在形式平等的前提下实质上注重的是效率。作为再分配领域的社会保障则更加注重社会公平。

第三，社会主义社会保障的基金主要来源于社会全体劳动人民共同创造的社会财富。马克思在批评哥达纲领笼统提出的“不折不扣”主张时指出，如果我们把劳动所得首先理解为劳动产品，那么，集体的劳动所得就是社会总产品，在进入分配领域之前应作三项扣除：第一，用来补偿消费掉的生产资料的部分。第二，用来扩大生产的追加的部分。第三，用来应付不幸事故，自然灾害等的后备基金或保险基金①。这三个方面的扣除是必要的，它能够使生产顺利进行并不断实现扩大再生产，从而为社会创造更多的财富，同时，能够规避一些风险对生产造成的危害。

剩余的社会总产品中的其他部分是作为消费资料的，在把这部分进行个人分配之前，还需要进行三项扣除：“第一，和生产没有关系的一般管理费用；第二，用来满足共同需要的部分，如学校、保健设施等。……第三，为丧失劳动能力的人等设立的基金，总之，就是现在属于所谓官办济贫事业的部分。”② 由此可见，社会保障的内容较多，例如后备基金、教育、保健等福利事业以及扶贫事业都属于其主要内容。马克思指出了社会保障资金通过在分配之前对社会财富扣除的方式来获得，而扣除的社会财富又是社会成员共同创造的。因此可以看出，社会保障资金来自社会成员，同时服务于社会成员。

二、列宁的社会保障思想

列宁是伟大的无产阶级的政治家、革命家以及思想家。在俄国进行社会主义革命时期，列宁运用了马克思恩格斯的学说并对其进行发展和推进，使社会保障的论述更加明确和完善，并在此过程中提出了自己对于社会保障的观点和思想，列宁的社会保障思想总体上来说有以下两个方面③：

---

①② 马克思．哥达纲领批判．载：马克思恩格斯全集（第十九卷）［M］．中央编译局译．北京：人民出版社，1963.

③ 王彦龙．中国共产党社会保障思想与实践研究［M］．北京：中国社会科学出版社，2020：22.

（一）社会保障原则

列宁认为工人阶级的社会保障制度应该走国家保险之路，这才是一种“合理化的保险制度”。在1912年1月俄国社会民主工党第六次“布拉格”全国代表会议的决议中，列宁提出了“国家保险”应遵循的基本原则，“第一，工人在下列一切场合（伤残、疾病、年龄、残疾；怀孕和生育；养育者死后所遗寡妇和孤儿的抚恤）丧失劳动能力，或因失业失掉工资时国家保险都给工人以保障；第二，保险要包括一切雇佣劳动及其家属；第三，对一切保险者都要补助全部工资的原则予以补助，同时一切保险费都由企业主和国家负担；第四，各种保险都由统一的保险组织办理；这种组织应该按区域或被保险者完全自理的原则建立。”① 列宁进一步明确指出，无产阶级国家保险制度只能在推翻资本主义制度的前提下才有可能建立起来。他说：“只有彻底推翻沙皇制度，争得无产阶级自由进行斗争的条件，才会实现真正符合无产阶级利益的保险改革。”②

（二）社会保障权利

列宁的社会保障思想还体现在苏联的宪法中，在苏联，1936年宪法首次具体而明确的规定社会保障权利，1977年又进行了修订。1977年宪法第43条规定苏联公民在年老、疾病、完全或部分丧失劳动能力以及丧失抚养者时，拥有的享有物质保障的权利，此外，还首次规定了集体农庄社员也享有社会保障权利。列宁认为社会主义社会保障的目标是保障和满足人民群众的基本生活要求，保证全体社会成员的充分福利和自由的全面发展。列宁社会保障思想最基本的观点认为，社会主义国家不可推卸的责任就是保障和提高广大人民群众的基本生活水平，社会保障的基本原则是与生产力发展水平相适应，社会主义社会保障基金筹集的方式应根据不同的社会保障内容采取灵活多样的方式进行。

列宁在社会保障制度方面的探索，给我们留下了宝贵的丰富财富。但是也应当看到，由于历史条件的限制，列宁的有些思想在新生的苏维埃国家缺少必要的实现条件，或超越了当时的客观条件。我们在研究列宁的社会保障思想时，一定要注意把他的思想置于当时的特定历史背景中去把握，既要看到他与一般资产阶级社会保障思想的本质区别，也不要夸大他的一些想法的实际作用。列宁的社会保障思想和实践毕竟处于社会主义社会保障思想与实践的探索阶段。列宁的基本立场、基本观点和基本方法应当继承和发展，而他的一些具体观点，要结合实际来处理，不能盲目照搬③。

---

① 列宁．俄国社会民主工党第六次“布拉格”全国代表会议［M］//列宁全集（第十七卷）．中央编译局译．北京：人民出版社，1959：449.

② 列宁．关于对杜马的工人的国家保险法案的态度［M］//列宁全集（第十七卷）．北京：人民出版社，1959：450.

③ 王彦龙．中国共产党社会保障思想与实践研究［M］．北京：中国社会科学出版社，2020：28－29.

第二节　西方经典养老保障理论

众多学者、政客在早期就从不同的视角领域来研究社会养老保障制度为什么存在，以及以何种形式运行等问题，在不断发展中奠定了坚实的理论基础。特别是，人口发展理论、社会契约理论、多数理性投票理论、纳税人保护理论、死亡变动理论、西方生育理论、老年社会理论学、公共财政与管理学及法学等众多的理论观点和体系，聚焦于对整个社会日益显现和庞大的养老需求问题的关注，为理解养老保障制度的功能和作用提供了一个更完整的思维框架。在整体思维框架下，本节将从政治、经济、社会三个视角对西方经典养老保障理论进行阐述①。

一、政治学视角：养老保障与国家建设

政治学关注养老保障制度的历史变迁与制度绩效，指出政治决策是养老保障制度产生和变迁的内生力量。该视角认为社会养老保障制度与政治因素密切相关，可以说是一个国家各种政治力量的博弈结果，其中政党及政府起着举足轻重的作用。在此，我们主要介绍威廉·贝弗里奇的福利国家思想、多数理性投票理论和社会正义理论对养老保障制度建设的指导理念。

（一）威廉·贝弗里奇的福利国家思想

威廉·贝弗里奇于1941年担任英国“社会保险和相关服务部际协调委员会”的主席，并于第二年提交了题为《社会保障及其相关服务》的报告，也就是著名的《贝弗里奇报告》。

该报告设计了以下四项基本原则：一是普遍性原则，将保障范围从传统的贫困阶层扩大为所有公民，并满足全体居民不同的社会保障需求；二是保障基本生活原则，即社会保障只能确保每一个公民最基本的生活需要；三是统一性原则，即社会保障的缴费标准、待遇支付和行政管理必须统一；四是权利和义务对等原则，即享受社会保障必须以劳动和缴纳保险费为条件。贝弗里奇结论的革命性，主要在于它所倡导的“达到目标的手段的选择”上。这些原则的提出和实施使社会保障理论更丰富和趋于成熟，实现了对以往任何社会福利保障构想与实践的划时代突破。

这份报告所揭示的福利理念以及所勾画的福利国家的蓝图，代表了现代社会福利制度普遍理性化的具体实践，为现代社会福利体系的建立奠定了基础。它不仅为英国的福

① 周爱民，姜耀辉．中国养老保障制度的改革与发展［M］．北京：经济科学出版社，2018：20.

利国家建设提供了理论基础和政策依据，而且也深刻地影响了第二次世界大战后其他国家的社会福利建设乃至全世界的社会福利制度建设和发展进程。可以说，《贝弗里奇报告》在西方社会保障理论发展史上具有里程碑的意义，贝弗里奇本人也被誉为“福利国家之父”①。

（二）多数理性投票理论

在多数理性投票理论中，公共决策是由数量最多的中间选举人决定的。该理论认为老年人是政治斗争中的赢家，会得到作为公共决策的养老保险体系的回报。由于在实际中老年人并不构成人口的大多数，因此，将该理论应用于养老保障中的养老保险制度中需要进一步的假设：一种情况假设老年人和穷人组成一个联盟；另一种情况假设老年人和中年人组成一个联盟并且认为一次选举的结果可以永久持续。

在第一种情况下，老年人被看作是获胜联盟的领导者。老年人认识到他们在选举中不占大多数，因此他们与穷人结成联盟，以便于能够实施一个有利于他们的养老保险制度。如果老年人和穷人联盟占到选举中的多数，他们就能赢得政治斗争。

在第二种情况下，老年人和中年人结成联盟。我们通过交叠世代模型来说明老年人和中年人联盟是如何获胜的。该模型假设经济中有数量相等的三代人：年轻人、中年人和老年人，每一代人都生活三个时期，不存在人口增长和经济增长。为了便于计算未来养老金的福利水平和支付的现值，假定贴现率和利率均为零。假设三代人将在一次选举中投票决定引入一个可以永久持续的现收现付养老保险制度，该政策的规则如下：在每一个时期，年轻人和中年人的纳税额为 T，老年人的津贴为 2T。很容易推断，在该政策下，所有三代人的福利水平都能有所改善（至少也不会有损失），这一政策对任何一代人都是可行的，并且如果它能长期保持稳定就可以看作是永久性的②。

（三）社会正义理论

在当今社会，养老保障是一种道德理念的体现，和道德伦理不可分割地联系在一起，并以制度的形式表现出来，因而与西方政治哲学中的社会正义理论关系十分紧密。美国著名的伦理学家、哈佛大学的罗尔斯教授，曾在其著作《正义论》中描述道：“正义是社会制度的第一价值，某些法律或制度，只要它们不正义，就必须予以改造或废除。”这要求当代政府既要加强制度建设，还要在制度建设中将贯彻正义法则放在首位。罗尔斯将公平正义理论的内涵概括为两项基本原则，一是平等自由原则，明确和保证公民根本的平等自由和政治权利；二是经济平等原则，以确定国家经济利益在何种条件下如分配的不平等，但却是合理的。

---

① 张剑，赵宝爱. 社会福利思想［M］. 济南：山东人民出版社，2014.

② 刘芳，欧阳令南. 养老保险制度理论的分析［J］. 上海经济研究，2002（08）：45－50.

根据罗尔斯的正义原则，同等数量的国家公共资源分给贫困的穷人和有钱的富翁，其边际效用大不等同，前者所带来的边际效用比后者要大得多，采取各类措施，使经济情况最差、最需要资助的人得到最多的资助，实现资源配置的效用最大化，才是最为公平的。养老保障制度建设中，应注意区分贫富老人的不同养老需求，给予贫困老人特别的倾斜优惠政策①。

二、经济学视角：养老保障与经济建设

经济学视角关注养老保障制度的内在机理与经济绩效，从资源配置、收入分配、经济增长等方面分析养老保障制度安排与各种经济变量之间的相互作用。具体来说，经济学理论关心的重点是社会养老保障制度与宏观经济变量的关系，如养老保障制度对储蓄、家庭消费、社会福利水平、经济增长、资本积累的影响互动关系，并以这种互动关系对各种运行机制的养老保障制度进行经济学分析、比较并提出改进意见②。

（一）纳税人保护理论

纳税人保护理论认为福利计划的目的是保护纳税人免受来自老年人的过多压力。该理论通过一个关于老年人和年轻人政治斗争的模型解释福利计划的存在。该模型假定政府预算是收支平衡的，如果老年人是政治斗争的获胜者，年轻人就要纳税支付老年人的津贴，年轻人的纳税额等于老年人的津贴数额。在斗争中，双方都要花费一定的资源（例如游说立法者、影响投票人以诱使他们投票支持低税率或者高津贴的政策）才能取胜。然而，这两个利益集团的目标函数是不同的：年轻人的目标函数是最小化个体成员的总成本；而老年人的目标函数是最大限度地扩大单个成员所得到的津贴与支付的成本之间的差额。

模型引入了老年人的福利函数、年轻人单个成员的税收损失函数以及老年人单个成员的津贴损失函数，并附加了一些假设条件建立了年轻人和老年人的目标函数，在政府预算平衡的条件下通过对目标函数求极值得出结论：福利计划减少了老年人施加给年轻人的压力，使纳税人的处境变好。因此，年轻人从自身利益出发是赞成福利计划的③。

（二）生命周期理论

1954 年美国经济学家弗兰科·莫迪利安尼与布伦伯格发表《效用分析与消费函数》，奠定了生命周期假说的基础，生命周期理论从人的生命周期发展和收支的社会干预的角度提出了建设社会养老保障制度的必要性：第一，一个理性消费者能以符合理性

① 柴效武．养老保障与养老模式探寻［M］．杭州：浙江大学出版社，2018：71.
② 周爱民，姜耀辉．中国养老保障制度的改革与发展［M］．北京：经济科学出版社，2018：20.
③ 余桔云．养老保险理论与政策［M］．上海：复旦大学出报社，2019：31.

的方式消费自己的收入，以实现消费最佳效用。第二，根据边际效用递减规律，要使一生中消费总效用达到最大，要求每一个人都必须根据其预期一生中的全部收入来安排他的消费支出。第三，个人拥有的财产越多，边际消费倾向越大。反之则相反。第四，人的一生中有正储蓄和负储蓄。在工作期间，收入大于消费，形成正储蓄；退休后，没有劳动收入，不得不将以前的储蓄用于消费，这就是负储蓄。个人储蓄在工作期间呈上升趋势，但在退休期间会逐渐减少。在生命结束时，工作期的正储蓄等于退休期的负储蓄，一定的收入等于消费。人们的这种消费行为构成了个人储蓄和财产在其生命周期内的驼峰分布。

从生命周期假说产生的过程和全部内容看，该理论更多地涉及年轻人的储蓄和老年人的消费问题，这就为养老金制度的建立提供了理论依据①。

（三）世代交叠模型理论

20世纪50年代，美国著名经济学家萨缪尔森提出世代交叠模型理论。该理论与生命周期理论所不同，是从整体结构出发，认为任何一个时期都会有不同代的人存在，每一个人在生命的不同时期都会和不同代人进行交易。那么被当作储藏用的货币其实又会进入流通领域，继续发挥交换的职能。这比生命周期假说更进了一步，以至于生命周期假说后来被人们看作是交叠世代模型的一个特例②。

政府的职责就是通过政策、计划将年轻人手中的货币收入的一定量转移到老人手中，保障其基本生活水平。如此代际转嫁，任何一代人的基本生活都会有保障。同时，世代交叠模型理论认为，老年人与年轻人之间的财产代际转移的效率会大于普通的储藏效率。显然，世代交叠模型理论从经济学的角度揭示了不同代际之间的货币交易规律和特点，并从社会管理的角度构建了适应所有人的可持续交易模型，从共时态角度揭示了社会资源在不同代际的分配，从历时态角度也说明了不同代之间社会合作的必要性，为建立现代社会养老保障制度奠定了理论基础。

（四）持久收入假说

米尔顿·弗里德曼在1957年出版的《消费函数理论》一书中阐述了持久收入假说。他认为消费与收入的基本关系是持久消费（C_p）取决于持久收入（Y_p），两者有着恒常不变的关系 $C_p = kY_p$。这个假说建立在以下三个基本命题之上。

首先，一个家庭事实上取得的且在统计资料上可以观察到的收入Y由两部分组成，即持久收入（Y_p）与暂时收入（Y_t）。与收入相对应，现实的即可观察到的消费（C）也由持久消费（C_p）和暂时消费（C_t）两个部分组成，即 $Y = Y_p + Y_t$；$C = C_p + C_t$。弗里德曼

---

① 邓大松，杨燕绥．《社会保障概论》学习指南与练习［M］．北京：高等教育出版社，2021：41.

② 新帕尔格雷夫．经济学大辞典（中译本第三卷）［M］．北京：经济科学出版社，1992：194.

把一个家庭借以取得收入的财富分为人力资本与非人力资本。鉴于人力资本无法从统计资料中测得，所以他引入持久收入这个概念，并将其视为财富（人力资本和非人力资本）的预期收入的现值，并把持久收入作为持久消费的自变量。

其次，弗里德曼假定，持久消费在持久收入中所占的比例是固定不变的常数，即 $C_p = kY_p(0 < k < 1)$。弗里德曼还进一步假定，用持久消费和持久收入来表达的消费对收入的比率，即 k 的数值，在所有不同的收入水平的家庭都是一样的，这就意味着富人和穷人在他们的持久收入中以相同的比例储蓄。

最后，弗里德曼还假定，暂时消费与暂时收入无关。这意味着暂时收入的边际消费倾向为零。这就是说，获得意外之财的家庭不会增加其消费支出，这意味着全部暂时收入成为储蓄。同样，蒙受意外损失的家庭不会削减消费支出，而是减少储蓄。简而言之，现实的消费不受意外收入或损失的影响，现实的消费取决于持久收入，因为暂时的（意外的）收入（或损失）全部表现为储蓄的增加（或减少）。

弗里德曼的持久收入假说说明个人的消费支出在其生命周期的各个年龄段上都要选择一个稳定的、接近于他新预期的平均消费率进行消费，而不能采取即期收入即期消费的“分光”“吃光”政策。人的一生除未成年外，分为创收时期和无收入时期两个阶段。在无收入时期即年老退休时期的消费只能依靠创收时期额外的储蓄提供资金。因此，人们必须具有风险和忧患意识，在有工作、有收入、生活富裕的阶段，要考虑老年时期无工作无收入的困难。于是，这就不可避免地涉及养老金计划问题。养老金计划不论是自愿性还是强制性的，都是一种特殊的社会性储蓄计划。它们弥补了个人储蓄计划的不足，使公众能够预期到他们退休时的收入，从而使人们的消费随着时间的推移而变得平稳。

持久收入假说虽然并未直接探讨社会养老保障问题，但是却为社会养老保险的研究提供了理论和实证思路，并从该假说的全面分析中得出了养老保险计划的必然性。正因如此，许多西方学者在充分肯定持久收入假说的成功之处的同时，还声称它是包括养老保障在内的社会保障的经济学理论基础①。

三、社会学视角：养老保障与老年支持

基于网络社会学，我们每个人都是社会网格中的终端接收器，整个社会网格的运行效率有赖于各终端的协作。社会养老保障制度作为一项社会制度，可以从老年人自身的特征以及社会网络支持来分析，主要有社会支持理论和马斯洛需求层次理论②。

① 邓大松，杨燕绥.《社会保障概论》学习指南与练习［M］. 北京：高等教育出版社，2021：41.

② 周爱民，姜耀辉. 中国养老保障制度的改革与发展［M］. 北京：经济科学出版社，2018：20.

（一）社会支持理论

社会支持系统是一个复杂的多维体系，包括主体、客体和介体，主体是包括正式和非正式的各种社会关系网络，客体是社会上所有需要帮助的个体和群体，介体是联结社会支持主体和客体的纽带和桥梁，如物质、行为、情感支持等。社会支持理论认为社会支持包括：物质帮助，如提供金钱、实物等有形帮助；行为支持，如分担劳动等；亲密的互动，如倾听，表示尊重、关怀、理解等形式①。

社会支持理论被用于养老问题时的主要研究内容是基于老年人是传统弱势群体的视角，如何通过社会支持的力量让他们的养老需求得到满足。老年人在养老保障制度中可以获得的社会支持可以分为两类：家庭养老支持和社会养老支持。家庭养老是指由亲属、朋友、邻居等群体提供的非制度性的支持。而社会养老是指由国家或政府通过公共支出向个人及其家庭提供的制度性养老服务支持。社会支持中的分工模式认为，家庭养老和社会养老制度，两者互为补充，体现了分担养老风险的功能。家庭养老比较适用于从事不可测的、简单的、偶发的养老活动，而社会养老能够处理可预测的、常规的、需要专业知识和技能的老年待遇和老年服务工作。此外，随着民众生活需求的多样化发展和社会经济基础的不断夯实，社会支持理论主张对个人养老提供社会性支持不仅局限于以社会保险的形式分散养老风险、提供养老保障的养老保险制度安排，因为这种“无差异”的养老制度供给不能满足不同主体、不同层次、不同内容的养老服务需求。基于提高整体养老服务质量的视角出发，应建立“多支柱”“多层次”的养老保障体系，并在此基础上进一步增进老年人经济社会福利，包括老年护理、居家养老、个性化养老服务供给等社会化养老服务方面的建设内容②。

（二）马斯洛需求层次理论

马斯洛需求层次理论也被称为“基本需求层次理论”，是美国心理学家亚伯拉罕·马斯洛在其1943年出版的书籍《人类激励理论》中首次提出的。马斯洛需求层次理论把人类的需求比喻为一个正三角形状的“金字塔”，从较低层次到较高层次依次为：生理需求、安全需求、社交需求、尊重需求和自我实现需求。这五个需求构成一个结构化的整体，每一层都起着重要的作用。

生理需求是人类最基本的需求。只有满足了最基础的生理需求，才能保证人的身体的正常运转，人类才能得以生存。安全需求是在实现生理需求后的第二大需求，包括人身安全、财产安全和家庭安全等多个方面。社交需求，是指需要通过与他人的互动与沟通并及时获得相应的情感反馈来实现，是一种感性的精神需求。尊重需求是较高层次的

---

① 谭有模．基于社会支持理论视角的养老服务研究综述［J］．中小企业管理与科技（上旬刊），2021（09）：167－169.

② 周爱民，姜耀辉．中国养老保障制度的改革与发展［M］．北京：经济科学出版社，2018：20.

需求，即因天生的自尊心，人们希望受到别人的尊重和被认同自己在社会中的价值。自我实现需求是马斯洛需求层次理论中最高层次的需求，即人要充分挖掘自身的潜能，并通过恰当的渠道和方式来发挥，实现人生的最高目标。马斯洛认为在低层次需求获得相对满足之后，才能发展较高层次的需求；但高层次的需求发展后，低层次的需求仍然存在，只是对行为的影响作用降低了而已。在马斯洛划分的五种需求中，每种需求的满足程度是不同的。一般来讲，等级低者更容易获得满足，等级越高者获得的满足感越小。据马斯洛统计，在现代文明社会中，生理上的需求的满足率约为40%，而自我实现的需求只能满足10%左右。尽管马斯洛的等级需求层次理论不能绝对化，但它确实反映了绝大多数人的一般需求规律。这种规律，在一定程度上强调了建立养老保障制度的重要性①。养老保障不仅可以在社会经济发展初级阶段，通过采取诸如提高养老补助、发放养老金等基本措施来满足老年人生存与安全的需求；同时随着社会经济逐渐发展，功能逐渐完善的养老保障也可以最大限度地满足老年人不断增长的精神文化需求。由此可见，养老保障制度的建立，正是促使老年人的需求获得满足并由低级向高级转移的良好的社会机制。

第三节　中国养老保障思想

中国特色社会主义养老保障思想的来源是极其丰富的，包含中国优秀传统文化和外来的先进文化。中国优秀传统文化中包含了丰富的养老观念，例如“孝文化”，同时构建了社会养老的基本制度，辅之养老的价值伦理规范，共同构筑了养老的稳固社会结构体系。本节分别从中国古代养老保障思想、近现代养老保障思想以及中国特色社会主义养老保障思想进行阐述。

一、中国古代养老保障思想

（一）儒家的养老思想：天之所命，不能不然

儒家又称儒学，是中国古代最有影响的学派，主张“礼乐”“仁义”，提倡“忠恕”“中庸”之道，主张“德治”“仁政”，重视伦理关系。自春秋战国时期以来，儒家学派的思想家从民本的思想出发，提出了一些社会福利方面的思想，并于秦汉时期形成了报恩事亲的一套思想体系，大力宣扬孝的地位，认为“夫孝，天之经也，地之义也，民之行也”②，孝道作为养老敬老的具体表现，儒家对此也有颇多见解，在中国养老保障思

① 郑功成．社会保障学［M］．北京：商务印书馆，2015：86－87.

② 钟涨宝．中国农村社会养老保障问题研究［M］．北京：中国社会科学出版社，2017：29.

想理论中占据重要地位①。

儒家自开山鼻祖孔子开始就十分重视孝道，儒家中“孝”的思想所包含的内容十分丰富，古代子女要做到对父母尽孝，具体来说至少需要做到三个方面的内容：第一，父母在世的时候不远行，赡养父母的起居饮食，自己的言行不违背父母的意愿，不能惹父母生气。第二，对已故的父母和祖先要按时祭祀，依照礼制为其奔丧守孝。第三，是中国古代社会中文人志士所追求的扬名立万光宗耀祖，而这也被《孝经》称作是“孝之终”。

自孔子之后，儒家思想陷入低迷态势，自认为儒家正统的孟子，立志恢复儒学。孟子主张将孝悌作为伦理道德核心，这实际上是对孔子孝悌合一思想的直接继承和进一步发展，因此，其孝道内涵较之过去更为丰富和深刻。孟子以性善论为基础，论证了孝的合理性。孟子主张孝作为德之根本也是人之本性，是天生的“善”。孟子进一步阐述了“孝”与“仁”之间的关系，提出仁最基本的含义是“事亲”和“亲亲”。在孟子看来，事亲只是行孝的开始，并非结束，应将其“推恩”于天下，做到“老吾老，以及人之老”。至于如何尊老敬老，孟子认为要通过教育等措施来宣扬和固化，“谨庠序之教，申之以孝悌之义，颁白者不负戴于道路矣”，从而保证老年人老有所养，能被儿女孝顺②。

两宋时期的社会主流思想文化——程朱理学，丰富并发展了儒家体系。相比之前儒家已经形成的养老思想，程朱理学并未在应该怎样对待老年人，应该如何养老等方面做过多的阐述，也没有在养老的具体方式上有所创新。但程朱理学认为封建宗法和伦理纲常思想是上天的安排，同时将儒家养老思想中的“孝”视为“天理”，认为孝敬父母乃是天命，是每个人都没有办法逃避的。孝事父母的养老思想也由人事上升为天命，赡养父母成了子女的绝对义务，子女在赡养老人的过程中更是要努力做到之前儒家思想中尽孝的要求，以便不违天命。这样的思想也导致了两种局面的产生，一种是子女将孝敬父母视为天命，在赡养父母的过程中尽职尽责、尽心尽力，使得每个老人都老有所养、老有所终；另一种就是愚孝现象的出现，因为孝敬父母是上天的安排，所以无论付出怎样的代价都要让父母安好，这也导致了宋代子女为了尽孝挖乳、剖腹、探肝等自残行为的盛行。

（二）道教的养老思想：始知百行，惟孝惟源

道教思想的本源是先秦时期的道家思想，但在先秦时期道家并不重视养老，并且巧击儒家“孝”的思想。老子将人伦关系的不和谐归咎于孝慈。到魏晋南北朝时期道教兴起，虽然在人生价值取向上同道家一样，都认为人应该顺应自然，摆脱世俗的束缚，明哲保身。但是在养老思想方面，道教与之前道家不重视养老有很大的不同，

---

①② 张剑，赵宝爱．社会福利思想［M］．济南：山东人民出版社，2018：156.

在充满儒家文化气息的社会中孕育而生的道教，受儒家思想的影响十分重视养老，《太平经》有记载："大慈孝顺"，"孝悌始学化善"。作为一个宗教，为了获取更多的善男信女去信奉，道教不得不提倡孝巧，因为"孝"的思想在百姓心中已经根深蒂固，道教如果坚持先秦道家自然养老的思想，则不会被广大平民所接受，更不会被"孝"治民的统治者所接受，因此，在养老思想方面可以说是道教向儒家作出了妥协。

经过魏晋南北朝时期和隋唐时期的发展，到了宋代，道教养老思想才成熟，道教养老思想才开始对社会真正意义的产生影响。虽然道教在养老思想的内容上翻版于儒家养老思想，但其将养老之事鬼神化、神秘化对于劝孝方面影响极深，由于古代科学技术并不发达，普通百姓在面对封建迷信的时候显得十分虔诚，因此，孝养父母不仅是思想道德或者伦理教化上的事情了，孝养父母也不仅是程朱理学所谓的"天理"了，孝养父母增添了鬼神的力量。之前不孝要受到道德的谴责，有可能还要受到法律的惩处，而现在又多了一份力量，那就是鬼神的惩罚，一定意义上来说道教的养老思想丰富了养老思想的表现形式，同时也对"孝"的思想进行了强化。

（三）佛教的养老思想：孝顺至道，孝名为戒

佛教源于印度，自汉代传入中国后，早期发展受到了限制。到了魏晋南北朝时期，战乱频繁，民不聊生，现实社会成为了苦海，人们都想摆脱战争带来的苦难，正因如此，佛教在这一时期得到了弘扬发展。佛教发展的鼎盛时期在唐朝，唐朝不但民间念佛信佛盛行，唐代统治者也大力支持佛教的发展，使得佛教文化在中国传播开来。为了能够使佛教有更大的影响力，佛教思想为世人所接受，佛教在保持原有教义的基础上进行了中国化，即为适应中国文化，佛教在某些方面进行了改变。

在养老思想方面，起初佛教跟儒家有极大分歧，佛教为使自己站住脚，对自己的思想进行了调和，但矛盾终究还是存在的，佛教的思想在同儒家思想进行斗争的过程中始终占不到任何便宜，调和之路并没有走通，最终佛教做出了妥协，不但承认了儒家的养老思想，并且也加入到说孝劝孝的队列中。《梵刚经》记载："释迦牟尼佛，初坐菩提树下成无上觉，初结菩提波罗提木叉，孝顺父母、师、僧三宝，孝顺至道之法，孝名为戒。"宋代契嵩对以往佛教学者的养老思想进行总结，撰写出了佛教关于养老的著作——《孝论》，在《孝论》中，契嵩阐述佛教的"孝"论，宣扬戒孝合一说。契嵩认为"夫道也者，神用之本也；师也者，教诰之本也；父母者，形体之本也"。父母赐予了每个人躯体和生命，人们应该孝顺父母，以报答父母的生育之恩，敬养父母是天经地义的。契嵩还将孝与佛教所提倡的戒、善联系在一起，将三者视为一体，只有三者兼备才可能修成正果。佛教养老思想将赡养父母，对父母进行报恩理解为人的一种自觉行为，认为这一自觉行为乃是天地法则，一定程度上来说这是对儒家养老思想的补充。同道教相同，佛教也将养老进行着神秘化处理，佛教认为人是有前世有来生的，如若不孝养父母，必将

受因果轮回之苦，来世做不成人，这在一定程度上也对养老起到了强化作用，使人因畏惧神秘力量而努力至孝。

思政专栏

古代有没有“老年证”？

老年人带“老年证”出门，可以在很多方面享有优待措施，比如免费乘车、免票进景区等。在古代，老年人享有优待的“凭据”是什么呢？我国是一个有着悠久尊老、敬老、养老传统的国家，在历史长河中，尊老爱幼的典故数不胜数，人们把尊老看作是仅次于事亲孝亲的一种美德，并逐渐形成一种制度，影响深远。由于老人腿脚不便需要拐杖辅助行走以避免摔倒，因此，自先秦起就有向老人赐“杖”、吃食等的先例。向70岁以上老人授予“鸠杖”（也称王杖）是汉代颇具特色的尊老养老措施之一。王杖的顶端以鸠鸟作为装饰，《后汉书·礼仪志》还有这样的记载：“鸠者不噎之鸟也，欲老人不噎。”古人认为鸠鸟咽喉通畅，鸣叫婉转，送老人斑鸠，就是祝愿老人食道通畅，饮食无阻，身体健康，长命百岁。鸠杖既是那时候的“敬老卡”，也是国家敬老养老的一个标志，汉代还颁发诏令持有鸠杖的老人可以自由出入官府不下跪，可以在御道上行走，儿女如果虐待持有鸠杖的老人，甚至会被处以极刑，如有人愿意奉养年龄在60岁以上且无子女的鳏寡老人可以得到政府特殊的扶持，等等。可以说是汉代的“老年人保护法”。

图2-1（a）　战国错金银鸠杖（观复博物馆）

图2-1（b）　成都出土汉画像石中的持鸠杖老者

资料来源：《鸠鸟九九送粥 老人健康长寿》，央视新闻客户端，2023年10月；《古代有没有“老年证”，能享受什么优待措施?》，南阳晚报，2022年7月（编者有删减）。

二、中国近现代养老保障思想

（一）郑观应养老保障思想

早期维新思想代表人物之一的郑观应，在《盛世危言》一书中从数量、待遇水平、机构建设等方面对英国的养老机构进行了详细介绍。一是伦敦的养老机构众多。“英之养老院，伦敦都城凡一千三百七十所，居男妇之老而无告者”。仅伦敦市就有一千三百七十所养老院，可见英国政府对养老问题的重视。二是养老机构的待遇充裕。英国养老院“日给三饭：晨给一馒首、一茶、一牛脂、一粥，午加肉，晚加羹”。老年人在养老院中的食宿皆有保障，衣物每周换洗一次。养老院还充分考虑到个别老年人的特殊情况，规定“有不愿居于内者，饭时乃集。有仅投一宿、予一饭者，则别为一所”。三是国王定期检视养老机构。英国统治者较为重视养老机构的运作情况，“国主时一临视，或遣子女代查，以昭慎重”。国王或其子女对养老院的定期检视有利于养老院保证服务质量，进而增进老年人福利。

虽然郑观应没有提出中国养老服务建设的具体举措，但从他对英国养老机构的介绍和赞许中，明显体现出他对老年群体的关注和对西方先进经验的重视，为推动养老服务制度建设提供经验①。

（二）康有为养老保障思想

康有为在其《大同书》中进一步地吸取国外先进思想，融中外对未来社会理想，描绘了更高层次的大同社会。其中仁爱之道是大同社会理想的基础，又增添了国外的自由、民主、平等思想。认为只有将生育、教养、老病、死丧等事都归于社会公共福利事业，建立“公养”“公教”“公恤”的福利保障制度，人类才能真正走向大同②。在大同社会中关于养老保障的思想则体现为其主张设立养老院。

康有为指出，在公有的大同社会里，人人都是“公人”，为公家而勤苦劳作，年老体衰、无法食力以自养者，公家即设立养老院收养之，凡60岁者皆可入院养老，安享晚年；无子女者则由护侍人进行照顾，根据老年人年龄高低分别配给1至4名不等的护侍人；老人按照其壮年时期的“奋勉”状况和程度分为六等，享受不同的待遇③。若人患病或残疾可以进入社会举办的“医疾院”“养老院”得到精心的治疗。人到了晚年不能自理者，或贫而无依者，则可进入“养老院”“恤贫院”受到“公恤”。人死后可以进入“化人院”火化。

---

① 徐珺玉．郑观应的社会福利思想探析［J］．贵州师范大学学报（社会科学版），2019，220（05）：42－47.

② 田毅鹏．中国社会福利思想史［M］．北京：中国人民大学出版社，2017.

③ 张剑，赵宝爱．社会福利思想［M］．济南：山东人民出版社，2018.

（三）孙中山养老保障思想

孙中山是资产阶级革命的领袖。孙中山继承了中国传统儒家互助思想，结合中国国情提出了民主主义哲学。其中有养老、济贫、救灾等多项救济福利措施，主张由政府负责，强调国家的责任。同时，孙中山十分推崇天下为公的大同世界并多次书写“天下为公”的条幅以明其志。他认为：“大同世界即所谓‘天下为公’。要使老者有所养，壮者有所营，幼者有所教”。他将它作为自己终生奋斗的社会理想：“实现社会主义之日，即我民幼有所教、老有所养、分业操作、各得其所”①。这种“安老怀少”的福利观，实际上是对中国传统福利思想的继承和发展。

孙中山还从制度上对中国的养老保障事业做出了具体的设计。他认为，社会应该收养老人因为“社会之人，为社会劳心劳力辛苦数十年。而至衰老筋力残弱不能事事”②。人在“垂暮之年，社会当有供应之责，遂设公养老院，收养老人，供给丰美，俾之愉快，而终其天年，则可补贫穷者家庭之缺憾”③。

三、中国特色社会主义养老保障思想

（一）毛泽东、邓小平养老保障思想

毛泽东作为中国第一届领导核心，提出了“国家和集体共同养老”的保障思想。毛泽东站在马克思主义的立场上，着眼于中华传统文化的基础，结合新民主主义革命和社会主义革命的实践，提出了养老不仅是人的基本生存权利，更是道德伦理的要求的观点。

在革命时期，毛泽东就对关于保障老年人的观点进行了阐释。1922 年 5 月 1 日，毛泽东就指出：“对于那些六十岁以上不能为国效力的人，我们应该而且必须给予他们救命食物的保障。另外在一个人幼小以及年老不能做工的阶段应该都拥有一种获得保障他们基本生活所需食物的权利”④。并首次提出了“老病保养权”政策，揭示了吃饭和就医是两个最基本的养老难题，对于农民来说，吃饭和就医更是养老难点，明确了革命和建设分两步走的中国农民养老之路。1928 年之后，毛泽东制定了一系列关于土地的法律和土改的政策，每个人获得平等的养老权利。1949 年 12 月、1950 年 6 月国家先后发布了《关于生产救灾的指示》《关于救济失业工人的指示》两个社会保障政策文件，对失业工人和灾民采取行动指示；随后推行土地改革和农村合作化运动，解决农民的吃饭和养老问题。毛泽东还认为，养老不仅要解决吃饭问题，还要解决就医问题，为此，在 1950 年召开的全国第一届卫生会议中提出了在县、区、行政村和自然村分别设立卫

---

①②③　孙中山全集（第 2 卷）［M］. 北京：中华书局，1982.

④　毛泽东选集（第 1 卷）［M］. 北京：人民出版社，1951.

生院、卫生所、卫生委员和卫生员，形成了医疗网。1951 年发布《中华人民共和国劳动保险条例》，建立起与计划经济相适应的社会保障制度，进一步完善企业员工和国家机关单位以及事业单位职工的退休养老制度；在农村，实行相应的合作社下的“五保”制度。在 1965 年“六二六”指示中，要大力为农村培养医药卫生人员，不脱产卫生员促使农村的卫生条件得到了改善，改善了农民特别是老年农民就医难的问题。毛泽东的养老保障思想是中国革命和建设时期最宝贵的财富之一。

党的第二代领导核心邓小平的养老思想进一步完善了毛泽东的养老保障思想，并依托我国社会主义初级阶段的理论体系，立足于我国社会主义初级阶段生产力发展水平不高的客观实际之中。邓小平同志曾经指出：社会主义就要实现全体人民共同富裕。生产关系作为基本制度，它的产生发展都是由客观的物质生产活动、生产力决定的。邓小平提出：“在社会主义国家，作为一个真正的马克思主义政党，执政之后的首要任务就是致力于生产力的发展，并且要在这个基础上逐步提高人们的生活水平。”① 这些论断表明，要想完善老年人养老保障制度，既要立足于我国的基本国情，又要发挥社会主义致力于实现共同富裕的制度优势。完善的社会保障，要兼顾社会所有成员的生活水平，避免收入分配差距过大，产生不可调和的社会矛盾。建立健全社会保障体系，保护老年人的养老权利是发展生产关系中的必然要落实的一方面，有利于促进生产力的发展。邓小平提出了“家庭养老”为主的思想。邓小平在视察珠海江海电子有限公司时提出：“西方发达国家的实践证明，没有家庭不行，‘家庭是个好东西’。我们中国还要维持家庭”。同时强调了家庭的社会功能，他说：“搞福利福祉难免会涉及社会问题，比如养老问题，可以通过家庭来消化。欧洲大搞福利社会，但是当国家、社会承担不起这个责任的时候，问题就会被无限放大。全国有多少老人，基本都是靠一家一户养活的。中国文化从孔夫子起，就倡导一定要赡养老人。”② 这段谈话表明了家庭在国家中的重要作用，作为组成国家的细胞，在养老保障制度中也要发挥家庭的基础作用。在当今我国社会主义经济发展水平不高的时代条件下，邓小平同志以家庭为主的养老保障思想为今后中国长期的实践活动提供了明确的指导。

（二）江泽民、胡锦涛养老保障思想

江泽民在“三个代表”重要思想中强调我们党要始终代表最广大人民的根本利益，他提出要建立以“确保国有企业离退休人员和下岗职工的基本生活”为核心内容的社会保障体系，建立具有中国特色的社会保险制度。江泽民高度肯定社会保障的重要性，他提出社会保障的主要作用，是帮助人们降低生活和工作中可能遇到的风险，保障社会成员的基本生活，增强他们的生活安全感。不论是从经济角度还是社会角度，社会保障

① 邓小平．邓小平文选（第 3 卷）[M]．北京：人民出版社，1993.

② 邓小平．邓小平年谱（1975—1997）[M]．北京：中央文献出版社，2003.

体系对国家的发展都起到了重要作用。他在党的十六大报告中进一步指出：“建立健全同经济发展水平相适应的社会保障体系，是社会稳定和国家长治久安的重要保证。”江泽民认为社会保险是社会保障体系的核心内容，在他的领导下，党的十四届三中全会通过了《关于建立社会主义市场经济体制若干问题的决定》，其中规定城镇职工基本养老和医疗保险金由个人和单位共同承担，实行社会统筹和个人账户相结合。1997 年 7 月，国务院颁布《关于建立统一的企业职工基本养老保险制度的决定》，在全国范围内建立了统一的企业职工基本养老保险制度。1998 年 11 月，国务院颁布了《关于建立城镇职工基本医疗保险制度的决定》，开展城镇职工医疗保险改革。1999 年，江泽民在中央经济工作会议上又进一步提出“继续加强以失业、养老和医疗为重点的社会保障体系建设，逐步扩大覆盖面，提高社会保障程度。”我国的社会保险制度不断完善，覆盖面不断扩大，我国具有中国特色的社会保险制度基本确立。

以胡锦涛为核心的第三代领导集体，提出了科学发展观和构建和谐社会主义社会的重大战略思想。在这一指导思想下，胡锦涛提出了“老有所养”的养老保障思想。胡锦涛十分肯定社会养老保障的必要性，并且将其作为构建和谐社会主义社会的重要组成部分。以人为本的理念贯穿于胡锦涛的养老保障思想，他提出要实行“广覆盖、保基本、多层次、可持续”的社会养老保障政策，他强调发展为了人民，发展依靠人民，发展成果由人民共享，始终强调人民是推动社会发展的实践主体。党的十六届六中全会通过《中共中央关于构建社会主义和谐社会若干重大问题的决定》，决定中将“基本建成社会保险、社会救助、社会福利、慈善事业相衔接的覆盖城乡居民的社会保障体系”确定为 2020 年构建和谐社会的九大目标之一，提升了社会保障目标的层次。在 2008 年第十七届二中全会上胡锦涛提出了新时期社会保障的任务，即“加快建立覆盖城乡居民的社会保障体系，建立基本医疗卫生制度，大力发展公共文化服务体系，不断朝着努力使全体人民学有所教、劳有所得、病有所医、老有所养、住有所居的目标前进。”

（三）习近平新时代中国特色社会主义养老保障思想

习近平总书记高度重视民生，关心民生疾苦，坚持为民务实本色，在养老上有重要的体现。习近平总书记的养老保障思想是在前人的基础上结合新时代中国具体国情提出的，在习近平总书记的领导下，我国养老保障事业取得了前所未有的成就，极大地促进了我国养老的公平持续健康发展。在党的十九大报告中，习近平总书记提到：“必须多谋民生之利，多解民生之忧，在发展中补齐民生短板、促进社会公平正义，在幼有所育、学有所教、病有所得、老有所养、住有所居、弱有所扶上不断取得新进展。”这充分体现出习近平总书记高度重视人民，其中老有所养就是对养老保障制度建设的一个有力体现。

此外，习近平总书记在报告中还提出：“按照兜底线，织密网、建机制的要求，全面建成覆盖全民、城乡统筹、权责清晰、保障适度、可持续的多层次社会保障体系。”

这体现了习近平总书记对社会保障制度的高度关注和提出了独到的见解，全方位地保障我国社会保障制度的有效运行，从而让老年人能够老有所居、老有所养，共同建设社会主义现代化强国。自党的十八大以来，政府积极实施社会保障全民参与计划，积极完善城镇城乡养老保险制度，尽快实现养老保险全国统筹。在此前提下，针对当前社会保障情况提出这样一条措施："统筹城乡社会救助体系，完善最低生活保障制度。完善社会救助、社会福利、慈善事业、优抚安置等制度，健全农村留守儿童、妇女和老年人关爱服务体系。"这充分体现了以习近平同志为核心的党中央领导集体对我国困难群众的关注，保障其最基本的生活需要，多举措地保障弱势群体的利益。

面对人口老龄化问题的加速，习近平总书记提出要实行健康中国战略，推进医养结合计划，创造环境，让社会形成养老、孝老和敬老的氛围和风气，不断加快老龄事业和相关产业的发展。这是对广大老年人群体的关心，是其民生观思想的重要体现，习近平提到："共产党就是给人民办事的，就是要让人民的生活一天天好起来，一年比一年过得好。"[①] 习近平高度关注民生，要着力解决人民最担心，最迫切的难题。2013 年习近平总书记在天津考察时提到，社保是民生之依，要用民生观指导社会保障制度建设，把工作重心放到人民最需要的现实问题上。习近平对养老还有其他方面的论述，并对我国养老保障事业指明了前景，即"让所有老年人都能老有所养、老有所依、老有所乐、老有所安"[②]，养是指赡养，依是指依靠，乐是指精神享受，安是指安全，老是指所有老年人，农村空巢老人也是其中的重要组成部分，这充分体现了习近平总书记对我国养老事业的高度关注，对人民生活的极度关切。

目前，我国老龄化越来越严重，而经济实力却有待进一步加强，存在很多未富先老的现象，老年产业发展也还不成熟，老年服务有待跟进。习近平的民生观思想是对前人思想的总结创新，是中国共产党宗旨意识的体现，习近平指出："保障和改善民生没有终点站只有新起点。"民生问题是一个永恒的话题，是一项长期复杂艰巨的任务，这体现了习近平总书记对民生问题的关注，体现了责任担当，也体现了共产党执政的本色。习近平总书记民生观思想还体现在他对经济发展与民生保障的关系上，习近平认为，经济发展是前提，民生改善是目的，要将两者结合起来，良性互动。习近平的民生观思想还体现在共产党人的初心和使命上，习近平认为："共产党的初心和使命是为中国人民谋幸福，为中华人民谋复兴。"在全面建成小康社会以及实现中华民族伟大复兴的中国梦的进程中，人民是参与者也是当家人，要始终把人民的利益放在首位，让改革发展成果由人民共享。中国已经进入新时代，老年人口面临新的问题和挑战，我们要扬帆起航，坚持习近平民生观思想，做好老年人口养老保障工作，让广大人民共享改革发展成果。习近平的民生观还体现在对我国主要矛盾的把握上，因为我国养老保障也存在同样

---

① 习近平谈治国理政（第四卷）［M］. 北京：外文出版社，2022.

② 习近平. 在二〇一九年春节团拜会上的讲话［N］. 人民日报，2019－02－04.

的问题，农村和城镇养老保障存在很大差距，存在发展不平衡现象。因此，习近平总书记要求要将解决这一矛盾作为今后的首要工作。

自党的十八大以来，努力推进社会保障体系建设，保障社会公平，让老年人老有所养，享受改革开放取得的成果。努力推行全民参保计划，做好社会托底工作，完善救助体系，健全空巢老人关爱服务体系，保障基本住房建设，真正体现为民务实作风，是习近平养老民生观的重要体现，推进了我国养老事业的发展。

思考与训练

1. 请从社会保障原则和社会保障权利两个角度阐述列宁的社会保障思想。
2. 西方经典养老保障理论基础来自于单一学科的支撑吗？
3. 请简单论述习近平中国特色社会主义养老保障思想。

扩展阅读

老龄化的传统理论

脱离理论

脱离理论是一种最早的阐释老年人在现代社会中地位的综合性研究（Cumming & Henry，1961）。脱离理论认为，老年是老年人和社会互相脱节（如退休）的时期。脱离过程是一种自然和正常的趋势，反映了生命的基本生物节奏。换言之，可以将脱离理解为一种“功能性”脱离，脱离既是社会的需要，也是个人的需要。脱离理论实际上与现代化理论紧密相关，他认为，随着社会的现代化程度的加深和效率的不断提高，老年人的地位会持续下降，因此，脱离是一种自然过程。

……

脱离理论未能清楚地描述什么样的行为算是脱离。个人会退出一部分社会活动（如工作），增加其他活动（如家庭活动和休闲），但一般不会全退出社会活动。尽管年龄大了会出现健康问题及体力和社交能力的变化，但一些活得成功的老年人会以宽广的心胸看待生活中的变化，从而弥补这些损失，这种态度就是我们所说的“智慧”。发现，随着老年的到来，人们会出现一种“内化”的倾向——越来越关注内心世界（Neugarten，1964）。个体在中年时对外界活动和个人成就的兴趣已经达到了巅峰，当人们渐渐老去，这种兴趣会慢慢下降，转向对“自我超脱”的追求，他们似乎预见到了老年的角色丧失（Peck，1968）从这个意义上讲，“脱离”不一定仅指个体的外部行为，也可能涉及内部的人生态度。另外，没有理由认为老年人一定会产生“脱离”的心理倾向。一些老年人不知道自己是应该保持活跃，还是应该放手。在晚年，有的人喜欢脱离社会生活，而有的人则继续保持活跃，二者都是正常的。

活跃理论和持续理论

与脱离理论相对的是活跃理论。活跃理论认为人越活跃，满足感就越强。活跃理论假定，自我认识来源于我们扮演的社会角色和参加的社会活动，简而言之，行动决定了我们的生活状态。活跃理论认为，大多数老年人依然保持着年轻时的生活状态，因为他们的基本需求和价值观并没有发生改变。

持续理论（Continuity Theories）的观点与活跃理论相似，认为随着年龄的增大，人们更倾向于保持以前的习惯、个性和生活方式（Costa & McCrae，1980）。按照活跃理论和持续理论的观点，老年人社会交往活动的减少与其说是因为社会需要老年人“脱离”以前的角色，倒不如说是因为老年人自身身体不好或患有残疾（Havighurst，Neugarten，& Tobin，1968）。

……

活跃理论认为，如果因为退休和年龄限制导致老年人不能真正地参与社会活动，那么他们会寻找替代性角色或活动（Atchley，1985）。老年活动中心和长期护理机构倡导的很多社会活动，其出发点是这样一种观念：如果老年人积极参与社会活动，他们就不会出问题（Katz，2000）。这种“忙碌的伦理观”，以及对退休的排斥态度，与活跃理论如出一辙，实际上，这种情绪似乎相当普遍（Ekerdt，1986）。

每一种老龄化学说都有一定的局限性，都不能彻底地解释老年人的生活体验。很多理论似乎会不加批判地接受特定历史时期的价值观，比如将活跃或脱离视为老年的理想或标准。从年龄转折角度看老化问题的好处是，我们可以更加开放性地考察成年人的发展，如此一来，老年的意义就不是僵化的，老年人的选择就可以多样化，我们也就可以将社会自由与人们关于后半生发展的成见进行对比。

资料来源：哈瑞·穆迪，等. 老龄化［M］. 南京：江苏人民出版社，2018.

第一篇

经济保障

养老需要经济来源，全球各国不管是通过税收还是社会保险来筹集社会养老资金，都被认为是现代政府履行公共部门职责的重要表现。在老龄化加速发展的现实背景下，经济保障责任正在向雇主、家庭和个人倾斜，年金、个人养老金、商业养老保险等正在成为重要的养老经济来源。从费用端看，医疗保险和长期护理保险已经成为分担老年人的基本生活费用的重要手段。这些增收减费的制度设计正在形成多支柱的养老资金来源，正成为老年人继续追求美好生活的经济保障。

第三章　公共养老金

学习目标

1. 了解多支柱养老金模式的提出、发展及其在各国的应用。

2. 掌握我国基本养老保险制度的主要内容及发展。

3. 理解公共养老金在养老保障中的重要地位，能够理解公共养老金对于老龄事业和产业发展的重要作用。

案例：企业职工基本养老保险全国实现统筹

完善社会保障体系是新一届政府施政目标和工作重点之一。2023 年，我国将在养老保险全国统筹、提升养老金水平以及扩大普惠养老供给等方面推出进一步的改革措施，以提高我国养老保障的水平。

2020 年底，各省份实现了基金省级统收统支，解决了省内地区间基金负担不均衡的问题。但是，由于我国区域间发展不平衡，经济发展水平、人口年龄结构等存在差异，各省之间养老保险基金结构性矛盾日益突出。一些省份基金结余比较多，但一些人口老龄化程度比较重的省份，养老保险基金的支出压力比较大。自 2022 年 1 月 1 日起，我国正式实施企业职工基本养老保险全国统筹制度，有效压实地方责任，强化基金收支管理，建立全国统筹调剂资金，合理调剂地区间基金余缺，促进养老保险制度长期可持续发展。

人力资源社会保障部养老保险司副司长亓涛认为，全国统筹实施一年来，各项改革稳步推进，养老保险覆盖面进一步扩大，基金收支总体平衡，制度运行平稳。亓涛说："一是在全国范围内基本实现政策统一，劳动者与退休人员的养老保险权益得到更好保障。指导各地逐步放开灵活就业人员参保户籍限制，将更多灵活就业人员纳入养老保险保障范围。二是加大省际互济力度。2022 年全年跨省调剂基金共计 2440 亿元，有效均衡了地区间基金当期收支压力，资金使用效率更高。通过资金调剂使用，养老金发放更有保障，增强了养老保险制度的公平性和可持续性。三是建立了中央和地方养老保险支出责任分担机制。中央财政补助力度进一步加大，地方财政养老保险投入机制更加完善。"

财政报告的数据显示，企业职工基本养老保险基金中央调剂制度调剂比例逐步提高到 4.5%，2023 年全年统筹（跨省）调剂资金约 2440 亿元，地方基金当期缺口得到有效解决，同时核定地方养老保险投入责任 659 亿元。

资料来源：养老改革任务单即将落地，扩大普惠养老供给，第一财经，2023－03－15；人力资源社会保障部新闻发布会，2023－01－18。

思考与训练

1. 为什么要实行企业职工基本养老保险全国统筹？
2. 全国统筹是否意味着每一个参保人退休后的养老金一样多？

第一节　养老金体系概述

人口老龄化使发达国家和发展中国家都面临一系列的影响，首要面临的就是来自养老金制度的压力与挑战。在大部分国家，养老金都是老年人收入的主要来源，甚至是最重要的收入来源。但养老金体系中，公共养老金一直受到质疑，首先是其现收现付的制度设计，正在工作的一代为退休的一代提供了养老金，一些代际公平说的支持者认为后来的人能领到的养老金可能会少于目前福利制度下的退休老年人①。此外，随着人口老龄化的加速发展，看上去完美的现收现付将会面临“破产”，因为年轻的一代将少于退休的一代，届时这个制度就会“破产”。因此，养老金体系不得不进行必要的改革，多支柱养老体系的改革正是改革措施之一。

一、养老金的概念和种类

（一）养老金的概念

在人的一生中，收入和消费存在一定矛盾。在青年和中年阶段，个人收入水平逐步提升，在满足消费支出需求后还能形成一定结余；进入老年阶段，随着个人逐渐退出劳动市场，收入大幅减少甚至为零，但因年老而增加的健康和照料方面的消费支出却仍然需要满足。所以，理性的个体会在年轻时为老年消费进行储蓄，以此保持年老后的生活水平。但由于自身寿命、通货膨胀、生活水平提高等不确定因素，个人往往难以合理地安排各期的消费与储蓄。因此，需要通过社会化和制度化的形式为人们提供老年收入保障，这就是养老金制度（pension system）。

养老金是指人们用于维持老年阶段生活及发展需要的持续性资金。养老金制度的建立为老年人提供了稳定的收入流，是保障老年经济需求的重要制度安排②。传统的养老金特指由政府提供社会养老保险待遇。但随着人口老龄化程度的不断加剧，单一的社会养老保险大多难以为继，许多国家已经发展为多支柱养老金体系，为此，养老金的概念也得到拓展。广义的养老金一般包括公共养老金、职业养老金和个人养老金。为了符合

① 哈瑞·穆迪，等．老龄化［M］．南京：江苏人民出版社，2018.
② 社会保障概论编写组．社会保障概论［M］．北京：高等教育出版社，2019.

养老保障实践的发展和未来的趋势，本书所指养老金即是广义的养老金。

（二）养老金的种类

1. 根据责任主体划分：公共养老金、职业养老金和个人养老金

（1）公共养老金（public pension）。公共养老金是指由政府通过立法强制执行，以工资税、个人与企业共同缴费或一般财政收入为基金来源，实行公共管理的养老金模式[①]。公共养老金制度是各国老年人获得养老保障最主要的方式，也是国家责任和公民应享受的权利的体现。公共养老金的具体形式包括：全民平均津贴、家计调查津贴、就业关联平均津贴、收入关联津贴、缴费既定型的养老金待遇、最低养老金保障等，具体内容和典型国家的公共养老金制度将在本章第三节中详细介绍。

（2）职业养老金（occupational pension）。职业养老金是以雇主为责任主体，为其雇员建立和提供的老年经济支持，政府一般会给予税收优惠，但不直接投入或参与管理运营。在大多数工业化国家，它已经成为老年收入的重要来源，降低了老年人对公共养老金的依赖，缓解了财政压力。雇主也将其作为人力资源管理的激励手段，以此提高员工的工作效率和积极性，吸引和留住优秀人才。职业养老金的具体形式较多：从雇主的不同性质划分，包括了公共部门职业养老金和私人部门职业养老金；从供款不同来源划分，包括了个人缴费职业养老金和个人不缴费职业养老金；从建立的不同方式划分，包括了强制型职业养老金、自愿型职业养老金和集体谈判型职业养老金。

（3）个人养老金（private pension）。个人养老金是个人或家庭通过储蓄或其他方式（如人寿保险）自愿建立或参与的补充退休收入保障计划。管理和经营个人养老金业务的主要是银行和保险公司，政府一般对个人养老金采取鼓励的态度，有些国家通过免征所得税的方式予以扶持。目前，个人养老金的普及程度还远不如公共养老金和职业养老金，但随着养老金制度改革的不断推进，它的重要性也将越来越受到重视。

2. 根据财务模式划分：现收现付型养老金、完全积累型养老金和部分积累型养老金

（1）现收现付模式（pay-as-you-go，PAYG）。现收现付模式也被称为非基金式，是指以短期的横向收支平衡为原则，用本期（通常为当年或近两三年）的养老保险收入来满足本期的养老保险资金支出，不形成大量的结余。

现收现付模式是传统养老金制度较多采用的财务模式，它的优点是收支关系简单、管理方便、操作简单、不形成大量的基金结余。因此，没有基金贬值的风险和保值增值的压力。它的实质是社会范围内的代际转移支付，虽有利于退休者分享经济发展的成果，但也可能因年龄结构变化产生代际负担的差异。尤其是在人口老龄化日益严重的国家和地区，制度的支出压力越来越重，因此面临改革的压力也越来越大。

---

① 余桔云．养老保险：理论与政策［M］．上海：复旦大学出版社，2021.

在现收现付制度下，C 为缴费率，是缴费收入(c)与工资总额(W)之比率，于是有：

$C = c/W$ (3-1)

其中，B 为目标养老金替代率，即退休金(p)与社会平均工资 w 的比率，于是有：

$B = p/w$ (3-2)

其中，D 为制度赡养率，即受益人(b)与在职人口(E)的比率，于是有：

$D = b/E$ (3-3)

又由于工资总额（W）是由社会平均工资(w)和在职人口(E)决定的，所以，又有：

$W = wE$ (3-4)

最终，推导可得现收现付制度下收支平衡的平衡式为：

$C = BD$ (3-5)

即：现收现付制下，缴费率高低取决于目标养老金替代率和制度赡养率，并与它们同向变化。

从以上分析中可以看出，人口年龄结构的变化将对现收现付模式的财务平衡产生不可忽视的影响。人口老龄化会导致制度赡养率提高，如果想要维持原有的养老金替代率，则不得不提高缴费率。进一步来说，当人口或者工资增长无法维持，要使养老金替代率不变，则缴费率都将提高，这意味着工作一代的负担将加重。

（2）完全积累模式。完全积累模式（fully funded）也被称为基金式，是指依据远期纵向平衡原则，在社会成员具有劳动能力或年轻时，按法律要求拿出一部分收入积累起来用于将来养老支出。

完全积累模式本质是代内转移支付，因此，最大的优点是不易产生严重的代际矛盾，而且受年龄结构变化影响较小，更有利于应对人口老龄化风险，成为当前养老金制度改革的主要方向。然而，长期积累形成大量的基金，一方面可能通过有效的运营管理成为经济增长的推动力，另一方面也会因基金贬值风险的存在使基金的保值增值压力倍增。所以，它的管理难度要远远超过现收现付式。

我们假设参保者在其工作年份内必须积累起足够的基金用以给付他退休后一定目标的退休金，则其工作第一年的缴费额为 CW，其中 W 为起始工资，C 为缴费率；在随后的年份，随着工资的增长，供款将以每年 $1+g$ 的速度增长，这里的 g 为工资增长率；而由于可以实现投资增值，因此，积累的基金将以每年 $1+r$ 的速度增长，r 在这里为投资收益率。到退休时，雇员退休基金的积累为：

$CW[(1+r)^n + (1+g)(1+r)^{n-1} + \cdots + (1+g)^{n-1}(1+r)]$ (3-6)

如果养老金的增长与工资增长同步，B 为目标养老金替代率，那么，m 年的退休生涯在其开始年份的现值为：

$BW(1+g)^n[1 + (1+g)/(1+r) + \cdots + (1+g)^{m-1}/(1+r)^{m-1}]$ (3-7)

如果假设工资增长率 g 等于投资回报率 r，那么式 3-6 和式 3-7 可以分别简化为式 3-8 和式 3-9：

$CW(1+g)^n n$ (3-8)

$BW(1+g)^n m$ (3-9)

在完全积累式下，在退休时，基金的积累量必须与退休后所需求的退休支出现值量相等，即式3-6与式3-7相等，如果假设工资增长率 g 等于投资回报率 r，则为式3-8与式3-9相等。则积累制下所需的缴费率为：

$$C = B(m/n) \quad (3-10)$$

其中，n 为工作年份，m 为退休年数，则 m/n 为退休年数与工作年数之比，我们可以称它为自我负担率。因此，在完全积累式下，缴费率不仅要受自我负担率和预期的退休金水平的影响，还要受基金投资收益率的影响。如果投资回报率低于工资增长率($r<g$)，所需的缴费率则高于 $B(m/n)$，反之亦然。

我们可以通过表3-1进一步比较现收现付养老金和完全积累养老金面临的风险差异。

表3-1　现收现付模式与完全积累模式的风险比较

风险类型	风险表现	现收现付模式	完全积累模式
人口风险	负担系数提高	财务平衡将受到严重影响	对养老金融资和水平没有直接影响
金融风险	投资收益率波动	对养老金水平没有影响	对养老金水平有显著影响
宏观经济风险	产出下降，工资下降	缴费减少，当期养老金水平下降	缴费减少，对未来养老金水平有影响
	失业率波动	养老金财务平衡受到影响；对个人养老金水平影响不大	失业者的养老金水平会下降
政治风险		隐形的代际合同可能中断，财政预算对合同的执行有明显影响	个人账户不受财政预算的影响

资料来源：封进．社会保险经济学［M］．北京：北京大学出版社，2019.

（3）部分积累模式。尽管上述两种模式均有自己的特点与长处，但也都存在难以逾越的困难。因此，一些国家和地区采取兼具上述两种财务模式特点的混合模式，被称为部分积累制（partially funded）或混合制。部分积累模式的基金储备规模介于现收现付模式和完全积累模式之间，养老金制度当期的缴费除了满足当期支出的需要外，还有一定盈余，用于应付未来养老金和管理费用支出的需要。很多现收现付养老金制度建立初期，由于制度赡养率较低，为了防止将来人口结构变动的情况下出现养老金支付的高峰，则可能采用部分积累模式形成一定规模的基金积累。但这种积累往往是短暂的，随着人口老龄化的进展，积累的基金将很快消耗殆尽①。

① 黄必红．养老金制度［M］．北京：中国劳动社会保障出版社，2008.

也有一些养老制度是在不同层次分别采用现收现付式和完全积累式，综合来看也形成了整体的部分积累。但同完全积累式一样，部分积累式对管理也有较高的要求，甚至可能因为制度复杂性难度更大。

3. 根据养老金的受益模式划分：待遇既定型养老金和缴费既定型养老金

（1）待遇既定模式。待遇既定模式（DB）也称为给付既定模式，它是一种“以支定收”模式，先以制度目标应达到的设定养老金替代率为基础，确定养老保险金的给付标准，再结合相关影响因素进行测算，来确定养老保险的缴费水平。由于给付标准确定，所以实质上表明给付责任和风险是由制度，或者说是制度的提供者——国家和政府来承担的。由于待遇和缴费之间不是直接关联，所以参保者的缴费积极性相对较低。

（2）缴费既定模式。缴费既定模式（DC）也称为供款既定模式，它是一种“以收定支”的模式，结合未来养老需求、基金的保值增值、通货膨胀、工资水平等因素预测，确定一个相当长时间内比较稳定的缴费标准，再根据这个缴费标准来筹集养老保险基金并计入个人名下，在达到领取年龄后领取由缴纳和长期运营收入构成的基金总额。由于制度没有承诺的待遇标准，养老金收入完全由缴费多少决定，所以这种模式对缴费有较强的激励作用，但实质上制度给付的责任和风险也是由个人来承担的。

我们可以通过表 3－2 进一步比较 DB 型养老金和 DC 型养老金的区别。

表 3－2　DB 型养老金和 DC 型养老金的比较

	DB 型养老金	DC 型养老金
投资风险	由制度发起人承担	由参保人承担
工资波动风险	受工资波动影响较大	受工资波动影响小
稳定性风险	待遇相对稳定	易受其他风险影响
灵活性	灵活性较差	灵活性较好
管理成本	管理成本较低	管理成本较高

4. 根据养老金的账户模式划分：公共账户养老金和个人账户养老金

（1）公共账户模式。公共账户（social account）模式在我国被称为社会统筹模式，指将筹资渠道筹集的养老保险基金进入公共账户，根据社会需要统筹考虑养老保险基金使用和支出。该模式通过高度社会化能最大限度地发挥社会保险互助共济和风险共担的功能，也可以通过收支进行收入再分配。但公共产品中存在“搭便车”行为，使参保者的缴费缺乏激励。

（2）个人账户模式。个人账户（individual account）模式是指将筹集养老保险费计入个人名下的账户中，所有权归个人，当参保者符合领取条件时，再按照账户积累的总额，领取自己的养老金。这样将待遇直接和供款挂钩，所以形成了对参保者更强的激励作用，但它无法实现互助共济和风险分担，也没有收入再分配的作用。

二、多支柱养老金模式的提出与发展

（一）三支柱模式

20 世纪 80 年代，人口老龄化危机逐步显现，以现收现付模式为主的传统养老金制度普遍面临财务收支困难、保障作用减弱的困境。在此背景下，1994 年，世界银行在出版的《防止老龄危机——保护老年人及促进增长的政策》中首次提出“三支柱”养老金改革模式（three - pillar pension reform model）。“三支柱”具体内容为：

第一支柱：强制性的公共养老金计划。由政府通过税收融资，一般采用现收现付制，通过代际转移为老年人提供一定水平的长寿保险，目标是有限度地缓解老年贫困，提供各种风险保障。

第二支柱：强制性完全积累的私营养老金计划。实行以收定支，将退休金待遇水平与在职时的缴费相联系，不存在代际转移，目标是减少人们对第一支柱的依赖。

第三支柱：自愿性个人储蓄养老金计划。强调自由支配的灵活性和自愿性，政府也适当为这种计划提供税收优惠。

世界银行三支柱模式提出以后，在许多国家得到推广和应用，如拉美养老金私有化改革就深受其影响。世界银行在对转型国家经济援助的过程中，也在积极推行多支柱养老金改革，例如针对匈牙利养老金的改革提出“包括将现行的单一公共计划分成两个强制性的支柱：一个是普遍的以税收为基础的养老金和基金积累的第二支柱”①。与此同时，国际劳工组织等国际组织也提出了自己的多支柱养老金改革设想，它们虽然在制度的具体设计上存在差异，但谋求老年人收入稳定的目标和立场却是一致的。

（二）五支柱模式

经过多年对“三支柱”模式的争论和实践，世界银行也开始反思“三支柱”模式的缺陷。随着经济全球化，国际经济环境对一国经济的影响程度日益增大。通过改革养老金制度改善本国的国际竞争力的要求更为迫切。人口老龄化、女性劳动参与率提高和家庭结构变化等的社会经济变化也对全世界范围的养老金体系提出了新挑战。同时，还需要重新评估各国养老金制度改革的初始条件，深入探讨养老金改革的策略选择。因此，在 2005 年出版的《21 世纪的老年收入保障——养老金制度改革国际比较》中，世界银行将“三支柱模式”扩展为“五支柱”（five - pillar pension reform model）：“零支柱”是非缴费型养老金，可以是普享型或家计调查型的国民养老金或社会养老金，为终身贫困者以及那些没有资格领取正式养老金的退休工人提供最低水平的老年经济保障，

① 余桔云. 养老保险：理论与政策［M］. 上海：复旦大学出版社，2021.

旨在消除老年贫困。“第一支柱”是缴费型养老金制度，它与本人的收入水平不同程度地挂钩，旨在替代部分收入；“第二支柱”是强制性的个人储蓄账户，各国建立形式可以各有不同；“第三支柱”是灵活多样的自愿型保险，可以是完全个人缴费型、雇主资助型、缴费既定型或待遇既定型，个人可自主决定是否参加以及缴费多少；“第四支柱”是非正规的保障形式，一部分退休者的消费可能来自非养老金资源，如家庭成员之间、社区或 NGO 对于对老年人在经济或非经济方面的援助，包括赡养、医疗和住房方面的服务等。

与三支柱相比，五支柱体系主要有以下三方面的变化：一是认识到强制性养老金的局限性，进一步关注基本收入对弱势老年群体的保障作用，因此增加了零支柱，把社会保障扩大到所有老年人口；二是认识到第三支柱和自愿性支柱能有效补充基本养老金，在基本养老金有限的情况下为高收入人群提供进一步的养老保障；三是认识到家庭、社区等对老人的非正式支持的重要性，符合福利多元主义原则①。

三、中国的多支柱养老金体系

国际经验证明，在经济发展趋于平缓、工资增长速度缓慢、人口老龄化进一步加剧以及资本市场不断发展的背景下，多支柱养老金模式已成为多数国家改革的选择。但基于不同的国情，多支柱养老金模式在各个国家的具体实施有一定的差异。

党的十八大以来，我国坚持在发展中保障和改善民生，养老制度改革持续取得突破，逐步建立覆盖不同人群、更加公平、更可持续的养老保险制度体系。党的二十大报告明确提出，完善基本养老保险全国统筹制度，发展多层次、多支柱养老保险体系。通过多年的努力，目前“以基本养老保险为基础、以企业年金和职业年金为补充，与个人储蓄性养老保险和商业养老保险相衔接”的“三支柱”养老金体系框架已基本形成。

第一支柱的基本养老保险是整个养老金制度的主体和根基，由政府主办、管理和统一实施，根据参保人群特征分为职工基本养老保险和居民基本养老保险两项主要制度，目前覆盖人数超过 10 亿人，覆盖率超过 90%。具体内容将在本章第二节介绍。

第二支柱的职业养老金是劳动者群体老年收入的重要补充，我国将企业职工的职业养老金称为企业年金，机关事业单位及军人等公共部门职工的职业养老金称为职业年金。企业年金在我国发展超过三十年，已经奠定了一定基础，职业年金虽然 2015 年后才起步，但发展速度较快，参保人数已超过 4000 万人。具体内容将在第五章中介绍。

第三支柱是以个人养老金和个人税收递延商业养老保险试点为代表。2018 年，为对第三支柱进行有益探索，个人税收递延型商业养老保险试点工作开始推行。2022 年

---

① 余桔云．养老保险：理论与政策［M］．上海：复旦大学出版社，2021.

个人养老金正式开始实施，实施办法及相关政策陆续出台，标志着我国第三支柱养老金正式落地。

第二节 我国的基本养老保险

在我国的多支柱养老金体系中，基本养老保险由政府举办和组织实施，并且发挥了普遍性保障和基础性保障的作用，从20世纪90年代开始实施至今，已覆盖超10亿人口，覆盖率接近95%，因此可以被视为我国的公共养老金。

一、基本养老保险的概念及特征

（一）养老保险的概念

目前国内学者对养老保险的概念阐述主要包括：国家和社会通过相应的制度安排为劳动者解除养老后顾之忧的一种社会保险，目的是增强劳动者抵御老年风险的能力，手段是提供相应的收入保障①。国家和社会根据一定的法律法规，当劳动者到达法定年龄或退休时，由社会保险机构或由指定的其他单位按规定给付养老年金的保险②。政府通过法律形式的制度安排，使劳动者在老年丧失劳动能力退出劳动力队伍后能得到基本生活的保障③。

总结上述定义中的共性，并结合我国养老保险制度的发展，我们将养老保险定义为广义的养老保险，即：指国家和社会依据法律和法规，在劳动者达到退休年龄退出劳动领域后，及其他社会成员达到规定的领取年龄时，采取一定方式为其提供老年阶段经济收入的社会保障制度。因此，广义的养老保险制度也就是本章第一节中的养老金制度。

根据责任主体和在养老保障中的作用，我们也可以进一步将养老保险分为政府统一强制实施的基本养老保险、各类用人单位以员工福利形式向本单位职工提供的补充养老保险（我国称为企业年金和职业年金）以及个人自愿参加的储蓄性养老保险等，它们都是老年群体经济保障的主要方式。

（二）基本养老保险的概念及特征

基本养老保险是国家以劳动者和其他居民群体为对象，在受保者年轻时依法强制征

① 郑功成．社会保障学［M］．北京：中央广播电视大学出版社，2004.
② 邓大松．社会保险［M］．北京：中国劳动社会保障出版社，2002.
③ 董克用，王燕．养老保险［M］．北京：中国人民大学出版社，2000.

收养老保险税费，当其达到规定年龄和其他条件时，社会保险经办机构依法向其支付养老金待遇，为其提供稳定经济收入，从而保障其基本生活的社会保险制度。概念包括了以下四层含义：一是社会基本养老保险是国家依法强制执行的一种社会保险制度，强制性保证了它在老年经济保障中的基础性地位。二是权利与义务相对应，受保者年轻时需要履行法定缴费的义务，这是能否受益的先决条件。三是退休年龄是养老保险受益的另一重要条件，也是对制度影响很大的政策因素。四是基本养老保险的目标是满足老年人基本生活需求，保障水平应适度。

养老保险是社会保险中最重要的项目。相比医疗保险、失业保险、工伤保险等其他项目，它的特征主要体现在以下几方面。

1. 需求普遍

人们对养老保险的普遍需求，根源于养老风险的普遍性。年老是人生不可避免的自然规律，是可以确定的、预见的事件，随着家庭保障功能的弱化、人口流动增加以及市场竞争带来各种风险的集中化和多重化，任何人都不能保证自己的老年没有风险。而且从待遇享受看，养老保险的实际受益面也有明显的普遍性，因此，其关注度和影响面也高于其他社会保险项目。

2. 地位特殊

养老保险不但是最重要的社会保险项目，在各国社会保障体系中也占有着举足轻重的地位。一方面，人口老龄化趋势决定了在很多国家的社会保障政策重心向养老领域倾斜，为老龄化高峰的到来做各种准备；另一方面，在从现收现付制向积累制改革的大趋势下，养老保险不仅收支规模庞大，积累规模也将不断扩大，其保值增值不但影响养老制度自身可持续性，对资本市场的稳定和发展也有十分重要的意义。

3. 长期性

养老保险通常是投保者在年轻时参加，达到年龄后再领取，直到退休者死亡时终止，有的还惠及其遗属，这样养老保险就具有长期缴费和长期领取的特征。按照我国现行职工养老保险退休年龄，如果劳动者 25 岁参加工作，缴费年限将分别达到男职工 35 年、女职工 25 年或 30 年；而 2021 年我国平均预期寿命已达到 78. 2 岁（男性 74. 7 岁，女性 80. 5 岁），则男性退休者领取养老金时间平均近 15 年，女性退休者领取时间平均更达 25 年或 30 年。因此，无论具体采取何种模式，长期性都是养老保险的固有特点，因而对制度的稳定性、可持续性以及民众信心都有更高的要求。

4. 管理复杂

养老保险管理的复杂性，一是由于长期性带来了制度设计与管理的难度；二是随着人口老龄化和积累制的实施，在基金保值增值方面的负担也日益增加；三是多支柱、多层次养老金体系的推行，增加了各项目、各层次之间协调和管理的难度。

二、我国基本养老保险制度的历史与现状

（一）我国基本养老保险制度的发展历程

新中国成立70多年来，我国根据各个时期的经济社会条件发展不同特征的养老保险制度，大致可以划分为三个时期：国家保险模式时期、“社会统筹和个人账户相结合”模式时期和基本养老保险普及时期。

1. 国家保险模式时期（1951—1986年）

新中国成立后，我国开始实行计划经济，并参照苏联建立了与之相适应的国家保险型社会保障。该时期的养老保险特征为：参保与就业关联、个人不缴费、养老待遇与工龄和工资挂钩、用人单位承担直接保障责任且国家托底。具体分为前后两个阶段：

（1）统筹保险阶段（1951—1969年）。

1951年《劳动保险条例》颁布，标志着新中国社会保险制度的初步建立，也确定了我国计划经济时期养老保险的基本特征和框架结构。经过1958年的修订，再综合关于国家和事业单位养老保险的一些重要条例，国有企业、集体企业、公私合营等及其职工和机关事业单位员工被纳入保障范围，企业与机关各成系统。在达到法定退休年龄并且工龄满10年后可以领取退休金，退休金与工龄和工资挂钩。退休金虽然由企业直接负责，但实际是国家间接承担了保障责任。而且在这个阶段，企业所提留的劳动保险金中30%会上缴工会，通过各级工会形成了企业间、地区间统筹互济。

（2）单位保险阶段（1969—1986年）。

我国养老保险制度的发展进程在1966年开始的“文化大革命”期间停滞甚至倒退。1969年2月，《关于国营企业财务工作中几项制度的改革意见（草案）》发布，要求“国营企业一律停止提取工会经费和劳动保险金”，“企业的退休职工、长期病号工资和其他劳保开支，改在营业外列支”。劳动保险从此计入各企业当期成本，退休金的支出由退休职工的多少决定，各级工会组织丧失了原有的统筹调剂功能，政府部门也无法正常行使社会保险管理职能，因此，这一时期的社会养老保险制度实际已经变成了单位养老保险制度。

2. “社会统筹和个人账户相结合”模式时期（1986—2006年）

为了配合经济转轨，适应市场经济体制的需要，改革开放后的养老保险制度发展首先将重建完善城镇企业职工基本养老保险制度作为首要任务，并在吸收借鉴国际经验、立足我国国情的基础上，逐步确定了“社会统筹和个人账户相结合”的制度特征。

（1）统账结合模式酝酿与准备阶段（20世纪80年代中期至90年代中期）。

1984年10月，党的十二届三中全会发布《关于经济体制改革的决定》，标志着经济体制改革在城市铺开。改革要求企业脱离政府包办、独立核算、自负盈亏，企业保障

负担过重、负担不均等问题就马上显现出来，以养老保险为重点的社会保险制度体系重构已成为必然。1991 年 6 月，国务院颁布《关于企业职工养老保险制度改革的决定》，正式宣告以《劳动保险条例》为基础的“国家养老保险模式”时代结束，并提出：“逐步建立起基本养老保险与企业补充养老保险和职工个人储蓄性养老保险相结合的制度。改变养老保险完全由国家、企业包下来的办法，实行国家、企业、个人三方共同负担，职工个人也要缴纳一定的费用。”

1993 年，党的十四届三中全会通过了《关于建立社会主义市场经济体制若干问题的决定》，正式提出建立“统账结合”的养老保险模式。1995 年 3 月，国务院发布《关于深化企业职工养老保险制度改革的通知》，开始在全国范围内进行“统账结合”的基本养老保险制度试点。此后的两年多时间里，各地和部分行业都结合实际进行了试行，为全国正式实施积累了经验。

（2）统账结合模式建立与完善阶段（20 世纪 90 年代中后期至 2006 年）。

通过前期的酝酿和试点，1997 年 7 月《关于建立统一的企业职工基本养老保险制度的决定》颁布，“社会统筹和个人账户相结合”的养老保险模式正式在全国推开。这个文件在我国社会保障史上是一个具有划时代意义的法规，标志着有中国特色的社会保障制度建设正式拉开帷幕。

2005 年 12 月，国务院颁布了《关于完善企业职工基本养老保险制度的决定》，做出了三方面的重要调整：一是调整养老金计发办法，更加注重于缴费激励；二是对两个账户规模的调整，缩小个人账户规模；三是个体工商户和灵活就业人员开始纳入养老保险范围。至此，城镇企业职工基本养老保险制度内容基本确立，成为我国社会基本养老保险制度的主干，为下一步向其他人群普及奠定了基础。

3. 基本养老保险普及时期（2006 年至今）

2006 年后，我国通过先后建立新型农村社会养老保险和城镇居民养老保险两项制度，将基本养老保险的覆盖范围由劳动者向全民普及，并通过推进机关事业单位养老保险制度改革缩小不同人群间养老保险的差距，以期在未来更好对基本养老保险制度进行完善与整合。

2009 年 9 月，国务院下发《关于开展新型农村社会养老保险试点的指导意见》，在全国 10% 的县（市、区、旗）展开新农保试点，次年将试点地区比例扩大到 23%，2020 年基本实现对农村适龄居民的全覆盖，成为中央继免除农业税、实行农村直补和新型农村合作医疗之后的又一重大惠农政策。2011 年 7 月，国务院决定开展城镇居民社会养老保险试点，并于 2012 年全面实施。至此，我国已经实现基本养老保险制度的全覆盖。2014 年，国务院决定将新型农村社会养老保险和城镇居民社会养老保险两项制度合并实施。城乡居民养老保险制度经过建立和整合，成为我国社会基本养老保险体系的重要组成部分。

企业完成养老保险改革后，与机关事业单位形成了养老“双轨制”，缴费方式不一样，替代率差距较大，矛盾日益突出。2008 年国务院首先在山西、上海、浙江、广东、重庆 5 省市先期开展事业单位养老保险制度改革试点，又于 2015 年 1 月发布《关于机关事业单位工作人员养老保险制度改革的决定》，正式实施机关事业单位养老保险改革，我国基本养老保险制度向普及、公平和统一又迈进了一步。具体改革内容详见本节第三部分。

此外，由于我国地区经济发展不平衡，养老抚养比相差悬殊，无法做到全国的统收统支，统筹层次低、地区分割也是制约我国基本养老保险发展的一大难题。为了解决这一问题，我国自 2010 年 1 月 1 日起施行《城镇企业职工基本养老保险关系转移接续暂行办法》，初步解决养老保险关系的转移接续问题，维护了流动人群的养老权益，并在此基础上推进了各地省级统筹的步伐。2018 年 7 月中央调剂金制度正式实施，向养老保险全国统筹又迈出重要一步。2020 年 2 月 14 日《企业职工基本养老保险全国统筹改革方案》通过，按照方案时间表，企业职工基本养老保险全国统筹 2022 年开始正式实施，这标志着我国职工养老保险制度终于走向了全国统一的时代。

（二）我国现行基本养老保险制度概况

1. 我国基本养老保险制度的构成

自 1997 年正式建立第一项基本养老保险制度——城镇企业职工基本养老保险制度起，经过 20 多年的发展，我国基本养老保险制度已经从最初的覆盖部分劳动者向“人人享有基本养老保险”的目标迈进。目前，我国基本养老保险制度主要由以下三项具体制度构成：①城镇企业职工基本养老保险制度，主要覆盖各类企业、个体工商户和灵活就业人员等非公共部门劳动者，1997 年正式建立。②机关事业单位基本养老保险制度，主要覆盖城镇公共部门劳动者。经过 2015 年改革，该制度统一实行社会统筹和个人账户相结合的制度模式，因此可与城镇企业职工基本养老保险统称职工基本养老保险。③城乡居民基本养老保险制度，主要覆盖城乡非就业人口，也简称居民基本养老保险。

本节将具体介绍三项制度的具体内容。

2. 我国基本养老保险制度总体发展状况

根据《2022 年度人力资源和社会保障事业发展统计公报》等统计资料，截至 2022 年末，全国参加基本养老保险人数为 105307 万人，全年基本养老保险基金收入 68933 亿元，基金支出 63079 亿元，年末累计结存 69851 亿元。基本养老保险的覆盖率已经超过 90%，人社部“十四五”规划中，到 2025 年覆盖率将提高至 95%。

截至 2022 年末，参加职工基本养老保险人数为 50335 万人，其中参保职工 36711 万人，参保离退休人员 13644 人，其中企业职工参保人数为 44402 万人。2022 全年职工基本养老保险基金总收入 63324 亿元，基金支出 59035 亿元，年末累计结存 56890 亿元。2022 年，经过连续 18 年的企业退休人员养老金调整，职工平均每月养老金超过 3500 元（其中企业职工人均养老金超过 3000 元）。

截至2022年末，城乡居民基本养老保险参保人数54952万人，其中实际领取待遇人数16464万人。2022全年城乡居民基本养老保险基金收入5609亿元，基金支出4044亿元，年末累计结存12962亿元。全国城乡居民基本养老保险月人均养老金为189元。

三、企业职工基本养老保险制度

我国企业职工基本养老保险制度框架主要依据1997年《关于建立统一的企业职工基本养老保险制度的决定》（以下简称《决定》），但具体内容已在2005年后有调整。目前企业职工基本养老保险制度以2005年《关于完善企业职工基本养老保险制度的决定》（以下简称“国发〔2005〕38号文件”）和《中华人民共和国社会保险法》等为主要法律依据。

（一）覆盖范围

根据《社会保险法》第十条和国发〔2005〕38号文件规定：“城镇各类企业职工、个体工商户和灵活就业人员都要参加企业职工基本养老保险。”其中：企业职工为强制参保；个体工商户和灵活就业人员为鼓励自愿参保，且缴费方式等与企业职工不同；公务员、参照公务员法管理的工作人员和事业单位职工等参加机关事业单位基本养老保险制度。

（二）缴费及账户分配

企业职工基本养老保险的资金来源主要包括用人单位和个人缴费以及政府补贴等。企业职工与个体户和灵活就业人员的缴费办法不同。

1. 各类企业及其职工的缴费办法

企业缴纳为本企业工资总额的20%左右，具体比例由省、自治区、直辖市人民政府确定，职工个人缴纳为本人缴费工资的8%。企业缴费计入统筹账户，职工个人计入个人账户。

企业缴纳养老保险费的费基是企业工资总额，以上月列入成本和费用的全部工资总额为计算基数。而职工个人缴费基数一般采用本人上年度实际月平均工资，但有上、下限的规定：本人月平均工资低于当地职工平均工资的60%，按平均工资的60%计入；高于本当地职工月平均工资的300%，按平均工资的300%缴费，超过部分不计入缴费工资基数。

由于各地经济发展水平和养老抚养比不一样，2016年前各地企业实际缴费比例相差比较大。截至2016年4月，上海为21%、山东和福建为18%、广东和浙江为14%，其他省份都为20%。为降低企业成本，增强企业活力，自2016年起，人社部等相关部委开始逐步推行一系列降低单位缴费比例的举措：2016年5月1日起单位缴费比例超过

20% 的省（区、市）降至 20%，单位缴费比例为 20% 且满足基金累计结余条件的可阶段性降低 1%；2018 年 5 月 1 日起单位缴费比例超过 19% 的以及已降至 19% 的省（区、市）且满足基金累计结余条件继续阶段性执行 19% 的缴费比例。2019 年 5 月 1 日起降低城镇职工基本养老保险（包括企业和机关事业单位基本养老保险）单位缴费比例至 16%，并通过过渡逐步全国统一。

2. 个体户和灵活就业人员的缴费办法

全部由个人缴费，缴费比例为 20%，其中 8% 计入个人账户，其余计入社会统筹账户。缴费基数参照企业职工个人缴费上、下限规定，一般由各地在当地职工平均工资 60%—300% 范围内设置若干缴费基数档次，由个体户和灵活就业人员自行选择适当的缴费基数缴费。

（三）享受养老金条件

参保人享受养老保险待遇需要同时具备以下条件：

1. 退休年龄

我国目前法定正常退休年龄是男职工年满 60 周岁，女干部年满 55 周岁，女工人年满 50 岁。提前退休主要限于三种情况：从事井下、高空、高温、特别繁重体力劳动或者其他有害身体健康的工作，男年满 55 周岁、女年满 45 周岁，工作年限满 10 年；男年满 50 周岁，女年满 45 周岁，工作年限满 10 年，医院证明并经劳动鉴定委员会确认完全丧失劳动能力的；因公致残，医院证明并经劳动鉴定委员会确认完全丧失工作能力的。

2. 缴费年限

达到法定退休年龄时累计缴费满 15 年（含视同缴费年限，即正式建立制度以前，旧制度覆盖职工的工作年限）的才可按月领取基本养老金。

根据《社会保险法》及相关规定，如果参保个人达到法定退休年龄时，累计缴费不足 15 年的，有以下几种选择：第一，可以延长缴费至满 15 年；第二，如果社会保险法实施前参保，延长缴费 5 年后仍不足 15 年的，可以一次性缴费至满 15 年；第三，可以申请转入户籍所在地城乡居民基本养老保险，享受相应的养老保险待遇；第四，累计缴费不足 15 年且未转入城乡居民基本养老保险的，个人可以书面申请终止其职工基本养老保险关系，并将个人账户储存额一次性支付给本人。

（四）养老金计发

企业职工基本养老保险待遇主要包括：第一，可按月领取规定计发的基本养老金直至死亡，参保人死亡之后个人账户如有余额的可以依法继承；第二，享受基本养老金的正常调整待遇，2005—2022 年，我国政府已连续 18 次调整企业退休人员基本养老金水平；第三，死亡和病残待遇，参保人因病或者非因工死亡的，其遗属可以领取丧葬补助金和抚恤金，在未达到法定退休年龄时因病或者非因工致残完全丧失劳动能力的，可以领取病残津贴，所需资金从基本养老保险基金中支付，由各地具体规定实施。

为了解决制度转轨对不同人群的影响，《决定》和国发〔2005〕38 号文件中对“新人”“老人”“中人”规定了不同的养老金计发办法。

1. “老人老办法”

“老人”即《决定》实施前已经离退休的人员，新制度实施后将仍按其退休时核定的养老金进行给付，并可随以后基本养老金调整而增加养老保险待遇。即：

“老人”养老金 = 旧制度的退休金 + 调整养老金

2. “新人新办法”

“新人”即《决定》实施以后才参加工作的参保人员，其缴费年限累计满 15 年，退休后将按月发放基本养老金。他们的月基本养老金由基础养老金（也称为统筹养老金）和个人账户养老金两部分组成。

“新人”月基本养老金 = 基础养老金 + 个人账户养老金

其中：基础养老金 =（退休时当地上年度在岗职工月平均工资 + 本人指数化平均缴费工资）÷2 × 累积缴费年限 ×1%

个人账户养老金 = 个人账户总额 ÷ 计发月数

计发月数表如表 3 –3 所示。

表 3 –3　个人账户养老金计发月数表

退休年龄	计发月数	退休年龄	计发月数
40	233	56	164
41	230	57	158
42	226	58	152
43	223	59	145
44	220	60	139
45	216	61	132
46	212	62	125
47	208	63	117
48	204	64	109
49	199	65	101
50	195	66	93
51	190	67	84
52	185	68	75
53	180	69	65
54	175	70	56
55	170		

本人指数化月平均缴费工资是指职工退休时上年当地职工平均工资与该职工的本人平均缴费工资指数的乘积。其中，缴费工资指数是指职工本人工资(a)与当地在岗职工平均工资(A)的比值(a/A)。职工本人平均缴费工资指数是本参保职工缴费年限内历年缴费工资指数的平均值。即：

本人平均缴费工资指数 = ($a1/A1 + a2/A2 + \cdots\cdots an/An$) ÷ N

其中，$a1$，$a2$，…，an 为参保人员退休前 1 年，2 年，…，n 年本人缴费工资额；$A1$，$A2$，…，An 为参保人员退休年 1 年，2 年，…，n 年当地在岗职工平均工资，N 为参保企业和职工实际缴纳基本养老保险费的年限。

本人平均缴费工资指数能够比较全面、准确地反映一个职工在社会经济生活中的相对位置。若其值大于 1，说明该职工在整个缴费年限或连续计算的若干缴费年限的缴费工资高于相同年限的职工平均工资；等于 1，则说明两者相等；小于 1，则说明个人平均缴费工资低于职工平均工资。

3. “中人中办法”

“中人”，即《决定》实施前已参加工作且实施后才退休的参保人员。由于他们在新制度实施前无个人账户积累，造成退休待遇偏低，因此在基础养老金和个人账户养老金的基础上，额外享受过渡性养老金。即：

“中人”养老金 = 基础养老金 + 个人账户养老金 + 过渡性养老金

其中，基础养老金和个人账户养老金计算办法与“新人”相同

过渡性养老金 = 指数化月平均缴费工资 × R × 视同缴费年限

其中，R 为计发系数，由各统筹地区政府决定，多为 1%—1.4%。

(五) 养老保险关系转移接续

养老保险关系转移接续办理主要依据 2010 年 1 月 1 日起实施的《城镇企业职工基本养老保险关系转移接续暂行办法》，其主要内容包括：

1. 转移资金计算

个人账户全额转移；统筹基金以本人各年度实际缴费工资为基数，按 12% 的比例转移，参保缴费不足 1 年的，按实际缴费月数计算转移。

2. 待遇领取地确定办法

达到退休条件时，参保人员养老保险关系与户籍地统一，在户籍地办理；养老关系不在户籍地，则在退休前最后一个 10 年以上参保地办理；没有满 10 年以上原参保地的，转回户籍办理退休手续。

3. 待遇计算办法

以本人在各参保地的各年度缴费工资和最后办理退休地对应的各年度在岗职工平均工资计算其缴费工资指数。

（六）中央调剂金制度

为了在全国统筹前均衡地区间负担，实现基本养老保险制度可持续发展，企业职工基本养老保险基金中央调剂制度自 2018 年 7 月 1 日起正式实施，通过对各省份养老保险基金进行适度调剂，确保基本养老金按时足额发放。具体实施办法为：

1. 中央调剂基金上解

按照各省份职工平均工资的 90% 和在职应参保人数作为计算上解额的基数，上解比例 2018 年从 3% 起步，逐步提高，2019 年提高到 3.5%，2020 年提高到 4%，2021 年提高到 4.5%。

2. 中央调剂基金拨付

实行以收定支，即当年筹集的资金全部拨付地方。首先根据当年基金总额即全国离退休人数确定全国人均拨付，再按核定的各省份离退休人数确定各省拨付资金数额。

3. 中央调剂基金管理

纳入中央级社会保障基金财政专户，收支两条线管理，专款专用。

2018—2021 年，中央调剂制度实施 4 年间，共跨省调剂资金 6000 多亿元。财政部发布的 2020 年中央调剂基金年度预算数据显示，广东、北京、福建、江苏、浙江、上海、山东 7 个省市为正数，即贡献省份，预计净贡献 1766.96 亿元。其中，广东省预计净贡献的金额达到 645.71 亿元，占净贡献总额的 36.4%。辽宁、黑龙江、湖北、吉林等 21 个省、市、自治区和新疆生产建设兵团缴拨差额为负数，即受益省份。辽宁、黑龙江、湖北、吉林 4 个省份的缴拨差额超过 100 亿元，最大受益省辽宁达 555.58 亿元。贵州、云南、西藏 3 个省和自治区调剂金缴拨基本平衡。

四、机关事业单位基本养老保险制度

（一）改革前机关事业单位离退休制度

与企业职工相比，我国机关及非企业化管理事业单位职工养老保险制度的改革明显滞后，2015 年开始才全面推开。之前执行的是从 1955 年实行并多次补充和修改的离退休保障制度。其内容为：

1. 覆盖范围

第一类是公务员，即在中央和地方各级国家机关就职的人员；第二类是在党的机关、权力机关、法律和检察机关及部分社会组织就职的人员，参照执行国家公务员的有关规定；第三类是在未实行企业化管理的科技、教育、文化、卫生、体育等事业机构或组织就职的人员。

2．资金来源

个人不缴费，全部依靠财政拨款。

3．资格条件

主要为年龄条件和工龄条件。国家机关员工退休条件为男年满60周岁，女年满55周岁；或完全丧失工作能力。工作年限满30年的或距国家规定的退休年龄不足5年且工作年限满20年，可本人自愿申请提前退休。事业单位员工退休年龄条件与企业人员基本一致。此外，在1949年10月1日前参加革命工作并符合法定条件的人员可享受离职休养待遇（简称离休）。

4．待遇水平

与工龄和工资挂钩，退休金替代率平均超过80%。具体如下：

公务员退休后的退休费按本人退休前职务工资和级别工资之和的一定比例计发，而事业单位工作人员退休后的退休费按本人退休前岗位工资和薪级工资之和的一定比例计发，机关技术工人、普通工人退休后的退休费分别按本人退休前岗位工资和技术等级工资之和、岗位工资的一定比例计发。其中，工作年限满35年的，按90%计发；工作年限满30年不满35年的，按85%计发；工作年限满20年不满30年的，按80%计发。离休费按本人离休前职务工资和级别工资之和或岗位工资和薪级工资之和全额计发①。

（二）机关事业单位养老保险改革内容

2015年1月14日国务院发布《关于机关事业单位工作人员养老保险制度改革的决定》，并于2014年10月1日起实施，这标志着我国机关事业单位养老保险制度改革全面推开。这次改革的主要内容包括：

1．改革的目标

要改革原有机关事业单位工作人员退休保障制度，逐步建立独立于机关事业单位之外、资金来源多渠道、保障方式多层次、管理服务社会化的养老保险体系。

2．改革的范围

适用于按照公务员法管理的单位、参照公务员法管理的机关（单位）、事业单位及其编制内的工作人员。

3．缴费方式

改革后的缴费方式、养老金计发办法和过渡办法与企业职工基本养老保险一致。

4．建立职业年金制度

机关事业单位工作人员全部纳入保障范围。单位按本单位工资总额的8%缴费，个人按本人缴费工资的4%缴费。工作人员退休后，按月领取职业年金待遇。该制度是与目前我国正在大力推行的企业年金制度相对应的，两者共同构成我国养老第二支柱的主

① 参考《关于机关事业单位离退休人员计发离退休费等问题的实施办法》（国人部发〔2006〕60号）。

要内容。主要内容将在第四章中介绍。

5. 其他相关政策

机关事业单位基本养老保险基金单独建账，与企业职工基本养老保险基金分别管理使用。统筹安排机关事业单位和企业退休人员的基本养老金调整；提高机关事业单位社会保险社会化管理服务水平，普遍发放全国统一的社会保障卡，实行基本养老金社会化发放等。

（三）机关事业单位养老保险关系转移接续

改革后，为做好机关事业单位间和机关事业单位与企业间人员养老保险基本养老保险关系和职业年金转移接续，人社部、财政部 2017 年印发了《关于机关事业单位基本养老保险关系和职业年金转移接续有关问题的通知》和《机关事业单位基本养老保险关系和职业年金转移接续经办规程（暂行）》。

根据《通知》内容，机关事业单位之间流动如果在同一统筹范围内只转移保险关系、不转移基金，跨统筹范围则保险关系和基金同时转移。参保人员从机关事业单位流动到企业的，在转移基本养老保险关系的同时转移基金，转入地社保经办机构负责清理同时存续多重基本养老保险关系或重复缴纳基本养老保险费的情况。涉及基金转移的参照企业职工养老保险关系转移接续办法中的比例执行。

在职业年金转移接续采用“虚实结合”的方法，即：在同级财政全额供款单位间流动时，单位缴费部分保持记账方式管理；由机关事业单位流动到企业、在非同级财政全额供款的单位之间流动，或者由财政全额供款单位流动到非财政全额供款单位的，由转出单位同级财政保障拨付资金实账转移接续；非财政全额供款单位流动到财政全额供款单位后，单位缴费部分可采取记账方式管理。同时，还明确了机关事业单位参保人员养老保险关系转移接续后的职业年金补记、相关待遇计发参数、待遇领取地确定，以及职业年金、企业年金个人账户管理和待遇计发等事项。

思政专栏

古代官员退休后的待遇

古代官员正常退休叫作“致仕”，源于周代，汉以后形成制度。一般致仕的年龄为 70 岁，汉代只有高级官员有“致仕”，致仕条件是年老或是有疾。汉代规定，俸禄两千石以上的高官，退休可领取原俸禄的三分之一，功勋极其卓著的少数官员甚至可以享受原俸。另外，在退休时还有一次性赏赐，如钱、黄金、粮食、房屋、车马等。如汉章帝元和三年，贤官第五轮请辞时，被汉章帝赐“以两千石俸终其身”，并加赐钱五十万，公宅一所。

唐朝官员在退休方面明确了“七十致仕”，如果不到 70 岁，但是体弱多病的也要退职。“唐致仕官，非有特敕，例不给俸”。除非皇帝特批，否则的话，唐朝官员退休后没有退休金，但能得到一定数量的田地养老。

宋朝也规定了七十致仕。以大家熟悉的辛弃疾为例，辛弃疾退休后享受较为优厚的待遇。据《宋史·辛弃疾传》，辛弃疾在宋宁宗庆元年间“守龙图阁待制致仕”。致仕就是退休，虽然说退休了，朝廷还为他保留了一个“龙图阁待制”的职位。按照宋宁宗在位时的规定，龙图阁待制每月基本工资 12 万文，职务工资 15 万文，餐补 3 万文，另外每年还能领到 25 匹丝绸和 25 石大米。如果按照一文钱相当于八分钱计算，共折合人民币 2.5 万元。

明朝起，将退休年龄提前了十年以上，只要年满 60 岁，就鼓励退休。如洪武十三年（1380 年），明太祖朱元璋诏令“文武官年六十以上者听致仕”。弘治四年（1491 年），明孝宗朱佑樘又诏“自愿告退官员，不分年岁，俱令致仕”。明代的开国功臣刘伯温，辅佐朱元璋平定天下后，于洪武四年，未满 60 岁时就告老还乡。中央官员退休后享受半俸，一般情况下不给退休官员发退休金，家里实在太穷的话，根据个人申请，“有司月给米二石，终其身”。

清朝官员退休年龄也为 60 岁，如果没有年满 60 岁而因病提前退休是没有俸禄的，而满 60 岁又有世职的可以拿半俸，但对那些有特殊功绩的官员，如打仗负伤者，则全数发给。

资料来源：没有退休金的古代人是如何养老的？［N］．解放日报，2015 - 05 - 03；大宋的退休金多到没朋友［N］．北京青年报，2015 - 06 - 03.

五、城乡居民基本养老保险制度

城乡居民基本养老保险制度的前身是从 2009 年开始试点推广的新型农村社会养老保险和从 2011 年开始试点推广的城镇居民养老保险制度。这两项制度虽然实施时间有先后，但因为它们覆盖人群均属于非从业人口，制度内容基本一致，符合城乡社会保障一体化发展的目标，2014 年后合并为城乡居民基本养老保险制度。主要内容包括①：

（一）覆盖范围

城乡居民基本养老保险的主要覆盖范围包括年满 16 周岁的城乡居民，不含在校学生。参保地遵循户籍地原则，已参加职工基本养老保险的不能重复参保。与职工基本养老保险制度的一个明显不同是，城乡居民基本养老保险制度目前采用的还是自愿参保的原则。

（二）资金筹集

城乡居民养老保险资金主要由个人缴费、集体补助、政府补贴构成。

---

① 参考《国务院关于建立统一的城乡居民基本养老保险制度的意见》（国发〔2014〕8 号）。

1. 个人缴费

制度初始要求至少设置每年100元、200元、300元、400元、500元、600元、700元、800元、900元、1000元、1500元、2000元12个缴费档次，并由参保人自主选择，各地可以根据实际情况增设更高的缴费档次。

例如，2023年度，安徽省城乡居民基本养老保险共有15个缴费档次，分别为200元、300元、400元、500元、600元、700元、800元、900元、1000元、1500元、2000元、3000元、4000元、5000元、6000元。针对特殊困难群体，市、县（市、区）政府可继续保留100元最低缴费档次标准。

2. 集体补助和其他资助

有条件的村集体经济组织应当对参保人缴费给予补助，同时鼓励其他社会经济组织、公益慈善组织、个人为参保人缴费提供资助。

3. 政府补贴

由于城乡居民养老保险覆盖的是非从业人员，因此，除个人缴费外，政府补贴是其经费的另一可靠来源，这是与资金主要来源于企业与个人缴费企业职工养老保险的另一明显差异。政府补贴主要包括：①向符合领取条件的参保者支付基础养老金，中央财政按照中央确定的基础养老金标准，中西部地区全额补助，东部地区补助50%，其余由地方政府补助。②地方政府对参保人缴费给予补贴，由地方政府承担，补贴标准不低于每人每年30元，对选择较高缴费档次的，补贴金额适当增加，具体标准由地方政府确定。③地方政府部分或全部代缴重度残疾人等缴费困难人群保险费。

（三）建立个人账户

每个参保人员建立终身记录的个人账户，个人缴费、地方人民政府对参保人的缴费补贴、集体补助和其他资助全部记入个人账户，并按国家规定计息。由于政府补贴部分直接纳入各级财政预算，因此，居民基本养老保险中不再设社会统筹基金。

（四）享受养老金条件

在享受条件方面，城乡居民养老保险与职工养老保险基本相似，都需要同时满足年龄条件和缴费条件。

1. 年龄条件

不再区分性别，统一以60周岁作为领取年龄。并且，制度实施时已年满60周岁且未领取其他基本养老保障待遇的，即可按月领取城乡居民养老保险基础养老金，这可以看作政府对60岁以上居民的直接补贴。

2. 缴费条件

与职工养老保险的基本要求一致，累计缴费需满15年，才可以按月领取城乡居民养老保险待遇。距规定领取年龄不足15年的，应逐年缴费，也允许补缴，累计缴费不超过 15 年；距规定领取年龄超过 15 年的，应按年缴费，累计缴费不少于 15 年。

（五）养老金待遇及调整

城乡居民养老保险待遇同样由基础养老金和个人账户养老金构成，支付终身。但由于基础养老金的来源是政府补贴，而不是企业缴费形成的社会统筹基金，因此，基础养老金的待遇标准与职工养老保险差别很大，而个人账户养老金则基本沿用了职工养老保险的计算办法。

1. 基础养老金

基础养老金可分为最低标准、提高部分和加发部分。最低标准由中央政府确定并根据经济发展和物价变动等情况适时调整，2009 年开始试点时为每人每月 55 元，2015 年提高到 70 元，2018 年提高到 88 元，2020 年提高到 93 元，2022 年提高到 98 元；在中央确定最低标准的基础上，地方人民政府可以根据当地情况提高发放，例如，2022 年北京市居民基础养老金发放标准为每月 887 元①，但地区间差距较大；加发部分则是由地方政府对长期缴费参保的奖励性发放，具体办法也由地方政府规定。

2. 个人账户养老金

个人账户养老金的月计发标准，目前为个人账户全部储存额除以 139，与现行职工基本养老保险中 60 岁对应个人账户养老金计发系数相同。参保人死亡，个人账户资金余额同样可以依法继承。

（六）与职工养老保险的衔接

职工基本养老保险与居民基本养老保险的制度内容基本确定后，为了解决两项制度的衔接问题，维护参保人员的养老保险权益，2014 年 2 月《城乡养老保险制度衔接暂行办法》公布，并于 2014 年 7 月 1 日起正式施行。考虑到两项制度在缴费及待遇水平上的差距，参保人员虽然可自愿选择转入职工养老保险或居民养老保险，但条件有不同。具体来说：

参加职工基本养老保险和城乡居民养老保险人员，达到职工法定退休年龄时，如果符合领取职工养老保险待遇的，可以申请从城乡居民养老保险转入职工基本养老保险，个人账户存储额合并，但居民养老保险缴费年限不能折算为城镇职工养老保险缴费年限。

参加职工基本养老保险和城乡居民养老保险人员，达到职工法定退休年龄时，如果不符合领取职工养老保险待遇的，可以申请从职工基本养老保险转入城乡居民养老保险，个人账户存储额合并，职工养老保险的缴费年限可折算为城乡居民养老保险的缴费年限。

---

① 参考京人社发〔2022〕5 号文件内容。

六、我国基本养老保险制度面临的主要问题

（一）退休年龄偏低

我国目前的退休年龄制度始于新中国成立初期。时至今日，随着社会经济的发展与进步，我国人口的预期寿命与人口结构、健康状况、整体教育水平的提升、国内经济结构和劳动力市场供求等现实情境均已发生了深刻的变革，提高退休年龄的必要性已经凸显。

根据联合国人口数据库的数据，1950 年我国平均寿命预期仅为 49.3 岁，而《2021 年我国卫生健康事业发展统计公报》显示，2021 年居民人均预期寿命已提高到 78.2 岁，女性的寿命预期则更长，已经达到 80.5 岁。人的寿命预期不断提高，虽然证明了自然环境的改善、卫生和医疗的进步、社会保障制度的完善，但也为人类社会带来了挑战，世界各国政府都在为应对人口老龄化而积极采取措施，其中，提高法定退休年龄成为各国政府应对人口老龄化的首个改革选项。例如：美国将“完全退休年龄”从 65 岁提高到 67 岁；法国将最低退休年龄从 60.5 岁提高到 62 岁，而全额养老金的退休年龄也从 65 岁提高至 67 岁。

在我国，延迟法定退休年龄早在十几年前就已经在政策和研究的层面展开讨论。2013 年党的十八届三中全会通过的《中共中央关于全面深化改革若干重大问题的决定》正式提出“研究制定渐进式延迟退休年龄政策”。2015 年 3 月在十二届全国人大三次会议新闻发布会上，人力资源和社会保障部主要领导在回答记者提问时说，将于 2015 年推出方案，2016 年征求意见，2017 年正式公布。在 2016 年 3 月两会上通过的《国民经济和社会发展第十三个五年规划纲要》中进一步将其明确为“实施渐进式延迟退休年龄政策”。2021 年“十四五”规划明确了按照“小步调整、弹性实施、分类推进、统筹兼顾”等原则逐步延迟法定退休年龄。2022 年实施渐进式延迟法定退休年龄再次进入党的二十大报告。尽管正式的调整方案尚未公布，但部分地区已经开始了尝试，例如 2022 年 1 月，山东省发布了《进一步规范企事业单位高级专家延长退休年龄有关问题的通知》，同年江苏发布的《企业职工基本养老保险实施办法的通知》中也明确提到：“经本人申请、用人单位同意，报人力资源和社会保障行政部门备案，参保人员可推迟退休，推迟退休的时间最短不少于一年。”

延迟退休年龄是关系到养老保障改革和社会稳定的百年大计，中国延迟退休改革涉及人数可以说前无古人，后无来者，举世瞩目。因此，改革中风险和影响也必须慎重考虑，尤其是可能对青年就业造成的影响一直以来被广泛关注和讨论。为此，改革既要借鉴发达国家经验教训和具体做法，必然还要从我国的国情与实际出发稳步实施。

（二）转制成本的补偿尚有困难

养老保险隐性债务是指在现收现付模式下养老保险制度对在职职工和退休人员养老金待遇的承诺[①]，或者说是参保人员积累下来的未来领取养老金的权利。当养老保险由现收现付制改革为积累制时，由于已经工作和退休的人员没有过去的积累，而他们又必须按新制度领取养老金，所以使现收现付制以隐性方式存在的债务在积累制就需要变为应当积累的养老基金，也就是隐性养老金债务变为显性债务，这是改革必然出现的转制成本。

但是，因为我国的养老保险制度的财务模式是部分积累制，因此，只有个人账户部分的债务显性化，成了转制成本，“老人”的养老金、“中人”的基础养老金和过渡养老金、“新人”的基础养老金并没有成为显性债务，仍然还是按照隐性方式运行。但是，即便只是个人账户部分，转制中产生的巨大的资金债务问题，凭着国家和社会的实力在短时间内不可能解决，而新制度又必须执行下去。问题在于新制度实行时，没有明确过去历史所形成的隐性债务以及政府应当如何去承担责任，以致责任不清、监督不力，给新制度的收支带来了问题。

（三）个人账户“空账”运行

我国现行的基本养老保险制度的主要特征是“统账结合”。统账结合是社会统筹和个人账户相结合的简称，社会统筹部分实行现收现付制，个人账户实行完全积累制，总体达到类似部分积累制的效果，养老金待遇支付由社会统筹养老金和个人账户养老金两部分加总。按照制度设计，个人账户的资金应当与社会统筹部分相独立，但由于制度转换形成的转制成本未完全消化，已经退休人员的养老金和过渡人员因积累时间短需要额外支付的过渡性养老金只能由社会统筹资金来解决。即使企业养老保险缴费率平均达到20%，统筹资金仍然远不能满足支付需求，最终只能向个人账户透支。实际上，这就是借用新收缴应积累的个人账户的资金为老职工发退休金。于是，个人账户基金虽然有一定的剩余和积累，但是其中很大一部分成了名义上的账户，实际资金已被用掉了，形成了个人账户“空账”问题。截至 1998 年末，全国养老保险个人账户的记账额达 1036.26 亿元，而当年账面实际滚存结余是 587.41 亿元，已出现 448.85 亿元空账，1999 年超过 1000 亿元[②]。2005 年空账规模达到 8000 亿元[③]。之后，个人账户的“空账”额更是以每年数千万的速度快速增长，根据《中国养老金发展报告 2016》，2015 年城镇职工基本养老保险的个人账户记账额（即空账规模）达到 47144 亿元。

---

① 姜向群．中国城镇养老保险制度面临历史性挑战［J］．人口研究，2003（02）：61－65.

② 纪宁．中国养老保险制度的沿革与隐性债务的产生．中国养老保险隐形债务国际研讨会议文件［R］．北京，2000－04－07.

③ 养老保险个人账户“空账”惊人［N］．经济参考报，2006－11－21.

个人账户空账运行实际上是老一代向年轻一代的透支基金，因此，要通过积累制解决养老金危机问题实际上并未完全解决，长此以往必然隐含巨大的资金风险，同时也影响了改革后的制度信誉。因此，2001 年做实个人账户的探索开始，国家首先在辽宁省开始试点，地方财政负担 25%，中央财政负担 75%，按 8% 规模做实，2002 年试点扩大到吉林和辽宁，按 5% 规模做实。2006 年天津、上海、山西、山东、河南、湖北、湖南和新疆 8 个省区市开始试点，按 8% 规模做实。2008 年，浙江、江苏启动了自费做实个人账户试点工作，全国“做实”省份达到 13 个。但从试点情况看，如果要继续推开，除了所需资金巨大，对中央和地方财政都会形成压力外，做实后的个人账户基金如何实现保值增值更是亟待解决的问题。

（四）基金管理问题

基金的保值增值是积累制相对于现收现付制优势得以发挥的重要条件。基本养老保险基金数额庞大、积累时间长、攸关广大群众的切身利益，既要确保安全性，又要满足保值增值的条件，对基金管理和运营提出了很高的要求。

改革初期，我国资本市场和规则也在发展和完善中，从确保养老保险基金安全出发，国家曾明确规定：“基本养老保险基金实行收支两条线管理，要保证专款专用，全部用于职工养老保险，严禁挤占挪用和挥霍。基金结余额，除预留相当于 2 个月的支付费用外，应全部购买国债和存入专户，严格禁止投入其他金融和经营性事业。”因空账问题，积累数额远低于预期，但结余资金的平均收益率非常低，甚至有贬值风险。在之后的做实个人账户的试点中，同样面临试点省份做实资金缺乏有效管理的问题。

随着制度改革不断深化，基本养老保险基金的保值增值问题越来越突出，基于全国社会保障基金建立以来积累的管理经验和良好的运营表现，2012 年 1 月，国务院正式批复广东省将 1000 亿元基本养老保险基金委托全国社会保障基金理事会投资运营，为地方养老保险基金保值增值开辟了新路。2015 年，经过反复酝酿和争论，《基本养老保险基金投资管理办法》正式颁布，同时批准授权全国社会保障基金理事会作为养老保险基金投资的受托人，受托负责各省养老保险基金投资运营。至此，我国基本养老保险投资管理体制正式形成，投资运营也开始进入实质化阶段。根据 2021 年全国社会保障基金理事会公布的基本养老保险基金受托运营年度报告，2016 年后基金会陆续签约受托管理基本养老保险基金部分结余资金，2021 年末受托基金权益总额超过 1.46 万亿元，2016 年受托运营以来累计投资收益额 2619.77 亿元，年均投资收益率 6.49%。具体投资方式包括基金会进行直接投资和委托投资管理人投资两种方式。直接投资占比约为 38.17%，主要包括银行存款和股权投资，委托投资占比约为 61.83%，主要包括境内股票、债券、养老金产品、上市流通的证券投资基金，以及股指期货、国债期货等①。尽

① 资料来源：全国社会保障基金理事会基本养老保险基金受托运营年度报告（2021 年度）。

管采用委托全国社会保障基金会投资的方式，满足了我国基本养老保险基金保值增值的迫切需要，但随着世界变局加剧和疫情影响的复杂局面，资本市场波动加剧，基本养老保险基金投资面临的风险挑战不断增多，管理运营难度不断加大。从长远看，投资渠道的逐步放开、投资工具的多元化、有效的监管制度等都将是未来制度完善的重点，并最终形成完全独立的基本养老保险投资管理制度体系。

第三节 国外公共养老金制度简介

随着工业革命的发展，人们的劳动方式逐渐走向社会化和专业化，同时也面临更多的不确定风险，如老年、疾病、失业、伤残等，生活方式和家庭结构的变化使单个家庭已经没有足够能力抵御这些风险，政府主导下的社会化的保障方式应运而生。早期的公共养老金制度以德国的缴费型公共养老金和英国的非缴费型公共养老金制度为代表。第二次世界大战后，公共养老金制度在各国都得到了进一步发展，发展中国家也加入了这一热潮。但20世纪70年代后，在经济滞涨和人口老龄化的双重影响下，公共养老金制度面临的运行压力加大，各国开始根据自己的国情选择不同取向的改革，世界范围内公共养老金制度的多元化和多样化特征日趋明显。

一、公共养老金制度的主要类型

（一）全民平均津贴

在全民平均津贴（universal flat benefit）制度中，受益人无论工作经历、收入和财产状况如何，也无须缴纳任何费用，只要达到规定的领取年龄就可以从政府那里获得相同金额的养老金。它所需的资金来源于政府的一般财政收入，政府通过这种制度，能够确保全体老年人，包括其中的一些特殊群体，例如年轻时没有正式就业、单独生活的老年妇女或年轻时收入很低没有余钱储蓄的人，都能够得到最低限度的老年保障，避免陷入老年贫困。全民平均津贴在工业化国家比较普遍，是加拿大、荷兰、新西兰、南非等国家公共养老金制度的主要组成部分。它具有以下三方面的特点：第一，由于全民享有，所以不需要记录和核实受益人工作、收入等方面的情况，因此，管理操作简单，管理费用低。第二，它给所有老年人提供了最基本的生活保障，有利于消除贫困，容易赢得政治上的广泛支持。第三，由于通过税收融资且覆盖全民，所以实行该制度的国家一般税率都比较高，而税收主要是由高收入阶层来承担的，因此收入再分配的作用比较明显。

（二）家计调查津贴

家计调查津贴（means - tested benefit）指政府通过税收向收入水平或财产低于一定标准的人给予养老金，收入或财产越少的人，获得的养老金越多。它的特点包括以下几方面：第一，只有收入比较低的人群才能够领取养老金，因此，制度成本要低于全民平均津贴，并且能够使低收入人群获得更多的养老金，缓解贫困的作用更明显。例如，澳大利亚实行的是家计调查津贴，而新西兰实行的则是全民平均津贴，澳大利亚的成本以及养老金支出占 GDP 的比重只有新西兰的一半①。第二，通过税收和家计调查，保证收入从富人转移给穷人，所以再分配的功能更强。第三，开展家计调查的成本很高，而且有些人为了符合领取条件，在收入接近最高点时就不储蓄或想方设法隐瞒财富状况，因而造成道德风险。

（三）就业关联平均津贴

就业关联平均津贴（employment - related flat benenfit）是指在一定的就业范围内无论个人工资高低，使每个人每年获得相同的养老金，或向每一个就业年度提供特定的平均津贴②。该制度的特点包括：第一，与全民平均津贴和家计调查津贴相比，就业关联津贴制度一般是缴费型的，成本相对较低。第二，需要记录受益人的工作经历、缴费历史等信息，管理费用高。第三，没有工作的人或工作时间较短的人往往很难从中受益，因此缓解贫困的功能较弱。1997 年我国建立的城镇企业职工基本养老保险制度中规定，个人缴费年限累计满 15 年，可领取的基础养老金为当地上年度社会平均工资的 20%。这意味着无论参保职工个人收入水平如何，只要缴费年限超过 15 年，退休时领取的基础养老金都是相同的，因此其本质就是一种就业关联平均津贴。

（四）收入关联津贴

大多数国家的公共养老金制度都采用收入关联津贴（earnings - related benefit），即收入水平越高、缴费越多的人，领取的养老金也越多。在平均津贴制下，就业者可以容易地预见自己未来养老金的多少，但是，在收入关联津贴制下，养老金的计算公式往往比较复杂，取决于工资基数、就业经历、婚姻状况等多种因素，就业者往往很难测算出未来可以领取的养老金的数目③。收入关联津贴一般用工资基数乘以与其就业年限成正比的应计比率来计算养老金。在工资基数的选择上，不同国家采用的方法不同。有的国家采用退休前 1—3 年的收入作为工资基数，这样操作相对简单，对于收入随年龄而迅速增长的高薪者更有利；有的国家则以就业期间的平均收入为工资基数，并根据通货膨胀率或平均工资增长率对早期的年收入进行必要的调整，这样对收入增长缓慢或收入不

---

①②③ 黄必红．养老金制度［M］．北京：中国劳动社会保障出版社，2008.

稳定的阶层更有利，而且需要长期如实地记录参保者的缴费历史，因此对管理水平要求更高。

收入关联津贴具有以下几方面的特点：第一，缴费与受益的密切关联，能够激励缴费，减少逃税、避税行为的发生。第二，再分配功能比较差，高收入的人领取的养老金较多，而工作时间短或无工作的人、低收入或无收入的人可能得到的养老金很少，甚至无法得到养老金。第三，需要记录参保者的工作经历、收入状况、缴费历史等方面的信息，管理费用较高。2005 年我国颁布的《关于完善企业职工基本养老保险制度的决定》中，对基础养老金的计发办法作了调整，以当地上年度在岗职工月平均工资和本人指数化月平均缴费工资的平均值为基数，缴费每满 1 年发给 1%。与旧的计发办法相比，新办法中职工缴费时间越长、收入水平越高，退休时领取的基础养老金越多，这也意味着我国的职工基础养老金从就业关联平均津贴转变为收入关联津贴。

（五）缴费既定型的养老金

在实行完全积累公共养老金制度的国家，养老金待遇是缴费既定型的，即为每个参保者设立个人账户，退休时根据个人账户的储存额、预期寿命等因素，按照保险精算的原则确定养老金待遇水平，有的制度中也允许参保者一次性领取账户余额或者将账户余额用于向保险公司购买终身年金。新加坡和智利都是缴费既定型养老金的典型代表，但新加坡中央公积金制度由政府集中管理，而智利的养老金制度则采用了市场分散管理，因而它们在具体的管理和实施中也有明显差异。

（六）最低养老金保障

在缴费既定型个人储蓄制度的国家，为了防止低收入阶层因个人账户储蓄不足而陷入老年贫困，政府提供最低养老金担保（minimum pension guarantee）。例如，智利在 20 世纪 80 年代进行养老保险私有化改革之后，规定工人缴费 20 年以上，个人账户积累的储存额不能达到最低养老金标准（平均工资的 20% 或最低工资的 75%），由政府补足差额部分；工人退休后按制度每月领取养老金，如果实际寿命超过预期寿命，个人账户的储存额领取完毕之后，不足的养老金由政府支付①。

二、德国的公共养老金制度

德国是现代社会保障制度的发源地，也是最早建立现代养老保险制度的国家。1889 年，德国在工人阶级斗争的强大压力下，颁布了《老年和残障社会保障法》，标志着社会养老保险制度的诞生。自 20 世纪 80 年代起，受人口老龄化不断加快、经济发展趋缓

① 黄必红．养老金制度［M］．北京：中国劳动社会保障出版社，2008.

等因素影响，养老金收支矛盾日益突出，养老保险制度逐渐陷入困境。自1992年特别是1999年以来德国相继采取了一系列开源节流的重大改革措施，多次提高缴费率，延迟养老金领取年龄，引入养老金水平调整机制；在适当降低国家基本养老保险替代率的同时，推出由国家财政补贴的个人储蓄性养老保险计划，鼓励企业建立补充养老金，以保持整体养老保障水平不下降。由于德国改革相对英国、瑞典等国家稍晚一些，力度也小一些，尽管扭转了基金入不敷出的势头，但高缴费率也对经济和社会发展带来了一定影响。目前德国的养老保障体系由法定养老保险、企业养老保险和私人养老保险三大支柱构成。其中，法定养老保险的对象包括所有雇佣劳动者及独立经营者（主要为领航员、艺术家、家庭手工业者）等，约占从业人员的90%，保障内容除了包括一般的养老金，还包括职业康复待遇、职业能力或就业能力丧失养老金等①。

（一）覆盖范围

德国法定养老保险是一项强制性的保险制度，所有以获得劳动报酬为目的的从业人员或参加职业培训的人员都是法定养老保险的对象，覆盖范围包括了除公务员和法官以外所有蓝领和白领的人员。目前，约80%—90%的老年人、伤残者和遗属的主要生活来源依靠法定养老保险②。

（二）资金筹集

德国的法定养老保险起源于俾斯麦时期的“自助资助”模式，筹资由雇主、雇员和政府三方共同承担，实行现收现付制。雇主和雇员缴纳的养老保险费是资金来源的主要渠道，保费在税前缴纳，免征个人所得税，缴费基数有上限和下限规定，由联邦政府按照上一年度职工税前收入水平综合确定。2015年，缴费基数下限为450欧元，上限为西部6050欧元、东部5200欧元，大致为社会平均工资的两倍。20世纪90年代开始，缴费率总体呈上升趋势，1993—2000年为17.5%。此后缴费率一直维持在19%以上的高位，2007—2011年最高达19.9%，近年缴费率有所下降，2015年的缴费率为18.7%。为减轻当代人负担，德国规定将缴费率到2030年限制在22%之内③。国家财政补贴只是资金来源的辅助渠道，其数额一般为养老保险费的1/5左右。

（三）给付条件

参保人必须达到规定的退休年龄和缴纳保险费的期限，才有领取养老金的资格。提前领取养老金的最低条件为年满63岁并且投保35年，但养老金会根据提前时间相应扣减。全额领取养老金的条件为年满63岁且投保45年或者年满65岁且投保35年。自进

① 姚玲珍．德国社会保障制度［M］．上海：上海人民出版社，2011.

②③ 资料来源：中华人民共和国财政部，http：//zys. mof. gov. cn/tszs/201601/t20160122_1655079. htm。

入21世纪以来，德国已两次宣布调整正常退休领取养老金年龄：自2001年起至2012年，将女性60岁、男性63岁统一提高至65岁；自2012年起至2029年，从65岁逐步上调至67岁。因此，上述养老金给付的年龄条件正在逐年延长中。

（四）养老金计算

养老金的高低主要取决于参保者领取养老金时的工资和缴纳养老保险的时间（工龄），体现了权利与义务的相关性，最高限额为退休时工资的75%。1992年德国《养老金改革法》颁布实施后，养老金计算公式为：

月养老金＝收入分值(EP)×当前养老金基准值(ARW)×养老金类型系数(RAF)×领取养老金时间系数(ZF)

EP：参保人在职时每年的缴费工资与社会平均工资比值之和，反映参保人的相对收入状况，参保人缴费工资越高，缴费年限越长，折算收入分值就越高。比如2005年所有参保人的年均收入为29202欧元，如果某一投保者当年的收入为40000欧元，则其该年收入分值为1.3698。

ARW：当前养老金基准值是一个变动的养老金计算因数，它可以确保每年在工资变化时对养老金也能做出相应的调整，具体数额由联邦政府确定。例如，2019年7月1日规定的养老金基准值为前东德地区31.89欧元，西德地区33.05欧元，大约为社会平均工资的1%。

RAF：反映了参保人的身体及家庭状况，基准数为1.0，对部分丧失劳动能力和遗属的指数会适度减小。

ZF：如果参保者按照法定退休年龄领取养老金，则该系数为1；假如参保者在退休之前提前领取养老金，则每提前一个月，月养老金数额降低0.30%，如果超过法定退休年龄领取养老金，则每推迟一个月，养老金数额上调0.50%。

因此，一名收入为社会平均工资、缴费45年的西德地区参保人，按正常年龄退休的养老金为1487.45欧元/月（33.05欧元×45年×1.0）。

（五）养老金调整

德国养老金水平主要是通过调整当前养老金基准值来实现的。1994年，养老金改革考虑到社会平均生命预期的变化，引入了人口因子。如果人口老龄化继续加深，人口因子会小于1，养老金给付水平随之下降。2004年养老金改革又引入了可持续因子，反映了养老保险系统赡养比的变化。当赡养比高于一定比例时，养老金下调。通过这种方式，德国力图使养老金替代率缓慢下降，以减轻年轻人的缴费压力，实现代际公平。

（六）养老保险管理和监督机制

德国法定养老保险的费用征缴、管理经办以及给付发放是由雇员和雇主代表组成的自治管理的养老保险基金会负责，政府只负责财务监督和法律监督。这种将政府从直接的管理责任中脱离出来的自治管理模式形成了有效的、内外结合的监督体系，从而有力地保障养老保险制度的日常运行。自治组织的管理能力也在不断的实践中变得越来越强大。

此外，各养老保险基金会从基金收入中提取一定份额，建立统一的可持续储蓄金，由养老保险基金联合会管理，其年初的金额要保证年末的缴费率不能变动。当可持续储蓄金的流动资金仍然无法应对给付波动时，政府会给予国家担保，对养老金支付给予无息贷款，这种政府担保也称为“流动性帮助”①。

三、美国的公共养老金制度

美国是一个典型的自由资本主义社会，在德国等西欧国家建立了养老保险制度几十年后，美国才于1935年通过《社会保障法》，开征工薪税并建立老年人储备基金。三年后该法案被增补为《老年及遗属保险法》（Old – Age and Survivors Insurance，OASI），1957进一步扩大为《老年、遗属及残障保险法》（Old – Age，Survivors and Disability Insurance，OASDI），形成了以现收现付为特征的基本养老金制度。美国社会把市场效率奉为圭臬，反对政府提供高福利，基本养老保障水平不高，加之美国是一个移民国家，人口老龄化问题不突出，社保基金总体保持盈余，因此，美国OASDI制度一直没有进行大的改革。同时，美国通过税收优惠等方式促进私人养老金快速发展，形成了包括国家强制的基本养老金、职业养老金和个人储蓄养老金相结合的三支柱养老金体系，较好地保障了老年人的养老需求。

（一）覆盖范围

作为全国性的保障制度，OASDI覆盖了美国约96%的劳动人口，包括企业员工、自雇人员、农场工人、公务员、军人等。目前参保者1.5亿人，约有4600万人受益。它由美国社会保障管理局管理与运作，如今已经成为美国联邦政府最大的财政项目，其税收收入约占联邦政府收入总额的33%②。

实际上，OASDI是一个复合型养老保险计划，包括了参保人退休、残疾和死亡三类给付，因此，其给付对象从参保者本人逐渐拓展至参保人的现配偶、作为遗属的鳏夫寡妇以及前配偶、部分未成婚的孩子（含养子）及正在被参保人赡养的老年父母。也就是说，美国OASDI已由参保人个人的退休计划转变为以参保人家庭为基础的经济保障计划。

---

① 资料来源：中华人民共和国财政部，http：//zys. mof. gov. cn/tszs/201601/t20160122_1655079. htm。

② 余桔云．养老保险：理论与政策（第二版）［M］．上海：复旦大学出版社，2021：93.

（二）缴费

OASDI 资金主要通过工薪税（又称“社会保障税”）形式筹集。工薪税税率按照以支定收、略有结余的原则确定，并根据人口年龄结构等因素适时调整。工薪税是税后缴纳，不免征个人所得税，目前总税率为 12.4%，雇主和雇员分别缴纳 6.2%，自雇者则需缴纳全部①。缴费基数为月工资收入，并设立上下限，每年都根据社会平均工资的增幅同幅度调整。上限约为当年社会工资的 2.5 倍，超过该限额部分不缴纳工薪税；下限约占同期社会平均工资的 10%，低于该限额部分仍需缴纳工薪税，但在计算基本养老金时视同当期未缴费。美国所有公民都有一个 9 位数字的个人终身唯一的社会保障号，个人工薪税缴纳情况通过社会保障号予以记录，有利于参保人异地转移。

（三）给付条件

OASDI 的给付条件主要包括领取年龄和缴费年限两个方面。最早可提前退休的两个基本条件为：一是年满 62 周岁（寡妇或鳏夫年满 60 周岁）；二是已获得 40 个社会保障积分（季度参保人的工资水平高出最低限额可获得积分）。按规定每个参保人每年缴费至多可获得 4 个积分，因此，最低缴费年限大体为 10 年。不过，参保人要想获得 100% 的完整退休金，则必须同时满足两个基本条件：一是达到法定退休年龄（从 2002 年开始到 2027 年逐年延长到 67 岁）；二是缴费年限必须达到 35 年。同时，弹性领取养老金政策允许选择在 62—70 岁的任何一天开始领取。如果提前退休，必须相应扣减退休金，最高可扣减 25%；如果延后领取，其养老金也会适当增加，每晚一年增加 8.0%。

（四）养老金计算

OASDI 是收入关联养老金计划。首先，它通过社会保障号对个人缴费进行全面记录，并折算成指数化工资，使其与养老金待遇挂钩，部分体现多缴多得。计算中，缴费年限上设定了“35 年”的统一标准。如果退休者缴费年限不足 35 年，则所差年份的指数化收入均计为零，由“35 年”简单平均计算出来的平均指数化月收入（Average Indexed Monthly Earnings，AIME）就会降低，它所对应的退休金水平也相应更低；与此相反，如果退休者缴费年限超过 35 年的，则只能选取其中指数化收入最高的 35 年，其余缴费年限统统“作废”，也不计入 AIME 计算公式。由此，“长缴多得”的激励机制也被严格限制。其次，在计算达到法定退休年龄的基本养老待遇时，则采取累退制度。公式中，用两个拐点值将 AIME 截为三段：低段收入部分（2014 年为 8789 美元以下部分）被赋予 90% 的高权重，中段收入部分（2014 年为 8789—24497 美元）被赋予 32% 的中等权重，高段收入部分（2014 年为 24497 美元以上部分）被赋予 15% 的低权重。这样

① 资料来源：中华人民共和国财政部，http：//zys. mof. gov. cn/tszs/201601/t20160122_1655093. htm。

的权重结构能在权利与义务相关的基础上，显著缩小高收入者与低收入者的退休金差距，进而兼顾效率与公平。

（五）养老金调整

美国每年根据统计局“城市工薪与职员消费价格指数（CPI－W）”调整养老金水平。相对于通用的CPI指数，CPI－W指数构成更贴近美国老年人的消费情况。以物价指数调整养老金，主要是抵消通货膨胀影响，保障购买力。与工资增长率挂钩等调整方式相比，参保人难以分享经济增长成果，但有利于降低养老金水平快速提高所带来的支付压力。

OASDI较低的工薪税率和保障水平，为职业养老金和个人储蓄养老金留下了较大发展空间。美国自愿性的雇主养老金计划、个人养老储蓄计划较为普遍，多数采用缴费既定型的完全积累制，政府以递延纳税等方式予以支持，这类计划覆盖了近一半劳动人口，成为应对老龄化的重要储备。相对而言，低收入老年群体对基本养老金依赖性较强，而私人养老金及资产收入则是高收入老年群体收入的重要组成部分。

四、瑞典的公共养老金制度

第二次世界大战后，瑞典走了一条与英美等发达国家不同的福利国家建设道路，形成了以高税收、高福利为特点的“瑞典模式”。这种模式在一段时期对经济社会发展起到了积极作用，但随着20世纪70年代末瑞典经济增速明显放缓以及人口老龄化问题开始显现，其弊端也日益突出。特别是高税收挫伤了劳动者的工作积极性，高福利造成全社会过度消费以及诱发道德风险，福利欺诈和福利依赖现象突出，严重损害了经济竞争力，成为被诟病的“瑞典病”。为此，在20世纪90年代中后期，瑞典对养老保障体制进行了根本的改革，开始大幅度削减福利水平，强化个人缴费责任和义务，并建立个人账户制度，将企业和个人缴费全部计入个人账户，实现养老金待遇与缴费完全挂钩，真正做到多缴多得。通过改革，瑞典政府和企业负担大幅减轻，社保支出水平得到了较好控制，使瑞典经济重新焕发了活力。目前，瑞典也构建了三支柱养老金体系，除了国家养老金之外，退休职工还可以享受职业养老金和私人养老金。

（一）保障对象

瑞典国家养老金的覆盖范围比较广，所有本地居民和在瑞典工作过一段时间的人都能享受这一福利制度，其成员还包括那些在瑞典短暂工作过（通常为一到两年，没有达到获得养老金的工作年限要求），但参加了其他欧盟国家或者与瑞典签订了社会保险协议的国家的保险计划的人，以及取得保险资格的难民和登记在瑞典的船舶的船员等①。

---

① 余桔云．养老保险：理论与政策［M］．上海：复旦大学出版社，2021.

（二）缴费

瑞典以社会保障税形式征缴国家养老金的费用，与之一并征缴的还包括医疗保险、工伤保险、劳动保险等。缴费基数包括工资性收入和津贴性收入。从医疗保险和失业保险体系获得的津贴都被看成津贴性收入，同时疾病补偿、抚育幼儿、学习以及社会服务时获得的津贴性收入也可以转换成养老金权，国家财政将这部分养老金的支付纳入预算。缴费基数设上下限，目前下限约为当年社会平均工资的5%，门槛较低可以保证绝大部分职业人群都能参保，上限约为当年社会平均工资的114%。目前，国家养老金总缴费率为参保人缴费基数的17.21%，其中雇主承担10.21%，个人承担7%。为减轻企业负担，强化个人责任，瑞典于1994年改革时，将之前的雇主承担全部费用改为雇主、雇员共同承担。社会保障税的征收由税务部门负责，与个人所得税一并征收。缴费分两部分管理：16%进入个人的收入型养老金账户，采取现收现付制管理；2.5%进入个人的积累型养老金账户，采取完全积累制管理（瑞典以扣除养老金个人缴费后的工资和津贴性收入作为养老金基数，按此基数缴费率为18.5%）。

（三）给付条件

瑞典实行弹性退休制，法定退休年龄65岁，可以选择在61—70岁的任何时间退休。参保人从61岁起可以领取收入型和积累型养老金，延迟领取将提高待遇水平。一般情况下，66岁退休领取的养老金比65岁高出9%，67岁退休比65岁高出20%。瑞典还允许参保人在超过法定退休年龄后选择半退，即每周工作17小时以上，但比退休前至少减少5小时，既可以获得全额养老金的一定比例，也可以提高完全退休时经重新计算的养老金水平①。

（四）养老金计发

瑞典基本养老金分为收入型养老金和积累型养老金两部分，雇主与参保人在职时缴纳的费用全部计入收入型养老金账户（16%）和积累型养老金账户（2.5%）。收入型养老金账户属于名义账户，按照记账利率计息，采用现收现付模式；积累型养老金账户实行实账积累和投资，按照实际投资收益率计息。参保人退休申领养老金时，两个账户中的每期缴纳费用及其孳息形成的积累额再以年金形式发放。参保人能够获得的基本养老金额度，一方面，取决于积累额的大小，参保人缴纳得越多，账户计息的利率越高，未来的养老金就越高；另一方面，取决于积累额分多少期发放，预期寿命越长，相应的退休后余命和发放期数也会增加，每期得到的养老金将会减少。

一般情况下，瑞典以社会平均工资增长率作为收入型养老金账户的记账利率，这样

---

① 资料来源：中华人民共和国财政部，http：//zys. mof. gov. cn/tszs/201601/t20160122_1655018. htm。

能够保障参保人的养老金权益与工资同步增长，共享经济增长成果。但由于收入型养老金采取现收现付财务模式，受人口结构变动的影响，财务收支可能出现不平衡状况。为解决这个问题，瑞典在基于参保人群终身缴费与给付的中长期精算测算基础上构建了自动平衡机制：当预计未来负债低于资产积累额时，以社会平均工资增长率作为记账利率；当预计未来负债高于资产积累额时，记账利率按照收支缺口比例作适度下调，甚至可以计负利率。从而保证在缴费率稳定的前提下，通过调整个人账户资产积累增速来满足当期支付需要。

经过 20 世纪 90 年代的养老改革，瑞典实行完全的个人账户制，突出了个人责任与权利，在缴费与待遇之间建立了直接关联，与改革前现收现付制下参保人缴费记录相比，更加清晰地表明了参保人权益的积累额度，使得参保人能够较为精确地测算其退休后的养老金水平，提高制度的透明度和公信力，最大限度地激励参保人多缴费、多积累、多保障。

（五）保证型养老金

为保障低收入老年群体达到最低生活标准，瑞典在收入型和积累型养老金之外，设立了适用于全体居民的保证型养老金，所需资金由财政预算安排。保证型养老金领取条件是年龄满 65 岁且在本国居住 3 年以上的居民。要领取全额养老金，则必须在 16—64 周岁在瑞典生活 40 年以上，不满 40 年的，每少 1 年减发 1/40。同时，对于已领取一定收入关联养老金的参保人，要按照一定的比例系数进行扣除。由于瑞典的保证型养老金精准定位于保障低收入人群的底线生活需求，且其发放要经过严格的家计调查，支出水平控制较好①。

（六）职业养老金及私人养老金

瑞典的职业养老金及私人养老金较为发达。其中，职业养老金一般由工会联合会与雇主联合会通过集体谈判决定，不具有法律强制性，瑞典约 90% 雇员参加了职业养老保险，缴费率约为 3.5%；私人养老金属于个人自愿行为，主要体现为商业保险和个人融资理财。

五、新加坡的公共养老金制度

新加坡的中央公积金制度（Central Provident Fund，CPF）在英国殖民时期就是一种通过强制性储蓄来实行的职工退休养老的自我保障制度。1965 年新加坡共和国宣布成立后，新加坡政府在继承传统公积金制度的基础上进行了多方调整，使其逐渐发展成为

① 资料来源：中华人民共和国财政部，http：//zys. mof. gov. cn/tszs/201601/t20160122_1655018. htm。

一个具有综合功能的社会保障体系。

（一）中央公积金的筹集

按公积金法规定，凡工薪收入者，无论是公务员、职员，都要参加中央公积金计划，向中央公积金局按足额缴纳公积金，连个体商贩也要参加该计划。

中央公积金由雇主和雇员共同缴纳，国家对公积金不征税，并为公积金提供担保。中央公积金局为每个加入者建立个人账户，雇主和雇员每月按照雇员工资的一定比例向这个账户供款。随着国家经济发展水平和人均收入的不断提高，公积金局对缴费比例进行了多次调整。公积金制度刚刚开始施行时，国民收入较低，因此缴费率也比较低，总缴费率仅为 10%，雇主和雇员分别按 5% 比例征收。之后，随着新加坡经济和社会的发展，国民收入提高，公积金缴费率不断提高，最高 1984 年曾达到员工月薪的 50%，随后又在波动中调整下降，近年稳定在 37% 左右。其中，雇员每月须向 CPF 缴纳月薪的 20%，雇主缴纳雇员月薪的 17%。但是，当雇员年满 55 岁以后，雇员和雇主的费率逐渐下降：55—60 岁的，雇员和雇主分别缴纳 13%；60—65 岁的，雇员缴纳 7.5%，雇主缴纳 9%；65 岁以上的，雇员缴纳 5%，雇主缴纳 7.5%。此外，公积金缴纳有工资上下限规定，超出部分不需要缴纳，固定工资之外的奖金也需要缴纳公积金，同样设有缴费上限。

（二）中央公积金的使用

每个公积金会员的个人账户具体又分为三个不同账户：普通账户 OA（Ordinary Account），特别账户 SA（Special Account）以及保健储蓄账户 MA（Medisave Account）。三个账户具体分配是随着年龄增长而不断变化的。整体来说，OA 分到的越来越少，MA 分到的越来越多，分配到 SA 的比例则先在 50—55 岁年龄段上升至顶峰，再在 55 岁之后骤降。

普通账户的储蓄可以用于住宅购买（包括组屋和私人住宅）、负担本人、配偶及子女的教育费用（需支付利息并在学成后还款）、CPF 授权的投资、退休等。保健储蓄账户的储蓄可用于会员及其家属成员的医疗费用，如医院的病床费、门诊费、手术费、治疗费以及某些获批准的医院的保健费，还可以用于购买政府强制的 Medishield Life 医疗保险。特别账户的储蓄提供会员养老或应急之需。特别账户则是严格用来积累退休储蓄的，不用于其他开支，但可以用于投资退休相关的金融产品。

此外，公积金会员在年满 55 岁以后，政府会为其自动创建一个新账户——退休账户 RA，届时普通账户和特别账户的钱将自动转入 RA 作为退休存款。除按制度规定，会员在年满 55 岁以后就可以从他的公积金账户中提取现金，但必须在 RA 中保留一笔不低于中央公积金局规定的最低数额的存款作为晚年之用。如果会员永久残废或终身离开新加坡，可以提前提取公积金存款，如果会员在规定年龄前不幸过世，他的公积金存款可由指定受益人继承。会员从 62 岁开始，可按月从最低存款中领取基本生活费用，政府鼓励已达退休年龄但身体健康的会员继续工作，以使他们积蓄更多的公积金存款，如果会员在退休时存款不足，可由其子女填补他的户头。同时 CPF 还设有一个专门的年长者终身收入计划（CPF LIFE）。该计划适用于所有的65 岁以上的新加坡公民或永久居民，要求其 CPF 退休存款里有至少 60000 新币的存款，满足最低余额会自动转入 CPF LIFE 计划。此计划分两种：一种是每月得到付款较多，但遗产部分较少；另一种是每月得到付款较少，但遗产较多。

（三）中央公积金的投资

为了确保中央公积金的保值增值，新加坡建立了较为完善的公积金运营和投资体系，由政府对公积金的最低收益提供担保并承担资金贬值赔付的义务。中央公积金的投资主要分为两个方向：一是对政府债券、银行存款、住房和基础设施建设等不动产、权益资产以及一些国外资产等资产的投资，由新加坡政府机构负责，投资者可获得不低于 2.5% 的利率；二是允许公积金会员在个人账户中预留出一定金额后，根据自身需求和储蓄情况，将普通账户和特别账户中的部分储蓄用来自主投资，通过购买股票或黄金等获得政府批准的投资工具将公积金投资于资本市场，投资收益率相对较高，但需投资者自担风险，并且管理费用是固定的。

（四）中央公积金的管理

新加坡中央公积金局对公积金的筹集与分配等事项进行统一管理和监督，这种集中管理模式有助于实现管理上的规模效应，从而提升公积金管理效能，同时还可以避免资金的过度分散，提升住房建设资金的稳定性。尤其是在新加坡组屋计划中，政府在土地征用和管理上的绝对话语权使建屋发展局能够以低于市场价的价格征得私人土地，大大节约了建房成本。

虽然新加坡创建了一个覆盖全民的社会保障制度，但总体呈现“低供给”的特点，相比于实施全民受惠的政府援助，更加重视为民众提供平等的机会，鼓励人们自力更生，自存自用，提倡自助和家庭互助。完全积累式的中央公积金制度就是新加坡强调个人责任、自我保障的重要体现，由于资金积累的多少与个人的努力挂钩，从而激发了国民的工作积极性，强化了为自己未来的各项保障之需进行预防性储蓄的自我保障意识，在一定程度上节约了政府的社保等福利开支。

六、智利的公共养老金制度

20 世纪 80 年代以前，智利实行以高福利、现收现付为特征的公共养老金制度。由于缴费率过高、企业逃缴费现象普遍、养老金给付水平盲目提高、公立管理机构效率低下，到70年代后期，养老金制度入不敷出，国家也陷入了严重的财政危机。在自由主义和全球私有化浪潮影响下，智利于1981年进行了养老金私有化改革，彻底抛弃了现收现付制，建立以低缴费、完全积累、市场化管理为特征的养老金制度。

（一）费用缴纳

智利政府强制要求所有18—65岁的雇员必须参加养老保险，基本养老金全部来自个人缴费。自2008年起，对自雇者及非正规部门就业者也由自愿参加改为强制参加。

雇员以月工资收入为缴费基数，规定有下限和上限。低于下限的统一按下限缴纳养老保险费；高于上限部分的收入不缴纳养老保险费。自雇者及非正规部门就业者以应税工资为缴费基数，缴费上下限与雇员一致。参保人员缴费率统一规定为10%，比改革前平均22.44%的水平有大幅下降，并对缴费收入免征个人所得税。雇员缴费由雇主代扣，每月从雇员工资中扣除的缴费，直接存入雇员选择的私人养老基金管理公司（Pension Fund Administrators，AFPs）管理的个人账户。自雇者及非正规部门就业者在国家税务局的监督下，自行缴入其选择的AFPs管理的个人账户。参保人员需给AFP缴纳较高的管理费，也可以自由地将其养老金基金在不同的AFPs之间进行转换。

智利是世界上养老保险缴费率最低的国家之一。低缴费率起到了减轻企业负担、激发市场活力的作用。同时，所缴保险费全部存入个人账户，多缴多得，避免了机会主义倾向，税收减免优惠也极大地调动了参保人员缴费积极性。

（二）养老金待遇

智利法定领取养老金年龄为男性65岁、女性60岁。劳动者达到退休年龄后，能够领取的养老金金额取决于其个人账户的储存额、劳动者个人及其遗属的预期寿命以及贴现率。

养老金领取方式主要有三种：一是定期领取，即将个人账户积累的资金继续存放在养老基金公司，AFPs每12个月根据投资收益、预期寿命、家庭规模等计算一次退休者当年可以领取的养老金，按月领取，领完即止。二是购买生命年金，退休者将个人账户上积累的资金向任意人寿保险公司购买生命年金，按月领取，直至死亡，这种方式意味着劳动者将长寿风险和投资风险转移给了保险公司。三是临时提款与延迟生命年金相结合，即将个人账户积累的资金一部分留在AFPs，在某个时点前从AFPs个人账户上按月领取，另一部分转入人寿保险公司，从约定时间起为参保者支付年金，直至死亡。

（三）养老基金管理

改革之后，AFPs成为智利养老金制度的核心管理机构，集账户管理、基金投资、待遇发放等职能于一身。AFPs由私人股份公司根据养老制度的相关管理规定，向政府主管部门注册之后依法成立，有独立法人资格。职工个人根据个人偏好或经科学决策自主、自愿地在政府注册备案的若干 AFPs 中选择一个承接自己的个人账户资产进行投资运营管理。其中，职工可以参考的 AFPs 的信息包括公司规模、管理团队、盈利率、市盈率等各种公司基本信息和运行的财务绩效指标，这就要求养老保险基金管理公司要定期公开与本养老金投资运营相关的各种信息，增加透明性，消除信息的“不对等性”，自觉接受个人账户所有者及政府的监督。因此，虽然 AFPs 是在市场环境下独立自主运营的“私人机构”，但其一经成立就自动置身于政府的监督视野。智利政府也颁布了许多法律，对 AFPs 的基金投资行为进行修正和规范，保证养老金基金有足够的投资工具，防止投资风险过度集中，同时协调养老金基金管理方面的各种矛盾。

（四）政府担保

改革之后，旧制度下由政府承担的风险，如寿命风险、投资风险等都转为由个人承担，个人面临的风险大大增加。为了避免低收入阶层陷入老年贫困，智利政府采取了一系列担保措施。

第一，最低养老金担保。AFPs 的会员缴费满 20 年后，如果个人账户上的储存额不足以支付最低养老金，会员先将其个人账户上的储存额支取完毕，然后政府用一般财政预算为其支付最低养老金。智利政府根据通货膨胀率的变化及时调整最低养老金。

第二，福利养老金。这是一项建立于 1975 年、以家计调查为基础、为最贫困的老年人提供的津贴，其享受对象是收入低于最低养老金 50%、年龄在 65 岁以上的老人或残疾老人。

第三，收益率担保。智利政府规定 AFPs 向会员支付的养老金基金回报率不能低于最低收益率。如果 AFPs 支付的回报率低于最低收益率，那么必须使用其“投资储备金”来弥补差额。如果 AFPs 动用投资储备金之后还是无法满足最低收益率的要求，那么就必须宣布破产。政府将弥补实际收益率和最低收益率之间的差额，然后就业者将其养老金基金转到别的 AFPs。除了最低收益率外，智利政府还规定了最高收益率，即不超过所有 AFPs 平均收益率 2 个百分点。如果 AFPs 的收益率超过最高收益率，必须把超过部分作为“投资储备金”储存起来。将来如果 AFPs 的收益率低于最低收益率时，就可以动用这部分储备。

第四，破产担保。保险公司破产时，智利政府还担保为劳动者支付终身年金，但不超过最低养老金①。

（五）转制成本的消化

在智利改革中，转入新制度的“中人”在旧制度下缴费形成的权益由政府发行

① 黄必红．养老金制度［M］．北京：中国劳动社会保障出版社，2008.

“认可债券”进行确认。

“认可债券”的计算公式非常复杂。它的金额根据1978年7月1日至1979年6月30日雇员缴费工资的80%、旧体制下雇员实际缴费年限占最高缴费年限（35年）的比例、折算系数（男性为10.35，女性为11.36）和调整因子（取值为1—1.3，年龄越大，数值越高）等因素确定，并按“消费价格指数+4%的计息率”按年进行调整，在雇员退休时转入个人账户①。1995年之前“认可债券”不能在二级市场上交易，只有当劳动者退休、死亡或残疾时才能兑现，1995年以后，提前退休的雇员可以将认可债券在正式的二级市场上出售。

“认可债券”是智利政府在养老金改革中创造的消化转制成本的方式，通过这种方式，政府对“中人”的养老金欠账变得非常透明，有利于获得民众对改革和新制度的支持，保证改革的顺利进行。

到目前为止，智利养老新旧制度已经基本实现过渡。积累制在发挥市场机制作用、激发劳动者活力、有效应对老龄化等方面发挥了一定作用。但是，智利私有化改革也暴露出一系列问题，参保人要缴纳高额的管理费用外，政府不仅要承担巨额转轨成本，而且要处理积累制带来的覆盖率低、贫困人口缺乏保障、贫富差距扩大等社会矛盾，还要承担私营基金管理公司由于经营不善导致破产重组带来的损失。

思考与训练

1. 除了多支柱养老体系的建立，世界养老金改革还有哪些共同的趋势？对我国的养老金制度有何启示？

2. 养老金的替代率是指劳动者退休时的养老金领取水平与退休前工资收入水平之间的比率。它是衡量劳动者退休前后生活保障水平差异的基本指标之一。根据国际劳工组织发布的《社会保障最低标准公约》，55%是养老金替代率的警戒线，低于此水平的退休后生活质量将显著下降。然而，中国养老金融50人论坛首席经济学家姚余栋曾提到，我国养老金替代率已经从2000年的70%降至2020年的41.3%。请分析我国养老金替代率降低的原因是什么？应该如何解决该问题？

3. 赵某2000年25周岁时参加工作，假设其60周岁时退休，从参加工作至退休期间连续缴费。到退休时，赵某的个人月平均缴费工资指数1.30，退休时当地上年度在岗职工月平均工资为8000元，个人账户储存额为180000元。请根据我国现行养老保险政策规定，计算王某退休后第一个月的基本养老金。

4. 试比较典型国家公共养老金制度的异同点。这些国家的公共养老金制度改革措施对我国有何启示？

① 资料来源：中华人民共和国财政部，http：//zys. mof. gov. cn/tszs/201601/t20160122_1655120. htm。

扩展阅读

多支柱养老金体系

20 世纪后期，随着人口老龄化、女性劳动力参与率上升和家庭结构的变化，大部分国家的公共养老金制度开始面临挑战。预期寿命的延长和其他变化也要求人们重新思考残疾福利。虽然这些变化在工业国家最为明显，但发展中国家也感受到了这些变化。

养老金制度是从根本上解决和管理老龄化风险的方法。在老年人口无法或不愿保持经济生产力的情况下，为了解决这一问题，就要提高个人和整个社会创造和维持消费的能力。作为风险管理手段，养老金的设计应基于个人和集体有效管理相关风险的能力的评估。

养老金制度本质上是消费—分配机制包含的要素，无论在形式上还是在功能上都可以被视为受影响的个人和社会的资产（和负债）。风险管理的效率原则，即通过整个体系的要素（或资产）多样化来优化与风险相关的预期回报，在养老金体系的设计中与在任何投资组合的管理中一样重要。这就是多支柱体系的潜在优势，它由几个具有不同特征的要素组成，这些要素相互结合，实现了预期的个人和社会效益，同时将相关风险降至最低。

多支柱养老金体系一般由五个基本要素的某种组合组成：一是提供最低程度保护的非缴费或“零支柱”（以普享的或国民养老金的形式）；二是与不同收入程度挂钩并旨在替代部分收入的“第一支柱”缴费体系；三是强制性的“第二支柱”，其本质上就是个人储蓄账户；四是自愿的“第三支柱”，可以采取多种形式，如个人缴费型、雇主资助型、缴费既定型、待遇既定型等，其本质上是灵活和个人自主选择的；最后则是家庭内部或代际间向老年人提供经济和非经济方面的非正式保障，包括医疗保健和住房方面的支持。

这些要素每一个都针对特定类型的风险，并各具特点。零支柱可以解决终身贫困和流动性限制的风险。第一支柱可以解决个人短视的风险、低收入的风险，以及由于预期寿命的不确定性和金融市场风险而导致的计划不当，但它们通常以现收现付的方式提供资金，容易受到人口和政治风险的影响。强制性的第二支柱针对的是短视，如果设计和操作有效，可以更好地使个人免受政治风险的影响。而第三支柱弥补了其他制度设计上的僵化，但由于资产是由私人管理的，所以可能会带来财务风险和代理风险。

第一支柱的设计方法多种多样。它可以是一种收入关联型公共养老金，可以是待遇既定型，也可以是非积累的缴费既定型（NDC）。缴费和待遇之间的紧密联系有助于打击逃税行为，使制度更加公平，但这必须与再分配的目标、保险的提供以及提供方式相平衡。待遇也应该基于个人的终身平均收入，而不是最终收入。如果基于最终收入，个人在工作期间申报的收入较低，而在退休前大幅加薪，以最大限度地提高他们的养老金。这些待遇还应该明确地与退休后的通货膨胀挂钩，以避免高龄者和低收入者的人陷入贫困。

第二支柱的待遇模式是完全积累的缴费既定型，积累基金采用市场化管理和投资。然而，第二支柱应在达到待遇支付阶段时，为参与者提供将账户余额转换为终身年金的手段。因此，它们在本质上不是纯粹的缴费既定。制度设计的关键包括合理的管理成本、私人管理者的组织、提供的投资工具、投资选择人，以及支付的设计、实施和监管。

如果第一支柱和第二支柱的作用是提供适度的养老金，那么第三支柱的作用就是为个人和企业提供更为优厚的待遇或为了提前退休而储蓄。由于长期储蓄会对整个经济产生正外部性，因此，政府通常会给予税收优惠来鼓励第三支柱储蓄。然而，高收入者更有可能选择自由储蓄。低收入者通常很少缴税，因此，税收优惠也不能提高他们的储蓄。利用这些计划的高收入者通常有储蓄，为了享受税收优惠，他们将储蓄从一种投资工具转移到另一种投资工具，从而减少了对经济的潜在收益，所以税收优惠的再分配效应通常是递减的。从理论上讲，有针对性的补贴也是可能的政策选择，但会面临很大的管理压力，这可能使税收优惠成为唯一可行的选择。最后，第三支柱不能完全替代任何一个支柱，因为公众参与养老金制度的主要原因之一就是防止老年贫困。

资料来源：21 世纪的老年收入支持 养老金制度与改革的国际视角［M］．北京：中国社会保障出版社，2006；Robert Holeman，Richard Hinz. Old－age income support in the 21st century：an international perspective on pension systems and reform［R］．The World Bank，2005.

第四章　年　金

学习目标

1. 掌握企业年金与职业年金的区别与联系。
2. 掌握我国企业年金制度和机关事业单位职业年金制度的主要内容。
3. 能够结合年金在其他国家的实践分析我国年金制度发展面临的主要问题。
4. 了解典型国家的企业年金和公职人员职业年金制度的特点。

案例：企业年金参与度低，职业年金发展势头猛

2016 年退休的李志，此前在一家大型央企工作，每个月单位都会为其缴纳“企业年金”。退休 6 年来，他每个月基本养老金 7000 元，加上企业年金每月给他补充养老金 1000 元，算下来，他退休每月实际收入 8000 元。

“我们单位企业年金大概在 2010 年左右启动，由于起步晚，个人得到的不多。那些起步早的央企，返还就高一些，我一个亲戚退休后大概每月能返 3000 多元。这 3000 多元是否包括其他补贴不清楚，但他们的企业年金比我们高不少。”李志告诉记者，尽管单位每月只返还给他 1000 元，但对他的退休金是一个补充，不会让他退休后的生活水平骤降。

伴随老龄化的加速，我国积极推动养老金第二支柱的发展，以缓解基本养老金的压力。2004 年我国企业年金政策颁布实施，直至 2021 年，我国年金行业发展迎来了第 17 个年头。根据人力资源和社会保障部发布《2022 年二季度全国企业年金基金业务数据摘要》披露的，截至 2022 年上半年，全国共有 123325 个企业建立了企业年金账户，参加职工人数 2954.23 万人，积累基金为 2.76 万亿元，实际运作资产金额为 2.73 万亿元，建立组合数 5297 个。企业年金基金的投资收益率近年持续稳定，自 2007 年以来，企业年金年平均收益率达到 7.17%，特别是自 2012 年以来企业年金基金连续 10 年都保持了正收益。不过，像李志一样的人仍是少数，企业年金覆盖人群仍然有限，在国企中也仅有一部分有，民企基本上没有。尤其是近年来，企业年金增长乏力，覆盖面无法持续扩大，参保人数停滞不前。2015 年后，参保人数的增长率出现了急剧下降，从两位数下滑到 1% 以下。

相比企业年金，近年职业年金发展迅速。尽管建立仅 6 年，截至 2021 年底，职业年金参保人数已经超过 4000 万，除西藏外，全国 30 个省（区、市）、新疆生产建设兵团和中央单位职业年金基金累计投资运营规模约 1.79 万亿元，当年投资收益额 932.24

亿元，在未来两三年就将超过企业年金，成为我国养老金第二支柱的主力。有学者表示，实现企业年金、职业年金“双金”平衡发展将关系到实现共同富裕，期待职业年金的“鲇鱼效应”进一步搅动养老金市场，倒逼企业年金制度的优化与完善。

资料来源：《退休潮来了，你的退休金够不够花?》，中国经济周刊，2022 年第 18 期；2021 年度《人力资源和社会保障事业发展统计公报》。

思考与训练

1. 企业年金和职业年金有哪些联系和区别?
2. 为何当前我国职业年金发展速度快于企业年金?

第一节　年金概述

年金制度是多层次养老保障体系的重要组成部分，是有效应对人口老龄化、降低公共养老金政府负担、改善民生的重要途径。无论是欧美发达国家，还是中东欧新兴市场，在过去的几十年里，都不约而同地将扩大养老金第二支柱参与率作为社会保障制度改革的首要目标，掀起了一场前所未有的养老金改革浪潮。

一、企业年金与职业年金的概念

第二次世界大战后，发达国家在恢复经济的同时，更加重视人文关怀，公共养老金覆盖面广但水平一般都比较低，退休雇员的收入只有公共养老金是不够的，需要有其他养老金进行补充。由于政府开始对工资进行管制，员工福利计划受到了雇员和雇主的青睐，年金也迎来了大规模发展。

（一）企业年金的概念

企业年金，指在政府实施基本养老保险制度的基础上，企业在法律法规和国家政策的指导下，根据自身经济实力和经济状况建立的，为本企业职工提供一定程度退休收入保障的制度①。不同国家和地区具体制度的名称并不统一，例如：私人养老金、公司年金、雇主承办的年金，职业年金、超级年金等。在我国，学术界及制度法规中统一使用“企业年金”这一名称，2017 年颁布的《企业年金办法》中规定：“企业年金是指企业及其职工在依法参加基本养老保险的基础上，自主建立的补充养老保险制度。”

企业年金的产生早于社会保险制度，学术界一般将 1875 年美国运通公司为雇员建

① 孙建勇．企业年金管理指引［M］．北京：中国财政经济出版社，2004.

立的退休金计划看作是世界上第一个正式的企业年金。此后，企业年金计划开始逐渐在一些工业化国家盛行，成为企业人力资源管理策略，但初期计划主要覆盖熟练雇员和高级管理人员，一旦在退休前离开企业，将失去退休金待遇。

第二次世界大战后，不少政府开始给予企业年金税收减免等方面的优惠政策，进一步促进了企业年金的蓬勃发展，覆盖范围逐渐扩大到大多数雇员，种类也更加多样化。1950 年美国通用汽车公司建立了第一个“投资信托”的企业年金，即将基金交给专业的“投资经理”并投资于资本市场，而不是像过去只投资于政府债券和其他固定收益的金融产品，开创了企业年金的新模式，并很快扩展开来。随着政府对企业年金的重视程度加强，规范和监督企业年金的法律法规陆续出台。

20 世纪 70 年代以后，由于石油危机带来的经济滞胀及日益加快的人口老龄化，许多工业化国家的养老保险制度出现了入不敷出的局面，财政赤字逐年增加。各国政府开始反思传统的社会保障制度模式，并进行调整和改革。企业年金被当作缓解政府财政危机和应对人口老龄化的一个重要手段，在这一时期得到了进一步的发展。随着“多支柱养老理论”的广泛传播，企业年金在老年收入中的作用愈加得到重视，多数社会保障制度相对健全的国家都建立了公共养老金以外的企业年金制度，一些国家和地区（如瑞典、澳大利亚）甚至通过立法将企业年金变为强制性的制度安排，进一步强化了企业年金的保障作用。本章第四节将详细介绍部分典型国家的企业年金制度。

（二）职业年金的概念

职业年金，又称“职业养老金”，学术界对它的理解和界定并不统一，大致可以分为三个层次。第一层次是广义职业年金，指与雇佣劳动者相关的各类养老金，包括：社会养老保险、雇主发起的养老金计划以及个人养老金等。第二层次的职业年金即在公共养老保险制度之外由雇主发起的各类补充养老保险。这里的“职业”泛指各个职业群体，因此，这个“职业年金”既包括了企业年金，也包括了公共部门雇员专享的养老金①。第三个层次是最狭义的职业年金，也是和我国目前相关制度和法规统一的概念，特指为机关事业人员和军人在社会基本养老保险制度基础上建立的补充养老保险制度②。因此，狭义的职业年金是与企业年金平行的概念，两者的受益群体分别为机关事业单位及军人和企业职工。本章内容主要采用狭义职业年金的概念。

企业年金和职业年金同属于老年经济保障体系的第二层次。从性质上看，二者既不属于养老社会保险，也不属于商业保险。从功能上看，企业年金和职业年金不仅可以在相当程度上提高退休人员的养老金待遇水平，弥补高覆盖、低保障的公共养老金的不足，而且还能发挥员工激励、稳定人才队伍、合理避税、资源配置等宏观和微观功能。

---

① 张云野，刘婉华．职业年金制度研究［M］．北京：清华大学出版社，2014.

② 参考《机关事业单位职业年金办法》（国发〔2015〕18 号）、《关于军人职业年金转移接续有关问题的通知》（后财〔2015〕1727 号）等相关文件。

企业年金和职业年金也有不同的特点：一是覆盖的群体不同。企业年金制度针对的是企业雇员，而职业年金针对的是公共部门雇员。二是政府责任不同。政府不直接参与企业年金的管理实施，只负责建立法规、提供税收优惠、监督等；但在职业年金制度中，政府不但要作为政策法规的建立者，还将以雇主的身份承担供款、管理实施等责任。三是实际参保情况不同。大多数国家的公共部门雇员都能获得相对优厚的养老待遇，因此，职业年金是强制建立，所有公共部门雇员都能享受的，而企业年金在很多国家则是遵循自愿性原则，由企业根据自身经济能力自主建立的，因此不是所有企业员工都能享受。四是制度具体内容有差别。以我国为例，现行企业年金制度和机关事业单位职业年金制度设计上虽有相似性，但在具体缴费比例、记账方法、税收优惠比例等方面却有不同，本章将在第三、第四节中详细介绍。

二、企业年金与职业年金的类型

（一）DB 计划和 DC 计划

企业年金和职业年金最常见的类型划分是根据待遇计发方式的不同分为 DB 计划和 DC 计划。DB 计划中雇主提前承诺雇员退休可领取的养老金待遇标准，通常依据雇员工作年限、退休前工资水平等因素的养老金计算公式。DC 计划则由雇主单独或雇主雇员双方出资，记入雇员的个人账户，并通过投资获取收益，雇员达到退休年龄后一次性或按年金的分期形式支取养老金。

DB 计划和 DC 计划各有利弊。DB 计划可以使雇员得到相对稳定的、可预期的养老金，但对雇主来说，将承担年金基金能否长期盈利并足够支付雇员养老金的风险。因此，DB 计划待遇的获得往往以固定或长期受雇于同一雇主为条件，不利于劳动力的流动。DC 计划中雇主和雇员的缴费都记入个人账户中，劳动力流动对退休待遇影响较小，计划的可携性更好。但雇员在拥有个人账户投资选择权的同时，实际上也承担了因投资损失造成未来养老金不足的风险。早期的企业年金和职业年金以 DB 计划为主，但从发展趋势看，DC 计划由于雇主责任小、利于劳动力流动已渐渐成为企业年金和职业年金的主流。

（二）强制型计划和自愿型计划

强制型计划指国家通过立法要求雇主必须建立年金计划并强制实施，制度内容、缴费水平、投保方式等均由国家规定，雇主和雇员的选择空间相对较小。目前瑞典、澳大利亚、我国香港地区等都实施了强制型企业年金，而大部分国家的公共雇员职业年金也是强制的。强制性保证了年金拥有相对较高的覆盖率，也使这些制度在养老体系中的地位由补充变为核心。从某种程度而言，它们属性更加模糊，甚至具备了一些社会保险的特征。

以美国为代表的一些国家和地区，企业年金计划采用自愿型。在这种模式下，国家只规定制度基本原则和政策，由雇主根据自身经济状况决定是否实行，在缴费水平、基金管理等方面，雇主和雇员有一定的选择空间。政府则通过对缴费、投资收益、待遇领取等环节给予税收优惠的方法，鼓励雇主和雇员主动参与。

（三）信托型计划和契约型计划

信托型计划指企业年金或职业年金基金独立于计划发起机构的自有资产，以信托资产的形式存在，由受托人负责管理计划资产，而计划的参加者拥有受益权。该模式起源于英国，目前主要流行于美国、澳大利亚、加拿大、爱尔兰等一些受英国法律体系影响较大的国家，我国香港地区的强积金采取的也是这种类型。

契约型计划则是由雇主和职工与提供年金管理服务的机构签订合同，提供服务的机构以集合资产的形式运营计划资产并收取一定管理费用，智利养老金私有化改革后的养老金管理公司（AFPs）就是这种模式的典型代表，波兰、匈牙利、意大利、西班牙、葡萄牙等国的养老金或企业年金改革中也采用了这种模式。

（四）单一计划和集合计划

企业年金和职业年金可以按雇主的数量和规模分为单一计划和集合计划。单一计划是针对单一雇主建立，一般适合员工数量和资金规模达到一定规模的大型机构；集合计划则是由多个雇主共同建立管理，适合行业性强、规模较小的机构，可以有效降低管理成本。我国企业年金市场目前既有单一计划也有集合计划①。

三、企业年金与职业年金的功能

（一）企业年金与职业年金的宏观功能

1. 多支柱养老金体系的重要组成

受多支柱养老金理论的影响，各国的养老制度改革也大多从传统的单一制度向多层次、多支柱的制度体系过渡，虽然具体设计各不相同，其中都将企业年金和职业年金视为老年经济保障中的必不可少的来源。

单一支柱的公共养老保险制度中，政府承担了老年经济保障全部或大部分责任，抑制了企业保障和个人自我保障的责任和动力，压缩了市场发挥作用的空间。随着老年保障需求的不断提高，政府保障责任不断扩大，包袱越来越重，成了制约社会经济发展的

---

① 参见《企业年金基金管理办法》第四十六条。

不利因素。多支柱养老理论及实践的出现是社会保障理性发展的结果，它倡导公平与效率兼顾，国家责任、企业责任与个人责任共担。国家只负责提供老年基本生活保障，并维护适度的社会公平；雇主通过企业年金和职业年金制度，承担必要但有限的社会责任；个人也必须有明确的自我责任意识，对自己的老年生活负责。企业年金的建立与发展将有利于降低基本养老保险实际替代率，使政府养老保障责任从无限转变为有限，也有利于激发企业活力、增强企业与个人的社会责任感。

2. 促进劳动力市场发育

相比商品与服务市场，从对市场发育程度、市场化水平等指标看，我国资本和劳动力流动市场的发育相对缓慢和滞后。在社会经济转型期，企业年金和职业年金对于推进劳动力市场发育有非常明显的作用。

流动性不足是我国生产要素市场存在的主要问题之一，如何让资本和劳动力充分和合理流动，成为发展市场经济必须解决的重大课题。由于我国基本养老保险的统筹层次偏低，长期以来因地方利益分割造成了劳动力流动中的养老权益的损害，阻碍了劳动力流动。而我国建立的企业年金和职业年金制度均采取个人账户管理方式，具有很好的可携带性和可转换性，既有利于劳动力在地区间合理流动，也有利于促进劳动力在企业间、公共部门和私人部门间合理流动，进而打破地区间、部门间用工的各种壁垒，促进劳动力市场的良性竞争，充分实现劳动力资源合理配置。

3. 推动金融深化

企业年金和职业年金从本质上可以看作是一种延期支付承诺，它同基本养老保险一样具有长期性、稳定性和规模性特点，其基金需要追求长期稳定的投资回报，这一方面要以比较规范、成熟的资本市场为运营条件，另一方面也会对资本市场制度的完善、结构的合理及效率的提高产生重要而复杂的影响，从而在与资本市场共同生长、相互促进的过程中，实现社会福利最大化。

企业年金与职业年金的建立与发展是我国的货币市场、资本市场和保险市场迎来的一次发展契机。第一，为了提高基金管理的效率，混合型管理成为当前国际企业年金研究的热点，即由单一机构承担受托人、投资管理人和账户管理人职责，对我国而言，可通过发展基金管理服务机构集团化、养老金管理公司等形式，促进金融业的混业经营。第二，不同类型企业年金和职业年金计划将形成对不同特征金融产品的需求，从而刺激投资工具的丰富与创新，对投融资体系、市场管理水平、市场运行效率等方面都会产生积极影响。第三，企业年金和职业年金的保障属性要求市场的完善与成熟，除了市场自身信息披露更加规范，监管体系也要更加完备。第四，公开、公平、公正的市场环境还需要投资顾问公司、信用评估公司、精算咨询公司、律师事务所、会计师事务所等社会中介机构提供专业化的服务，因此，企业年金和职业年金的发展还能促进中介机构市场的发展，建立和完善行业的自律管理机制，提高行业的组织化程度。

4. 促进社会长期投资

在我国金融体系中，银行承担了多种金融功能，以银行贷款为主的间接融资占据了金融资源配置中极为重要的地位和分量，以资本市场为代表的直接融资方式的发展空间受到挤占。通过发展企业年金和职业年金，能够替代居民用于养老的长期性储蓄资产，并实现通过资本市场将这部分资产用于长期投资，从而分流银行长期储蓄、提高金融资源配置效率。而且企业年金和职业年金制度保证了资产管理更加专业化，在监管制度的保证下，众多合格的机构投资者将其投入长期资本市场，有效实现了长期储蓄资产与长期投资的匹配。

（二）企业年金与职业年金的微观功能

1. 提高员工劳动生产率

国家举办的社会养老保险，以促进社会公平为分配的首要原则，享受的养老金水平与缴费水平之间的关联性较弱，对员工的激励作用不明显，企业年金和职业年金由雇主发起的，以效率为主要分配原则，待遇水平与缴纳水平关联性强，从而可以成为组织激励机制中一个重要内容，通过相对自由灵活的分配机制，丰富员工的收入形式，提高员工的劳动生产率，并在组织战略管理中发挥重要的作用。

2. 增强组织凝聚力

相对工资，企业年金和职业年金制度可以让员工的高层次需求得以满足，从而增强组织的凝聚力。第一，企业年金和职业年金可以给员工带来更多的安全感，进而形成对组织的依赖和忠诚；第二，通过企业年金和职业年金可以让员工个人利益和组织利益更紧密地联结在一起，让劳动关系更加稳固，对组织的归属感增加；第三，企业年金和职业年金分配大多根据员工的资历和职位等，使员工产生更多荣誉感和成就感。

3. 有利于人才竞争

随着知识经济时代的到来，企业间的竞争已由产品的竞争转移到智力资源的竞争，具体说就是人才竞争，吸引人才和留住人才的手段也更加多样。我国企业年金目前由企业根据自身经济效益状况和承受能力自愿建立，能够建立企业年金的企业既意味着能够给员工提供更优渥的经济待遇，也意味着拥有更完善、更长远的人才战略，对人才的吸引力也就更强。因此，企业间经济效益和承受能力的差异也会扩大。同样，职业年金也是各国保证高质量公职人员队伍的必要手段。

4. 员工享受更多税收优惠

为了促进企业年金和职业年金的发展，政府普遍对企业年金和职业年金实行优惠性的税收政策。对于员工而言，通过企业年金和职业年金可以将部分即期收入变为退休后的延期收入，让终身的收入和消费得到更合理的安排，还能因税收优惠政策享受更多实惠。

第二节　我国的企业年金制度

我国企业补充养老保险制度的尝试和实践起始于20世纪90年代初。历经三十余年的发展与改革，其中既有失败与彷徨，也有经验与启示。企业年金今后的发展中依然存在很多不确定性。总结历史经验教训，有利于企业年金理论的进步，推动制度设计和政策制定更趋完善，尽力克服发展中遇到的困难与问题。

一、我国企业年金制度的发展历程[①]

（一）起步期（1991—1995年）

1991年6月26日国务院颁布的《关于企业职工养老保险制度改革的决定》标志着补充养老保险制度建设正式起步。之后，电力系统、铁道系统、邮电系统等行业单位开始探索建立本系统企业职工补充养老保险制度，上海市和辽宁省大连市等地区也开始进行改革试点。初期的企业职工补充养老保险采用了政府直接管理、社会保险经办机构具体经办的管理模式。

（二）初创期（1995—2003年）

1995年底原劳动部印发了《关于建立企业补充养老保险制度的意见》，这是我国首个以“企业补充养老保险制度”命名的政策文件。其中第十七条规定，大型企业、企业集团和行业单位可以自行经办企业补充养老保险业务，标志着企业补充养老保险管理从起步期政府作为单一管理主体进入政府管理、企业自己管理和行业管理的多元化管理阶段。行业与地方的试点工作稳步发展，交通部、水利部、中国民航局、中国石油天然气集团公司、工商银行、中保集团、中国建筑工程总公司等17个行业单位和部门也建立了企业职工补充养老保险制度。2000年12月25日，国务院实施了《关于完善城镇社会保障体系的试点方案》，正式将企业补充养老保险更名为“企业年金”。

但这一阶段企业年金（企业职工补充养老保险）无论是在理论研究、政策设计、实践发展还是法律建设方面都有很多不足，尤其是初期的政府部门管理模式缺乏有效监督，投资运营信息不透明，导致违法违规问题突出，之后曝光的上海“社会保障基金案”就是典型代表。

① 邵祥东，王海燕．年金改革的理论、实践与案例［M］．北京：中国社会科学出版社，2020：125－169.

（三）规范期（2004—2006 年）

2004 年 5 月 1 日《企业年金试行办法》和《企业年金基金管理试行办法》同时颁布实施，奠定了我国企业年金制度的主要框架，加上 2004—2006 年陆续制定实施了一系列法规制度和政策文件，企业年金开始全面进入规范发展期。

随着制度的健全，企业年金基金投资运营管理开始走向市场化。2004 年 8 月 28 日，辽宁省社会保险事业管理局与中国太平人寿有限公司签署了首个企业年金基金市场化投资运营管理协议。2004 年底太平养老保险股份有限公司和中国平安养老保险股份有限公司成立，成为我国最早专营企业年金基金投资运营管理的商业保险机构。企业年金基金管理机构的遴选也步入规范化轨道，2005 年 8 月认定了首批 37 家基金管理机构。在各级政府、企业、金融市场、学术界、新闻媒体等的广泛关注和社会力量的共同推动下，企业年金取得了飞速发展。

然而，由于原先各地区和行业单位管理的基金迟迟未能移交给有法定资格的基金专营管理机构投资运营，“双轨制”管理导致企业年金计划制定和基金市场化投资运营管理中的混乱问题依然未能解决。

（四）波动期（2007—2016 年）

2006 年 7 月上海市社会保障基金违法侵占案被曝光，32 亿涉案资金大部分属于企业年金基金。在这一事件的推动下，企业年金基金的投资运营管理规范化的步伐加快。2006 年 9 月《关于进一步加强社会保险基金管理监督工作的通知》和 2007 年 4 月《关于做好原有企业年金移交工作的意见》两文件先后明令要求各省市在 2007 年底之前将本地区社会保险经办机构、行业单位、企业三方管理的企业年金基金移交给具有法定资质的基金管理机构。2011 年 5 月 1 日《企业年金基金管理办法》颁布实施，进一步规范基金管理，维护相关方合法权益。2013 年 12 月，财政部、人力资源和社会保障部、国家税务总局联合下发《关于企业年金职业年金个人所得税有关问题的通知》，正式确立了企业年金 EET 递延型税收优惠政策。

从企业年金的整体发展看，虽然在 2007—2016 年企业年金业务指标稳步增长，但出现了明显的周期性变化特征。由于民营企业和外资企业始终缺乏建立企业年金制度的积极性，企业年金开始陷入扩面乏力、参保企业和人数增速降低的发展瓶颈。

（五）瓶颈期（2017 年至今）

2017 年后企业年金发展整体处于低迷期，增长乏力。为扭转企业年金发展低迷态势，切实保障参保职工的养老权益，2018 年 1 月 1 日《企业年金办法》正式生效，成为目前我国企业年金领域法规层级最高、最权威的部门规章。相比原《试行办法》，修订主要集中调整缴费比例上限、增加“高平差”规定、增加权益分配规定、完善待遇的领取条件和方式等方面。随着 2018 年职业年金基金开始持续进入市场，对企业年金市场发展形成刺激，促使基金管理机构进一步提高服务质量和基金投资收益率水平。但整体而言，由于企业年金的制度门槛、企业经营外部环境不佳和缺乏有效政策刺激等原因，企业年金的整体发展仍然处于瓶颈期。

二、我国企业年金制度的主要内容

目前，我国企业年金制度的实施依据为 2018 年 2 月 1 日起施行的《企业年金办法》和 2011 年 5 月 1 日起实施的《企业年金基金管理办法》等，内容主要包括：

（一）建立方式

1. 建立条件

在依法参加基本养老保险的基础上，企业及其职工可以根据自己的经济负担能力，自愿建立企业年金制度。

2. 建立程序

企业与职工双方应当通过集体协商制定企业年金方案，并提交职工代表大会或者全体职工讨论通过。企业年金方案需报送所在地县级以上人民政府人力资源和社会保障行政部门，自收到方案之日起 15 日内人力资源和社会保障行政部门未提出异议的，方案即行生效。

3. 适用人员

适用于建立企业所有试用期满的员工。

（二）基金筹集

1. 资金来源

资金来源于企业缴费、职工个人缴费和企业年金基金投资运营收益。

2. 缴费水平及限制

缴费水平由企业和职工协商确定。企业缴费每年不超过本企业职工工资总额的 8%。企业和职工个人缴费合计不超过本企业职工工资总额的 12%，个人缴费由企业从职工个人工资中代扣代缴。

（三）账户管理

1. 账户及归属

企业年金基金实行完全积累，为每个参加的职工建立个人账户。个人缴费及其投资收益始终归属于职工个人，企业缴费及投资收益按照方案确定的比例和办法计入职工企业年金个人账户。

2. 企业缴费的归属限制

企业当期缴费计入职工个人账户最高额与平均额之间的差距不得超过5倍，即“高平差”限制；企业可与职工灵活约定企业缴费及其投资收益的权益归属，但完全归属于职工个人的时间不可超过8年，即权益归属限制。

3. 账户变动

职工变动工作单位时，如果新就业单位已经建立企业年金或者职业年金的，个人账户权益应当随同转入新就业单位企业年金或者职业年金；新就业单位没有建立企业年金或者职业年金的，可以暂时由原管理机构继续管理，或由集合计划设置的保留账户暂时管理。

（四）基金运作

我国企业年金基金运作采用信托型模式：企业、职工作为委托人，依据信托法律关系将基金作为信托财产交由受托人管理和投资，签订信托合同形成信托关系。受托人，可以是企业年金计划理事会，也可以是保险公司、基金公司和商业银行等法人受托机构；受托人选择账户管理人、投资管理和托管人签订委托代理合同形成委托代理关系，共同对企业年金基金进行管理，账户管理人负责企业年金计划日常的账户管理，托管人负责对计划资产进行安全保管，投资管理人负责提供投资方案和运作计划资产；各司其职，相互监督；为了保证各职能的独立性，同一企业年金计划中，受托人与托管人、托管人与投资管理人不得为同一金融机构，人员也不得相互兼任。

（五）投资运营

1. 投资范围

目前我国企业年金基金投资范围限于境内投资和香港市场投资。境内投资包括：银行存款、标准化债权类资产，同业存单，政策性、开发性银行债券，以及信用等级在投资级以上的金融债、企业债、公司债、可转换债、可交换债、（超）短期融资券、中期票据、非公开定向债务融资工具、信贷资产支持证券、资产支持票据、证券交易所挂牌交易的资产支持证券、债券回购、信托产品、债权投资计划、公开募集证券投资基金、股票、股指期货、国债期货、养老金产品。香港市场投资指年金基金通过股票型养老金产品或公开募集证券投资基金，投资内地与香港股票市场交易互联互通机制下允许买卖的香港联合交易所上市股票。

2. 投资限制

流动性资产的比例合计不得低于投资组合委托投资资产净值的5%；投资固定收益类资产的比例合计不得高于投资组合委托投资资产净值的135%；投资权益类资产的比例，合计不得高于投资组合委托投资资产净值的40%，其中，投资港股通标的产品的比例，不得高于投资组合委托投资资产净值的20%；投资单只股票专项型养老金产品的比例，不得高于投资组合委托投资资产净值的10%；投资信托产品、债权投资计划，以及信托产品型、债权投资计划型养老金产品的比例，合计不得高于投资组合委托投资资产净值的30%。

（六）税收政策

目前我国采取的企业年金税收是EET模式，具体政策为：缴费时，企业缴费总额在工资总额的5%以内可免税，个人则在不超过本人计税基数的4%内可在税前缴纳；基金投资运营所得收益进入个人账户时，个人不需要缴纳个人所得税；领取企业年金待遇时，需要全额计算征收个人所得税。

（七）待遇领取

企业年金一般不得提前提取，需满足下列情况之一：

（1）达到国家规定的退休年龄或者完全丧失劳动能力时可以根据个人账户积累额领取，领取方式包括按月领取、分次领取或者一次性领取，也可以选择进一步购买商业保险的产品。

（2）出国（境）定居人员的企业年金个人账户积累资金可以一次性支付给本人。

（3）职工或者退休人员死亡后，企业年金个人账户余额可以继承。

三、我国企业年金制度的主要问题

（一）总体覆盖面窄

在OECD国家中，实施强制型企业年金的国家，制度参与率都超过80%，采用自愿型企业年金的国家，制度参与率也都在50%以上[①]。根据《2021年度全国企业年金基金业务数据》，截至2021年底，我国企业年金参保人数仅占参加城镇职工基本养老保险人数的5.98%，尤其是2007年后，企业年金的扩面速度下降，受各种因素影响发展瓶颈至今未能突破。因此，我国的企业年金尚未真正发挥出养老保障第二支柱的作用。

（二）发展不均衡

1. 地区发展差距明显

经济发达地区、沿海地区和东部地区的企业年金发展速度明显快于经济落后地区、内陆地区和中西部地区，在建立企业数量、参保比例和基金规模等方面均差距明显。例如，2021年年底，上海市建立企业年金企业数量为10757个，占全国的9%，积累基金

---

① OECD. Pensions at a Glance 2017：OECD and G20 Indicators［R］. OECD Publishing，Paris，2017.

1123 亿元，占全国的 4.3%，而青海省建立企业数仅有 325 个，积累基金也只有 51 亿元①。

2. 行业发展差异较大

由于盈利能力强、利润稳定，建立企业年金计划的企业主要集中在交通、通信、能源、供水、金属等垄断性行业。

3. 国有大型企业参与率远超于中小型企业

目前，我国企业年金的建立主要集中在大型企业，尤其是国有大型企业。一方面，大企业职工较多，建立企业年金意愿更强；另一方面，政策引导效果在国有企业中更明显。

（三）投资收益偏低

2018—2021 年，企业年金基金年收益率分别为 3.01%、8.29%、10.3%、5.33%，2007—2021 年平均收益率为 7.17%②，尽管较好地保证了基金的安全性，但并未达到预期的收益水平。投资收益低与企业年金资产配置特征有关：一是权益类资产投资比例有上限，固定收益类资产占比较高；二是较少投资于非标资产；三是禁止进行境外投资③。基金增值能力弱将造成企业年金的替代率偏低，企业和职工的参保积极性与信心受影响。

（四）税收优惠作用不明显

虽然 EET 税收模式已确立，但目前税收政策对企业年金建立的激励作用仍不明显，还存在很多亟待解决的问题。第一，企业缴费上限为工资总额的 8%，但允许税前列支的部分只有 5%，这样造成少有企业缴费会超过 5%。第二，在加大税收优惠力度后，为了保证税收的公平性，还应适度增加享受税惠的限制性条件，促进企业年金的健康发展。

（五）监管体系不完善

我国企业年金由人社部协同银保监会、证监会、国资委、财政部等政府部门共同监管。由于制度建立时间较短，监管体系尚不完善。第一，多头监管模式容易导致各个部门职责不清、缺乏协调性，监管真空加大制度运行的风险，监管重叠又会打击企业参与的积极性。第二，信息披露制度不健全，一方面是员工和企业的信息不对称，导致员工对账户余额、投资收益情况的不知情，造成员工的不安全感；另一方面是企业与受托机构之间的信息不对称，导致企业和员工不能及时地获取充分的信息，导致代理风险。第

①② 数据来源：全国企业年金基金业务数据摘要（2021 年度）。

③ 李瑶．我国企业年金发展的主要问题与对策研究［D］．兰州财经大学，2019：6.

三，严格数量监管模式束缚投资管理机构的自主决策权，从而错失获得更高收益的机会，但监管模式的调整又将对监管制度和能力提出更高要求。

第三节 我国的职业年金制度

2015 年，国务院决定在全国范围内全面推行机关事业单位养老保险制度改革，为了保障本次改革的平稳顺利推进和改革前后退休人员待遇的合理衔接，同时建立职业年金制度。但职业年金制度是否还有其他功能，职业年金制度所承载的功能是否得到有效发挥尚存疑问。

一、机关事业单位职业年金制度

（一）机关事业单位职业年金制度的发展历程

2008 年 3 月 14 日国务院出台《事业单位工作人员养老保险制度改革试点方案》，确定了山西省、上海市、浙江省、广东省和重庆市作为先期改革试点省市，内容中提到，为了弥补事业单位改革后养老待遇的降低，将建立事业单位职业年金。这是职业年金制度首次出现在我国政府官方文件中，但并未给出任何具体措施。由于该时期改革的重点是事业单位分类改革，再加上财政压力大和改革阻力大等原因，总体改革并不顺利，职业年金的发展也未受到足够重视。

2011 年 3 月，国务院发布了《关于分类推进事业单位改革的指导意见》，同年 7 月发布了推进事业单位改革的 9 个配套文件，其中之一就是《事业单位职业年金试行办法》。办法中首次构建了一个完整的职业年金制度框架。

2015 年 1 月 3 日，国务院发布《关于机关事业单位工作人员养老保险制度改革的决定》，确定自 2014 年 10 月 1 日起机关事业单位由财政退休制度全面转向社会养老保险制度，实现养老金并轨。其中第八条规定了建立职业年金制度的义务、缴费基数、缴费比例以及待遇领取等事项，为此后机关事业单位职业年金制度正式建立指明了方向。随后，2015 年 3 月 27 日《机关事业单位职业年金办法》正式实施，具体规定了机关事业单位职业年金覆盖范围、缴费基数、个人账户管理方式、保险关系转移接续、待遇领取条件、待遇享受、经办管理、基金投资运营、政府监管、监督检查、惩罚机制等。

此后职业年金相关制度得到了不断完善。2016 年 9 月《职业年金基金管理暂行办法》颁布，对职业年金基金的委托管理、账户管理、受托管理、托管、投资管理以及监督管理等作出具体规定，之后各省份、直辖市陆续出台了地方性职业年金基金管理实施办法；2017 年 1 月《机关事业单位基本养老保险关系和职业年金转移接续经办规程

（暂行）》颁布，进一步规范了职业年金转移接续业务经办流程；财政部和国家税务总局2018年12月下发《关于个人所得税法修改后有关优惠政策衔接问题的通知》，重新规定自2019年1月1日起职业年金缴费、领取时个人所得税的计缴办法，规范了职业年金个人所得税。

经过多年建设，机关事业单位职业年金制度在法规制度建设、经办业务实践发展、基金市场化投资运营等方面均取得积极进展，预示着我国职业年金制度逐步走向成熟。

（二）机关事业单位职业年金制度的内容

根据2015年3月颁布的《机关事业单位职业年金办法》和2016年9月颁布的《职业年金基金管理暂行办法》等，我国现行机关事业单位职业制度的主要内容包括：

1. 参保范围

与目前企业年金自愿建立方式不同，职业年金强制建立，参保单位和人员范围与参加机关事业单位基本养老保险的范围一致，发挥对基本养老保险的补充作用。

2. 筹资缴费

与企业年金相同，职业年金的基金主要来自单位和职工个人缴费及基金投资运营收益，同样采取个人账户方式管理。单位缴费比例为本单位工资总额的8%，按照个人缴费基数的8%计入个人账户，其中，财政全额供款单位采取记账方式，每年按公布利率计息，非财政全额供款单位采取实账积累。个人缴费比例为本人工资的4%，由单位代扣，直接计入个人账户。

3. 投资运营

实账积累形成的职业年金基金实行市场化投资运营，按实际收益计息，基金投资运营模式与企业年金相似。中央国家机关养老保险管理中心及省级社会保险经办机构作为机关事业单位及其职工代理人集中行使委托职责，与受托管理职业年金基金财产的法人受托机构签订受托管理合同，受托人与托管人、投资管理人分别签订委托管理合同，托管人是负责保管职业年金基金财产的商业银行，投资管理人是投资管理职业年金基金财产的专业机构，账户管理业务则由中央国家机关养老保险管理中心及省级社会保险经办机构负责。对受托人、托管人和投资管理人的独立性和限制性规定与企业年金相似，职业年金基金的投资范围和投资限制也与企业年金基金保持一致。

4. 账户转移

工作人员变动工作单位时，职业年金个人账户资金随同转移，如新就业单位没有实行职业年金或企业年金制度或是升学、参军、失业，个人账户由原管理机构继续管理运营。

5. 待遇领取

待遇领取条件与企业年金一致，领取方式可以选择根据职业年金个人账户积累额除以退休年龄对应的计发月数按月领取或一次性购买商业养老保险。

6. 职业年金与企业年金的比较

根据以上年金政策的相关规定，两者之间的主要差异表现在制度模式、建立性质、缴费政策、领取方式、可能面临的风险等方面（见表4－1）。

表4－1　　我国职业年金与企业年金的区别

项目	职业年金	企业年金
建立方式	强制性	自愿性
覆盖面	100%	目前只有6%左右
缴费方式	单位按工资8% 个人按工资4%	企业缴费不超过8% 企业和职工合计不超过12%
筹资方式	财政全额公开单位缴费实行NDC模式，其余采取DC模式	实行DC模式，实账积累
领取方式	按月领取或一次性购买商业养老保险	按月、分次或一次性领取
可能面临的风险	NDC不能获得合意投资收益甚至不能兑现	企业缴费一般属于既得利益，个人面临一定风险

资料来源：余桔云．养老保险：理论与政策（第二版）［M］．上海：复旦大学出版社，2021：186.

二、军人职业年金制度

军人职业年金制度是指现役军人所在单位及其退役军人本人在参加基本养老保险的基础上，国家强制实施的军人补充性养老保险制度①。由于军队和军人的特殊性，我国军人职业年金制度也有其独特性，故在本部分单独介绍。

2015年9月30日，人力资源和社会保障部、财政部、总参谋部、总政治部、总后勤部印发了《关于军人职业年金转移接续有关问题的通知》，对军人职业年金的缴费机制、覆盖范围、计算标准、转移接续等作出具体规定，施行起点与机关事业单位职业年金制度改革时间点一致，统一为2014年10月1日。军人职业年金包括现役军人职业年金和退役军人职业年金两个部分。但本次实施的军人职业年金改革制度规定，军人在军队服役期间，本人不需要实际缴费，所在单位也不为现役军人建立职业年金账户，军人只有在退役且参加基本养老保险时才涉及职业年金补助核算和转移接续等事项。因此，该通知主要是对退役军人的职业年金转移接续作出具体规定，对现役军人职业年金基本没有规定。

1. 覆盖范围

退役军人职业年金制度覆盖对象有五类人员：一是计划分配到地方的军队转业干部，这些退役军人的去向主要是机关事业单位和企业。如果有的军官和文职干部选择自

① 邵祥东，王海燕．年金改革的理论、实践与案例［M］．北京：中国社会科学出版社，2020：205.

主择业，这种情况下则不能享受退役军人职业年金补助待遇，但可以享受到安置地政府逐月发给的退役金。二是军队复员干部，这些退役复员干部的去向主要是企业。三是由政府安排工作的退役士兵，这些退役士兵的去向主要是机关事业单位。四是自主就业的退役士兵。五是武装警察。以下四类人员不属于退役军人职业年金制度覆盖人员：一是军队管理的离退休干部、士官。二是移交地方政府安置的离退休干部、士官。三是一级至四级伤残人员。四是自主择业的军队转业干部。前三类军人在退役时，国家主要采取退休方式、供养方式安置，退役军人按原来的退役政策享受相应的待遇，因此，这些退役军人不能享受军人职业年金补助待遇。

2. 补助计缴

退役军人职业年金制度和上述介绍机关事业单位职业年金制度在缴费机制、资金划算等多方面存在差异。国家对退役军人职业年金实行“补助”制度，也就是说，军人在服役期间不需要实际参保缴费，军队也不给军人建立职业年金个人账户。只有在军人退役时，国家才给其一次性的职业年金补助资金。全部职业年金补助资金由中央财政承担，总后勤部统筹安排，军人所在单位的财务部门负责补助、资金划转和转移接续等具体工作。当军人退役时，其所在单位的财务部门一次性算清职业年金补助资金。

职业年金补助标准计算办法分类设定：一类针对军官、文职干部、士官，职业年金补助计缴基数为军官、文职干部、士官在军队服役期间各个年份的月度缴费工资额，补助计缴比例为 12%，其中个人缴费比例为 4%，所在单位缴费比例为 8%。一次性补助总额等于本人服役期间所有月度缴费额之和，补助计缴时间从 2014 年 10 月 1 日开始计算。另一类针对义务兵和供给制学员。补助计缴基数为本人退役时当年的下士月度缴费工资起点标准，补助计缴比例为 12%，其中个人缴费比例为 4%，所在单位缴费比例为 8%，一次性补助总额等于本人退役时当年的下士月度缴费工资起点标准乘以 12%，再乘以 2014 年 10 月 1 日后本人服役月数之后得出的乘积。职业年金补助标准计算办法中涉及月度缴费工资额和月度缴费工资项目构成两个主要指标。月度缴费工资额分类设定针对军官、文职干部、士官和针对义务兵和供给制学员的月度缴费工资的修正，调整计算公式也不同。月度缴费工资项目构成由基本工资、军人职业津贴、工作性津贴、生活性补贴、艰苦边远地区津贴、驻西藏部队特殊津贴、高山海岛津贴、地区附加津贴和奖励工资等项目构成。

3. 转移接续

入职机关事业单位工作的转业干部和退役士兵，其职业年金补资金汇入安置地社保经办机构（区县级以上）职业年金银行账户，接收安置单位负责办理职业年金转移接续手续。

转业干部、复员干部、退役士兵如果进入企业工作，军人所在单位财务部门需将补助资金交给退役军人，但需要向其出具格式化的缴费凭证，若用人单位建立企业年金，退役军人需要将缴费凭证和补助资金交给用人单位，由用人单位负责转移接续工作。

军官和文职干部在退役后如果选择自主择业，安置地政府会依法按月发放其退役金，其在退役时不能享受职业年金补助待遇。如果自主择业的转业干部进入财政供养的党政机关单位和事业单位工作，其退役金从入职后的下一个月停止发放。转业干部安置工作部门将职业年金补助资金拨付当地社会保险经办机构。

如果军人在参军入伍前已经参加了企业年金或职业年金，参军入伍时个人账户资金不转至服役的军队，由原来的管理机构继续管理运营。军人退役后参加职业年金或企业年金，按规定转移接续两类年金个人账户。

4. 待遇领取

当退役军人达到法定退休条件并依法办理退休手续后，按规定领取职业年金。

第四节 年金的国际实践

从世界范围来看，各个国家在不同的历史背景下，根据其经济、社会和政治状况，形成了各具特色的年金制度。虽然不同国家在年金发展上有不同的路线和策略，但对于促进员工福利、提高退休生活质量和缓解政府社会保障负担都起到了积极的作用。随着全球人口老龄化趋势的加剧，年金的地位和作用必然进一步得到重视和加强。

一、企业年金的国际实践

（一）美国私人退休金制度

在美国，企业年金制度通常被称为私人退休金制度。19 世纪后期开始，一些美国企业开始主动为雇员提供私人退休金。1974 年，美国通过《雇员退休收入保障法》（The Employee Retirement Income Security Act，ERISA），标志着私人退休制度从自发走向规范化发展。虽然由企业自愿建立，但如今其覆盖规模已高达到 95%。

美国私人退休金计划种类繁多，DB 型计划和 DC 型计划均包括很多具体类型。初期以 DB 型计划为主，1974 年后 DC 型计划发展速度大大加快，在参加比例、基金规模等方面已经超过 DB 型计划，占据主导地位。尤其是 DC 型计划中最广为人知的 401（K）计划，它来自于美国 1978 年在《国内税收法》（Internal Revenue Code）里增补的第 401 条，第 K 项条款，1979 年得到法律认可，1981 年又追加了实施规则，20 世纪 90 年代后迅速发展为雇主首选的私人退休金计划。在 401（K）计划中，企业为员工设立专门的 401（K）账户，雇员每月从其工资中拿出一定比例的资金存入账户，而企业一般也存入相应资金，雇员可以自主选择该账户基金的投资方式并承担投资风险，退休时选择一次性领取、分期领取和转为存款等方式使用。

税收优惠政策对美国私人退休金制度的发展起到了明显的激励作用。401（K）计划本质就是一个延迟纳税计划，雇员和企业存入账户的资金可以从税前收入中扣除，不必缴纳所得税，在2006年《养老金保护法案》（Pension Protection Act of 2006）中规定的年最高缴费额不超过5.3万美元，企业缴费部分税收优惠比例达到15%，个人缴费部分的优惠比例达到6%；账户基金投资运营所取得的收益也不需要缴纳税费，只有等雇员达到法定退休年龄从账户中取款时才需要缴纳一定比例的个人所得税，但是已经有半数以上州政府制定了针对部分退休金的税收减免政策。

近年，美国私人退休金制度还不断进行制度的创新与优化，发展更加健康。第一是通过2006年《养老金保护法案》为职工自动加入机制扫除了法律障碍，允许企业可以不经过职工的书面同意而自动将一定比例工资额度划入私人退休金账户。制度参与率随着加入程序的简化继续提高。第二是在投资决策方面，由国家设定合格默认投资组合，当雇员未做出投资选择时个人账户资金将自动投资于该组合，则计划的发起人无须因投资失败而承担受托负责，降低了制度的执行成本。第三是运用默认缴费率自动增加机制助推了制度的保障能力，通过雇员自动缴费率的逐年增加和非歧视原则，与之匹配的企业缴费率也逐年提高，劳资关系得以更加稳固①。

（二）英国职业年金制度

在英国的多层次养老保障体系中，职业年金制度是第二支柱——私营养老金的重要组成部分。英国职业年金缴费来自于企业和职工，交由受托人管理和运营，22岁及以上、年收入超过8105英镑（2012年）且没有参加其他年金计划的职工，企业均需为其参保缴费。由于较低的加入门槛，2012年改革中引入“自动加入”机制，覆盖率和替代率进一步提高，使其在养老保障体系中的重要性日益突出。

在税收政策方面，1988年出台的《收入和公司税法》（Income and Corporation Taxes Act 1988）中就已经为职业年金确立了激励性EET税收模式。企业缴费部分享受免税，职工缴费的免税比例最低17.5%，并随职工年龄提高，60—65岁的免税比例高达40%。

英国职业年金计划顺利推行的一项重要辅助措施就是弹性机制。一方面，针对企业和职工不同的参保要求，“自动加入”机制虽然使职业年金由自愿性转变为强制，但强制参保只是针对企业，要求企业必须为符合参保条件的职工缴纳职业年金，而职工则可以在一个月之内选择退出，并仍有再次进入的选择权，既保证了职工的利益也提高了对职工的吸引力。另一方面，在职业年金推进中，首先从大型企业开始实施，5年后逐步扩大到中小型企业，弹性推进的方式保证了制度的实施。

此外，英国政府还出资成立了非营利机构——国家职业储蓄信托（National Employment Savings Trust Corporation，NEST），为中小企业提供成本低、投资收益稳定的DC型

---

① 白晶晶．我国企业年金制度实施研究［D］．郑州大学，2019：4.

养老金方案，企业不需要缴纳管理费，职工缴纳的管理费用也很低，有力地促进了中小企业自动加入职业年金计划的运行。

（三）澳大利亚超级年金制度

澳大利亚的三支柱养老保障模式由国民年金、超级年金以及个人年金构成，其中第二支柱超级年金 1992 年正式实施，类似于我国的企业年金。超级年金强制企业缴费，对象包括全部正式职工和兼职者，缴费全部计入职工个人账户，采用完全积累，基金由符合认定条件的信托机构管理和专业公司负责投资运营，领取标准依个人账户积累额计算，可一次性提取或分期提取。

澳大利亚超级年金高覆盖率的实现是通过法律体系的不断完善实现的。制度初期没有强制性缴费规定，1987 年《职业超级年金标准法案》确立了强制雇主缴费的职业超级年金制度，1992 年颁布的《超级年金保障法》（1992 Superannuation Guarantee Act）不但详细规定了雇员享有超级年金保障的资格，并对未按时缴纳年金的企业出台惩罚措施，对扩大超级年金覆盖面具有里程碑意义，加上其他一系列法律政策和措施，使超级年金覆盖率达到 95%，企业强制费率也从 1986 年的 3% 提高到 2014 年 9.5%，并计划于 2025 年逐步提高到 12%。

不同于大部分企业年金制度，澳大利亚的超级年金采用 ETT 征税模式。在缴费阶段，除了企业的强制性缴费免税，职工的补充性缴费在最高额度限制内也可以享受税收优惠；在投资运营阶段和养老金领取阶段需要纳税，但是也有相关的减免优惠政策。

超级年金的顺利运行还得益于成熟的年金监管体系。超级年金的监管体系以“受托人”为中心，成为基金的主要责任主体。政府对基金安全性的监管则主要通过三个机构实现：审慎监管局（The Australian Prudential Regulation Authority，APRA）监督超级年金资产的运作，证券投资委员会（Application Specific Integrated Circuit，ASIC）负责受托人的管制、养老机构的市场行为，澳大利亚税务局（Australian Taxation Office，ATO）保证信息披露及税收政策等。此外，还存在类似金融服务局等辅助部门，促进超级年金的高效、健康运转。

二、公职人员职业年金的国际实践

（一）美国的公职人员职业年金制度

美国现行的公职人员养老金主要由三部分构成：第一部分是政府面向全社会提供基本的退休生活保障；第二部分是联邦、州和地方政府为其雇员提供的退休金；第三部分来自个人自行管理的个人退休账户。

美国联邦政府文职雇员的职业年金制度主要由公职人员退休金计划（Civil Service Retirement System，CSRS）和联邦雇员退休金计划（Federal Employees Retirement System，FERS）组成。公职人员退休金计划主要纳入 1983 年以前参加工作的联邦政府雇员，1983 年后的联邦政府的新雇员全部纳入联邦雇员退休金计划。以下将主要介绍联邦雇员退休金计划。

联邦雇员在参加政府统一实施的老年、遗属和残障保险（OASDI）的基础上，其职业年金具体由基本津贴计划（DB）和个人节俭储蓄计划（DC）两部分构成[①]。

1. 基本津贴计划（Basic Benefit Plan，BBP）

资金来源于雇主和雇员的缴费，总缴费率为雇员工资总额的 11.50%，退休待遇与联邦雇员的工资水平和服务年限挂钩，发放条件也因年龄和工龄有所不同，雇员工龄在 10—30 年且达到最低退休年龄可以退休，但 62 岁之前退休只能领取退休金的 95%。另外，如雇员有 10 年以上工龄，在没有达到最低退休年龄就已经离开岗位的也可以在达到退休年龄后领取折扣退休金或者返还其缴费额和利息。

2. 个人节俭储蓄计划（Thrift Savings Plan，TSP）

个人节俭储蓄计划是一个由联邦政府发起和组织的完全积累制 DC 养老金计划，政府自动提供雇员基本工资 1% 的缴费，联邦雇员可自愿选择缴费比例参加，但一般不超过其基本工资的 10%，同时联邦政府提供配比缴费，但不超过基本工资的 5%。TSP 有两种税收优惠政策供参保者自由选择，即传统 TSP 税优政策（EET）和罗斯 TSP 税优政策（TEE），参保者还可将其参加的其他计划的账户资金转至其 TSP 账户。与此同时，TSP 参保者有三种方式从其 TSP 账户中支取资金：贷款（额度限于其个人的缴费及其收益）、在职期间支取（因经济困难或年满 59.5 岁之后）和离职后支取（一次性付清、按月支付和购买年金三种方式供选择）。

除了联邦雇员退休计划外，美国公职人员职业年金计划种类较多。例如，大部分州和地方政府都有针对本州公职人员的综合性 DB 计划，一些州也向未纳入综合计划的教师等公职人员提供单独的养老金计划，例如，加利福尼亚州就设立了加州公职人员退休金计划（CalPERS，DB）和加州教师退休计划（CalSTRS，DB）。

（二）日本的共济年金制度

日本公职人员养老待遇主要由两部分构成：一是面向全体公民、强制参加的国民年金；二是针对公务员、教师等公职人员的共济年金。日本公职人员包括国家公职人员和地方公职人员两类，范围相对广泛，因此，共济年金制度涵盖了不同身份、不同群体形成的共济组合。这里主要介绍国家公职人员的共济年金。

日本的国家公职人员共济年金制度依据《国家公职人员互助公会法》建立，对象包括国

① 余桔云．养老保险：理论与政策（第二版）[M]．上海：复旦大学出版社，2021：129－135.

家公职人员、旅客铁道公司、日本烟草、日本电话等公司的员工，由互助公会负责资金筹集和待遇发放等业务。资金来源于政府和公职人员缴费，政府和个人各负担7.6%，总缴费率为15.2%，此外，国家财政还负担全部国家公职人员共济年金的管理费用①。其待遇包括：

（1）老年待遇，即公职人员共济退休金。具体又分为一般待遇和特别待遇：一般待遇是符合国民年金老年待遇给付条件的国家公职人员在65岁时可以获得，未达到65岁要进行相应减扣；特别待遇是符合国民年金老年待遇领取资格的国家公职人员在60岁时可以获得。

（2）残疾待遇，包括残疾养老金和一次性残疾待遇，具体根据残疾程度支付。

（3）遗属待遇，即支付给国家公职人员遗属的养老金。一般按照配偶和孩子、父母、孙子和孙女、祖父母的顺序支付，具体待遇为公职人员共济养老金的3/4。

除了共济年金外，日本还设立了公职人员退休津贴制度，为长期在政府机关工作的公职人员提供一次性的待遇，经费全部来源于政府财政。

思考与训练

1. 企业年金和职业年金的类型有哪些？总结和概括我国企业年金制度和职业年金制度的区别与联系。

2. 随着机关事业单位养老保险改革的推进，我国养老“双轨制”问题得到初步解决。但目前机关事业单位人员和企业人员退休待遇上的差距仍然较大，企业年金和职业年金的发展差距是否会形成养老领域新的“双轨制”问题？你认为应当如何使企业年金和职业年金得到协调发展？

3. 查询和收集美国401(k)计划的相关资料，通过分析和比较与我国企业年金制度的差异，提出促进我国企业年金制度发展的建议。

扩展阅读

英国企业年金自动加入机制

发展历史

英国国家养老金额度较低，难以满足退休后的支出需求。退休年龄不断延长也限制了国家养老金的可及性。为应对棘手的养老问题，英国政府于2007年通过了《2007养老金法案》，鼓励人们储蓄私人养老金。2008年进一步通过《2008养老金法案》，确定了自动加入机制，要求雇主为所有符合条件的雇员加入企业年金计划，以增加雇员的养老金储蓄。

英国自2012年10月起采取分阶段实施的策略，从大规模企业开始强制推广企业年金，并逐步覆盖至中小企业。2012年10月至2015年6月，在大型雇主（雇员人数在

---

① 余桔云. 养老保险：理论与政策（第二版）[M]. 上海：复旦大学出版社，2021：138.

250人及以上的雇主）和中型雇主（雇员人数为50—249人的雇主）中强制实施。2015年6月至2017年5月，范围扩展至小型（雇员人数为5—49人的雇主）和微型雇主（雇员人数为1—4人的雇主）。此外，所有在2012—2017年诞生的新雇主需要在2018年2月前对雇员实施自动加入机制，2017年10月后诞生的新雇主则须自拥有雇员起即时实施。

自动加入机制普遍建立后，英国政府对雇主和雇员的缴费也进行了调整，对企业年金的发展起到了进一步的推动作用。2018年4月5日前，雇主最低缴费率和雇员缴费率均为1%；2018年4月6日至2019年4月5日，两者分别为2%和3%；2019年4月6日后，两者分别上升至3%和5%。雇主缴费基数应计入雇员的基本工资、佣金、奖金、加班费、各项法定或补充津贴等收入。此外，所有雇主缴费直接进入雇员个人账户，极大地提高了雇员参与企业年金计划的积极性。

制度框架

1. 审慎确定雇员参保资格

英国企业年金自动加入机制的对象主要为社会中间阶层的雇员。雇员除了需要符合在英国工作、未加入企业年金、年龄在22岁至国家法定养老金领取年龄之间（最高不超过74岁）等条件外，收入也须符合要求。首先，自动加入机制界定了合格收入区间，以区分低收入群体和高收入群体。对于收入高于合格收入区间上限的高收入群体，采取限制雇主缴费的措施，原因在于该群体可能有高水平的私人养老金或储蓄计划，企业年金计划对其经济意义较小。收入低于合格收入区间下限的低收入群体无须加入，原因在于收入较低的人可能需要即时收入以应付日常的生活消费或偿还债务。在合格收入区间之内，存在一个触发值，只有收入高于触发值的雇员，才会被自动加入企业年金制度；收入低于触发值的雇员有权要求加入，并享受雇主缴费。此外，根据《2008养老金法案》，工作和养老金部大臣需要每年综合考虑个人免税额度、国民保险缴费、国家法定养老金缴费以及国家整体物价和收入水平等因素，对合格收入区间与触发值进行评估与调整。

2. 切实保障雇员权利

在自动加入机制中，雇员享有随时退出企业年金计划的权利。雇员被自动加入企业年金计划后，若在一个月内退出，缴费将被退回；若在一个月后退出，缴费不会被直接退回，而是储存在雇员的养老金账户中。在退出企业年金计划后，雇员仍享有重新加入的权利，每三年雇主也会对符合条件的雇员进行重新自动加入，重新加入后雇员仍可选择退出。此外，当雇员存在多个雇主时，可分别建立企业年金计划，在离职或达到领取年龄时，可将不同企业年金计划的资产合并。

3. 明晰雇主责任义务

在自动加入机制中，雇主的责任义务主要包括两方面：一是雇员参与的资质评估。雇主须根据雇员的年龄、收入等，评估其是否符合自动加入的条件，并将符合条件的雇员纳入企业年金计划。评估每三年重新进行一次，若已退出员工在新的评估中符合自动加入条件，雇主应将其重新加入企业年金计划。二是参保缴费。雇主可通过寻求财务顾问的帮助，寻找到合适的企业年金计划。雇用符合自动加入条件雇员的首日即为职责起始日，雇主须从该日起将其加入养老金计划，并承担缴费责任，及时处理雇员的加入或退出养老金计划的要求、记录各项信息，且须在5个月内完成合规性审查和声明。

与此同时，雇主面临一些禁止事项，如不履行自动加入的义务，强迫或鼓励雇员退出，不公平对待、解聘不退出养老金计划的雇员，招聘时以退出养老金计划为条件。当雇主未完成相关义务或出现法定禁止事项时，将面临监管机构的惩罚。

实施成效与局限性

自动加入机制自实施以来取得了良好的运行效果。一是整体参保规模不断上升。2012—2020年，符合条件雇员参保率由55%上升至88%，不符合条件雇员参保率由16.5%上升至37%。二是群体间参保差距不断缩小，公共部门与私人部门的参保率差距由原先的45%降低至8%，私人部门中高收入和低收入群体的参保率差距由原先的58%下降至13%。

同时，自动加入机制仍存在一定的局限性：一是增加了雇主的成本。不少雇主通过降低利润、提升产品价格、降低工资增长速度、减少劳动力需求，乃至改变养老金计划来吸收缴费成本。二是增加了雇员面临的风险。自动加入机制赋予雇员多样化的投资选择权，也意味着将企业年金在投资过程中所面临的各种风险转移给了雇员。当雇员缺乏专业投资知识时，其面临的风险更大。

资料来源：赵海珠，朱俊生，刘贝妮．英国企业年金自动加入机制及对我国的启示［J］．南方金融，2022（06）：80－89.

第五章　个人养老金

学习目标

1. 了解什么是个人养老金制度，我国为什么要建立该制度？
2. 了解个人养老金的特点与作用是什么？了解我国个人养老金的运营机制？
3. 了解国外第三支柱养老金制度有哪些值得我们借鉴的地方？
4. 通过个人养老金制度了解我国养老金融发展的机遇。

案例：180 万户 15.22 亿元！深圳个人养老金规模居全国前列

目前，深圳已经逐步建立起“三支柱”养老保险体系。截至 2023 年 3 月底，作为第三支柱的个人养老金已超 180 万户，资金规模 15.22 亿元，居全国前列。

数据显示，截至 2023 年 3 月底，深圳第一支柱基本养老保险参保人数 1388 万人，离退休人数 63.44 万人，覆盖范围持续扩大。截至 2022 年底，深圳企业年金参保职工人数 85.14 万人，资金规模为 424.53 亿元，补充养老作用初步显现。

2022 年 11 月 25 日，人力资源和社会保障部等五部委宣布深圳作为 36 个先行城市（地区）之一先行启动实施个人养老金制度。

个人养老金正式启动快满五月，深圳个人养老金参加人员规模稳步扩大。截至 2023 年 3 月底，深圳个人养老金开户 180.04 万户，资金规模 15.22 亿元，居全国前列。

深圳市人力资源保障局党组成员、市社会保险基金管理局党委书记、局长吴登记表示，建立个人养老金制度，有利于从制度层面补齐第三支柱养老保险的短板，为实现个人补充养老提供制度保障，促进“三个支柱”更好地协调、可持续发展。

首批开办个人养老金业务的银行包括 6 家国有大型商业银行、12 家股份制银行、5 家城市商业银行。

“个人养老金账户可以购买的金融产品由国家金融监管部门确定，具有运作安全、成熟稳定、标的规范、侧重长期保值等特点，产品的种类较丰富，从风险较低的储蓄存款到风险相对较高的公募基金，可以满足不同层次的投资需求。”吴登记表示。

截至 2023 年 4 月 26 日，目前四大类个人养老金保险产品已达 652 个，其中，储蓄类产品为 465 个，保险类产品 32 个，理财类产品 18 个，基金类产品 137 个。

此外，人社部发布的最新数据显示，截至 2023 年 3 月底，参加个人养老金的人数已达 3324 万人。

资料来源：21 世纪经济报道。

思考与训练

1. 为什么要建立个人养老金制度？
2. 个人养老金制度包含哪些内容？有哪些特点？

第一节 个人养老金概述

全球正在快速步入老龄化社会，如何保障老年人的晚年幸福生活成为亟待解决的问题。伴随着全球人口老龄化的不断加剧，养老金给付面临着严峻形势，在老龄化和财政负担加剧的巨大压力之下，发达国家较多采取建立多支柱养老保障体系的方式。

2022 年 11 月 4 日，人力资源社会保障部、财政部、国家税务总局、银保监会、证监会正式出台《个人养老金实施办法》，开启了个人养老金投资管理的新篇章。个人养老金制度是我国养老保险体系第三支柱的重要组成部分，是对养老保险第一支柱（基本养老保险）的有效补充，其目的在于保障个体在生命周期中的财务可持续性。目前，我国已经建立起了三支柱的养老金体系，但承担较大的仍是第一支柱养老金，大部分居民的养老金主要来源于公共养老金。完善发展我国第三支柱个人养老保险制度，健全多层次养老保障体系已迫在眉睫。

一、个人养老金的概念

1994 年，在世界银行发表的《防止老龄危机》中，首次提出了第三支柱养老的概念。报告中提到，第三支柱养老金是政府依据相关法律法规，通过财税政策支持、引导全体经济活动人口建立的，以个人养老为目的，个人自愿参加并主导的积累型养老金制度。第三支柱养老金是国家养老金体系的重要组成部分，享受财税优惠是第三支柱个人养老金与目前在金融市场上存在的各种养老保障产品的本质区别。

个人养老金制度是由个人缴费到指定账户，然后根据自身的风险偏好，选择经过政府甄选过的投资机构所提供的金融产品进行投资，以积累养老金资产的制度安排，退休人员或者完全丧失劳动能力的人员可以按月或一次性提取本金和利息。

个人养老金制度不需要企业来缴费，而且允许职工在税前扣除，这在一定程度上减少了企业的应税额，由此可见，这项制度对企业来说是有利的；而对劳动者来说，通过缴纳个人养老金，不仅可以减少每年的纳税，而且可以享受不低于同期银行储蓄的存款收益，因此，他们选择这个制度也是必然的。

二、个人养老金的内容

个人养老金制度涉及三个方面。第一个方面，个人养老金不设定具体的参保对象，只要参保人员在劳动年龄内就可以根据自身的收入情况和财务规划来决定是否参加以及如何参加个人养老金制度。除此之外，个人养老金不要求连续缴费，也不设置最低缴费时间，参保人员可以根据自身的偏好选择不同的缴费标准。个人养老金的这种自由的缴费方式可以为不同劳动者人群提供一定的养老收入，使其未来的生活得到一定的保障。劳动者的个人缴费金额，还可以享受税收优惠，减轻税负，但为了避免高收入人群逃避税收，个人养老金制度规定，参保人员每人每年最高缴费限额为12000元，以此来避免高收入人群通过个人养老金规避税负的问题。第二个方面，个人养老金账目采取完全积累制，个人缴纳的全部资金都存放在个人的养老账户中，参保者可以自主选择政府划定的投资项目，包括银行理财、储蓄、商业养老保险等。与此同时，个人养老金账户实行封闭运行，以此保证这些投资产品的安全性及可靠性，力排其他投资产品收益的不确定性。当然，参保者也需要承担个人账户的投资风险，其收益归参保者个人所有，政府的作用则是通过对投资机构的业务监管和采取信息公开的方式为参保者的资金安全保驾护航。第三个方面，政府通过强化服务来保障个人养老金的预期收益。首先，政府的金融主管部门会选择信誉良好、业绩优秀的投资机构，由这些机构来开发适用于个人养老金参保者投资的金融产品，避免参保者在金融市场中遭遇信息不对称的问题；其次，参保者购买了政府划定的金融产品后，银监会、证监会等金融监管部门会对“相关金融机构的经营活动进行监管，督促相关金融机构优化产品和服务，做好产品风险提示，对产品的风险性进行监管”，由此，政府有关部门通过金融监管机构确保了个人养老金资金保值增值的价值目标。

个人养老金制度是一项长期的投资安排，其主要受众不仅仅是老年人，更是当前劳动市场的年轻人，投资周期可能长达几十年。如何正确认知并选择适合自身的个人养老金投资产品，让参保者真正感受到长期投资的魅力、专业投资服务的价值，将是政府和金融行业需要持续思考和践行的课题。

三、个人养老金的特点

个人养老金制度有着四个鲜明的特点，使得它与现有的其他老年财富积累及储备方式有所不同。

（一）个人养老金制度涵盖对象的广泛性

个人养老金制度与现行的各类养老保险制度不同，它面向全民，涵盖了城镇职工、城乡居民、个体经营户和灵活就业人员等，任何从业人员在任何时候都可以参保，这种极大的自由度使得参保人员更具广泛性、参保阶层更具广覆盖性，有利于扩大参保者的养老金储备，满足人民群众日益增长的多样化的养老投资需求。

（二）个人养老金制度具有较高的预期收益性

个人养老金制度有着收益高于银行同期存款利率的优势，这是它得以存续的前提和可靠保证。如果个人养老金制度的收益低于同期银行存款的利息，出现收益为零或收益为负的状况，那么广大劳动者参保的积极性就会大大地减少。也就是说，如果个人养老金制度不能给参保者更多的收益，那么他们就会将投资于个人养老金的资金转投于别的地方。从设计的初衷来看，个人养老金就是以其高于普通投资收益的优势吸引着广大劳动者积极参与，以此来解决只依靠第一支柱和第二支柱养老金而带来的养老储备金不足的问题。

（三）个人养老金制度具有效用补偿性

劳动者缴纳个人养老金会降低当期的消费效用，而缴纳个人养老金可以减少税收，其较高的预期收益可以很好地弥补参保者的当期效用损失，增加了其未来的可能预期收入。除此以外，长期运营的个人养老金可以减少劳动者在金融市场进行投资活动的管理费和印花税，所以，个人养老金制度具有效用补偿性。

（四）个人养老金具有投资风险性

没有人能保证投资一定会带来收益，只要是投资都会伴随着风险。投资个人养老金具有长期属性，其所带来的收益只有经过长期的投资才能看出来，因此，在投资过程中，参保者会对未来收益产生一定的风险性。这种风险性不仅与参保者的投资偏好有关，还与金融机构自身的运营能力和水平有关，除此之外，也与国家的经济发展水平、所处的国际形势和当前的通货膨胀情况有关。

在我国，政府更多地从资金管理与投资运营机构监管等方面进行干预，希望以此能最大限度地保障个人养老金资金的保值增值，但最终能否实现目标则需要市场进行检验。因此，虽然个人养老金的收益在很大程度上是可观的，但也存在着回报不如预期，甚至收益率低于通货膨胀率等极端情形，这就要求参保者具有一定的风险投资意识和风险承担能力。

四、个人养老金的作用

个人养老金制度是国家养老保险体系的重要组成部分，也是缓解养老金领域发展不均衡不充分问题、夯实应对老龄化社会财富危机的有效措施。从功能上来说，个人养老金制度能补充养老保险体系制度发展的缺陷，并在政府的安排下，与第一支柱、第二支柱共同实现储蓄、再分配和保险三项功能。

（一）补充第一支柱、第二支柱养老保险制度

根据世界银行的三支柱制度建议，建立三支柱养老保险制度体系是实现养老保障计划储蓄、再分配和保险的重要途径。该体系能以更低的社会成本，更好地确定收入再分配的目标，促进生产性储蓄。以养老为目的的个人养老金制度是应对人口老龄化，缓解公共养老计划支付压力、满足人们日益增长的养老需求的重要补充。具体体现在三个方面：一是在公共养老计划失败时，以个人为主导的、完全积累的第三支柱，能较好地抵御政府决策失败的风险，充实养老资产储备，是第一支柱公共养老计划的“风险屏障”；二是由于第三支柱不受就业情况的制约，不同的劳动者群体都能够被纳入制度化的私人养老金计划之中，弥补了一些劳动者群体无法参加第二支柱职业年金计划的制度性缺陷，作为第二支柱私营计划的“制度补充”；三是第三支柱属于非强制计划，劳动者自愿参加、自主选择投资产品，用以满足自身未来更高水准的养老需求，是养老保障制度体系的进一步完善。

（二）降低个人生命周期内的消费波动

根据生命周期消费理论，人们会对自身的消费支出进行长期的规划，以期在整个生命周期内实现消费的最优配置。个人养老金制度使得个人实现了收入的再分配，即个人把青年时期的储蓄转移到老年时进行享用，由此降低个人整个生命周期内的消费波动①。由于劳动者的创收年限有限，所以更应该对个人收入和消费进行合理规划，达到养老的目的。将个人在年轻时过剩的消费向年老时转移，可以弥补年老时由于人力资本的不足导致的购买力下降的情况（见图 5 -1）。Merton（1983）② 认为由于人力资本是无法交易的，所以个人人力资源的配置效率不高，个人在青年时期拥有较多的人力资本而老年时期却所剩无几，这是市场失效的一种典型实例。而个人养老金制度是通过税收优惠和较高的收益吸引个人进行养老投资，从另一个角度看，是人力资本再配置的过程，即用资本收入的递增补足工资收入的减少，从而实现资本收入对工资收入的替代，满足个人养老需求。

（三）促进居民养老观念转变

随着人口老龄化需求压力和养老金存量供给之间的差距日益加大，公众对养老的

① 中国养老金融 50 人论坛，中国养老金融发展报告（2018）[M]．北京：社会科学文献出版社，2018：47.

② Merton. Robert C. On the Role of Social Security as a Means for Efficient Risk Sharing in an Economy Where Human Capital is not Tradable [M]. In Financial Aspects of the United States Pension System. ed, Zvi Bodie and John B. Shoven. Chicago; University of Chicago Press, 1983: 325 -358.

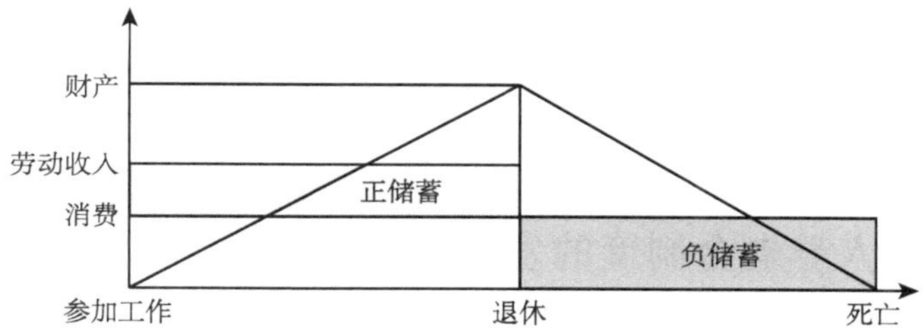

图5-1　生命周期理论下收入、消费和储蓄直接的关系

认知可能还尚不充分，养老领域的知识普及和投资领域的服务也远远不够。建立第三支柱个人养老金制度可以将个人养老资金有效集合起来，通过合理的市场化投资运营实现资金的保值增值，从而提高个人的养老生活水平。与此同时，以个人为主导的第三支柱个人养老金制度，充分尊重参保者的投资选择权，通过鼓励劳动者主动参与养老投资，使其养成风险防御意识，强化其个人养老责任，促进其养老投资观念的形成。

（四）发挥资本市场的稳定性功能

养老金具有规模大、期限长、来源稳定的特征。发展第三支柱个人养老金制度，将养老金投入市场进行投资运营，既可以促进资本市场规模和容量的扩大，又可以增强资本市场的稳健性和有效性。

首先，养老金可以在一定程度上缓解经济周期中风险错配的问题。养老金可以通过专业的资产管理机构和金融产品服务转化为经济发展所需的直接融资和中长期资本，可以有效缓解当前金融体系中存在的短期资金匹配长期资产所带来的流动性风险。其次，养老金可以提高资本市场的机构化程度。机构投资者能够用更加理性的投资决策实现长期投资和价值投资，这对资本市场的发展有极大的推动作用。最后，养老金投资资本市场后能够与资本市场形成良性循环。一方面，通过养老金投资运营实现资产收益，保证参保人的根本利益；另一方面，成熟的市场投资环境也能够使养老金实现利益最大化。养老金作为金融市场最重要的长期资金，可以使价值投资的优势得到充分的体现，通过参与市场活动，使资本市场投机性强和波动性强的问题得到有效的改善，从而实现经济的健康增长。

第二节　我国的个人养老金制度

个人养老金制度是解决养老金缺口、优化基本养老保险分配格局、满足更高水平养老需求的博弈选择。个人养老金由个人承担缴费，劳动者可以根据自身情况选择是否参加及选择何种缴费档次参加，账户实行完全积累制。政府不直接管理和投资账户资金，而是通过机构甄选和投资监管方式提供支持。个人养老金是在我国逐渐发展起来的一项制度。

一、我国个人养老金制度的发展现状

我国自20世纪就提出要研究推出个人税延养老保险政策，党的十八届三中全会对此进一步明确。2014年的“新国十条”提出适时推出个人税延商业养老保险，保监会2015年工作规划明确提出，年内在上海实施该项政策试点。2018年2月，人力资源社会保障部、财政部会同国家发展改革委、国家税务总局、人民银行、原银监会、证监会、原保监会成立工作领导小组，启动建立养老保险第三支柱工作，标志着我国第三支柱个人养老金进入制度建设启动阶段。

2018年4月2日，财政部、国家税务总局、人力资源社会保障部、银保监会、证监会五部门联合发布《关于开展个人税收递延型商业养老保险试点的通知》（财税〔2018〕22号），自2018年5月1日起，在上海市、福建省（含厦门市）和苏州工业园区实施个人税收递延型商业养老保险试点，试点期暂定为一年，标志着我国第三支柱个人养老金制度正式落地，这是第三支柱个人养老金制度的重要尝试。

2022年4月21日，国务院办公厅发布《关于推动个人养老金发展的意见》，这对于我国推进建设多层次、多支柱的养老保险，促进养老保险制度可持续发展具有重要意义。

2022年11月4日，五部门联合发布《个人养老金实施办法》，对个人养老金参加流程、资金账户管理、机构与产品管理、监督管理等方面作出了具体规定，开启了个人养老金投资管理的新篇章。11月25日，人力资源社会保障部宣布，个人养老金制度启动实施。

目前，我国的养老金体系有三大支柱：第一支柱是由政府主导建立的公共养老金，包括城乡居民基本养老保险和城镇职工基本养老保险；第二支柱是由企事业单位发起、由商业机构运作的职业养老金，包括企业年金和事业单位发起的职业年金，其覆盖面较小；第三支柱是居民个人自愿购买的个人养老金，包括可以进行税务延递或税务减免的“税惠型养老保险”、一般的非税惠型养老金和养老目标基金等，个人养老金制度不仅可以对第一支柱、第二支柱进行补充，如果个人养老金可以充分发挥它的作用，那么劳动者就可以在劳动力富足时对养老进行投资，满足未来更高的养老需求。

虽然目前我国已经建立起了三支柱的养老金发展体系，但是由于起步较晚，我国正面临着第一支柱独大的情况。除了个人储蓄，大部分居民的养老金都主要来源于公共养老金部分。

二、我国个人养老金制度的运营机制

(一) 缴纳及领取机制

我国个人养老金实行个人账户制度，参加个人养老金需要通过全国统一线上服务入口或者商业银行渠道，在相关信息平台上开设个人养老金账户，每个参与人有且仅有一个个人养老金资金账户。在开设账户的同时，需要在人社部的信息平台开立基础信息账户，也就是说，个人养老金账户包括个人基础信息账户和个人资金账户两个账户。个人养老金账户作为特殊额专用资金账户，按照人民币银行结算账户项下Ⅱ类户①进行管理，为参与人提供资金缴存、缴费额度登记、个人养老金产品投资、个人养老金支付、个人所得税税款支付、资金与相关权益信息查询等服务。

个人养老金账户缴费完全由参加人个人承担，实行完全积累制。参加人可以按月、次或者按年度进行缴费，每年最多可缴纳的个人养老金为12000元，缴费额度按照自然年度累计，次年重新计算。缴纳额度应当按照参加人意愿参与个人投资计划，用于购买符合规定、满足参加人偏好的金融产品。

个人养老金在一定额度内有个人所得税的优惠。个人养老金账户用于登记和管理个人身份信息，并与基本养老保险关系关联，记录个人养老金缴费、投资、领取、抵扣和缴纳个人所得税等信息，是参加人参加个人养老金、享受税收优惠政策的基础。

个人养老金采取账户封闭管理，除特殊情况外，一般不允许提前支取，参加人达到领取条件②之后，可以选择按月、分次或者一次性领取个人养老金，领取方式一经确定不得更改。领取时，应将个人养老金由个人养老金资金账户转入本人社会保障卡银行账户③。

我国鼓励参加通过长期领取④的方式领取个人养老金，也允许在特殊情况下（例如重大疾病、应急、必要的教育培训等）有限度地提前支取。个人养老金资金账户中的资产可以继承，参加人因身故、出国（境）定居等导致社会保障卡注销的，商业银行可以将

---

① 人民币银行结算账户项下Ⅱ类户：Ⅰ类账户属于全功能的银行结算账户，Ⅱ类账户满足直销银行、网上理财产品等支付需求，Ⅲ类账户则主要用于快捷支付，比如“闪付”“免密支付”等；Ⅱ类户可用于办理存款、购买投资理财产品、限定金额的消费和缴费支付等业务；单日累计支付额度不超过10000元。

② 个人养老金实施办法，第十二条个人养老金资金账户封闭运行，参加人达到以下任一条件的，可以按月、分次或者一次性领取个人养老金。(一) 达到领取基本养老金年龄；(二) 完全丧失劳动能力；(三) 出国（境）定居；(四) 国家规定的其他情形。

③ 个人养老金实施办法，第十三条参加人符合完全丧失劳动能力、出国（境）定居或者国家规定的其他情形等领取个人养老金条件的，可以凭劳动能力鉴定结论书、出国（境）定居证明等向商业银行提出。商业银行审核并报送信息平台核验备案后，为参加人办理领取手续。

④ 个人养老金实施办法，第十四条参加人按月领取时，可以按照基本养老保险确定的计发月数逐月领取，也可以按照自己选定的领取月数逐月领取，领完为止；或者按照自己确定的固定额度逐月领取，领完为止。参加人选取分次领取的，应选定领取期限，明确领取次数或方式，领完为止。

参加人个人养老金资金账户内的资金转至其本人或者继承人指定的资金账户。当个人养老金账户资金转移完毕或者领取完毕之后，商业银行应当对个人养老金账户进行注销。

（二）税收优惠机制

目前，我国个人养老金制度主要采取税收优惠的方式鼓励劳动者参与。为贯彻落实《国务院办公厅关于推动个人养老金发展的意见》（国办发〔2022〕7号）有关要求，2022年11月3日，财政部和税务总局联合发文：“自2022年1月1日起，对个人养老金实施递延纳税优惠政策。在缴费环节，个人向个人养老金资金账户的缴费，按照12000元/年的限额标准，在综合所得或经营所得中据实扣除；在投资环节，计入个人养老金资金账户的投资收益暂不征收个人所得税；在领取环节，个人领取的个人养老金，不并入综合所得，单独按照3%的税率计算缴纳个人所得税，其缴纳的税款计入‘工资、薪金所得’项目。”① 按照目前政策规定，个人养老金每人每年的最高购买限额为12000元，专项扣除费用的最高限额也是12000元。个人所能享受的具体税收优惠，可以按照目前的计税公式②进行计算。根据个人所得税税率表，个人的收入越高，所享受的税收优惠就越明显，并且个人养老金账户中的资金会带来一定的投资收益，且该收益目前并不收税。

（三）保值增值机制

我国个人养老金账户中的缴存资金只能用于购买运作安全、成熟稳定、侧重长期保值的储蓄存款、银行理财、商业养老保险等金融产品，参加人可凭自身投资偏好自主选择③。个人养老金资金账户中未进行投资的资金将按照商业银行与个人约定的存款利率及计息方式计算利息。

个人养老金账户中可购买的四类投资产品各具优势：储蓄存款产品针对的是风险偏好较为保守的投资者，投资风险相对较小，符合我国大部分国民的投资理念。该产品从购买之时便开始计息，本息收益及时可见，同时可以提前赎回，但对购买年龄有所要求，目前覆盖群体有限；养老保险产品的目标为实现个人养老金账户中资金的保值增值，产品保障全面，购买方式更加灵活；养老理财产品风险适中，也更容易获得超额收益，兼具收益率和稳健性；养老公募基金产品风险较高，但是产品较为丰富，能够满足不同年龄段购买个人养老金产品的需求，长期来看，其年收益率也更高，更加体现了风险和收益并存的特点④。

---

① 资料来源：人力资源社会保障部、财政部、国家税务总局、银保监会、证监会关于印发《个人养老金实施办法》的通知，人社部发〔2022〕70号，2022年10月26日发布。

② 应纳税额 = 应纳税所得额 × 适用税率 − 速算扣除数。

③ 资料来源：《国务院办公厅关于推动个人养老金发展的意见》，国办发〔2022〕7号，2022年4月8日发布。

④ 个人养老金产品陆续“上新”基金、理财、保险、储蓄怎么选？［EB/OL］.［2023-02-02］. 央广网，https://www.cnr.cn/jrpd/ycbd/20221201/t20221201_526081906.shtml.

以上四类投资产品极大地丰富了参加人的养老金融需求，提升了我国养老金融服务水平，但是无法有效地覆盖不同风险承受能力、不同经济基础的参加人，金融机构在个人养老金专业投资服务的能力仍需提升。我国个人养老金账户中的资金通过以上四类养老产品的投资参与市场化运作，从而实现个人养老账户中资金的保值增值。

（四）监督管理机制

人力资源社会保障部及财政部根据其职责对个人养老金账户的设立、缴费、领取及税收优惠等具体政策条款进行设定和监管。人力资源社会保障部门的主要职责是运行维护统一信息平台、监管平台，并通过信息平台实现商业银行、金融机构和相关政府部门的信息交互，并对流程履行进行监督。人力资源社会保障部、财政部有权查询、复制信息平台的有关文件资料，并要求有关机构或个人对情况进行说明等。

中国银行保险监督管理委员会和中国证券监督管理委员会根据各自的机构职责，分别对投资运行个人养老金资金的金融机构进行监督管理，制定相应政策，明确金融机构的责任，规范金融机构的业务流程，并对其经营活动进行监管，督促金融机构定期对其投资产品进行优化，提升金融服务，根据不同年龄段参加人的风险偏好及风险承受能力，出售合理的投资产品，并做好风险提示，加强相关知识宣传，提高参加人的金融认知。

税务部门负责对个人养老金账户进行税收征收管理，监督个人养老金账户的代扣代缴，并与个人养老金账户资金和税率构成进行实时对接，确保每个参加人能够确实享受税收优惠政策，实现个人所得税的减免。

参与监督管理的各部门之间需要加强沟通，进行信息交互，充分了解各方意见，及时处理个人养老金制度实施过程中的投诉和建议并出台相应对策，确保个人养老金制度能够长期健康地运营下去。

三、我国个人养老金制度的运营困境

截至 2024 年，我国个人养老金制度已正式落地一年有余，从具体实施状况来看，尽管存在着质疑的声音，但总体运行还算平稳有序。至 2022 年年底，个人养老金参加人数 1954 万人，缴费人数 613 万人，总缴费金额 142 亿元。相对于我国总人口数而言，其参加人数只是九牛一毛，同时个人养老金制度实施以来一度出现“开户热投资冷”等问题，个人养老金制度的运营确实存在相应的困境。

（一）我国个人养老金投资产品创新不足

虽然我国已建立起了三支柱的养老金体系，但是由于个人养老金制度的后续配套政策落后，以及个人养老金不强制个人参加，宣传力度不足，公众对养老投资的认知也尚不充分，进而出现了第一支柱一家独大的局面。

自 2022 年 11 月 25 日个人养老金制度正式启动实施以来，虽然经过了试点，但是相关配套制度的完善仍处于探索阶段，相关制度只能在出现问题后再由此提出，这相当不利于个人养老金制度的发展。个人养老金账户资金是通过四类个人养老金产品来投资参与市场化运作，从而获得投资收益，实现账户资金保值增值的，因此，这也离不开商业制度的保驾护航，但是目前个人养老金投资产品的覆盖范围还不够广泛，产品还不够丰富，很难满足不同偏好投资者的需求，而且很多银行理财、商业养老保险等金融产品对于投资者来说都很陌生，不敢贸然对其进行投资。因此，大部分投资者在投资时还是会选择储蓄存款产品，资金很难迅速流动起来，市场活力仍然不够，且储蓄存款产品的收益只是略高于银行存款，加上缺乏规范化的市场化运营机制，投资者的积极性就更难激发。

截至 2023 年 7 月 25 日，根据国家社会保险公共服务平台等公开信息统计，我国个人养老金产品总量已达 674 款。尽管个人养老金产品数量一直在增加，但是这些产品较为同质化，且新推出的金融产品与市场上现存的金融理财产品并无太大差别，看似是针对个人养老金账户投资所推出的新产品，对其内容进行了相应的修改，但却很难达到个人养老金产品投资注重长期效益的目的。从种类上看，金融机构对国民的投资理念也很了解，所以新的个人养老金投资产品主要以储蓄产品居多，保险产品和理财产品就更不用说了。

在目前的经济环境下，金融机构并没有很强的设计长期收益的理财产品的意愿，更注重的是短期的效益，可以更好地节约人力和物力，同时还可以让资源高效流转起来。但是，个人养老金的参加者对具有长期收益的金融产品的认知还不够，并且由于长期收益见效缓慢，参加者通常难以规划长远的投资收益，这使得个人养老金制度的运营陷入了极大的困境。

（二）我国个人养老金制度税收优惠政策吸引力不足

2018 年 4 月，财政部联合五部门刊发《关于开展个人税收递延型商业养老保险试点的通知》（以下简称《通知》），决定在上海市、福建省（含厦门市）和苏州工业园区实施个人税收递延型养老保险试点，《通知》规定，根据个人收入取得方式的不同，缴费的税延额度可分为当月收入的 6% 和 1000 元两者取小和当年应税收入的 6% 和 12000 元两者取小两种。对个人达到规定条件时领取的商业养老金收入，其中 25% 部分予以免税，其余 75% 部分按照 10% 的比例税率计算缴纳个人所得税①。在本次试点中，个人税收递延型养老保险税收优惠力度较小，且没有按照不同的社会收入群体需求进行

① 资料来源：财政部、税务总局、人力资源社会保障部、银保监会、证监会发布的《关于开展个人税收递延型商业养老保险试点的通知》，财税〔2018〕22 号。

分类，仅在养老金领取阶段实行 EET 模式①，不能简单适用于个人养老金的税收，若在个人养老金制度中采用 EET 模式进行征税，那么能够享受到的税收优惠只有高收入人群。目前，我国还有一部分无法达到个税起征点的人群，且那些刚达到个人所得税起征点，税率较低的参保人群还可能出现领取期优惠税率倒挂的情况，因此，该优惠政策难以激发以上两类人群对个人养老金制度的兴趣。

我国个人养老金制度正式落地实施之后，对税收优惠进行了一定的更改，但依然没有太大的吸引力。目前，我国个人养老金的参保人群是已参加基本养老保险的劳动者，但其中能够达到个税起征点的群体只有一小部分，所以个人养老金的税收优惠对象受限，哪怕是个人收入达到最高个税起征点税率的人群每年的抵扣额度也仅仅只有 5400 元，这个数额对高收入人群来说并不是一个很大的数字，所以很难对他们有太大的吸引力。

除此之外，我国个人养老金目前的激励方式仅有税收优惠政策一种，且不同于第一支柱、第二支柱养老金，个人养老金需要自己缴纳、自负盈亏，所以在一定程度上会给参加者带来资金上的负担。首先，低收入人群除去生活开支外很难有盈余用于购买个人养老金产品；其次，如果参与了个人养老金制度，除非特殊情况，很难提前取用，取用时还要对个人所得税进行扣除，这更加限制了民众参与的积极性。

（三）我国个人养老金账户资金流动性受限

自我国养老保险实行统账结合模式②以来，无论是在第一支柱还是第二支柱中个人账户都没有发挥出应有的作用。尽管我国已经建立起了一个统一的信息平台，但这个信息平台只起到了对个人养老金账户进行信息集成管理的作用，并没有将基本养老保险账户和企业年金账户纳入其中，这就造成了个人账户不集中，使一二三支柱分裂开来，同时还会引起信息不对称等，产生信息差，进而带来一定的影响。

此外，在没有形成完整的行业制度设计的情况下，各金融机构都是独立、分散地开展产品的研发和设计，尽管人社部要求商业银行应当将产品信息上传到信息平台，保证金融机构间的信息交流，但各金融机构所属的行业各不相同，业务间缺乏协作，所以很难很好地进行合作，从而导致了混合型产品无法产生，信息交流也很难起到应有的作用。

与国外运行良好的个人养老金制度相比，我国个人养老金账户的流动性不足，第二支柱和第三支柱养老金账户缺少相应的衔接，导致养老金资金难以进行有效的转移。例如，英国 ISA 个人储蓄计划③允许一个人拥有多个 ISA 账户，并且非现金类型的 ISA 账

---

① EET 模式：指在存入环节不征税，投资环节当期免税，只在最后支取环节征税的一种税收模式。其因高效率性，受到大部分发达国家和学者的推崇。

② 统账结合：指我国基本养老保险实行的“社会统筹与个人账户相结合”，例如按国家规定，养老保险缴费过程中企业承担 20%，个人承担 8%。

③ 英国 ISA 个人储蓄计划：英国政府在 1999 年推出了 ISA（Individual Savings Account），个人储蓄账户，免征个人所得税和资本利得税，每个财年（4 月 6 日开始）有存入限额。账户类型包括 ISA 现金存款账户和 ISA 证券投资账户两大类，证券投资账户可用于股票、基金、信托、债券等的金融投资，且 ISA 账户的投资和领取是免税的。

户中的不同资产都可以进行流通，这种方式极大地增加了资金的便携性，账户的灵活性也得到了提升；美国 IRA 个人退休账户①允许通过转账的方式，向个人退休账户转进资金，该种方式最直接的优势就是当个人换工作或者退休时，可以将其他退休计划中的资产通过转账的方式转移到个人的 IRA 账户中继续进行投资，从而继续保障个人资产的保值增值，同时也可以为个人退休账户提供更充足的资金来源②；再如日本的 NISA 计划③，在日居住的日本居民可以通过金融机构申请开立一个个人储蓄账户，金融机构可每年更换一次，如果该账户投资出现了亏损，则可以从其他金融账户（指定账户或者不设特殊功能的一般账户）中转移相关资产享受税收优惠，但仅限于在统一金融机构进行，不得跨机构进行。

英国的 ISA 个人储蓄计划、美国的 IRA 个人退休账户计划和日本的 NISA 计划几乎都涉及个人储蓄账户和企业年金之间资产的转移，由此可见，如果能够将企业年金和个人养老金实现对接，在个人养老金信息平台中纳入企业年金的账户信息，在企业年金现有的形式基础之上建立雇主缴纳供款计划，允许企业在雇员同意的情况下，直接将资金划转入其个人养老金账户进行投资收益，使得个人养老金账户的资金既可以来源于个人缴纳又可以来源于企业年金供款，并享受相应的税收优惠，实现第二支柱和第三支柱的有效衔接，就可以减少账户的管理成本，进而促进资金流动，提升资金的便携性。

（四）我国个人养老金运营存在社会观念冲突

长久以来，我国居民的投资都以银行储蓄为主，对理财、保险等投资方式都呈观望或小心投资状态。但随着社会的发展，大量的储蓄资金不仅不能给国家经济带来良好的内生动力，反而容易造成资源闲置，错失机会。国家的发展离不开良性的社会投资循环，有充足的投资资金就能使产业运转得更好，从而提供更多的就业机会，保障社会就业；同时，投资会带来收益，当个人收益达到个人的预期目标之后，就会产生更多消费欲望，给市场带来源源不断的消费者，就可以凭借消费拉动内需，进而促进经济发展，使资本市场进入良性的循环。

但是目前，我国每人每年的个人养老金账户储蓄额度最高仅为 12000 元，这个数额较小，并未达到许多预期收益符合个人理想的投资需求，难以实现资产的保值增值。所以，个人养老金制度的运营必须要有一个健康、专业的环境，才能确保将居民的个人储

---

① 美国 IRA 个人退休账户：个人退休账户（Individual Retirement Account，IRA）用于为退休储蓄和投资。美国国税局（IRS）还使用术语个人退休安排（也称为 IRA）泛指个人退休账户、个人退休年金以及其他作为个人储蓄计划的信托和托管账户，具有税收优惠，用于留出资金用于退休。

② 威廉·G. 盖尔，约翰·B. 肖文，马克·J. 沃肖斯基. 改革中的美国养老金制度趋势、效果以及改革建议［M］. 梁莹，译. 北京：北京大学出版社，2013.

③ 日本 NISA 计划：是日本金融厅发起建立的第三支柱养老金计划，NISA 在 2014 年建立初期，主要覆盖年满 20 周岁的日本居民，每年有 120 万日元的新增投资限额，该账户内购买的股票、投资信托等投资的股息、分红或转让收益 5 年内免税。

蓄转变为资本投资。让专业的金融机构来实现资产的保值增值既能规避个人盲目投资的风险，又能给个人带来更多的投资机遇和投资途径，以规模化的投资效应获得更高的收益。再加上国家为个人养老金制度提供了相应的税收优惠制度，居民可以用税前收入进行养老投资，进行相应的税收优惠后再缴税，这种方式既能减少投资成本，又能提高参与者的实际收益，可以吸引更多的投资者将资金投入资本市场。

如果能为个人养老金账户设立专款专用的养老现金，那么在一定程度上就能避免由于其他原因而导致的养老积蓄的消耗，优化个人的资产配置，改变我国居民长期固化的单一定期存款储蓄和投资房产的思想，将资金投入资本市场进行投资升值，为资本市场提供源源不断的资金来源，进一步丰富我国三支柱养老体系的资金结构，充分发挥第三支柱养老金的巨大潜能，解决当前我国公共养老金独大的局面，实现国家养老金的供需平衡，更好地满足居民日益增长的养老需求。

第三节　国外个人养老金制度简介

美、德、日三国均在其老龄化率较低的时候启动第三支柱，现阶段我国老龄化率低于德、日两国启动第三支柱时的老龄化率，第三支柱个人养老金制度在我国的推出可谓恰逢其时。一些国家的第三支柱已较为成熟，完善我国第三支柱个人养老金制度离不开参考其他国家的经验，通过了解美、德、日三个具有代表性国家的第三支柱养老金发展情况，可以为我国个人养老金的发展提供启示和建议。

一、美国个人养老金制度

（一）美国养老金体系的概况

美国是世界上最早实施养老保险制度的国家之一，自 1974 年美国首次系统地在养老金法案《雇员退休收入保障法》① 中引入个人养老金制度以来，美国第三支柱养老金制度已经发展为较为丰富的体系。

根据传统观点，美国的养老金体系可分为三个支柱，在美国的三支柱养老体系中，第一支柱为社会保障，是以税收的形式强制征收的联邦公共养老金，即老年、遗属及残障保险（Old Age Survivors and Disable Insurance，OASDI）计划，第二支柱为雇主发起式养老金计划，第三支柱为个人养老金计划（IRA 计划）。其中，第二支柱和第三支柱较好地补充了第一支柱对中高收入人群收入替代率不足的部分，是美国养老金体系的重

① The Employee Retirement Income Security Act，以下简称 ERISA 法案。

要支撑。

美国个人养老金计划由政府提供税收优惠政策，鼓励纳税人通过自愿储备向个人养老金计划存入资金，为退休做准备。

（二）美国个人养老金制度的具体安排

从运作模式来看，美国个人养老金计划有账户模式①和保险模式②两种，统称为个人养老金计划（IRA 计划），自设立以来，经过半个世纪的平行发展，账户模式被更为广泛的认可，成为个人养老金计划的主流模式。账户模式下的传统 IRA 账户和罗斯 IRA 账户是美国第三支柱个人养老金计划的典型代表，通过该种模式，参加者可以自主选择账户资金的投资运作。

从税收优惠模式来看，美国个人养老金计划的核心是税收优惠，根据税收优惠模式的不同，美国个人养老金计划又可分为传统 IRA 计划（以税前收入投入，享受税收递延）和罗斯 IRA 计划（以税后收入投入，投资和支取免税）两类。不同的 IRA 计划满足了不同人群的养老需求。传统 IRA 计划采用 EET 模式③，享受税收递延优惠，罗斯 IRA 计划采用 TEE 模式④，进行当期缴税。

从转换关系来看，美国的 IRA 计划并不是独立存在的，它与第二支柱形成了良好的互通。未参与第二支柱养老金计划的纳税人可以通过 IRA 计划进行补充养老。同时，美国也允许第二支柱和合格的第三支柱之间通过转滚存的操作实现资产的转换，由于 IRA 的个人投资范围选择大于第二支柱，且无须因工作变动而变更，因此，人们通常选择将第二支柱下的资产转存到 IRA，使原计划中的资产可以继续保值增值。

从监管安排和服务来看，美国的个人养老金计划主要受国内收入署（IRS）和美国劳工部监管，同时，ERISA 法案也在涉及养老金计划相关的监管上提出了一定的要求。美国 IRA 计划允许投资顾问向投资者提供投资建议服务，该服务以机构投资者为主，可采取主动投资建议和基于计算机模型的投资建议两种。IRA 账户的持有者大多会咨询专业的财务顾问，并委托专业投资机构进行管理。

（三）美国的个人养老金制度对我国的启示

1. 税收优惠制度应基于账户

税收优惠政策与资金的存入与取出直接相关，是推动养老金计划发展的关键因素之

---

① 通过开立个人养老金账户（Individual Retirement Account，IRA），存入资金并自主选择投资管理实现养老资产储备的模式。

② 通过购买个人养老保险（Individual Retirement Annuity），定期缴纳保费，待达到法定或退休年龄后获取养老年金或一次性养老金的养老储备模式。

③ EET 模式：指在存入环节不征税，投资环节当期免税，只在最后支取环节征税的一种税收模式。其因高效率性，受到大部分发达国家和学者的推崇。

④ TEE 模式：指在存入环节征税，投资环节和支取环节免税。

一。在美国 IRA 计划账户模式和保险模式平行发展的背景下，账户模式更为参加者所接受，成为美国 IRA 计划的主流模式。因此，基于美国的经验，我国的个人养老金制度应重视基于账户的税收优惠政策，实行税收递延，引导参加者进行长期投资。

2. 明晰政府部门职责

美国 IRA 计划的健康运营和发展离不开完善的组织架构，从资金的存入、投资再到收益与取出，该组织架构提供了良好的监督与管理，且过程具有极高的透明度，参加者对投资的积极性也因此得到了极大的提高。

个人养老金的市场化运营涉及多个政府部门和金融部门，个人养老金制度完善的市场运营离不开政府的保驾护航和严格的监督管理机制。因此，政府应该设置一个更具透明性和有效性的监督建议渠道，让工作过程透明化，当出现问题时，方便参与者进行监督与反馈，保障个人养老金制度的健康运营。

3. 与第二支柱养老金进行互相补充和联通

美国个人养老金制度充分实现了第二支柱与第三支柱之间的有效联动和互补，一方面，使得投资者多了一层养老保障；另一方面，在工作变动或退休时，账户资金也能够进一步保值增值，从而更好地减轻了政府的养老负担。因此，我国在发展个人养老金制度时，应将第二支柱和第三支柱有效联动起来，例如，在信息平台中纳入企业年金的信息，在一定条件下允许第二支柱的账户资金向第三支柱转移，促进资金的流动，提升参加者的积极性。

4. 充分发挥计算机智能投资顾问的作用

在大数据时代下，美国法规允许通过计算机模型对投资者提供投资建议。我国是一个人口大国，人工智能技术可以根据不同投资者的年龄、风险承受能力、资产或收入来源等提供符合投资者需求的投资建议，满足参加者的养老需求，有助于解决我国个人养老金投资管理渠道单一的困境。

二、德国个人养老金制度

（一）德国养老金体系的概况

20 世纪 90 年代，随着德国社会的迅速老龄化，年轻一代劳动者供养着越来越多的退休人员，德国养老金的缴费率急剧上升。为了解决现收现付制下法定养老保险制度的危机，实现养老金支付体系的可持续发展和社会公平，德国对养老金制度进行了一系列重要的改革。2005 年 1 月 1 日，德国将传统的三支柱养老金体系重新定义为“三层次”体系，改革后，第一个层次包括法定养老保险和吕鲁普养老金，第二个层次包括企业补充养老计划和里斯特计划，是第一层次的补充；而第三个层次是个人自愿储蓄型养老金，可以对第二个层次进行进一步的补充。且前两个层次享受政府补助，第三个层次则相对灵活和自由。

德国进行养老金改革的原因主要有三点：首先，随着德国人口老龄化的加剧，养老金池捉襟见肘，成为欧盟养老金缺口最大的国家；其次，原来的第一支柱法定养老保险只面向雇佣劳动者，个体劳动者无法享受到国家的退休福利，更无法体现基础保障的内涵；最后，在传统的三支柱养老金体系中，第一支柱法定养老金的占比过高，第二支柱、第三支柱的养老金发展严重不足，且养老金投资过于保守，很难达到增值的目的。

（二）德国个人养老金制度的具体安排

2001 年，德国开始实施里斯特养老金改革，其目的在于搭建多支柱的综合养老金体系，推动养老保障从单一支柱向多支柱转变，进而稳定公共养老缴费率、降低法定养老保险替代率。在改革后的养老金体系中，里斯特养老金①是更为典型的个人养老金制度，它最显著的特征就是政府补贴。对未婚人士，每年补贴 154 欧元；对已婚且满足特定要求的夫妇，每年补贴 308 欧元；对 2008 年之前出生的儿童，每年补贴 185 欧元；对 2008 年以后出生的儿童，每年补贴 300 欧元；除此之外，自 2008 年起，对年龄在 25 岁以下的参加者，一次性补贴 200 欧元，作为入门奖励。获得政府补贴需要一定的条件，那就是参加人每年至少缴纳 60 欧元，如果想要获得全额补贴就至少缴纳年收入的 4%。德国个人养老金制度的税收优惠为税收递延，每年最多可扣除税收 2100 欧元（含个人缴费和政府补贴）。所以缴费和政府补贴都免税。

里斯特计划允许满足资格认定的银行、保险公司、基金公司或德国建房互助储金信贷社提供多元的里斯特养老产品，满足个人或家庭不同偏好的投资需求。同时，允许投资者随时变更投资计划，且投资不强制用于养老。在 62 岁以后，投资者可以选择按照终身年金的形式领取养老金，也可以选择将最高比例为 30% 的养老金一次性取出。

作为现代社会保障制度的发源地，德国人在养老金领域却显得十分保守。负利率环境下，德国国债长期收益为负，所以金融产品对民众来说并没有太大的吸引力。在四种不同的里斯特产品②中，保险合同形式的里斯特养老产品最为大众所青睐。人们在资本市场的参与度不高，而投资保本的需求高涨。

里斯特计划十分注重投资者的权益保护，因此对养老金产品的提供者及相关产品的监管较为严格。联邦金融监管局（BaFin）是德国金融体系的综合性监管机构，负责对银行、金融服务机构、保险公司和证券公司等进行监管，不同的金融机构所享受的税收优惠权利是相同的，它们所发行的里斯特养老金产品都需满足联邦金融监管局的统一要求。

---

① 2001 年，德国社会与事务部前部长 Walter Riester 提出养老金改革，并以他的名字命名。

② 里斯特产品包括银行储蓄、保险合同、投资基金合同和里斯特住房储蓄合同。

（三）德国个人养老金对我国的启示

我国的养老现状与德国改革前的状况相似，都是第一支柱“一枝独大”，第二支柱、第三支柱养老金发展严重不足，多支柱的养老金体系无法充分发挥各自的作用。同时，我国的深度老龄化正在加重，并且将长期持续。当下，我国迫切需要发展多支柱的养老金体系。德国的养老金体系仍在改革之中，因此，我们在借鉴德国个人养老金改革的经验时，应立足于我国的国情理性地进行借鉴，在借鉴的同时进行本土化的改进和创新。

1. 对养老金系统实行统一监管

德国针对里斯特养老金计划，成立了统一的联邦金融监督管理局进行监督管理，形成了多部门参与、综合性监管的机制，保障金融机构能健康发展并提供优质的服务和产品。个人养老金制度的顺利实施和运营离不开严格的监管制度，所以需要政府部门充分发挥自己的作用，对养老产品及其提供者进行统一监管，为个人养老金制度的健康运营创造一个良好的环境。

2. 对各个金融机构采取统一标准

德国里斯特计划中，各个金融机构享有相同的税收优惠政策。《养老金认证法案》规定，任何一家机构想要推出里斯特养老产品都需要向联邦中央税务局提交符合要求的统一产品信息表，而联邦中央税务局会对此进行严格审查。如果可以将个人养老金产品纳入统一的审核标准，对各个机构进行统一、严格的产品认证和审核，那么投资者就可以更直观地对不同的养老金产品进行对比，降低选择难度。

3. 根据投资者的偏好，鼓励不同的金融机构提供不同的产品

德国允许不同的金融机构提供多元化的产品，且彼此之间互相补充，不同年龄、不同收入、不同投资偏好参与者都能购买符合自己需求的产品。目前，对于我国来说，银行、金融机构、保险公司等金融机构需尽快地研发出符合我国参与者偏好的个人养老金产品，如果参与者能够自主地选择自己所偏好的个人养老金产品，将会极大地提升其参与的热情，从而推动我国个人养老金体系的发展。

三、日本个人养老金制度

（一）日本养老金体系的概况

日本的养老金体系分为三个层次：第一层为国民年金（基础年金），是日本的基本养老保险。除20岁以下的被抚养者以外，全体20岁至60岁的日本国民（包括学生）及在日本居住的所有外国人都有义务参保国民年金，且参保具有强制性。第二层为厚生年金保险，按照参保人员工作期间收入的一定比率来计算缴费额和支付金额，参保对象

是工薪阶层员工与公务员，加入厚生年金保险的同时也加入了国民年金（基础年金）。厚生年金保险与国民年金（基础年金）均采用现收现付与财政负担相结合的运作模式，当年缴费用于支付当期领取金额，若存在缺口则由积累基金进行补足，若产生盈余则归入积累基金。且厚生年金保险和国民年金（基础年金）的缴费可以在计算个人所得税前从计税基数中扣除。第三层是职业养老金，分为 DB 年金计划和 DC 年金计划两种。DB 年金计划由雇主建立，根据雇员的工资情况和工作年限等事先确定雇员退休时的待遇。DC 年金计划又分为雇主型 DC 年金计划和个人型 DC 年金计划。雇主型 DC 年金计划与我国的企业年金相同，覆盖人群为企业单位的员工。个人型 DC 年金计划的覆盖人群则为国民年金（基础年金）的参保人、厚生年金保险的参保人和厚生年金参保人的扶养配偶。

（二）日本个人养老金制度的具体安排

从传统三支柱养老金的角度来看，个人型 DC 年金计划即为日本第三支柱个人养老金的主体，日本官方将其称为 iDeCo（Individual Defined Contribution），由国民年金基金协会实施并运营其官方网站，享受 EET 的税收优惠政策。

iDeCo 的个人账户采用信托管理结构，国民年金基金协会主要负责审核 iDeCo 计划参加者的资格、控制缴费限额、对缴费基金进行收支、委托投资产品等；个人账户管理机构主要负责开立 iDeCo 账户、引入投资产品、披露产品信息、向参加者提示风险等；而投资产品管理机构则主要负责投资管理 iDeCo 产品，并定期提供产品的投资管理结果和信息。

iDeCo 下的资产分为存款、保险和投资基金三类，其中，参加者更青睐于购买投资基金，对保险产品的偏爱程度则较低，由此可见，民众对基金投资的保值增值作用较为认可。参加 iDeCo 的个人还对账户的资产拥有完全的投资选择权，可根据自身的资金情况、风险偏好与储蓄目标等选择不同的投资产品进行配置。同时，还可将 iDeCo 账户下的资金转移到其他职业年金计划中。个人在发生工作变动时，若该人员是国民年金（基础年金）的参保者，则其原有的养老金资产可以转入 iDeCo；同时也允许个人在入职已建立雇主型 DC 年金计划的企业时将 iDeCo 资产转移至该企业的年金计划中去。

（三）日本个人养老金对我国的启示

我国的老龄化程度不断加剧，未来基本养老支付压力巨大，日本作为典型的老龄化国家，其第三支柱的发展经验对我国来说具有较高的借鉴价值。

1. 给予参加者充分的投资选择权

不论是雇主型 DC 计划还是个人型 DC 计划，参与者均可以自己选择经核准的金融机构对个人账户进行管理，同时，参加者还能够根据自己的资产水平、风险偏好等选择相应的投资产品，在合理的范围与频率内，还可根据自身的需要切换金融产品。个人在发生工作变动时，还可将 iDeCo 账户下的资金向其他职业年金计划进行转移。在我国发展个人养老金制度时，也应该允许参加者在合理的范围与频率内，根据自身需求自由投资、切换相应的金融产品，实现个性化的养老储蓄目标。

2. 增加投资产品的丰富度

iDeCo下有着丰富的金融产品供参与者选择和配置。不论是存款、保险产品还是投资基金等都能够从投资偏好、资产水平、风险承受能力等多角度与参加者的特征和需求相匹配，为个人账户充分的投资选择权提供了有力的支持。在我国个人养老金产品构建的过程中，也应该充分发挥金融机构的业务优势，设计丰富的投资产品，丰富养老金产品池的层次与特征，为参加者提供更多的选择。

3. 提高国民对资产投资的认知

日本iDeCo的参与者充分认可资产投资的价值，相比于保险产品，他们更依赖于投资基金以实现资产的保值增值。长久以来，我国国民的储蓄都以银行存款和购买房产为主，但如果能提高我国国民对资产投资的认识，使得他们愿意购买投资产品，加上科学合理的风险控制和资产配置，就可以使我国个人养老金的账户资金拥有克服通货膨胀和保持购买力的能力，提高参加者的收入替代率和购买个人养老金的热情，使个人养老金制度能够健康发展。

思考与训练

1. 收集国内个人养老金试点城市的基本政策。
2. 如何吸收国外经验来发展我国的个人养老金制度？

扩展阅读

建设具有中国特色的个人养老金制度

（一）个人养老金制度的基本要点

从世界银行的定义和11个国家（地区）的经验来看，养老金第三支柱是由政府提供税收激励支持、个人自愿参与的个人养老金计划。中国的个人养老金制度应当坚持各国（地区）个人养老金制度设计的三个基本要点。

1. 以账户为载体，保障税收优惠给到个人

第三支柱有两种治理模式：一种是产品制，即税收优惠与特定金融产品挂钩，个人购买该产品的额度享受税收优惠；另一种是账户制，即设立专门的个人养老金账户，凡是进入该账户的缴费都可享受税收优惠，一般情况下在退休阶段才能从账户支取养老金。从政策落地来看，产品制更简单，但从长期来看，一旦个人购买多个养老金融产品，不论是个人操作还是税收征管都将变得非常复杂，也不利于个人建立统一的个人养老金计划，具有较大的局限性。从境外实践结果来看，第三支柱较发达的国家和地区都采用账户制的治理模式。

我国的个人养老金采用账户制，不仅有利于将税收优惠给予个人，还有利于与第一支柱、第二支柱做好衔接，是各类养老资金和制度实现统一的重要载体，保障参与人退

休生活，还有利于促进劳动力的自由流动，服务经济结构转型发展。

2. 以税收优惠为核心动力，培育长期行为

税收优惠的第一个关键点是征税节点，主要有延迟纳税（EET）和只对缴费征税（TEE）两种模式，EET 是国际主流模式，即在缴费阶段、投资阶段免税，领取阶段征税。由于我国尚未征收资本利得税，TEE 模式缺乏激励，试点阶段个人养老金参照企业（职业）年金，采用了 EET 模式。未来可结合综合和分类相结合的税制改革，探索个人所得税延迟、减免的多种实现方式，还有专家学者呼吁参照赡养老人支出的税收安排，将个人养老金缴费也纳入专项扣除。

税收优惠的第二个关键点是优惠额度和适用税率。境外普遍采用限额制，便于参与人理解，实践中也便于操作。由于境外多实行综合税制，个人养老金往往计入个人所得进行综合纳税。我国个人养老金试点阶段优惠额度采取“比例 + 限额”进行规定，采用单一税率。建议未来可采用“限额制”，领取阶段根据领取期限长短适用阶梯式税率，分多次领取的适用较低税率，以引导参与人长期领取。

税收优惠的第三个关键点是提前领取、紧急借款等人性化安排，以提升个人参与养老金计划的积极性。参照境外制度设计，研究准许参与人在首次购买住房、大病医疗等情况从个人养老账户提取资金或紧急借款的制度安排。税收优惠不是简单地“发红包”，而是一套精密的机制设计，以引导参与人坚持缴费、长期投资、终身领取。

3. 赋予个人选择权，提升制度效率

因参与人年龄、财务状况、风险偏好、退休目标等多个方面的不同，各国个人养老金制度普遍由个人自主选择账户开设机构和投资产品。银行、基金、保险等各类金融机构通过市场竞争，提升服务质量，吸引参与人。第三支柱成为养老金体系中最灵活、最具市场效率的部分。

我国个人养老金试点仅限于保险行业，可喜的是试点政策引入了养老账户的相关表达，并为 2019 年 5 月 1 日起基金业、银行业的有序参与构建了制度路径。

（二）建立统一、开放、可持续的个人养老金生态体系

1. 设立个人养老金信息平台，作为养老金信息统计、综合监督管理的基础设施

2009 年，基金行业通过中国结算建立了中央数据交换平台，实现基金数据的集中备份存储，为开展基金行业数据统计、信息分析、集中监督奠定了基础。在我国，个人所得税申报机制尚未运转成熟，参与人群众多，银行、基金、保险等金融行业分属不同金融监管部门管理的背景下，我们提议借鉴基金业中央数据交换平台的经验，建设个人养老金信息平台，作为个人养老金制度的管理中枢，提供账户校验、额度校验、信息记录、账户查询、税务稽核等功能，实现“前端放开”，即支持银行、基金、保险等各类金融机构开立个人养老账户，以及“后端统一”，信息统一汇总至个人养老金信息平台进行统一管理。

党的十九大提出“建立全国统一的社会保险公共服务平台”，对第三支柱信息平台

建设提出了更高要求，在上述功能的基础上，个人养老金的信息平台与第一支柱、第二支柱的信息进行有效衔接，以便参与人系统了解个人的养老保障情况，服务监管部门开展全面的监督管理。

2. 坚持市场化导向，基金、保险、银行、互联网金融机构分工合作，共建个人养老金生态体系

养老金领域是混业经营，各个金融子行业有分工，有竞争，也有合作。基金业的投资管理、保险业的出险赔付、银行业的资金管理、互联网金融的便捷体验都是个人养老金生态不可或缺的一部分，各个金融子行业各有所长。在个人养老金融产品提供、投资者服务等环节，各个金融行业是既竞争又合作的关系。相较于第一支柱、第二支柱，个人养老金直接面向个人，参与人数多、服务形态多元，建设各类金融机构开放进入、专业分工、公平竞争、合作共赢、科学评价、适度监督的生态体系，是个人养老金发展壮大的内在需求。

3. 注重投资增值，持续开展投资者教育

投资增值是养老金管理的应有之义，个人养老金作为养老金体系改善退休生活的一部分，应当更加注重投资增值的作用。近年来，我国日益重视养老金投资管理的重要性，继社保基金、企业年金之后，基本养老保险基金、职业年金也陆续开展市场化投资运管。境内外养老金投资管理实践表明，资产配置是养老金投资收益的主要来源。在个人养老金领域，资产配置依然是投资的核心，践行长期投资、价值投资是个人养老金投资的基本理念，做好风险管理是保障基金安全的根本，权益投资是提升养老金回报的关键。

养老金是老百姓的养命钱，长期以来，普遍存在将养老金的投资安全等同于“保底”“保收益”，扭曲了投资行为，最终降低了养老金的投资收益。从个人税收递延商业养老保险试点、发行养老目标基金以及社会各界开展的国民养老金准备现状的调研来看，“唤醒个人的养老意识”“培育养老金投资的专业认知”，是投资者教育的重中之重，需要持之以恒地开展。

个人养老金制度的建设既非一蹴而就，也非一劳永逸，既要历史地看，把个人养老金制度建设置于我国养老保障体系改革的进程中，也要综合地看，认识到个人养老金制度的建立是一项系统工程，还要可持续地看，在实践中不断完善制度。

资料来源：中国证券投资基金业协会．个人养老金：理论基础、国际经验与中国探索［M］．北京：中国金融出版社，2018.

第六章　商业养老保险

学习目标

1. 掌握商业养老保险的基本概念、功能及意义。
2. 理解商业养老保险的指导理论内容。
3. 了解我国商业养老保险的主要内容及国内外商业养老保险发展现状。

案例：这种保险让养老保障足一些

根据银保监会数据，截至今年6月末，专属商业养老保险承保保单合计19.6万件，累计保费22.1亿元。这种专属商业养老保险适合哪些人投保，试点扩容后将如何更好满足养老需求？记者采访了相关试点地区和保险公司。

——对灵活就业人员等群体有优势

在重庆做瑜伽老师的吕女士在详细咨询中国人寿保险试点销售的专属商业养老保险产品后，没怎么犹豫就投保了，“投保起点低、缴费灵活、收益有保障，像为我量身定制的一样!”作为自由职业者，吕女士收入不是很稳定，虽然自己缴纳了基本社保，但仍然担心不能满足退休后的养老需求。“专属商业养老保险保费年缴或月缴都可以，还支持趸交、定期追加保费和不定期追加保费，适合我们这样的灵活就业人群。”吕女士首期缴费3000元，今后准备视收入情况不定期地追加保费。

试点过程中，专属商业养老保险尤其受到新产业、新业态从业人员和灵活就业人员的欢迎。银保监会数据显示，截至今年6月末，快递员、外卖员等新产业、新业态从业人员投保近3万件。根据重庆银保监局的统计，截至今年6月1日，重庆市灵活就业人员参保人数占总人数比例超过60%。为何这一新产品让他们觉得“对路子”?

清华大学研究人员认为，该产品“专属”特性明显：不同于现行商业养老保险存在的领取期短、积累期退保相对自由的问题，专属商业养老保险对领取年龄、积累期、领取期年限以及退保规则等作出限制性要求，强化养老保险产品的长期属性；服务新产业、新业态从业人员和各种灵活就业人员的养老需求，有助于弥补该群体养老保障的明显不足。该产品对灵活就业人员等专属养老群体来说有不少优势。“一是普惠让利，最大程度压降初始费用，目前多家公司仍执行零初始费用的优惠政策，对参保者更实惠；二是高度灵活，投保门槛低，部分产品最低100元可投，续期缴费灵活，选择月付年缴均可，甚至经济紧张时可暂停缴纳，养老险账户不会失效。”浙江银保监局相关负责人表示。重庆银保监局相关负责人认为，专属商业养老保险有安全性、长期性、可选择性等特点：账户有最低保证利率；明确长期持有至60岁进入领取期，退保要求更严格；产品提供“稳健”和“进取”两种账户供投保人自由选择或组合配置，有效期内两种账户可进行转换。

专家分析，加速推广专属商业养老保险，对加快促进和规范发展第三支柱养老保险、推动我国养老金总量增长和结构优化意义重大，能够为我国养老体系提供有效支撑。

资料来源：这种保险让养老保障足一些［N］. 人民日报，2022－07－10.

思考与训练

1. 为什么要发展商业养老保险？
2. 根据给定材料分析，商业养老保险为什么适合灵活就业人群？

第一节　商业养老保险概述

发展商业养老保险，对于健全多层次养老保障体系，促进养老服务业多样化发展，应对人口老龄化趋势和就业形势新变化具有重要意义。商业养老保险是社会养老保险的补充，在提升养老资金运用效率、优化养老金融服务体系、推动养老服务业发展、健全养老保障体系、促进经济提质增效升级等方面具有重要作用。我国商业养老保险制度设计起步较晚，与西方发达国家相比存在较大差距。尽管近些年来在部分方面取得了较大成绩，但依旧存在产品单一、商业模式不成熟、服务质量不佳等问题。

一、商业养老保险的基础概念

商业保险是金融服务商品中的一种无形商品，与旅游、餐饮等类型的服务商品不同，后者的生产与消费同步进行，生产过程与消费过程一起产生与终止。而商业保险的生产过程包括展业、承保、防灾和理赔等环节，既有服务又有作为理赔的货币形态的商品。其最后的完成形态表现为向被保人提供的保险服务和赔偿的货币商品[①]。商业养老险的使用价值体现在其可以确保人们生活安定的经济效能上，可以满足人们通过保险方式积累现金价值、应对人身风险的需要。

（一）商业养老保险的概念

国外通常使用养老保险、私人养老金、个人养老金或雇主养老金等概念。在国内，

① 刘茂山. 保险经济学［M］. 天津：南开大学出版社，2000：7.

根据2017年国务院办公厅发布的《关于加快发展商业养老保险的若干意见》，认为商业养老保险是由保险公司来提供的，用以满足个人或家庭在养老风险保障、财富管理等方面需求的养老保险产品或服务，通过账户制的管理方式，实现个人商业养老金在积累时期的投资管理和领取时期的待遇给付。

张强和杨宜勇（2017）认为商业养老保险制度是指以人的生命或身体作为保险对象，在被保险人年满退休或保期届满时，由保险公司按照合同规定支付养老金①。卜振兴（2022）提出商业养老保险主要指专属商业养老保险和个税递延型养老保险②。刘功润（2023）认为养老保险第三支柱是具有商业性质的个人储蓄型养老保险，完全是公民和劳动者根据自己的意愿自主投保的市场行为③。

（二）商业养老保险的功能

商业养老保险是结合近十多年来人口老龄化发展状况而进行的保险制度设计，是养老保险制度体系的一项创新举措，推动了中国养老保险制度体系的供给侧结构性改革，为中国应对人口老龄化社会带来的各种风险和挑战提供了一定的制度保障。作为第三支柱主要组成部分，商业养老保险功能体现在被保险人通过购买商业养老保险产品实现个人养老金账户现金价值的保值增值，以应对年老时面临的养老风险保障需要。同时具有稳定社会秩序、促进经济发展和增进国民福利的重大使用价值。

1. 保障晚年生活，稳定社会秩序

商业养老保险具有强制储蓄功能，参保人在购买保险产品后，要按照合同约定的时间，定期缴纳保费，即在年轻、收入相对较高时为年老积累个人养老金。晚年期间，老年人将面对医药、护理、照看甚至托管等方面的开销，同时面临生活费用减少、入不敷出的风险问题。收入水平降低，而支出却随着社会和经济发展水平而提高，晚年生活质量无法得到保障。那些依靠子女赡养的老人，将个人的养老经济压力转嫁在子女身上，造成子女负担过重，身心压力过大。而那些无子女赡养的老人，特别是失独家庭，养老问题完全需要依靠个人来解决，当年轻时累计的积蓄不足以支撑年老的开支时，便会衍生出新的社会问题。商业养老保险作为社会基本养老保险的重要补充部分，间接发挥了社会的“稳定器”和“减震器”作用，有利于缓解老年人面临的养老风险问题，维护社会的安全稳定。

2. 完善社保体系，促进经济发展

与社会基本养老保险和企业（职业）年金的参保要求相比，商业养老保险在参保

---

① 张强，杨宜勇．商业养老保险参与的影响因素分析［J］．华中农业大学学报（社会科学版），2017（05）：138－143＋150.

② 卜振兴．发挥养老三支柱作用［J］．中国外汇，2022（14）：63－66.

③ 汪泓，史健勇，吴忠，等．上海社会保障绿皮书：上海社会保障改革与发展报告（2023）［M］．北京：社会科学文献出版社，2023.

方式上更加灵活，不受职业、收入、是否参加基本养老保险和是否缴纳个税等因素的限制，参保人可结合自身需要去选择合适的养老保险经营机构签订商业养老金管理服务合同、购买相关的商业养老保险产品，是社会养老保障体系的补充和完善。特别是对于广大灵活就业群体而言，购买相应的商业养老保险产品，可以更好地保障自身的老年生活水平。个人商业养老保险账户的运转做到与多样化的保险产品相结合，可以帮助不同年龄阶段、收入水平、风险偏好的参保人群实现个人商业养老金的“保值增值 + 风险保障 + 退休领取”。我国老年人口基数较大，且人口老龄化趋势日益严峻，老年群体的消费潜力和能力不容忽视，老年经济和养老产业的发展对促进我国国民经济的发展同样具有重要作用。

3. 增进国民福利，改善民生福祉

与商业养老保险相比，社会基本养老保险的覆盖范围更广、居民参保率更高，但其保障水平较低，仅能为参保人员提供晚年所需的基本生活保障；而商业养老保险可以为那些追求晚年高质量生活水平的群体提供更高的生活保障水平。近十多年来，从国内外商业养老保险的发展实践经验来看，商业养老保险同社会基本养老保险的互补性作用越来越强，对提升全体国民的社会保障养老水平，作用发挥得越来越明显。与社会基本养老保险和普通储蓄产品相比，商业养老保险的保值增值性更强，收益水平更高，效益更大，可以帮助参保人为应对晚年生活积累更多的养老金。对于增强国民的生活保障水平，改善国民的养老福利待遇，增进民生福祉，具有重大意义。

（三）商业养老保险、社会养老保险和寿险的区别与联系

商业养老保险、社会养老保险和寿险，三者之间既存在着显著的区别，又具有紧密的联系。三者虽然不是同一层次的概念，但不能将其简单对立，而是要将其配合设计，相互补充，共同构建一个完善的社会保障体系。可以从保险的性质和作用、参保对象、保险费用缴费时间和方式等方面去理解它们的区别和联系。

1. 保险的性质和作用

社会基本养老保险也称统筹养老保险，是由国家通过法律方式来确定的，给予劳动者在达到法定退休年龄，退出工作岗位后享受养老社会保障待遇的权利，具有强制性、互助性和福利性的特点；作用是保障劳动者晚年生活所需要的基本物质条件。商业养老保险是由保险经营机构按照企业经营原则，同参保人建立保险合同关系，具有平等性、自愿性、营利性；作用是保障参保人在晚年享受更高的生活待遇水平。寿险，全称商业人寿保险，一种以人的生死为保险目标的保险，与商业养老保险同属商业行为，运用经济手段进行赔付，是商业保险的一种类型；作用是为了预防被保险人身故后给家庭收入方面带来的压力，具有为个人和家庭增添经济保障的意义。

2. 参保对象

社会基本养老保险是依靠政府强制手段来保障实施的，是对劳动者享有权利的保

护，属于劳动法的立法范畴。商业养老保险和人寿保险是一种基于市场交易原则而进行的金融活动，属于经济法立法范畴。《中华人民共和国社会保险法》对社会基本养老保险的参保对象作出了明确规定。基本养老保险的覆盖范围广、参保人数众多，参保对象主要是在职和退休人员。而商业养老保险和人寿保险对那些不为经济条件限制有能力购买保险的人员提供保障，不受是否参加工作、从事生产经营活动的限制，凡是达到保险规定年龄的公民都可以购买商业养老保险和人寿保险，包括在校学生、没有就业的人员等群体。

3. 保险费用缴费时间和方式

社会基本养老保险的缴费周期较长，从职工参加工作当月起便需要缴纳保险费用，直至达到法定退休年龄，开始领取养老金时，可不再进行缴纳；其保险费用由个人、工作单位和政府三方共同负担，并按照政府规定的统一征收费率进行缴费，由所在单位或企业的人事部门与当地社会保障部门对接，进行代缴。商业养老保险和人寿保险则是按照保险合同上面的规定时间进行交费，投保人可以结合自身的经济情况、风险承受能力、预期收益等，选择适合自己的保险产品；实行自愿投保原则，投保费用全部由投保人自行承担，投保人自行与保险经营机构对接交费事宜，保险费率按照不同产品设计规定有不同的费率，因属企业经营性质，具有营利性。

二、商业养老保险的指导理论

养老钱事关老年群体晚年生活质量和水平的高低，商业养老保险将个人养老资金通过市场化的资金配置方式，致力于实现个人养老资金的稳健增值和终身领取，以便有效化解养老资金的投资风险和个人的长寿风险。

（一）风险管理

风险管理是指商业养老保险经营机构通过对商业养老保险潜在的风险进行识别和预判，运用一定的经济手段或技术方法对风险实施有效的控制，目的在于以最小的成本投入获得最大的安全保障。风险管理有助于消除或减轻风险给商业养老保险经营机构和购买人带来的经济损失及其他影响，从而稳定发展经营环境，保障商业养老保险的平稳运行和发展。具体可以通过避免风险、预防风险、自留风险、风险转移等方法对商业养老保险进行风险管理。商业养老保险的风险管理目标便是要以最低的经营成本确保商业养老保险投资资金的保值增值，实现保险产品的盈利最大化，力争使商业养老保险风险不发生，处在一定安全状态中。

（二）大数法则

大数法则是保险行业制定保险费率的基础。结合保险行业的具体运行，以个人或家庭为基本单位来计算，参加保险的单位发生风险的数量越多，保险经营机构的实际损失会越来越接近从无限单位数量中得出的预期可能的损失。保险经营机构就可以以此来相对精确地预测可能出现的风险数量和损失结果，从而合理地制定保险费率，使自身在承保期限内收取的保险费与损失赔偿以及其他相关费用的开支大体一致和平衡。一个人从出生开始到成年后进入工作岗位再到符合法定退休年龄后退出工作岗位，这是一个周期相对稳定的阶段过程，具有确定性。但保险经营机构为追求自身收益最大化和实现个人商业养老保险账户现金价值的保值增值，因此也需要遵从大数法则，进而确定保险费率。

（三）保险市场的需求与供给

商业养老保险市场的运转，需求和供给是保险市场发展要考虑的重要因素。两者对保险市场的长期稳定，对改善保险机构的运营管理模式，以及对保险经济的平稳运行都具有十分重要的意义。

1. 商业养老保险市场的需求

保险市场的需求就是在一定市场费率水平下，保险购买者有能力并自愿从保险市场上购买商业养老保险产品的数量，是各个被保险人参保能力的总和。

商业养老保险的市场需求是一个变量，受诸多因素的变化影响，当其中的一个或者几个发生变化时，商业养老保险产品的需求数量都会发生变化。如随着基本养老保险覆盖面越来越广，部分受到家庭收入水平限制的居民对商业养老保险的需求可能会下降，因为某种程度上基本养老保险同商业养老保险之间具有一定相互替代性。通常情况下，居民收入水平越高，其保险购买能力越强，收入水平越低，保险购买能力越弱，收入因素会对商业养老保险市场的需求产生重要影响；保险产品的质量和价格也会对保险市场需求产生重大影响；商业养老保险市场需求同时也受传统养老观念、政府养老保险相关政策、居民对养老保险产品认知度等因素的影响。

2. 商业养老保险市场的供给

保险市场的供给就是在一定市场费率水平下，保险市场上的保险经营机构有能力并愿意提供的商业养老保险产品的数量，是各个保险单位承保能力的总和。

商业养老保险的市场供给受多方面影响。首先是政府层面的税收优惠政策和养老帮扶政策，税收优惠政策有利于促进不受经济条件限制的个人购买商业养老保险和保险经营机构开拓市场的积极性。其次是保险经营机构的经营管理能力，主要体现在保险机构的投资收益能力和偿付能力水平上，保险的供给会受到保险机构经营管理能力的制约，影响着保险产品和服务供给的可持续性和稳定性。再次是商业养老保险市场的规范程度，表现在行业竞争是否有序和整体建设水平的高低方面。竞争有序、行业规范的市场会促进商业养老保险的市场供给，反之，则会抑制供给；行业整体建设水平则体现在市场发育是否完善、行业地区分布结构、经营模式是否合理等方面。最后是保险经营机构、保险产品的供给数量和质量，经营机构和产品数量越多，市场的供给就越大，反之，供给量就会减少；商业养老保险市场的供给不但讲求数量，还要考虑质量，通常情况下，产品的质量越高，设计周期越长，供给数量越低，反之，供给数量越多。

（四）道德风险与逆向选择

商业养老保险是基于保险行为当事人平等自愿原则而签订的保险合同，合同条约中明确规定了双方享有的基本权利和履行应尽的各项义务。而在现实生活中因为当事人双方所处位置不同、出发点不一致，容易因为双方所掌握的信息方面的不对称造成道德风险和逆向选择，导致一方因为另外一方的行为而处于不利影响情况下。

道德风险是一方在自身掌握了一定量的信息后采取的某些行为对他人造成不利；而逆向选择是因为信息不对称，采取的某些行动措施造成一方受益而另外一方受损。道德风险具有一定的目的性，一方当事人明知自身的做法会给对方带去不利影响，还有意识、有目的地去做这样的行为；而逆向选择行为没有这样的目的性，仅是纯粹基于个人利益不受损失而做的决定，且没有要让对方利益受损的目的。例如，在正常的市场经济行为活动中，当商业养老保险的费率出现下降时，相应保险产品的销量就会增加，反之，相应产品的销量就会减少，价格波动造成的供需关系的变化，这是正常的市场规律。而商业养老保险经营机构，利用自身掌握的信息，误导或者诱导消费者购买保险产品，即属于道德风险行为；但是当商业养老保险的费率出现下降，而相应保险产品的销量却不一定增加，由此引起的影响商业养老保险市场规律的行为，就属于逆向选择。

三、我国商业养老保险发展历程

我国关于养老保障体系第三支柱制度的设计可追溯至 20 世纪 90 年代，1991 年《国务院关于企业职工养老保险制度改革的决定》发布，提出建立基本养老保险与企业补充养老保险和职工个人储蓄性养老保险相结合的制度①。从政府首次提出“职工个人储蓄性养老保险”至今已有 30 年，但有关养老保险第三支柱建设的实质性建设主要是从 2016 年开始密集推进的②。其发展历程随经济体制改革同步调整，可大体上分为初步探索、快速崛起、规范稳定和黄金发展四个阶段。

（一）初步探索阶段（1978—2000 年）

1978 年中国改革开放，经济体制改革延伸发展至各行各业，曾一度停办保险行业。

① 《国务院关于企业职工养老保险制度改革的决定》（国发〔1991〕33 号）。

② 张原．老龄化背景下的商业养老保险：兼论银行业支持养老保险第三支柱建设［M］．北京：北京光明日报出版社，2022：6.

改革开放后，伴随经济体制的改革发展，保险行业迎来新的历史发展期。1979 年，央行发布《关于恢复国内保险业务和加强保险机构的通知》，中国人民保险公司国内业务得以恢复。1984 年，集体企业职工养老保险制度开始探索新发展模式，原劳动人事部与中国人民保险公司联合发布《关于城镇集体企业建立养老保险制度的原则和管理问题的函》，提出中国人民保险公司经办管理企业职工的养老保险，城镇集体企业职工养老保险自此开始纳入商业养老保险范围。1991 年《国务院关于企业职工养老保险制度改革的决定》发布，提出要建立起基本养老保险与企业补充养老保险和职工个人储蓄性养老保险相结合的制度。1994 年发布的《财政部、国家税务总局关于对若干项目免征营业税的通知》中提出对保险公司开展一年期以上返还性人身保险业务的保费收入免征营业税，这一政策极大地促进了商业养老保险的发展。1995 年《中华人民共和国保险法》颁布，以法律形式确定了保险公司的业务范围。1997 年《国务院关于建立统一的企业职工基本养老保险制度的决定》发布，提出发展企业补充养老保险，同时发挥商业保险的补充作用。

（二）快速崛起阶段（2001—2007 年）

2000 年以来，我国商业养老保险规模发展迅速，甚至超过同期国内生产总值增长速度。2003 年 10 月，党的十六届三中全会通过《中共中央关于完善社会主义市场经济体制若干问题的决定》，提出鼓励有条件的企业建立补充保险，积极发展商业养老保险。2004 年《企业年金试行办法》和《企业年金基金管理试行办法》开始施行，关于企业补充养老保险以及相应政策法规出台后，保险行业积极响应政策要求，在这一时间段内先后成立了平安养老、太平养老、长江养老、国寿养老、泰康养老 5 家专业养老保险公司，主要经营企业年金、非年金信托型养老保险、团体保险三类业务。在这一发展阶段，养老保险公司不断拓展自身业务范围，丰富服务产品数量和形式，积极向养老保障体系第三支柱业务方向靠拢，参与养老服务产业链建设。发展至今，已经成为我国养老保障体系的重要补充部分。

（三）规范稳定阶段（2008—2016 年）

2008 年 1 月 1 日，《保险公司养老保险业务管理办法》开始施行，标志着商业养老保险业务有了专门的规章制度去规范行业发展。办法从产品管理、经营管理、企业年金管理业务、法律责任等方面对经营机构提出具体要求，对被保险人和受益人的权益保护作出多项规定。同年 12 月，国务院办公厅发布《关于当前金融促进经济发展的若干意见》，指出要积极发展个人、团体养老等保险业务，鼓励和支持有条件企业通过商业保险建立多层次养老保障计划，研究对养老保险投保人给予延迟纳税等税收优惠。为全方位参与多层次养老保险体系构建，商业养老保险主动在实践中摸索服务边界，逐步形成与多层次养老体系多层互动发展的态势。2015 年 8 月，国务院发布《关于印发基本养老保险基金投资管理办法的通知》，指出养老基金投资应当坚持市场化、多元化、专业化的原则，确保资产安全，实现保值增值。而商业养老保险凭借其“稳健投资、价值投资”的优势，是吸引基本养老保险基金参与其市场化运营的重要选择。

（四）黄金发展阶段（2016年至今）

2016年3月，中国人民银行等五部委联合印发《关于金融支持养老服务业加快发展的指导意见》，在国家层面正式提出金融服务养老的战略①。同年12月，国务院办公厅发布《关于全面放开养老服务市场提升养老服务质量的若干意见》，提出发展适老金融服务，规范和引导金融机构开发适合老年人的理财、保险产品。2017年7月，国务院办公厅发布《关于加快发展商业养老保险的若干意见》，提出创新商业养老保险产品和服务，丰富商业养老保险产品供给，为个人和家庭提供个性化、差异化养老保障。2018年4月，五部委联合印发《关于开展个人税收递延型商业养老保险试点的通知》，提到在部分地区实施个人税收递延型商业养老保险试点。

自2019年起，国内经济先是受到中美贸易争端影响，2020年初，又受新冠疫情冲击，经济增长缓慢甚至下滑。国家采取减税降费的财税政策，包含下调城镇职工基本养老保险单位的缴费比率。该项政策实施后，2020年上半年，养老、工伤、失业三项社会保险基金总收入2.35万亿元，总支出2.68万亿元，支出大于收入。社保费用“免减缓”政策的出台，在为企业生存发展减轻负担的同时，也使得我国养老金统筹账户缺口的问题进一步放大。

面对经济下行压力和养老保险基金缺口问题，2020年5月，党中央、国务院印发《关于新时代加快完善社会主义市场经济体制的意见》，指出：完善覆盖全民的社会保障体系。发展个人储蓄性养老保险和商业养老保险②。2021年5月，中国银保监会办公厅发布《关于开展专属商业养老保险试点的通知》，决定在部分地区开展试用期一年专属商业养老保险试点，次年2月发文，指出自2022年3月1日起，专属商业养老保险试点区域扩大到全国范围。同年2月，国务院发布《关于印发“十四五”国家老龄事业发展和养老服务体系规划的通知》，提到促进和规范发展第三支柱养老保险，推动个人养老金发展。11月，五部门联合印发了《个人养老金实施办法》，对个人养老金参加流程、资金账户管理、机构与产品管理、信息披露、监督管理等方面作出具体规定。至此，商业养老保险发展迎来了黄金发展期。

---

① 张原．老龄化背景下的商业养老保险：兼论银行业支持养老保险第三支柱建设［M］．北京：北京光明日报出版社，2022：6.

② 中国政府网．中共中央 国务院关于新时代加快完善社会主义市场经济体制的意见［EB/OL］．（2020－05－18）［2023－06－29］．https：//www.gov.cn/zhengce/2020－05/18/content_5512696.htm.

第二节　我国商业养老保险的主要内容及发展现状

商业养老保险对缓解我国社会保障基金压力，解决养老保障基金缺口问题具有重大意义。2016 年 12 月，国务院办公厅发布《关于全面放开养老服务市场提升养老服务质量的若干意见》，提出规范和引导商业银行、保险公司等金融机构开发适合老年人的理财、保险产品。稳步推进养老金管理公司试点，按有关规定，积极参与养老金管理相关业务[①]。发展商业养老保险，对于健全多层次养老保障体系，促进养老服务业多层次多样化发展，应对人口老龄化趋势和就业形态新变化，进一步保障和改善民生，促进社会和谐稳定等具有重要意义。国家明确提出创新商业养老保险产品和服务，丰富商业养老保险产品供给，为个人和家庭提供个性化、差异化养老保障[②]。

2018 年 4 月，财政部等五部委联合印发《关于开展个人税收递延型商业养老保险试点的通知》，指出要推进多层次养老保险体系建设，对养老保险第三支柱进行有益探索。2021 年 5 月，中国银保监会办公厅发布《关于开展专属商业养老保险试点的通知》，指出推动商业养老保险加快发展，更好地服务多层次、多支柱养老保险体系建设。回顾商业养老保险发展历程，个人税收递延型商业养老保险从 2018 年 5 月开始试点，至今已有 6 年时间。而专属商业养老保险从 2021 年 6 月开始试点，起步时间更晚。比税延型商业养老保险更有优势的是，专属型商业养老保险的覆盖面更广，且投保和交费方式更加简便，退保规则也更加灵活，因而未来发展前景非常广阔[③]。

一、个人税收递延型商业养老保险

个人税收递延型商业养老保险是指纳税人通过自己的商业养老资金账户购买符合规定的商业养老保险产品时，其支付费用在一定的标准范围之内进行个人所得税前扣除，同时个人商业养老保险账户在存续期间的累积收益不征收个人所得税，只有个人在领取商业保险养老金时才需要缴纳个人所得税。

（一）个人税收递延型商业养老保险产品简介

个人税收递延型商业养老保险产品（以下简称“税延养老保险产品”）是作为保险人的保险公司面向保险市场为有投保需要的被保险人提供的养老保险产品。产品以“收益稳健、长期锁定、终身领取、精算平衡”为原则，满足参保人对养老资金的安全性、

① 《国务院办公厅关于全面放开养老服务市场提升养老服务质量的若干意见》（国办发〔2016〕91 号）。

② 《国务院办公厅关于加快发展商业养老保险的若干意见》（国办发〔2017〕59 号）。

③ 温来成，贺志强，张偲．我国第三支柱养老保险税收政策完善研究［J］．税务研究，2021（12）：16－22.

收益性和长期性管理要求①。这是政府对税延养老保险产品提出的建设性要求，因为作为养老保障体系第三支柱主要内容的商业养老保险，关乎参保人的切身利益，直接影响到其退休后的生活质量水平及社会发展的安全稳定。

税延养老保险产品可分为积累期和领取期两个时期。

（1）积累期，是指参保人按照保险合同约定进行养老资金积累的阶段，参保人开始领取养老年金前均为积累期。在产品积累期，保险公司应为参保人购买的税延养老保险产品建立产品账户，记录所交保费和资金收益等信息。

（2）领取期，是指参保人按照保险合同约定开始领取养老年金的阶段。在产品领取期，保险公司应当根据参保人选择的养老年金领取方式，按照参保时提供的养老年金领取金额表，将参保人在养老年金开始领取日的产品账户价值，转换为每月或每年领取的养老年金，养老年金给付直至参保人身故，或约定的领取期结束。

税延养老保险产品积累期养老资金的收益类型，按照产品的不同收益特点和风险等级情况进行划分。根据制定的《个人税收递延型商业养老保险产品开发指引》，分为收益确定型、收益保底型、收益浮动型。通过对税延养老保险产品进行分类和制定不同类型的收益标准，方便参保人根据自身的收益类型偏好，来选择适合自身需求的商业养老保险产品。

（二）经营个人税收递延型商业养老保险业务的保险公司情况

在推进个人税收递延型商业养老保险业务规范运行过程中，中国银行保险监督管理委员根据《个人税收递延型商业养老保险业务管理暂行办法》（银保监发〔2018〕23号），于2018年5月28日至2019年3月26日，先后5批次公布了23家符合经营要求的保险公司名单。分别是第一批次12家、第二批次4家、第三批次3家、第四批次1家、第五批次3家。各批次公示时间、数量以及经营公司名单见表6-1。

表6-1　经营个人税收递延型商业养老保险业务保险公司各批次公布名单汇总

批次	数量	公司名称	公示时间
第一批次	12	中国人寿、太平洋人寿、平安养老、新华人寿、太平养老、太平人寿、泰康养老、泰康人寿、阳光人寿、中信保诚、中意人寿、英大人寿	2018年5月28日
第二批次	4	人民人寿、民生人寿、工银安盛人寿、东吴人寿	2018年7月3日
第三批次	3	建信人寿、恒安标准人寿、交银康联人寿	2018年9月3日

① 《关于印发〈个人税收递延型商业养老保险产品开发指引〉的通知》（银保监发〔2018〕20号）。

续表

批次	数量	公司名称	公示时间
第四批次	1	光大永明人寿	2019 年 1 月 4 日
第五批次	3	利安人寿、复星保德信人寿、合众人寿	2019 年 3 月 26 日
合计	23		

资料来源：国家金融监管总局官网内容整理汇总。

二、专属商业养老保险

专属商业养老保险发展经历从部分地区试点到全国推广的探索过程。试点实施以来，总体运行平稳，业务数量和交易规模都呈现出稳步增长态势。试点养老保险公司积极创新的产品和服务，为有消费需求的参保人群提供了更多安全稳健的长期养老保障选择。进一步丰富了我国的商业养老保险发展经验，满足了不同群体的多层次养老保障需求。

（一）专属商业养老保险简介

专属商业养老保险是领取年龄在 60 周岁及以上的个人养老年金保险产品。产品设计分为积累期和领取期，采取账户式管理，账户价值计算和费用收取公开透明。具有投保简便、交费灵活、收益稳健的特点。

专属商业养老保险是针对特定群体开发的保险产品，对领取年龄、积累期间和退保等有限制性要求，增强了其长期养老服务专属功能①。从保险业务方案来看，交费方式更加灵活方便，保险公司收取初始费用，投保人交纳保费在扣除初始费用后全部进入个人账户。简化了相关投保流程，投保门槛比较低。覆盖的人群范围更大，针对新产业、新业态从业人员和各种灵活就业人员，允许相关企事业单位以适当方式，依法合规为上述人员投保专属商业养老保险提供交费支持。积累期采取“保证＋浮动”的收益模式，为投保人提供一个以上风险偏好不同的投资组合。保险公司提供定期领取（期限不短于 10 年）、终身领取等多种方式供投保人选择。

（二）个税递延型商业养老保险与专属商业养老保险的比较分析

个税递延型商业养老保险自 2018 年 5 月 1 日起开展试点，至今并未在全国范围内进行推广。而专属商业养老保险在部分地区开展试用期一年试点后，自 2022 年 3 月 1 日起，试点区域扩大到全国范围。个税递延型商业养老保险政策试点未取得预期效果，

① 周华林，李玉芳，郭金龙．我国个税递延型商业养老保险与专属商业养老保险的比较分析［J］．保险职业学院学报，2022，36（06）：5－12.

并不意味着我国不需要个税递延型商业养老保险制度，专属商业养老保险并不能取代其在养老金第三支柱中的地位①。两种商业养老保险产品在国内市场的发展程度受到多种因素的影响和制约，从业务发展角度进行对比，可以在以下方面发现二者的异同之处，详细内容见表6－2。

表6－2　个税递延型商业养老保险与专属商业养老保险的比较分析

保险名称	个人税收递延型商业养老保险	专属商业养老保险
试点地区	上海市、福建省（含厦门市）和苏州工业园区	浙江省（含宁波市）和重庆市
设计原则	以“收益稳健、长期锁定、终身领取、精算平衡”为原则	投保简便、交费灵活、收益稳健
参保对象	凡16周岁以上、未达到国家规定退休年龄，且符合《财政部税务总局人力资源社会保障部中国银行保险监督管理委员会证监会关于开展个人税收递延型商业养老保险试点的通知》（财税〔2018〕22号）规定的个人，均可参保税延养老保险产品	针对新产业、新业态从业人员和各种灵活就业人员，允许相关企事业单位以适当方式，依法合规为上述从业人员投保专属商业养老保险提供缴费支持
保险期间	终身或长期，包括积累期和领取期两个阶段	终身或长期，包括积累期和领取期两个阶段
交费方式	月交或年交	采取灵活交费方式，保险公司可收取初始费用，消费者交纳保费在扣除初始费用后全部进入个人账户
交费期间	保险合同生效后至参保人达到国家规定退休年龄前	保险合同生效后至参保人达到国家规定退休年龄前
积累期	参保人按照保险合同约定进行养老资金积累的阶段，参保人开始领取养老年金前均为积累期。在产品积累期，保险公司应为参保人购买的税延养老保险产品建立产品账户，记录所交保费和资金收益等信息	在积累期，保险公司应向消费者提供投资组合转换功能，并在保险合同中明确约定一定期限内可转换次数、转换时点，以及转换费用收取标准等
领取期	参保人按照保险合同约定开始领取养老年金的阶段。在产品领取期，保险公司应当根据参保人选择的养老年金领取方式，按照参保时提供的养老年金领取金额表，将参保人在养老年金开始领取日的产品账户价值，转换为每月或每年领取的养老年金，养老年金给付直至参保人身故，或约定的领取期结束	消费者年满60周岁方可领取养老金。保险公司须提供定期领取（领取期限不短于10年）、终身领取等多种方式供消费者选择

① 周华林，李玉芳，郭金龙．我国个税递延型商业养老保险与专属商业养老保险的比较分析［J］．保险职业学院学报，2022，36（06）：5－12．

续表

保险名称	个人税收递延型商业养老保险	专属商业养老保险
收益类型	税延养老保险产品积累期养老资金的收益类型，分为收益确定型、收益保底型、收益浮动型，分别对应 A、B、C 三类产品	采取“保证 + 浮动”的收益模式
保险责任	税延养老保险产品可提供养老年金给付、全残保障和身故保障三项保险责任	包括身故责任、年金领取责任，鼓励保险公司以适当方式提供重疾、护理、意外等其他保险责任
领取方式	保险公司按照精算平衡原理，向参保人提供终身领取、领取期限不少于 15 年的长期领取等领取方式，并确定相应的养老年金领取金额。参保人可在开始领取养老年金前申请变更养老年金领取方式	消费者年满 60 周岁方可领取养老金。保险公司须提供定期领取（领取期限不短于 10 年）、终身领取等多种方式供消费者选择
费用收取	保险公司可向参保人收取的费用包括初始费、资产管理费和产品转换费。保险公司应当向参保人明示收取的费用项目和费用水平，并在保险合同中载明。费用收取应体现让利客户原则，确保清晰透明、水平合理	保险公司可根据交费金额、账户累积金额、销售渠道不同等设定差异化的公平合理的费用标准，并在保险合同中载明
退保管理	参保人发生以下情形，可以申请退保，保险公司按照保险合同约定一次性给付产品账户价值并扣除对应的递延税款。①在开始领取养老年金前，因保险合同约定的责任免除事项导致全残或身故；②患保险合同约定的重大疾病	在积累期，前 5 个保单年度内退保，退保现金价值不得高于累计已交保费；第 6—10 个保单年度内退保，退保现金价值不得高于累计已交保费和 75% 账户累计收益部分之和；第 10 个保单年度后退保，退保现金价值不得高于累计已交保费和 90% 账户累计收益部分之和。在领取期，退保现金价值为 0

资料来源：中国政府网国务院部门文件整理汇总。

三、商业养老保险的需求和供给

第七次全国人口普查数据显示，全国人口中 60 岁及以上人口占 18.70%，其中 65 岁及以上人口占 13.50%。与第六次人口普查相比，60 岁及以上人口的比重上升 5.44 个百分点，65 岁及以上人口的比重上升 4.63 个百分点，人口老龄化和高龄化明显加剧。面对巨大的养老压力，我国养老第三支柱却发展得很慢，可以从商业养老保险的需求和供给两方面去分析原因。

（一）商业养老保险的需求

通常情况下，人们对商业养老保险的投保需求会随人均年龄的增长而上升。但在现实生活中，对商业养老保险的需求深受养老观念的影响，特别是我国传统“养儿防老”

观念依旧主流。根据中国综合社会调查（CGSS）发布的2017—2021年调查数据，在"有子女的老人的养老主要由谁负责"问题上，近50%的被调查者认为养老主要由子女负责，约30%的人认为应该由政府、子女、老人三方责任均摊。认为主要由政府负责养老的比重从2017年的12%下降至2021年的7%，同时认为主要由老人自己负责养老的比重从6%上升至8%，如图6－1所示。

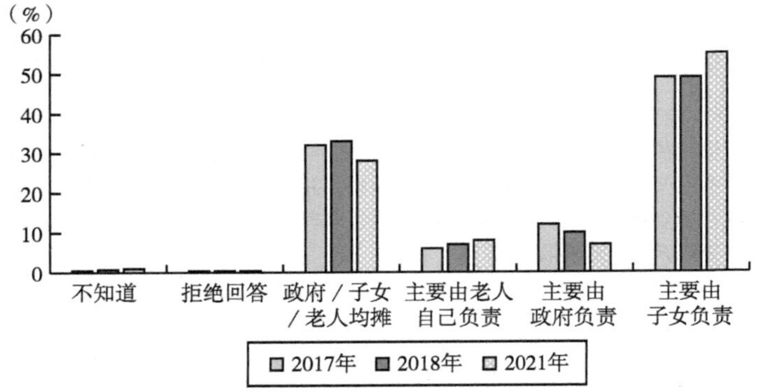

图6－1　中国居民养老观念结构

数据来源：根据2017—2021年中国综合社会调查（CGSS）数据整理绘制。

从图6－1中可以看出，认为主要由老人自己负责养老的观念呈上升趋势，尽管上升的幅度并不是很大，但依然可以说明人们的养老观念在慢慢发生变化。特别是认为主要由老人自己负责养老这部分群体，他们在考虑自身退休后的生活质量和水平时，为了使自己老年时的生活水平不低于先前，将可能成为商业养老保险的主要消费群体。

从参加城乡居民基本养老保险的情况来看，有近70%的人都会选择参加基本养老保险，还有近30%的人因为不知道、不适用以及其他原因没有参加基本养老保险，如图6－2所示。

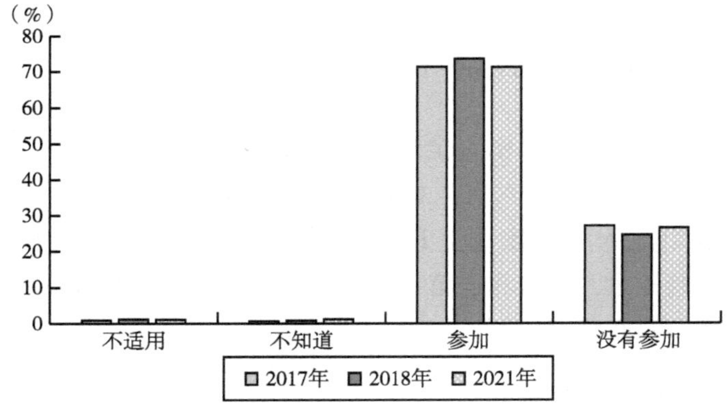

图6－2　是否参加城乡居民基本养老保险情况统计

数据来源：根据2017—2021年中国综合社会调查（CGSS）数据整理绘制。

在是否参加商业养老保险这一问题上，仅有不到8%的人参加了商业养老保险，将近90%的人表示没有参加，少量的需求限制了我国养老保障体系第三支柱特别是商业养老保险的发展，但这也同时说明了我国商业养老保险消费市场还有很大的提升空间，未来还需进一步去宣传和推广商业养老保险，如图6-3所示。

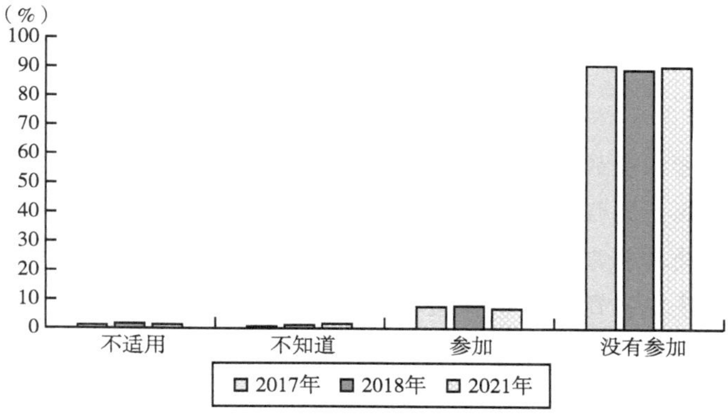

图6-3 是否参加商业养老保险情况统计

数据来源：根据2017—2021年中国综合社会调查（CGSS）数据整理绘制。

（二）商业养老保险的供给

人口老龄化是我国社会发展的一个重要趋势，面对人民群众日益增长的养老保障需求，在关注商业养老保险需求的同时，也需要考虑商业养老保险的供给问题。由于当前基本养老保险的缴费不足，很多国家的社会基本养老基金的运行都要依靠国家财政的拨款来保障其正常运转。现阶段我国养老保险发展现状存在发展不平衡、不充分的矛盾，商业养老保险供给受地区经济发展、人均收入、税收优惠政策等因素的制约，供给的数量和规模均不一致。北上广深等一线城市、东部沿海城市的商业养老保险供给数量和质量明显高于中西部城市。在政府相关政策的支持下，虽然近年来我国商业养老保险发展规模在不断扩大，但与发达国家和地区的商业养老保险发展状况之间还是存在着较大的差距，仍然存在较大的增长空间。

首先是从政府的税收优惠政策落地情况来看，在影响商业养老保险供给的诸多因素当中，政府层面的税收优惠政策和产业扶持政策发挥了十分重要的作用，个税优惠政策有利于促进个人养老账户制度的建立和普及①。其次是商业养老保险经营机构的投资收益和偿付能力，具体体现在管理经营状况方面，包括产品的开发、市场的开拓、经营理念和宗旨、管理团队、风险管控等。商业养老保险机构的管理经营能力直接影响甚至决定养老保险服务供给的质量和效率。然后是商业养老保险经营机构的整体水平和之间存

① 郑秉文．第三支柱商业养老保险顶层设计：税收的作用及其深远意义［J］．中国人民大学学报，2016，30（01）：2-11．

在的行业竞争。我国的商业养老保险行业整体处于起步状态，还处在较低的发展水平之中，同时也存在地区供给存在显著差异、结构布局不合理的问题。最后是商业养老保险经营机构自身存在的简单的经营方式和单一的营销模式，缺乏受过系统训练的专业养老保险人才，从而严重制约了商业养老保险行业整体水平的提高。

思政专栏

奋力推动商业养老保险高质量发展

只有让商业养老保险的发展理念、业务经营、产品设计、保障功能真正贴近群众、提升福祉，才能获取新的强大动能和广阔空间，实现功能性与商业性相协调的高质量发展；商业养老保险兼具长期储蓄和长寿风险管理功能，能够与基本养老保险紧密衔接，是重要的补充养老手段；商业养老保险关乎人民群众“养老钱”“养命钱”，关乎国计民生和社会稳定，因此要千方百计实现资金保值增值，多措并举维护资金安全。

党的十八大以来，商业养老保险保障范围不断扩大，覆盖的人群和区域持续拓宽，产品和服务更加丰富，取得了长足进展，其根源在于党中央的坚强领导、正确决策和周密部署，这是将党中央集中统一领导金融工作的制度优势转化为治理效能的生动体现，更是新时代在党的领导下推动实现商业养老保险高质量发展的生动实践。一是坚持老有所养，深化供给侧结构性改革。围绕人民群众日益增长的多样化养老保障需求，金融监管总局人身险司支持保险机构发挥长期储蓄、长期投资和养老风险管理优势，不断扩大产品和服务供给，满足人民群众差异化养老需求。二是坚持老有所保，健全老年人风险保障体系。鼓励保险机构提供老年人意外伤害保险产品，为广大老年人群体提供风险保障超过3000亿元。三是坚持老有所依，积极参与推动银发经济发展。认真落实党中央、国务院关于积极应对人口老龄化的各项决策部署，鼓励和支持保险机构积极参与构建多层次养老服务体系，推动银发经济发展。

资料来源：金融监管总局人身险司．奋力推动商业养老保险高质量发展 助力加快建设金融强国，中国银行保险报网，2024 年 1 月。

第三节　商业养老保险发展的国际经验

我国从 2000 年左右开始迈入老龄化社会，特别是近十多年以来，老龄化速度加快。对比发达国家，我国人口基数大，老年人口比重高，社会养老基金入不敷出，且商业养老保险起步晚，人均养老金储备量低。面对巨大养老压力，迫切需要解决办法。借鉴国际上发达国家通过发展商业养老保险解决养老金缺口问题的一些成功做法，对于解决我国的养老保障基金缺口问题，缓解社会养老压力，具有十分重大的意义。

一、美国商业养老保险

美国是世界上是保险业务高度发达的国家之一，现行的养老保险体系三支柱分别是：第一层面——联邦退休金制度，是由政府主导的社会公共基本养老保险；第二层面——企业年金计划，是由雇主和雇员共同缴费承担的补充养老保险制度；第三层面——个人退休金计划，即为自愿参加人员建立个人退休账户（Individual Retirement Accounts, IRA）。从1935年美国通过了社会保障法案开始，其养老保险制度发展至今已有近200年的历史。但在1974年，美国当时的养老保险制度只有第一层面和第二层面，同年，因为人口老龄化的趋势，开始立法鼓励商业养老保险的发展。

美国商业养老保险是由个人负责、自愿参加的个人储蓄养老保险制度，即个人退休金计划也被称作IRA计划，为参加人员提供账户管理、税收优惠等服务，这一计划类似于我国当前试点推行的个税递延型商业养老保险。IRA计划作为美国养老体系的重要组成部分，也是政府经常使用到的经济调控手段，通过提高IRA账户的免税额度，使IRA基金中增加巨额收入。政府把这笔资金通过有效的投资体系分布在各行业的投资中，促进国家经济发展，从而使民众在经济增长过程中受益。商业养老保险为数以百万的美国家庭、个人和雇主提供各种类型的养老计划服务，全面发挥了商业养老保险长寿风险管理和长期资金管理的作用，协助居民和家庭有效积累金融资产、合理规划退休消费；协助雇主设计福利方案，配合吸引人才，稳定经营；协助政府和监管部门完善制度规范，如年金保险公司委员会全程参与养老金联邦税收政策研究，帮助政府制定购买商业养老保险产品的税收优惠政策①。

据OECD数据库统计资料显示，美国个人养老基金资产占GDP比重从2011年的12.5%上升到2021年的28.2%。美国个人退休计划的成功实施离不开国家的监管制度和税收优惠政策的支持。严格监管为个人退休账户的平稳运行以及个人退休基金的投资收益提供了制度保障。税收优惠政策规定了个人缴费可以进行税前扣除，同时个人账户养老金的投资收益实施税收减免。养老基金的安全管理和投资运用的保值增值极大地激发了人们参与个人养老金计划的积极性。

二、日本商业养老保险

在日语中，没有“养老金”的概念，与养老保险制度相对应的是日本的年金制度。日本在第二次世界大战后建立起了完备的养老保险制度。强制性公共年金、自愿性企业

① 马葵．我国商业养老保险的发展现状与未来展望［M］//王延中，单大圣，龙玉其．社会保障绿皮书：中国社会保障发展报告（2019）No.10：养老保险与养老服务．北京：社会科学文献出版社，2019.

年金、自愿性个人储蓄年金三支柱共同构成了当前日本的社会养老保障体系。

作为全球老龄化最严重的国家，同时又是亚洲商业养老保险最发达的国家，因为养老保障体系的“多层次”和“广覆盖”，又被称为亚洲社会保障体系最完善国家。日本现行养老保障体系的第一支柱由国家养老金和厚生年金保险两部分组成，是由国家来筹划的公共养老基金，是整个养老保障体系的基础。第二支柱主要由给付确定型企业年金、缴费确定型企业年金和现金余额型企业年金三部分构成，是由企业或雇主和个人共同缴费完成的补充养老金制度。第三支柱由个人免税储蓄账户和个人缴费确定型养老金两部分构成，分为储蓄型和保险型两类，通过税收优惠政策鼓励国民进行更为主动的养老安排，作为国家和企业养老计划的有力补充。

日本的公共养老基金制度几乎覆盖了全体国民，且在保持缴费代际平衡的基础上适度降低养老金替代率。国家通过支持发展第二支柱和第三支柱的养老金市场，鼓励国民积极为个人晚年幸福生活储备现金价值积累。利用政府税收优惠政策扶持商业养老保险的发展，通过市场提供比较成熟和相对丰富的养老保险产品，来服务于本国养老保障体系的建设和完善。这三大支柱从国家、企业和个人的三个角度来共同实现日本国民的养老金储蓄和养老生活保障。其中，第三支柱越来越成为日本政府所主要鼓励的方向，也已经发展成为日本国民的养老金储蓄重点。本质在于，以个人意愿和动力驱动的养老储蓄更符合未来社会总体养老的发展方向，也会给民众带来更大的投资升值空间。

三、英国商业养老保险

英国是世界上最早建立社会保障制度体系的国家之一，曾一度实施从“婴儿到坟墓”的福利措施。国家长期主导社会福利制度带来财政负担过重，经济运行效率低下，由此引起了一系列的社会保障改革。发展到今天，已经形成了相对完善的“三大支柱”。第一支柱是国家法定养老金即公共养老金，可以满足居民最低生活需要；第二支柱是私营养老金也称职业养老金，是雇员退休后养老收入的主要来源；第三支柱是独自的补充性缴费、个人储蓄养老金以及补充性商业养老保险即个人养老金。英国的养老保险制度具有主体多元、分工明确、功能齐全的特点。

英国的国家法定养老金的给付水平较低，仅能保障国民的基本生活水平，国民想要提升自己晚年生活的质量和水平，就必须依靠个人养老金，即国民个人需要在年轻时积极参与第二支柱和第三支柱养老保险。同时，英国的养老金计划灵活性非常强，迎合了不同职业和跨行业工作人员加入和转移的便捷性需要；养老保险产品的提供也具有丰富多样性。英国的养老保险企业和个人承担了比较大的社会养老保障责任。

英国的商业养老保险覆盖范围比较广，涵盖了国民养老领域的投资、健康管理和保险三大部分，其中补充性商业养老保险规定公民可以根据自身的经济情况决定在保险市场上购买相应机构发行的任何商业养老保险产品。政府注重商业养老保险的作用，一是鼓励商业养老保险提供丰富的养老金产品，包括待遇确定型（EB）计划；二是用税收优惠鼓励国民购买商业养老保险，其中包括最受英国家庭认可的保障型终身寿险和有税收优惠的个人年金产品①。

四、德国商业养老保险

德国养老保险制度分别是第一层次为享受政府税收优惠的基本养老保险，旨在为参保人提供终身的基本保障；第二层次为享受政府税收优惠的补充养老保险，包括企业养老金和李斯特养老金；第三层次为无税优激励的、自行向保险公司购买的其他补充性个人自愿养老保险。

2000 年，李斯特在德国进行的一系列养老金制度体系改革被称为李斯特养老金计划。李斯特养老金计划是一种自愿性质的私人储蓄性养老计划，被设计用来弥补人口老龄化下法定养老金支付水平下降所带来的养老金缺口②。此次改革的目标包括保持基本养老保险的缴费比率，防止缴费比率过快增长，保持基本养老基金的代际平衡；在社会保险体系里面引入补充性的私人养老储蓄计划，政府对私人养老储蓄采取直接补贴、税收抵扣或个税递延等激励方式。

第三层次的补充性个人自愿养老保险与李斯特计划保险内容有显著差异，虽然也属于商业养老保险，但不享受政府补贴和税收优惠，个人自行向商业保险公司出资购买。这种高度灵活的方式具有以下特点：一是商业保险公司可将参保人缴付的个人商业养老保险费用拿到金融市场上进行投资或基金管理方式收益；二是参保人也可以根据自身需要及外部经济大环境，对个人的养老金收益水平进行精准计算，然后再选择最适合自己的个人商业养老保险产品。

从国外养老保险制度体系的建设和发展经验来看，构建一个制度结构合理、承担比例适当、可持续发展的养老保障制度体系，需要政府、市场和个人三方主体来共同承担。商业养老保险制度不仅是基本养老保险制度的重要补充，也是有效缓解政府养老财政支出压力，提高老年人生活质量和水平的有效途径，是多层次养老保障体系中不可或缺的重要组成部分。国外的商业养老保险制度体系建设，已经为我国商业养老保险制度发展提供了相关经验。

就我国当前的发展情况来看，我国于 2018 年 5 月在上海、福建、苏州三地试点个税递延型养老保险，标志着正式开始运用税收优惠手段发展商业养老保险。此外，正在开展的专属商业养老保险试点，对于扩展商业养老保险的保障责任、创新个人养老金积

---

① 马葵．我国商业养老保险的发展现状与未来展望［M］//王延中，单大圣，龙玉其．社会保障绿皮书：中国社会保障发展报告（2019）No. 10：养老保险与养老服务．北京：社会科学文献出版社，2019.

② 王化楠．德国李斯特养老金计划改革及对我国补充性商业养老保险发展的启示［D］．西南财经大学，2017.

累和领取服务方式、发展提供具备长期直至终身领取功能的个人养老年金等具有十分重大意义。但是，目前商业养老保险的发展存在产品丰富性和可供选择性较低、政策支持力度有待进一步加大、制度框架尚未成熟完善、市场发育发展迟缓等问题，有待进一步根据国内实际需要结合国际先进发展经验去解决以上问题。

思考与训练

1. 商业养老保险是什么？在我国养老体系中发挥什么样的作用？在人口老龄化的今天，如何更好发挥商业养老保险的积极作用？
2. 商业养老保险和社会基本养老保险之间的关系如何？
3. 搜集商业养老保险产品，并和同学分享。

扩展阅读

国内某保险公司养老安心优享商业养老金产品介绍

国寿养老安心优享商业养老金产品由中国人寿养老保险股份有限公司提供，该产品具有养老资金管理功能，是采用独立账户管理并划分标准化单位的商业养老保险。该产品没有固定的存续期限，属于“低风险”产品风险等级的流动性管理类商业养老金产品。产品的投资目标是力求在严格控制风险和保持良好流动性的基础上，获得可持续性的稳定收益。产品保险合同自购买人首次交纳产品保险费用提出保险申请，保险公司签发保险单的当日起开始生效。产品费用主要包括以下内容：产品管理费、托管费、账户管理费、其他费用。

该产品保险费用采用确定金额的方式进行交费，保险公司在有效申请日的下一个交易日对保险费交纳申请的有效性进行确认。收益在买入后的下一个交易日开始计算，节假日的收益会顺延至节假日结束后的第一个工作日到账。在合同保险期内，保险公司承担养老保险金给付和身故保险金给付的保险责任。购买人年满 60 周岁或符合国务院保险监督管理机构规定的其他商业养老金领取条件时，可以选择继续享受该产品的权益或向保险公司申请个人商业养老金给付。若被保险人发生身故行为，身故保险金受益人可向保险公司申请一次性给付身故保险金。

该产品 2023 年第二季度信息公告相关数据显示，截至这一季度的 6 月 30 日，产品的每万份收益为 0. 6460 元，七日年化收益率 2. 636%。信息公告中同时指出，该产品投资范围为具有良好流动性的金融工具，在报告期内，所持全部金融资产均能及时变现，产品流动性风险可控；产品全部投资于高流动性资产，信用风险相对可控。

资料来源：国寿养老安心优享商业养老金产品，中国人寿养老保险股份有限公司官网，2023，编者有删减。

第七章　长期护理保险

学习目标

1. 理解建立长期护理保险的必要性。
2. 了解我国长期护理保险发展现状和各地的试点情况。
3. 能够结合长期护理保险政策红利探究我国照护产业发展的契机。

案例：探路“老有所护”昆明“长护险”初显效

刘奶奶2018年突发脑出血，经抢救后住院20多天，出院后被鉴定为重度失能人员，行动能力丧失，但说话还算清楚，只是吃喝拉撒都需要人照顾。因家人临时调去外地工作，老人便住进了潘玲就职的养老院。老人敏感、易怒，在养老院期间，却和护理员潘玲很投缘。2021年初，刘奶奶的女儿回到昆明后，将85岁的老人接回家中照看，并在家享受专业的护理服务。潘玲也从养老院辞职，加入了一家居家护理机构，成为“一对多”的居家护理员。她们的变化都得益于昆明市开展的长期护理保险制度试点工作。

2020年12月30日，昆明市正式启动“长护险”试点。通过两年的试点，“长护险”已覆盖全市196.59万名职工医保参保人，经评定达到重度失能13921人，减轻失能人员经济负担1.74亿元。“长护险”还推动了昆明市护理产业发展，试点后大量居家护理机构入驻昆明，首批遴选的57家“长护险”定点机构中，既有本地健康服务企业，也有从上海到昆明成立分公司，把上海的“长护险”护理经验“搬过来”的企业，有效补齐了居家护理服务短板，新增了约2300个岗位，创造了大量就业和再就业机会。

2023年3月1日，昆明市政府发布《关于全面开展长期护理保险制度试点工作方案（修订版）》，从参保范围、待遇保障、失能等级评估、支付方式、筹资标准等方面，进一步优化调整“长护险”制度。在参保范围方面，所有城镇职工基本医疗保险参保人，包括新就业和灵活就业都同步参加“长护险”；在待遇保障方面，原政策要求享受待遇必须连续参加职工基本医疗保险达15年，现调整为只要连续2年参加职工基本医疗保险并处于待遇享受期内，就可以享受“长护险”待遇。在筹资标准方面，把原政策中以2019年云南省全口径月社会平均工资的70%作为计算基数，调整为“以上年度云南省全口径月社会平均工资的70%作为计算基数”。这意味着，“长护险”待遇水平也将随着筹资标准的提高进一步提升。

资料来源：廖晶蓉．探路“老有所护”长护险“昆明模式”初显效［N］．昆明日报，2022－03－15；廖晶蓉．昆明市“长护险”制度3月起有调整 保障范围扩大 待遇水平提升［N］．昆明日报，2023－03－10.

思考与训练

1. 什么是长期护理保险？
2. 在已经建立养老保险和医疗保险的基础上，为什么还需要探索长期护理保险？

第一节　长期护理保险概述

随着卫生条件的改善、医疗技术的进步、生活水平的提高以及健康保健意识的增强，人类社会正在进入自有文字记载以来从未经历的长寿时代。长寿时代作为不可逆转的客观发展趋势，是老年人口占比升高后人类社会的一种长期的、相对稳定的人口和社会经济状态①。进入长寿时代的人类社会生产、生活、服务、交际方式都在发生改变，其中失能、失智人口的发生率快速攀升则成了其中最直接最不可逆的影响②。因此，如何满足老龄社会的长期护理（long - term care）需求成了各国面临的迫切问题与潜在危机。

一、长期护理

（一）长期护理的概念

一直以来，不同地区、不同机构，从不同的角度对长期护理的定义均有区别。如美国纽约州保险局认为：长期护理是指由于意外伤害、疾病或天生疾病而长期无法自理其日常生活的人们所需要的各种支持性医疗、个人和社会服务③。而美国健康保险协会把长期护理定义为：在一个较长的时期内，持续地为患有慢性病或伤残的人提供的护理，主要包括医疗服务、社会服务、居家服务、运送服务或其他支持性服务④。还有的定义是从需求者的角度，例如在德国 1994 年通过的《长期照护保险法案》中，长期照护需求者是指那些由于身体、心理、精神上的疾病或者肢体残疾而需要他人来长期协助其完成日常生活活动的个体，其中“长期”被定义为至少六个月⑤。也有学者从政策角度给长期护理下了定义，认为长期护理是为慢性失能者（多数是老年人）提供的健康和福祉。随着公共政策领域对长期护理问题的逐渐重视、远程医疗等新技术的发展以及护理

① 陈东升. 长寿时代的理论与对策［J］. 管理世界，2020，36（04）：66 - 86.

② 杨团. 中国长期照护的政策选择［J］. . 中国社会科学，2016（04）：87 - 110.

③ 肯尼恩·布莱克，哈罗德·斯基博. 人寿与健康保险［M］. 孙祁祥，郑伟，译. 北京：经济科学出版社，2003.

④ Alecxih L M B. Long - term Care：Knowing the Risk，Paying the Price［M］. Health Insurance Association of America，1997：49 - 50.

⑤ Schultz E. The Long - Term Care System for the Elderly in Germany［R］. Enepri ResearchReport，2010：2.

理念和供给趋势的变化，如何定义长期护理也更加复杂和更具有争议性。

尽管如此，我们依然可以总结发现，现有长期护理定义有四个共同之处：第一，接受长期护理服务的对象的年龄限制没有定义明确，任何因患有慢性疾病、残疾等需要他人援助的个人都是长期护理的对象；第二，护理一旦具有长期性特征就会给个人和家庭带来经济负担和精神负担；第三，长期护理服务的目标是满足护理对象的基本日常生活需要，主要包括吃饭穿衣、洗浴、服药和室内卫生等；第四，长期护理既包括专业性较强的医疗护理，也囊括基本的家庭和监管式护理。

此外，我们还应从特征上将长期护理与急性医疗护理（或传统健康护理）相区分：第一，长期护理的目的主要为照料慢性病患者或者失能者，尽最大可能长期维持和增进患者的身体机能，提高其生存质量，只要人活着，护理就会持续下去，因此护理费用累积起来非常高；而急性医疗护理的主要目的是治愈疾病或保全生命。第二，提供长期护理的机构多属于非营利机构，往往存在供给不足的状况，而公共急性医疗护理的医院则大多是营利性产业，供给相对比较充足。第三，长期护理还经常被无偿供给，老年人可以通过配偶、儿女、朋友等接受非正式的护理。

总之，长期护理不同于传统急性医疗护理，它涉及个人在遭受失能状态下接受的各种护理服务。尽管不同年龄人口都可能需要长期护理，但人口老龄化背景下长期护理需求的急剧增长已经引起了世界性关注。

（二）长期护理的类型

1. 按护理是否付费划分

（1）非正式护理。长期无法自理的人从家庭成员、朋友和邻居那里获得日常生活照料，这大多是由家庭内外部自然形成的，其中家庭成员是非正式照顾系统的主体。非正式护理存在的主要问题首先是长期和繁重的照顾任务会对照顾者的身体和情绪形成压力，常常导致照顾者出现健康问题，甚至进一步影响其家庭的健康和福利。此外，非正式的长期护理基本是一种无薪工作，会对家庭造成沉重的经济负担。因此，尽管家庭成员等提供的非正式护理一直发挥着重要的作用，但由于其承受的负担和压力巨大，如若没有来自其他方面的支持，很难长期持续下去。

（2）正式护理。随着现代社会中非正式护理尤其是家庭护理能力的弱化，为了解决以老年人为主的失能人员的日常生活照顾问题，付费的正式护理服务开始出现。早期的正式护理主要是机构护理，将有长期护理需求但无家庭护理或家人无力照顾的老人送入专门机构，由机构提供长期护理服务。随着社会的发展和老年人长期护理需求的增加，社区护理成为老年人日常生活护理的主要选择。它起源于英国，通过向年老、弱智、弱能或功能受损等问题影响的人群提供各种服务与支持，使其能在其家中或附近社区生活。

2. 按护理性质划分

（1）专业护理。专业护理是指由专业的护理人员负责的、在某种疾病或医学治疗的基础上进行的使病人逐渐好转的诊断和处理工作。专业护理通常有既定的治疗目标，因此，它的提供者需要具备正规医学资格认证，且需要在医生的直接指导和监督下开展护理工作。

（2）非专业护理。非专业护理是提供日常生活及认知能力照顾，包括吃饭、穿衣，洗漱、行走及如厕等方面的非医疗性护理。非专业护理的目的是维持日常生活，是“慢性的”或是“维持的”，而且是“长时期的”。专业护理与非专业护理往往在不同恢复阶段发挥作用，例如，中风病人治疗前期需要通过专业护理尽可能恢复身体及语言功能，这一过程结束后就转为非专业护理为主。

3. 按护理等级划分

在专业医疗机构中，医护人员会根据患者的病情和生活自理能力划分和实施不同等级的医疗护理，且随着患者的病情变化进行动态调整。我国医疗机构中一般分为特级护理、一级护理、二级护理和三级护理。长期护理虽然不同于医疗护理，但在正式制度安排中，仍会设置若干长期护理等级，用以评估护理对象的护理需求及享受的待遇等。例如，德国长期护理保险中将护理等级划分为五级，而日本则将长期护理对象分为两种状态共七个等级。

二、长期护理保险

（一）长期护理保险的概念

长期护理保险（Long - Term Care Insurance，LTCI）的概念表述在国际上并不统一，常见的有护理保险、照护保险、介护保险等，但它们的具体内容基本一致。

长期护理保险起源于20世纪70年代的美国，最早是一种介于人寿保险与健康保险之间的商业保险产品，具有保险期限长、经营风险高等特点。美国健康保险协会将其定义为：为“在一段较长的时期内，生活无法自理且需要他人来协助其完成日常生活活动的个人”在接受长期护理服务时所产生的巨额费用支出进行专门补偿的保险。我国台湾地区将长期护理保险称为长期照护保险，顾名思义“照护”就是照料与看护，名称上就体现出与医疗护理的区别。在2016年《长期照护保险法》中将长期照护保险定义为：一项由全体自助互助、共同分担长期照顾风险的强制性社会保险制度，它旨在向因身心失能事故而需要他人协助完成日常生活活动的个人提供基本的保险给付，以减轻家庭的照顾负担，并避免部分群体因商业保险逆向选择问题而得不到保障的情况。日本则将长期护理保险称为介护保险，1997年颁布的《介护保险法》中定义介护保险为一项高龄者福利，旨在通过社会保险的形式为那些由特定身体、精神状况变化而引起失能的老年人持续提供必要的支持与护理服务，帮助他们完成如洗澡、吃饭、排泄、看病等日常生活中的基本行动，并缓解或防止他们日常生活能力的恶化，从而使他们有机会获得生活上的独立与尊严。

综上所述，所谓长期护理保险就是指运用保险的方式，为那些因功能能力、认知能力、身体机能下降导致生活无法自理而需要长期护理的人提供资金支持或护理服务的一项制度安排。虽然长期护理保险的对象不限于老人，但它的出现与人口老龄化趋势密切相关，因此我们也将其纳入养老保障的范围。

（二）长期护理保险与健康保险

广义的健康保险主要应用于商业保险领域，是指以被保险人的身体为保险标的，对被保险人因年老、疾病或意外事故导致医疗费用损失提供经济补偿，也包括因疾病或意外事故导致工作能力丧失而引起的收入损失提供经济补偿的保险，具体包括医疗费用保险、收入损失保险、长期护理保险等。显然，在商业保险领域，护理保险是基于人口老龄化背景而诞生的新兴的健康保险险种，而且可以预见随着我国老龄化形势加剧，其地位将不断提升。

狭义健康保险，即医疗保险，只对被保险人因遭受疾病或意外伤害事故所发生的医疗费用支出提供经济补偿，既有商业医疗保险，也有社会医疗保险。长期护理保险和医疗保险同属于广义的健康保险，但它们保障的风险有所不同。医疗保险主要是对被保险人的偶然性、急性疾病或意外事故的治疗费用提供保障，避免因无力承受医疗费用而无法得到及时医治；而长期护理保险则是对被保险人因慢性病、残疾或年老所发生的长期照顾费用提供保障，避免因无法承受高额护理费用对其本人和家庭造成身心健康恶化和经济压力。

（三）长期护理保险与养老保险

养老保险是最重要的社会保险项目，也是整个社会保障制度体系中最基本的内容。养老保险与长期护理保险区别主要有：

1. 保障对象不同

养老保险是以达到退休年龄的劳动者乃至全体老年人口为保障对象，长期护理保险则是以失能或半失能老年人为主要对象，也包括其他需要长期护理的非老年群体。

2. 保障目的不同

养老保险的目的是为法定范围内的老年人退出生产或工作岗位后提供的稳定可靠的经济收入来源，保障其基本生活需求，因此满足的是所有老年人的普遍的、基本的需求。长期护理保险的目的是补偿因病残或年老而需要长期的额外护理时的费用支出，保证他们得到必要的照顾。因此，满足的是失能或半失能老年人的特殊需求。

（四）长期护理保险的类型

1. 长期护理社会保险

长期护理社会保险是由政府主导，通过颁布专门的法律来强制实施，其实施运作遵循社会保险的一般原则：第一是权利义务相对应，参保人缴纳保费与需要长期护理服务时获得保险给付相关；第二是具有强制性、共济性特点，法定范围内的人口必须参保，由此实现参保人群之间共担风险；第三是筹资按照现收现付原则，主要来自单位与个人缴纳的保费。

2. 长期护理商业保险

长期护理商业保险是参保人购买商业保险公司的长期护理保险产品，以合同的形式规定参保人需缴纳的保费及获得的护理保险金、保险期限、给付责任等。其特点表现在：第一，保险公司与参保人建立契约关系，按照合同规定收缴、给付保险费及保险金等；第二，遵循自愿原则，参保人根据自身意愿和需求，自由选择市场上的长期护理保险产品，供求关系由市场决定，而非政府强制；第三，政府对长期护理商业保险市场进行必要干预，承担市场监管责任。目前长期护理商业保险产品类型有：①按照保险责任可以划分为单一责任护理保险、综合责任护理保险等。单一责任护理保险仅承担长期护理责任；综合责任护理保险在承担长期护理责任的基础上，还增加了生存和死亡给付责任。目前我国市场上销售的长期护理保险产品大多是综合责任护理保险。②按照投保人可以划分为个人长期护理保险和团体长期护理保险。个人长期护理保险是独立保单，与其他个人健康保险特点相似，任何人都可以购买。团体长期护理保险又包括雇主型保险和非雇主型保险两种。雇主型保险是雇主以团体保险的形式为其雇员购买的个人长期护理保险，由于交易成本较低，保费相对便宜。非雇主型保险是保险公司以特别费率向团体中的个人出售保险。

由于人口老龄化和医疗水平的提升，长期护理需求不断加大，德国、日本等国家和地区均探索并建立长期护理社会保险制度，作为满足长期护理基本需求的主要制度，或者建立社会保险与商业保险长期互为补充的多层次的保障体系。但也有如美国，由于商业保险市场非常发达，同时也延续了医疗保险领域的一贯原则，大力支持和发展商业长期护理保险，满足老年长期护理的多样化需求。从我国国情出发，并结合近年我国的实践情况，长期护理社会保险制度将是未来发展的重点，本章内容将以长期护理社会保险为主。

第二节　我国的长期护理保险制度

构建长期护理保障制度已成为了中国进入长寿时代后的紧迫诉求。2012 年修订的《老年人权益保障法》第三十条明确指出“国家逐步推行长期护理保障，保障老年人的护理需求。地方各级人民政府应当根据残疾程度，对长期生活不能自理、经济困难的老年人给予护理补贴。”从法律层面赋予了失能老年人获得长期照护服务和护理补贴的权利。2016 年我国正式启动了长期护理保险制度的试点工作。

一、我国长期护理保险制度的发展状况

（一）我国长期护理保险制度建立的必要性

1. 我国人口老龄化导致老年护理服务压力巨大

随着人口老龄化进程的加速，我国老年人口健康问题日益严峻，如何应对和解决失能或半失能老人的生活照料问题受到广泛关注。根据《中国老龄事业发展报告（2013）》，城乡部分失能和完全失能老年人已经超过 3600 万人。而在 2016 年全国老龄办发布的《第四次中国城乡老年人生活状况抽样调查成果》中，失能、半失能状态老年人比例为 18.3%，总数达 4063 万人。庞大的失能老年群体对长期护理服务提出了紧迫需求。然而，随着我国家庭结构的变化，传统家庭护理失能老人的功能日益弱化，反而出现大量“空巢老人”家庭，进一步加剧了失能老人护理问题的紧迫性。与此同时，专业养老机构也存在总量上的供不应求、结构上的供需失衡、服务水平参差不齐等问题，加上护理失能老人工作繁重、风险较高，专业养老机构缺乏提供长期护理服务的积极性，护理服务产业发展无法满足社会对长期护理的需求。

2. 老年失能护理费用高与融资能力不足的矛盾显著

老年失能护理相对普通的医疗护理，持续时间长、专业性强、需要更多耐心与爱心，护理专业水平高，从而导致护理费用较高。而我国人口老龄化却具有“未富先老”的显著特征。从宏观层面来看，当前老年失能护理方面的财政投入严重不足，尽管上海、青岛、吉林、南通及天津等地区均对长期护理实施过各类不同程度的补贴及报销政策，但补贴范围和标准与失能老人护理费用相差甚远。从微观层面看，护理服务市场化无疑可以增加护理服务供给、提高获得护理的便利性，但较高的服务价格却导致大部分老年人无力承担。在当前基本养老保障水平较低的情况下，老年人的生活高度依赖家庭成员供养，由此导致因失能返贫、因失能被遗弃甚至虐待等一系列社会问题。可见，我国有必要通过建立政府、社会、个人（或家庭）相互协调、责任共担的社会融资模式来应对老年失能风险。

（二）我国长期护理保险制度的发展

2012 年开始，在借鉴国外经验的基础上，我国开始进行长期护理保险的初步探索，部分城市和地区结合当地实际情况进行了局部试点。2012 年，山东省青岛市颁布了《关于建立长期医疗护理保险制度的意见（试行）》，成为国内首个“吃螃蟹”的城市，

初期的制度只覆盖了参加基本医保的城镇职工和居民，对符合条件的城镇失能老人，按一定比例报销医疗护理费，减轻老人家庭经济负担。在青岛经验的基础上，2014 年后山东省又将长期护理保险的试点扩大到东营市、潍坊市、日照市与聊城市。上海是另一个国内较早开始试点的城市，2013 年出台了《关于本市开展高龄老人医疗护理计划试点工作意见的通知》，选择首先在浦东、杨浦、长宁三区进行试点，2014 年试点计划又加入徐汇区与普陀区两区。2015 年，吉林省长春市、江苏省南通市等也相继开始了长期护理保险早期试点工作。

2016 年，长期护理保险试点正式在全国启动。2016 年 6 月 27 日，人力资源社会保障部印发了《关于开展长期护理保险制度试点的指导意见》，这标志着长期护理保险试点从局部、少数地区自愿开展到有计划地在更广范围内进行推广。该批试点地区包括浙江省宁波市、河北省承德市、新疆生产建设兵团石河子市等 15 个城市，另有吉林省与山东省为重点联系省份。在试点城市选择上，既考虑了前期已经进行了试点、基础较好的地区，也包括了一批新开展试点的城市；既有东部沿海经济发达地区的城市，也有西部经济欠发达地区的城市，在经济社会条件方面也具有一定代表性。在制度内容上，要求试点城市采用社会保险模式，以社会互助共济方式筹集资金，原则上主要覆盖职工基本医疗保险。之后，除正式公布的 15 个试点城市之外，北京市海淀区与石景山区、河北省邢台市巨鹿县、江苏省徐州市、杭州市桐庐县与浙江省嘉兴市等地也开始了长期护理保险的探索，例如，北京市海淀区尝试了商业保险模式，建立了政府、商业保险公司、非营利组织、非正式组织等共同参与的失能护理互助保险项目。

2020 年后，长期护理保险试点范围进一步扩大，体现了我国稳步推进长期护理保险制度的决心。2020 年 9 月《关于扩大长期护理保险制度试点的指导意见》印发，要求所有未开展试点的省份新增 1 个城市开展试点，共新增试点城市 14 个，总计达到 49 个，试点期限 2 年。参保对象依然从城镇职工基本医疗保险参保人群起步，从职工医保单位缴费和个人账户划出一部分筹资，因此不新增单位和个人缴费负担。保障重点是解决重度失能人员基本护理保障需求，要求报销水平总体在 70% 左右。通过试点，力争在“十四五”期间，基本形成适应我国经济发展水平和老龄化发展趋势的长期护理保险制度政策框架，推动建立健全满足群众多元需求的多层次长期护理保障制度。2020 年 10 月 29 日，中国共产党第十九届中央委员会第五次全体会议将“稳步建立长期护理保险制度”纳入“十四五”规划和“二〇三五年远景目标”。

二、长期护理保险制度的国内实践

（一）上海市长期护理保险试点

上海市是国内探索长期护理保险制度的先行者之一。早在 20 世纪 70 年代末，上海市就已经进入了老龄化社会。2010 年，60 岁及以上老年人中失能率就达到 15.26%，严重失能者占老年人口的 4.02%。2013 年开始，上海市在大力推进居家养老服务的基础上，开始启动早期的老年长期护理试点。2016 年，上海市正式成为全国长期护理保险试点 15 个地区之一，年底《上海市长期护理保险试点办法》发布，之后《上海市长期护理保险实施试点办法实施细则》《上海市长期护理保险结算办法》《上海市老年照护统一需求评估及服务管理办法》等一系列补充和配套制度陆续出台。经过近一年的铺垫与准备，2017 年年底，《上海市长期护理保险试点办法》修订，2018 年长期护理保险正式在上海全市范围推行。2021 年年底，《上海市长期护理保险试点办法》再次修订，将住院医疗护理服务恢复为基本医保支付。

现行制度主要内容包括：

1. 参保范围

制度旨在为有护理需求的长期失能人员提供生活照料和医疗护理的服务和资金保障。具体参保人员包括两种类型：第一类是职工基本医疗保险的参保人；第二类为城乡居民基本医疗保险参保人中 60 周岁及以上的人。

2. 缴费筹资

第一类参保者（职工医保）筹资目前来自职工医保统筹基金，按照用人单位缴费基数 0.5% 按季度调剂使用。第二类参保者（居民医保）筹资根据 60 周岁以上参保人数，并按照略低于职工医保人均筹资水平，从居民医保统筹基金中按季调剂使用，具体标准由医保、财政等部门制订后报市政府批准执行。也就是说，上海长期护理保险筹资目前全部来自医保统筹基金，暂未实行个人缴费，单位基本医疗保险缴费也未增加。

3. 护理等级评定

早在 2014 年，上海市就已经形成了标准化的、全市统一的护理评估工具——《上海市老年照护统一需求评估调查表》，并以此制定了《上海市老年照护统一需求评估标准（试行）》。《评估标准》采用自理能力维度和疾病轻重维度两个标准作为评估分值，将老人划分为正常、照护一级、照护二级、照护三级、照护四级、照护五级、照护六级、建议医疗机构就诊这八个等级。定点评估机构安排评估人员进行现场评估，经过相关程序后得出评估等级结论并出具服务计划建议，作为服务机构制定服务计划的参考。

4. 护理形式

60 周岁及以上参保人员，经评估失能程度和护理需求达到评估等级二级至六级且在评估有效期内，即可享受长期护理保险待遇，第一类参保人员需先办理申领基本养老金手续。目前主要有居家上门照护、社区日间照护和养老机构照护三种主要护理服务类型。

评估等级为二级至六级的参保人员可以享受居家上门照护，二级或三级的每周上门服务 3 次，四级的每周上门服务 5 次，五级或六级的每周上门服务 7 次，每次上门服务时间为 1 小时。此外。五级或六级参保人员连续接受居家照护服务 1 个月后，在规定的每周 7 小时服务时间的基础上，每月还可享受一定服务增值或现金补助。评估等级为二级至四级的参保人员可以享受社区日间照护，二级或三级的参保人员每周服务 3 天，四级的参保人员每周服务 5 天。评估等级为二级至六级的参保人员可以享受养老机构照护。

5. 待遇支付

参保人申请长期护理保险待遇发生的符合规定的评估费用，长期护理保险基金支付 80%，个人支付 20%。对参保人员在评估有效期内发生的符合规定的费用，居家上门照护服务费用长期护理保险基金支付 90%，社区日间照护和养老机构照护的服务费用，长期护理保险基金支付 85%。

上海市长期护理保险已经构建起较完备的政策体系和服务体系，建立起经得起实践检验的评估工具，但仍然存在护理人员缺乏、受益人群较少等问题，面临服务定价是否对倾斜居家养老服务有助力、是否会加剧服务结构性供需不平衡、评估等级与支付金额是否匹配等还未预知的挑战和难题。

（二）青岛市长期护理保险试点

青岛早在 1987 年就迈入了老龄化社会，比全国提前了 12 年。2019 年底，60 岁以上老年人口比例达 22.5%，失能半失能老人约 30 万人，其中重度失能 7 万多人。为增强养老服务能力，2012 年 7 月青岛市出台《关于建立长期医疗护理保险制度的意见（试行）》，以社保筹资的方式在全国率先迈出长期护理保险试点第一步。2016 年青岛市被确定为国家长期护理保险试点城市。2018 年青岛市印发《青岛市长期护理保险暂行办法》，在城镇职工中创新实施了医疗护理与生活照料一体化保障的新型长期护理保险制度。2021 年新的《青岛市长期护理保险办法》颁布实施，对职工护理保险和居民护理保险两项制度进行统一设计、统一制度架构、统一待遇项目、统一经办服务，城乡待遇水平保持一定差异，着力补齐农村照护服务短板。长期护理保险制度进一步走向了标准化和规范化。

现行制度主要内容包括：

1. 参保范围

青岛市长期护理保险规定，社会医疗保险参保人应同步参加职工或居民护理保险。具体来说，制度包括职工社会医疗保险的参保人参加的职工护理保险和居民社会医疗保险的参保人参加的居民护理保险两个部分。

2. 缴费筹资

职工护理保险筹资包括单位缴费、个人缴费和财政补助三部分。单位缴费部分按照医疗保险缴费基数 0.3% 的比例从职工基本医疗保险统筹基金中按月划转；个人缴费部分，在职职工以基本医疗保险个人缴费基数、退休人员以基本医疗保险个人账户划入基数为基数，统一按照 0.2% 的比例从医疗保险个人账户资金中按月划转；财政补贴标准为每人每年 30 元，由市、区两级财政各承担一半。居民护理保险筹资包括个人缴费和财政补贴两个部分：个人缴费从居民医保个人缴费资金中按年度划转，2021 年每人每年不低于 10 元，财政补贴部分从居民医保财政补贴资金中按年度划转，且每人每年不低于 20 元。因此，青岛市长期护理保险并未增加单位和个人的缴费。

3. 失能等级评定

参保人有长期护理需求时，由本人或家属向定点护理机构、评估机构提出等级评估申请，并接受专业人员的初步筛查，主要评分工具为《日常生活能力评定量表（ADL 量表）》和《中文简易智能精神状态检查量表（MMSE 量表）》。对 ADL 量表评分小于或等于 60 分的失能人员和 MMSE 量表评分小于或等于 9 分的失智人员，评分情况和申请信息将录入信息系统。具体待遇享受的条件为照护需求等级评估达到三级、四级、五级失能或重度失智。

4. 护理服务形式及内容

针对不同人群多样化的服务需求，制度提供的服务形式包括居家照护、机构照护和日间照护。居家照护，简称“家护”，即护理机构上门提供照护服务；机构照护，简称“院护，即失能或失智人员入住护理机构享受服务”；日间照护，简称“日护”，即定点护理机构提供的失能或失智人员日间托管服务。考虑到养老和护理机构资源相对短缺，鼓励参保人使用“家护”和“日护”服务。

5. 待遇支付

职工参保者符合规定的费用的报销比例统一为 90%；居民参保者符合规定的费用报销比例根据其居民医保缴费情况，一档缴费 80%，二档缴费 75%。评估为三级、四级、五级的，参保职工每周最多可享受 3 小时、5 小时、7 小时的上门服务，机构照护最高支付标准分别为 22 元/天、35 元/天和 50 元/天，且每月待遇不得超过 660 元、1050 元、1500 元；参保居民每周最多可享受 2 小时、3 小时、5 小时的上门服务，机构照护最高支付标准分别为 15 元/天、22 元/天和 35 元/天，且每月待遇不得超过 450 元、660 元、1050 元。实际支付金额根据护理人员提供的实际服务时间不同而有所不同。重度失智人员参照五级的失能人员标准执行。

青岛市作为我国长期护理保险制度的先行者，自 2012 年开始试点以来，已对制度多次补充修正，各方面内容相对完备，基本实现对职工、居民全覆盖，资金来源广泛，筹资模式灵活，报销比例较高，探索了“全人全责”的长期护理保险模式。

（三）广州市长期护理保险试点

广州市也是长期护理保险首批试点城市之一。为积极推进国家长期护理保险制度试点工作，2017 年广州市印发并实施《广州市长期护理保险试行办法》，2018 年年初，为加强和规范长期护理保险协议定点服务机构的管理，印发《广州市长期护理保险协议定点服务机构管理办法》。经过 2019 年、2020 年两次修订后，广州市长期护理保险进一步扩大了参保范围和保障范围，服务项目和保障内容也得到了增加。

现行制度主要内容包括：

1. 参保范围

参保人员包括全部职工医疗保险参保人员和年满 18 周岁的城乡居民医疗保险参保人员。

2. 缴费筹资

职工参保人员缴费来自单位和个人缴纳的职工医疗保险费用：单位缴费从职工医保统筹基金按月划转，在职参保人员、灵活就业人员、退休人员、失业人员统一为当年度职工医保缴费基数的 0.05%；个人缴费从其职工医保个人账户按月代扣代缴，具体费率为：满 35 周岁至未满 45 周岁 0.02%，满 45 周岁至退休前 0.08%，退休后 0.12%。居民参保人员缴费来自城乡居民医保个人缴费和财政补助部分按年划转，基数为当年度城乡居民医保缴费基数，费率为在校学生个人缴费和财政补助各 0.03%，其他城乡居民个人缴费和财政补助各为 0.12%。

3. 失能等级评定

等级评估包括失能评估、延续护理评估和设备使用评估。失能评估是针对生活不能自理已达或预期将达六个月以上的失能或失智人员日常活动能力、认知状况等进行评估，评估结果分为长护 3 级、2 级、1 级和 0 级。延续护理评估是对年满 60 周岁在因规定的病种住院治疗后病情稳定出院后的医疗护理需求进行评估。设备使用评估对未入住护理服务机构但需要辅助器具的情况等进行评估。

4. 服务类型

制度提供生活照料服务（包括基本生活照护和专项生活照护）、与生活照料服务密切相关的医疗护理服务和设备使用服务三种服务类型。

长护 1—3 级的失能人员可享受生活照料待遇，长护 2—3 级并符合规定情形的失能人员还可享受医疗护理待遇。符合规定情形并通过延续护理评估的参保人员，可按规定享受 1—3 个月的延续护理待遇，但一个年度内享受次数不超过 2 次。通过设备使用评估需使用规定设备的参保人员，由定点辅助器具服务机构按评估结果提供设备使用服务。

护理服务机构为长期失能人员和延续护理人员提供的具体形式有机构护理和居家护理。其中居家护理又分为 A、B、C 三类：A 类护理针对长护 3 级的失能人员和延续护理人员，护理人员每日上门提供生活照料服务；B 类护理针对长护 2 级的失能人员，上门提供生活照料服务职工参保人员每月不低于 12 次、28 小时，居民参保人员每月不低于 6 次、14 小时；C 类护理针对长护 1 级的失能人员，上门提供生活照料服务职工参保人员每月不低于 4 次、8 小时；居民参保人员每月不低于 2 次、5 小时。

5. 待遇支付

长期失能人员的失能评估费用标准为每人每次 200 元，长护 2—3 级的制度支付 100%，长护 1 级的制度支付 50%。

生活照料费用和医疗护理费用：职工参保人员制度负担机构护理 75%、居家护理 90% 的比例支付；居民参保人员制度负担机构护理 70%、居家护理 85%。

设备使用费用：长护 3 级制度按 90% 的比例支付，长护 2 级的基金支付 85%，长护 1 级的基金支付 80%。

职工和居民在享受长期护理待遇时，根据不同护理级别，采用居家护理或机构护理，发生的生活照料费用、医疗护理费用、设备使用费用均有不同待遇限额标准。

思政专栏

用真情挚爱呵护生命

陆月林：1920 年 10 月出生，浙江绍兴人，副主任护师。她将自己的一生都奉献给了护理事业。1938 年，陆月林考入上海协和高级护士职业学校，她扎实的护理基础知识和熟练的操作技术，深得各科老师赞赏。毕业后不久，她便留校任教。

“护理是一门爱的学问，要设身处地考虑病人的需要。”她说到做到。有一回，陆月林在查房时发现一位病人情绪低落。原来，这名脑溢血患者经抢救脱险后，又患上偏瘫症，无法站立，心灰意冷……陆月林柔声安慰：“别灰心，我学过针灸，我帮你站起来……”一年多时间内，她风雨无阻，每天来回步行 5 公里，登门为病人针灸、按摩一两个小时，报酬分文不取。彼时，陆月林已 70 多岁。

陆月林曾经承诺：每年照顾一位偏瘫孤寡的老人家。92 岁高龄时，她在完成一天繁忙的工作后，还要赶往一名叫楼翠娟的偏瘫孤寡老人家中，为她擦身、换药、清洗、按摩。病人溃疡面积大，每次都需要清理两个多小时，陆月林一直忙到下午 6 点多才能回家。不论刮风下雨，这样的生活节奏，从未间断。

还有左侧偏瘫、卧床不起的老郭，在经过陆月林 130 多次上门指导训练后，逐步恢复健康；65 岁中风后卧床不起的老刘，在陆月林上门护理近半年后，逐渐恢复了生活自理，还摆了个饺子摊……

为了让更多病患站起来，陆月林组织成立了一个志愿服务组，先后为 60 多名偏瘫患者实施康复治疗和训练，绝大多数患者的病情有了明显好转。数十年来，每逢双休日，陆月林经常拎着热水，带着扫把、抹布，带志愿者们到福利院去，言传身教如何护理老人和孩子：洗脚、剪指甲、洗头、洗衣、晒被子、搞卫生。

“我希望在余生，能一直从事护理事业，快乐生活，快乐工作，快乐奉献。如果有来生，我还会选择当护士。”

资料来源：用真情挚爱呵护生命（讲述·一辈子一件事），人民网，2020 年 6 月。

第三节 长期护理保险制度的国际实践

为了积极应对全球人口老龄化、高龄化所带来的挑战，进一步提高国民生活的幸福感，发达国家在长期护理保障方面率先做出表率与尝试。自 20 世纪 80 年代开始，许多发达国家逐步建立起了长期护理保险制度，并在实践中不断变革，使长期护理保险在实践中得到了良好验证，为我国提供了宝贵的借鉴经验。

一、德国的长期护理保险制度

1883 年，德国颁布了世界上第一部《疾病保险法》，也正式开创了以社会保险为主体和核心的现代社会保障制度。100 多年后，《长期护理保险法案》1995 年 1 月 1 日正式生效实施，德国再次作为先行者以立法形式建立了世界上第一个长期护理保险制度。

（一）建立背景

1. 人口老龄化程度加剧

德国在 20 世纪 40 年代就进入老龄社会，随着老龄化程度不断加深加剧，残疾人数量、慢性疾病患者数量显著增加，长期护理需求迅速扩大，许多子女不得不减少工作时间或放弃工作来照顾父母，由此引发了诸多的社会问题。

2. 家庭结构小型化、核心化

德国也是最早迈入“少子化”的大国之一，1963—1973 年，其总和生育率从 2.5 跌到 1.5，虽然之后采用各种措施鼓励生育，但生育率并未明显提高，家庭规模逐渐缩小。此外，随着妇女解放和女权主义的发展，女性独立性增强，社会及政治地位逐步提高，家庭与工作之间的矛盾越来越突出，女性承担家庭照护的责任和能力弱化，失能人群的长期护理缺位问题明显。

3. 家庭经济负担和政府财政负担加重

由于护理服务需求膨胀，服务价格攀升，许多失能者家庭因高额的医疗和护理费用支出而陷入贫困，不得不依赖救济金维持生活，使政府的财政负担也日益沉重。社会各界要求建立长期护理保险的呼声越来越高，部分地方政府和政党开始为了解决长期护理问题提出了各种方案和草案。1988 年，德国通过了《医疗保险改革法案》，由医疗保险提供护理服务给付，但仅限重度居家护理人员。

4. 互助共济思想的影响

作为社会保险制度的先驱，德国 100 多年的实践使“互助共济、风险共担”的思想深入人心，为建立社会保险机制为依托的长期护理保险奠定了基础。同时，自我保障意识还使人们希望通过商业保险来获得更高质量的保障，最终形成社会保险和商业保险双轨运行的模式。

（二）基本内容

1. 参保对象

德国长期护理保险分为社会基本护理保险和商业护理保险，除国家官员、公务员、职业军人、警察以及消防员等群体的长期照料服务及费用由国家负责外，其他人根据个人收入状况选择投保，遵循“护理保险跟随医疗保险”原则。以 2017 年规定为例，税后年收入不超过 57600 欧元者可以参保社会基本护理保险，否则须加入商业护理保险，并允许当年收入低于限制时返回社会基本护理保险。另外，德国还规定，被保险人的无职业配偶、同居人或抚养子女无须缴纳保险费就可随被保险人投保并提出给付请求。对于没有收入的家庭或低于规定收入门槛的家庭将免费投保，学生群体也无须缴纳保费。失业人群则由失业保险基金代为缴付。这样一来，德国将所有国民纳入长期护理保险体系，实现了制度上的全覆盖，保证了风险能够在最大范围分散。

2. 筹资方式

社会基本护理保险的参保者占约总人口的 75%，并一直呈逐年增长的趋势。它采用现收现付模式，资金来源为国家、企业和个人，国家承担 1/3 以上，其余由企业和个人各承担一半。制度建立初期企业和个人的总费率为 1.7%，各自承担 0.85%，2008 年上调为 1.95%，之后多次上调，2019 年上调至 3.05%。此外，为了刺激生育，无子女的参保人员，总费率要额外增加 0.25 个百分点。退休人群也需要参与社会基本护理保险，2004 年以前个人只需承担保费的 50%，剩余一半由其养老保险基金支付，2004 年后则由个人负担全部保费。

商业护理保险的参保人数约占总人口的 10%，增幅较慢。它的投保与医疗保险一致。在满足下列条件基础上，保险公司不得以任何理由拒保：第一，费率与被保险人的年龄挂钩；第二，保费随工资收入的增加而增加并设有最高限额；第三，费率应考虑个人可获得偿付金额、家庭联保、风险附加等因素；第四，男女保费相同。为了保证刚开始参保就需要护理服务等特殊情况，商业保险公司还必须设立一笔互助补助金。

3. 享受条件

能否受益首先取决于是否有真正的护理需求。《长期护理保险法案》中规定：“护理需求者是指由于身体、精神、认知的疾病或者障碍，对于在日常生活中惯常和规律性重复发生的事务，长期（至少 6 个月）并在较高程度上需要帮助的人。”一方面是失能时间要达到 6 个月及以上；另一方面是失能程度，一般要求卫生、饮食、行动、家务四个方面中至少两个方面需要经常性协助时，才有受益资格，2013 年后还纳入失智人员。此外，还要求申请者在最近 10 年中至少有 5 年缴纳长期护理保险费，这也体现了权利和义务对应原则。

4. 护理类型

长期护理服务主要分为居家护理和机构护理。居家护理服务能享受更多的优惠政策，比如额外护理津贴和护理保险金额，体现了“居家护理优先”的理念。

居家护理包括两种主要形式：一是由家庭成员或亲朋好友提供非正式护理服务，保险机构向护理人支付护理费和养老保险费；二是自行寻找专业的护理机构提供上门服务，保险机构与护理机构直接结算。

机构护理也分为半机构护理和完全机构护理两种：半机构护理针对家庭护理不足且无法达到住院护理的要求的护理需求者，他们可以选择日间或夜间在护理机构中得到某一时段的服务。这种方式既能缓解家庭护理的压力，也能使护理机构同时服务更多的人群。完全机构护理一般要求达到三级护理及以上、居家护理和半机构护理都无法满足护理需求时才能申请，其他等级的人群则必须通过专门医疗机构的审核。

5. 给付方式

居家护理的给付方式有现金给付、实物给付、混合给付多种选择。参保人可以根据评估的护理等级直接领取保险金，但必须由专业护理机构提供服务建议，否则保险机构可以取消给付资格。护理机构上门服务则为实物给付，护理服务供给商需要在保险的批准下才能签订合同。当保证家庭成员能够承担长期护理责任的情况下，参保人还可以将没用完的实物给付按一定比例转换为现金给付，形成混合给付。

机构护理则只有单一的现金给付。半机构护理每月资助标准与护理机构上门服务相同，剩余资金也可以支付上门护理的费用。全机构护理的保险金只能用于支付机构护理服务费用，不能用于伙食费、床位费等，而且不能超过全部住院护理费用的 75%，这意味着至少有 25% 的护理费用要由个人支付。

6. 护理等级及待遇

依据“护理需求性”原则，护理等级由护理时间和护理次数两个因素决定，分为五个护理等级，护理服务所需时间越长，平均护理次数越多，护理等级就越高。负责护理等级评估的机构有两个，负责社会基本护理保险的是由医生和护士组成的医疗审查委员会，商业护理保险的评估机构为 MEDICPROOF，它们共用同一套评估标准体系。

护理等级越高，待遇水平越高。此外，由于服务的专业性不同，同一护理等级下，不同护理类型的给付标准也有差异。例如，二级以上居家护理中，专业的上门服务的给付标准护理是非专业家庭护理的 2 倍以上，完全机构护理则更高（见表 7－1）。

表 7－1　2017 年德国长期护理保险月（最高）给付标准　单位：欧元

护理等级	家庭护理			
	家庭自配人员护理	护理机构上门服务	半住院式护理	完全住院式护理
1（每天护理时间 <90min）	125	125	125	125
2（90min≤每天护理时间 <3h）	316	689	689	770
3（3h≤每天护理时间 <5h）	545	1298	1298	1262
4（每天护理时≥5h）	728	1612	1612	1775
5（严重情况）	901	1995	1995	2005

（三）现状与改革

截至 2015 年，德国共有 6981 万人参保社会基本长期护理保险，另有 953 万人参保了商业长期护理保险，受益人数从 1995 年的近 107 万人增长到 2015 年的 270 万人，七成以上受益者都是在家里接受护理服务的，只有不到 30% 的人接受了机构护理。同时，长期护理保险制度还大大促进了德国养老产业的发展，也为解决就业问题作出了巨大贡献。德国长期护理保险不但首创社会保险和商业保险双轨运行的模式，还充分体现了覆盖范围广、给付方式灵活、注重人文关怀等特点，成为很多国家借鉴和效仿的对象。

然而，德国长期护理保险在发展中也暴露出了一些问题。一是由于老龄化程度加深、未婚者的增多、家庭小型化等，制度的财务压力越来越大，资金结余逐年下降，自 2017 年起总支出大于总收入，已经开始入不敷出，面临未来的支付风险。二是老龄化和高龄化使失能风险增加，护理需求不断上升，护理服务价格提高，待遇给付水平越来越难以满足护理需求。三是护理人员缺乏，社会压力和劳动力市场的变化使女性给予家庭护理的时间减少，单身、独居、少子化等也在冲击家庭非正式护理，而专业护理人员也因工作繁重、收入低等原因流失严重、供需缺口不断扩大。

针对上述问题，德国也先后在 2008 年、2012 年、2014 年、2015 年、2017 年等多次调整长期护理保险政策，改革的内容包括：

第一，开源节流，减轻收支压力。在“开源”方面，逐步上调企业和个人费率，2015 年后还用部分新增缴费建立长期护理保险的专项储备金，用于稳定 2035 年后重度人口老龄化时的缴费率。在“节流”方面则主要通过进一步鼓励非正式护理服务降低护理成本，2016 年改革让承担照护责任的亲属、朋友、邻居等获得更好的待遇保障，他们可自动加入失业保险并享受相关待遇，一周内提供居家服务超过时间 10 小时、频率 2 次的最低标准后，其养老保险缴费补贴会按护理等级相应增加。

第二，提高待遇水平，拓展服务范围。除了提高各护理等级的待遇给付标准外，增加了日常护理消耗品、住宅无障碍环境改造等补贴项目，完全机构护理中的个人自费额度不再随护理等级增加而增加。2015 年后，护理等级由原来的三级细分到五级，针对一级护理者保险提供护理规划设计、住宅无障碍环境改造等辅助服务。此外，2016 年德国实行了新的失能评定标准，对申请者的能力评估延伸到移动、认知与交际、行为与心理、生活自理、治疗压力应对、日常生活活动六个方面，使认知功能退化或丧失的失智人员也被纳入保障范围。

第三，加强护理人员培养，提高护理人员待遇。通过增设护理教育专业、大力开展职业培训与资质考核、培训期间支付津贴等，提升护理人员专业素养与服务质量，扩大专业护理人员在护理从业者中的比重。自 2010 年 8 月起，所有护理机构支付给护理人员的薪酬待遇不能低于法定最低工资标准，从而保障了护理人员的收入权益。另外，德国还通过支持和推进护理数字化、简化手续从国外雇用护士等多种举措解决护理人员短缺的问题。

二、日本的长期护理保险制度

（一）建立背景

20 世纪 70 年代石油危机之后，日本经济步入低迷期，人口老龄化问题更使社会保障制度雪上加霜，养老和医疗的出现不同程度的赤字，老年人护理长期化问题也日益突出，护理保险制度作为社会保障制度改革的重要内容被提上日程。

1. 人口老龄化速度快

20 世纪 70 年代初，日本开始进入老龄化社会。虽然起步比欧洲等发达国家晚，但在人口平均预期寿命延长和出生率降低的双重影响下，日本仅用了 24 年的时间，65 岁及以上人口比例就从 7% 达到 14%。2006 年，日本成为世界范围内第一个 65 岁及以上人口比例突破 20% 大关的国家。潜在护理需求扩大已成为日本必须面对和解决的问题。

2. 传统家庭护理受到冲击

按照日本传统的“男主外、女主内”的家庭观念，在面临家庭中有需要护理的老人或其他家庭成员时，护理责任通常都是女性配偶或是家庭女性成员承担。第二次世界大战后，在西方女权主义文化和经济高速发展影响下，日本女性逐渐从家庭走向社会，重视自我价值的实现，“夫唱妇随”的婚姻观念和与长辈共同居住的传统被逐渐抛弃，单一由女性承担照护责任的家庭护理模式已经难以为继，社会化的照料看护与生活支持制度的建立成为必然选择。

3. 政府财政负担过重

日本经济经过第二次世界大战后的高速增长，以 1990 年两次股市大跌为起点，陷入长时间增长停滞。1990—2000 年经济低速增长的十年被日本学界称为“消失的十年”。另外，人口老龄化使养老、医疗、护理方面的开支与日俱增，不但给个人及家庭带来了沉重的负担，也使财政压力重重。从 1970 年到长期护理保险制度出台时的 2000 年，社会保障支出翻了近 23 倍。由于经济复苏困难，政府税收缩减，社会化筹资成了新制度的必然特征。

4. 受社会保障制度改革的影响

受经济滞胀和新自由主义思潮的影响，20 世纪 70 年代后，发达国家的社会保障制度开始调整与改革。在日本，公司福利和家庭福利在相当程度上取代了国家福利，养老服务需求不足问题也开始引起民间经济团体的关注，民间资本力量逐渐开始加入到服务提供者。1989 年政府开始推行“黄金十年计划”（老年人保健福利推进十年战略），为大力发展养老设施和壮大护理人员队伍规模起到了积极作用，也为长期护理保险制度的实施奠定了基础。

（二）基本内容

经过近 10 年的酝酿与准备，1997 年日本议会通过《介护保险法》，并从 2000 年 4 月 1 日起正式，标志着日本将向低收入阶层提供服务的护理福利转化为向全部护理者提供服务的介护保险。

1. 覆盖范围

日本长期护理保险制度覆盖了所有 40 岁及以上的国民。依据年龄，参保对象分为两类："第一号被保险人"为 65 岁及以上的国民；"第二号被保险人"为年龄在 40—64 岁且已参加社会医疗保险的国民。

2. 筹资方式

日本长期护理保险资金来源于政府和个人，筹资模式为现收现付制。总费用的 50% 来自第一号和第二号被保险人。第一号被保险人的保费直接从其养老金中扣除，具体占比逐年提高，目前约占总费用 23% 。第二号被保险人的保费随医疗保险一起缴纳，比例为总保费的 27% 。剩余 50% 费用由政府承担，中央政府负担 25% 、都道府县和市町村各负担 12. 5% 。为了平衡各市町村因老年人数量及其收入不同而造成的支付差异，中央政府将其负担的费用中的 1/5 设立调整补助金。此外，为了避免医疗护理服务资源过度使用，被保险人在接受护理服务时，根据收入高低个人还需承担总护理费用的 10%—30% ，其余部分才由长期护理保险资金负担。

3. 保障对象

两类被保险人的受益条件不同。作为主要保障对象，第一号被保险人只要生活无法自理而需要护理时，就可向市町村的专设窗口提出护理认定申请，申请通过后便能获得相应的保险权益。第二号被保险人则只有在患有癌症晚期、认知障碍、心脑血管病变、帕金森等 16 种特定疾病并经过审核认定，其护理需求才能得到满足。据 2015 年末统计，尽管第二号被保险人数远超过第一号被保险人，但第一号被保险人中有 607 万人被认定为受益人，占总数的 17. 9% ，第二号被保险人中被认定为需要护理的人数仅有 14 万人。

4. 护理等级认定

在接受服务之前，本人、家属或代理人要先到市町村地方政府申请护理等级认定，由工作人员对申请人的身体和心理情况进行入户访问调查，审查会根据访问调查结果和主治医生诊断书判定申请人是否符合护理对象以及护理等级。护理对象分为"需要护理"和"需要支援"两种状态。"需要护理状态"是指有身心障碍并持续 6 个月以上，处于需要长期护理的状态；"需要支援状态"是指目前虽然具有一定的自理生活能力且未达到需要护理的状态，但在日常生活中仍然需要给予一定的援助，未来很有可能发展成为需要护理的状态。又根据护理内容和程度不同，进一步将"需要护理状态"分为要支援 1 和要支援 2 两个等级，"需要支援状态"分为要护理 1 至要护理 5 五个等级。

在接受护理服务期间，原则上每隔半年就要对护理对象重新进行一次专家组的审查与认定，以便根据其身体变化及时有效地调整护理级别和护理内容。

5. 护理类型及给付方式

根据护理对象的需求，护理服务也分为两大类。针对要护理 1 至要护理 5 等级的主要是护理服务，具体包括居家护理服务、专业机构护理服务、地区密集型护理服务以及福利资源及住宅改造等内容。针对要支援 1 和要支援 2 等级的则主要是护理预防服务，主要服务内容有访问型服务、日托型服务护理、小规模多功能型居家护理预防服务、认知障碍症患者护理预防日托服务等。这类预防性护理服务在预防护理对象身体状况恶化、降低长期护理服务的需求方面效果显著。确定了护理等级之后，具有资质的护理经理将建议和协助护理对象及其家属如何选取最适合自己的护理服务计划，并负责与护理服务机构沟通协商服务项目与时间，最终经过双方的确认同意后，护理服务机构按照协商的内容开始提供相应的护理服务。

与德国不同，日本长期护理保险以实物给付为主、现金给付只限于偏远或者山区等护理服务难以到达的地区。首先，若提供现金给付，受益者常会将之移为他用，并非用于购买或使用服务。其次，妇女团体担心现金给付会鼓励妇女留在家中照顾。最后，保险人也会只给付现金，而不积极提供与发展长期护理服务。此外，这种以实物为主的给付方式还大大刺激了护理产业的迅速发展。

不同护理等级均设定了支付上限金额，当护理费用在该等级的支付上限范围内时，被保险人只需自付 10%—30% 的费用，剩下的 70%—90% 的费用由护理保险提供，自付比例由收入决定，收入越高自付比例越高，护理费用超过该等级的支付上限后超额部分则由被保险人全额负担。日本政府还针对部分低收入被保险人，在享受专业机构护理服务时给予服务费用的减免政策。

（三）现状与改革

2000—2014 年，日本长期护理的第一号被保险人的人数从 2165 万人增加到 3302 万人，制度的认可度和参与率显著提高；认定人数从 218 万增加到 586 万人，增幅最大的是“需要支援状态”，说明政府大力扶持的护理预防服务的成效明显。但日益增长的费用负担成为制度面临的难题，专业护理人员短缺问题也同样存在，由于待遇水平低，护理人员队伍整体年龄结构偏大，非正式员工和女性比例高。此外，服务供给内容与实际护理需求结构出现不匹配，轻度、中度失能照护需求与失智照护需求快速上涨，实物为主的给付方式加大了管理难度，各种护理资源很难满足国民日益上涨的需求。

为了不断完善长期护理保险制度，适应环境和市场变化，日本政府从 2000 年制度实施开始，大约每三年进行一次改革。改革内容主要包括：

第一，控制护理服务费用上涨，增强制度的可持续性。首先，根据人口老龄化程度、长期护理需求状况、制度收支情况等，对被保险人的缴费进行三年一次的动态调整。其次，控制支出范围，将机构服务中的住宿费和伙食费调整为个人全额负担，在原有10%基础上，新增20%和30%两个高收入群体个人负担比例档次。最后，进一步加强疾病预防与保健，控制失能、失智人员规模，防止失能、失智情况恶化，从根本上降低护理服务支出。

第二，调整护理服务供给。一是调整护理等级，2005年改革中将“需要支援状态”调整为“要支援1”与“要支援2”两个预防等级，从而使护理等级由六级增加为七级，在进一步细化服务的基础上强化了预防护理。二是大力发展社区居家护理服务，实现机构护理向居家护理转变，包括建立社区综合护理体系、设立社区综合支援中心、开展小规模多功能型居家护理服务等，还新增了24小时上门护理、认知障碍预防、认知障碍症应对型日托照料等社区服务项目。三是使非营利性组织、社会团体和个人参与到预防护理服务的队伍中，让老人自主选择护理主体，实现护理主体多元化。

第三，稳定专业护理人才队伍。一是拓宽护理人才引进渠道，例如，向重返护理岗位的离职人员提供再就业贷款、为有意考取资格证书的护理专业大学生提供助学金、为护理服务志愿者提供技能培训与现场体验等。二是提高护理从业者的薪酬待遇水平，例如，2009年改革中将护理报酬提高了3%，2012年进一步提高1.2%。三是加强管理与培训，保证服务质量，例如，要求护理专业人员每五年办理一次从业资格更新认定，并需按照要求进行进修与培训。

三、长期护理保险制度的国际经验

（一）长期护理保险能满足国民适当的长期护理需求

长期护理保险制度实现了对长期护理风险的专业化管理，集中和有效运用公共资源和私人资金，使国民发生失能需要护理时，能够根据客观情况和自身偏好选择适当的护理服务，避免了因失能状况轻重和持续时间长短的不确定性造成的困境。而且，制度在护理需求者资格的申请、等级确定、护理服务计划制订和服务质量监管方面有明确规定，避免了长期护理的假性需求和过度需求，也在一定程度上矫正了市场失灵造成的长期护理资源使用不公平问题。

（二）长期护理保险需要国家立法保证实施

长期护理保险要顺利发展，必须有政府立法保证实施，明确参保缴费、服务内容、运行机制和监管体制，严格规范护理服务市场。例如，德国不仅有顶层的《社会法典》，构建社会保障体系的《社会保障法》《社会福利法》《社会保险法》，也有专门的《长期护理保险法案》等法律法规。此外，各国还普遍重视护理人员资格认定审查制度、护理人员培训制度、护理对象申诉制度、服务质量监测制度等系列配套设施，对于保证和提高护理服务质量，保障长期护理保险的健康发展有显著作用。

（三）长期护理费用需要多渠道筹资

对抗长期护理风险完全依靠个体或家庭，往往造成个人财产耗尽，家人身心疲惫，完全依靠政府资助，则随着护理需求者大量增加，成为财政的巨大包袱。因此，长期护理保险制度应该通过筹集保险费，实现个人、企业和政府责任的合理分担，并给护理服务市场和护理产业发展提供制度保障，使护理需求者以相对较低的负担，即可享受到充分、及时的护理服务给付。

（四）长期护理供给多元化

长期护理保险制度构建后，大多数国家和地区都对选择不同护理服务类型的护理对象给予不同的费用补贴。一方面，大力发展护理院、养老院、老年康复中心等养老性机构，使护理对象在缴纳少量保险费后便能承受相对昂贵的机构护理，摆脱对家庭的完全依赖；另一方面，积极推行社区养老，开展上门护理、日间护理、社区护理等服务项目；即便选择居家家人照顾，长期护理保险制度也能够采取有利于帮助和鼓励家庭成员承担对老年人护理责任的优惠政策。

思考与训练

1. 比较长期护理和一般医疗护理的区别。

2. 在比较长期护理保险与养老保险、健康保险的基础上，分析建立长期护理保险制度的必要性。

3. 收集和整理我国长期护理保险试点城市的相关政策，比较分析各地的政策差异并做出评价。

4. 比较德国、日本、美国等国家长期护理保障制度的异同。

5. 你所在的城市是否已经开始进行长期护理保险的试点？请根据国内外长期护理保险的实践经验提出你的设想或建议。

扩展阅读

韩国长期护理保险制度

发展历程

2007 年 4 月，韩国《老人长期护理保险法》颁布；2008 年 7 月正式确立长期护理保险制度，经不断进行调整和创新，韩国长期护理保险制度日趋成熟。

覆盖范围

韩国长期护理保险的覆盖范围与社会医疗保险相一致——8 周岁及以上全体公民强制参保。

筹资来源

长期护理保险筹资来源于三个方面——长期护理保险费、国家财政资金、长期护理享受者付费，三者的比例为60%、20%、20%。长期护理保险费在健康保险费的基础上加收，目前的加收比例为6.55%，分账管理确保长期护理保险筹资的独立性。居家护理个人分担比例为15%，机构护理个人分担比例为20%。低收入线及以下不需支付个人费用，临近低收入线人群的个人支付比例减半。

机构设置

韩国长期护理保险独立于健康保险，其经营管理机构是国民健康保险工团（National Health Insurance Service，NHIS），决策机构是长期护理委员会，力求使各项决策更加科学民主、符合社会公众的利益，而失能鉴定工作则由长期护理审查委员会负责。三个机构既相互独立又相互影响，对韩国长期护理保险进行统一管理，避免了各地有关规定差距过大的问题，确保了韩国长期护理保险工作的有序顺利进行。

失能评定等级和评定内容

韩国长期护理保险的失能评定等级有五级，还设置了失智支援等级，失能评分低于45分也可以享受长期护理服务。韩国采用《长期护理认定调查表》作为评定内容依据，调查表包括日常生活活动功能评估（Activity of Daily Living，ADL）和工具性日常生活活动功能评估（Instrumental Activities of Daily Living，IADL）2项一级指标，下设身体机能、认知功能、行为改变、护理治疗和康复5项二级指标，以及52项三级指标，全面且细致，有利于准确确定失能评定等级和提供精准的长期护理服务。

给付形式

目前韩国长期护理保险的护理服务给付形式主要有居家护理服务、机构护理服务和特别现金给付三种，不同的给付形式包含了多种长期护理服务种类，能够满足失能人员多样化护理需求。居家护理服务和机构护理服务是韩国长期护理保险的主要给付形式，居家护理服务是指护理人员到护理对象家中提供护理服务，包括上门护理、上门看护、日夜护理、上门沐浴和短期暂托5种主要护理服务；机构护理服务的提供者主要有老人疗养机构和老人之家；特殊现金给付主要用于家庭护理费用（针对偏远岛屿或地区，或发生自然灾害，或因护理对象人格精神问题，只能由家庭成员护理而无法享受专业长期护理服务的人员）、特殊护理费用（利用长期护理机构的设施获得长期护理服务时）、长期护理医院费用（长期护理对象进入由《老年福利法》监管的老年医院，或由《医疗服务法》监管的护理医院时）。

资料来源：周四娟，赖金婵，原彰．韩国长期护理保险的发展经验与启示［J］．卫生经济研究，2021（10）：56－59.

第八章 老年社会福利与救助

学习目标

1. 掌握老年社会福利与救助的基本概念。
2. 了解我国老年社会福利与救助现行制度。
3. 能够运用老年社会福利和救助政策解决地方老年贫困与救助的复杂问题。

案例：让高龄津贴守护“最美夕阳红”

近年来，江西省宜春市上高县加强对高龄津贴精细化管理，创新宣传方式、加强人员摸排、做好动态管理，用暖心的服务传递政策温情，让高龄津贴不断提升老人的幸福感、获得感，守护好这一抹最美“夕阳红”。

长寿津贴，俗称“高龄津贴”，是为落实老年人权益保障法，按照户籍地根据年龄分段发放补贴的一项老年人福利政策。做好这项工作不仅能让高龄老人享受到了党和国家的惠老政策，还能体现爱老敬老的中华民族传统美德。

——暖心服务传递政策温情

上高县锦江镇万寿宫社区将高龄津贴申报条件、程序、注意事项发到各网格工作群中，网格员入户宣传，将惠老政策传达清楚。在现场审核的过程中，工作人员一一核实，推动工作落实到位。怎样宣传高龄津贴政策，并且要在短时间让大家都知晓呢？上高县民政局通过生动亲切、传播快速的短视频方式，结合高龄津贴申请条件、程序自拍自导制作短视频，其中《况股喊你来申请高龄津贴》短视频上线半个月就有1万多人观看，2000多人转发。“短视频在我们县里的媒体一播放，就得到了大量转发，同时也陆陆续续收到了许多咨询，视频能帮助老年人及其家属更快更好地了解高龄津贴政策，还是挺有意义的。”上高县民政局况敏笑着说道。

——精准管理赋能政策亲民

上高县民政局印发《关于进一步做好高龄津贴发放工作的通知》，组织乡镇对全县29个社区、186个行政村开展全方位摸排。通过一个月的摸排，对高龄津贴的办理进行查漏补缺，让政策更加亲民。为了提高高龄津贴精准率，还要认真比对发放数据。在高龄发放表中，有部分老人随着年龄增长未及时调整享受档次，上高县民政局以老年人的生日计算年龄，通过计算为103名89—90岁、3名99—100岁的老人调档。在发放前，认真比对发放数据，将发放信息与殡葬信息进行比对，及时停发不符合条件人员，做好动态管理。

夕阳正好，暮色日暖。据统计，目前上高县已有8137名80岁以上老人享受了高龄津贴，下一步，该县将以深入开展好“三比三争三赛”活动为抓手，传递好高龄津贴政策温情，让老年人的“幸福指数”不断提升。

资料来源：人民网－江西频道，2023年08月01日。

思考与训练

1. 如何让高龄补贴实现应补尽补？
2. 了解各地不同的高龄补贴政策。

第一节　老年社会福利与救助概述

社会保障制度的历史发端于社会救济，老年社会福利政策的起源与老年人的救济制度相关①。福利一词的含义非常丰富，福利经济学的创始人庇古曾经讨论过福利的定义。福利可以被理解为个人的主观感受，如果要研究它，则应该将其限定为经济上的感受。这部分福利就被称为经济福利，即能够直接或间接与货币这一尺度有关的那部分社会福利。在人力资源管理领域，福利被认为是非现金形式的报酬。本章讨论的老年社会福利是社会福利中以老年人为受益对象的福利制度。这种福利制度在不同的国家有不同的内涵，在英国，社会福利被认为是保护个人和家庭免除因失业、年老、疾病或死亡而在收入上所受的损失，并通过免费医疗等公益服务和家庭生活补贴以提高其福利。美国的社会福利则是指给谋生能力中断或丧失的个人以保险，还为个人在生育或死亡而需要特殊开支时提供保障。在日本，社会福利是国民在生活中蒙受诸如高龄、失业、伤病等各种事故时，为保障其正常生活所提供的经济保障制度②。

一、老年社会福利

（一）老年社会福利的内涵与作用

1991年出版的《中国大百科全书·社会学》对“社会福利”的定义为：“国家和社会为增进社会成员尤其是困难者的社会生活的一种社会制度”。1994年出版的《中国社会工作百科全书》对“社会福利”的解释是：“按其字义和一般人的观念，通常被理解为有关改善社会成员物质、文化生活的一切举措”。这两个定义都属于广义的社会福利定义。这里总结定义为：广义的社会福利是指为了改善和提高全体社会成员的物质条

---

① 刘冬梅．德国老年福利制度研究［J］．社会政策研究，2018（02）：31－46.

② 丁建定．社会福利思想［M］．武汉：华中科技大学出版社，2022：6.

件和精神生活的各种社会服务措施。而狭义的社会福利是指当社会成员因年迈、疾病、心理或生理缺陷后丧失劳动能力而出现生活困难时向其提供的服务措施。

老年社会福利是指国家和社会为了安定老年人生活、维护老年人健康、充实老年人精神文化生活而采取的一系列政策措施和提供的福利性设施以及服务。作为养老保险和社会救助的延续，老年社会福利的内容包括：第一，满足基本生存与安全需要的福利。如住房福利、生活照顾福利、医疗护理福利。第二，满足人格尊严与享受需要的福利。例如，建立适合老年人日常活动的配套设施，开展适合老年人的群众性文化、体育和娱乐、休闲活动，丰富老年人的精神生活。

（二）老年社会福利的主要内容

老年社会福利所包含的内容与社会发展的程度密切相关，发达国家老年人社会福利发展水平较高，发展中国家老年社会福利则呈现出补缺型特点。随着经济社会的不断发展、人们生活水平的不断提高，老年社会福利的内容也将不断扩展。

1. 收入福利

进入老年阶段后，人们的收入来源大幅减少，使得相当一部分老年人没有购买生活必需品和服务的经济能力，特别是随着年龄的增长、身体功能的下降而导致医疗开支的增加，使得老年人的生活极易陷入经济困境。因此，如何避免这个问题是老年人福利的一个重要目标。在这方面，政府的主要责任就是向老年人提供必要的收入补贴，用于保障老年人基本生活支出，这种福利通常被称为“老年人津贴”或“补充保障收入”，例如对高龄老人发放的高龄补贴就属于收入福利。

2. 保健福利

生理方面的变化往往导致老年人易患上各种疾病，如慢性阻塞性肺疾病、骨质疏松症等，严重影响老年人晚年生活的质量。因此，针对带有这些问题人口的保健不但要强调治愈，还要强调通过健康管理和护理，使患者能够调整自己以适应在某些症状长期存在的情况下生活，这就是前面章节提到的长期护理服务。同时，老年人医疗保健福利还包括为老年人定期组织体检，举行健康保健、疾病康复咨询和讲座等。

3. 发展性福利

帮助老年人提高知识水平、娱乐老年人身心、增强他们的社会参与能力也已经成为老年人福利所要考虑的一个重要问题。终身教育主张教育应该贯穿在人的一生中进行。老年大学的举办给老年人提供了一个学习培训、终身教育的机会。此外，老年住房福利被发达国家纳入老年人福利项目。它主要指国家为老年人买房提供各种优惠，以及制定关于老年人住房的特定标准等内容。

最后，通过社会优待为老年人提供福利也是许多国家和地区通行的做法。如我国的《老年人权益保障法》中规定：“地方各级人民政府根据当地条件，可以在参观、游览、乘坐公共交通工具等方面对老年人提供优待和照顾等。”①

二、老年社会救助

（一）老年社会救助的内涵、目标与作用

社会救助在中西方都有着悠久的历史，我国历史上统治者的一些举措已具备现代社会救助制度的雏形，但与现代社会救助之概念相差甚远。英国为了弥补社会保险的不足，在1943年《贝弗里奇报告》中发布了一个公共救助方案，并在1948年通过了《国民救助法》，开创了现代意义上的社会救助制度。

我国于2014年5月1日起施行的《社会救助暂行办法》并没有对社会救助本身作出描述，本书认为郑功成教授对“社会救助”一词的界定较为贴切。郑功成教授认为，社会救助是指“国家与社会面向由贫困人口与不幸者组成的社会脆弱群体提供款物接济和扶助的一种生活保障政策，它通常被视为政府的当然责任或义务，采取的也是非供款制与无偿救助的方式，目标是帮助社会弱势群体摆脱生存危机，以维护社会秩序的稳定。”老年人受自身条件的限制，属于弱势群体，也是社会救助的对象。老年社会救助是社会救助的重要组成部分，是把救助对象指向老年人的特定类型的社会救助。老年救助的主体是国家和社会，对象是老年弱势群体，目标是保障老年人的基本生活、促进社会公平正义、维护社会和谐稳定。老年社会救助的作用可概括为：保障老年人的生存权，维护社会和谐稳定，协调社会资源配置，促进城乡统筹发展，弘扬中华尊老敬老文化。

经过多年的发展，我国社会救助的内容逐步完善，作为社会救助的一部分，老年社会救助的内容包括长期生活类救助、专项分类救助、临时应急类救助，其中，长期生活类救助包括最低生活保障和五保供应，专项分类救助包括医疗救助、住房救助、教育救助和法律救助，临时应急类救助包括救灾救济、流浪乞讨救助和临时救助。

（二）相关概念

1. 老年贫困

老年贫困指年满60周岁的公民因物质匮乏而失去获取社会资源、参与经济社会活动的权利，使他们的生活持续低于最低生活标准。中国的贫困老人更多地集中在女性、高龄、受教育水平低、健康状况较差、缺乏工作经历、无子女或少子女的老人中。

2. “双困”老年人

“双困”老年人指的是失能老年人和贫困老年人两类人群。失能老年人是指因年

① 钟仁耀．社会救助与社会福利［M］．上海：上海财经大学出版社，2019.

老、疾病、伤残等原因导致机体功能障碍，自理能力有困难的老年人，他们的生活活动需要依靠外界支持才能完成。目前，我国普遍使用的是将城镇居民最低生活保障线作为划分老年人贫困的标准。本书对“贫困老年人”的定义是：经济收入低下，在维持最低物质生活需求的基础上无力承担最低的照护生活需求的老年人。

（三）老年社会救助的制度化

进入21世纪以来，我国人口老龄化继续加速，且庞大的老年群体中有相当数量的老年贫困人口。对处于贫困的老年人予以社会救助，保障他们的基本生活水平，维护他们的基本权利，让他们安享有尊严、有质量的晚年，是国家和整个社会的应尽之责，而老年人社会救助的制度化在老龄化社会的今天显然有着更加重要的意义。当下，我国社会救助的制度是分散的，是不完全成体系的，即使农村五保供养制度、城乡最低生活保障制度确实是发挥了重大作用，但现行《社会救助暂行办法》仍然是非制度化、非法制化的、不完全的，老年社会救助制度与我国老龄化社会实情不对称，需要持续深化改革。

老年社会救助制度化的目的是保障老年人的社会救助权，以制度化来明确划分权力与责任，从而规范救助的行为。制度化是必然趋势，老年社会救助的制度化应与社会救助制度化同步进行，最终都是为了保障老年人的社会救助权。

在现有《社会救助暂行办法》的基础上，应尽快颁布《社会救助法》。老年人群属于弱势群体，受自身生理条件和受教育程度的制约，维权意识薄弱，很多老年人还患有各类疾病。因此，我们国家出台正式的法律来保障老年人的社会救助权是非常有必要的。

社会救助制度化的关键在于制度的规划和实行，通过广泛的调查研究弄清楚公民的实际需求之所在，然后根据现有的政策、法律基础确定制度化的目标、阶段性成果规划，从而制定相关的政策措施和制度，最终形成一套相对完整的社会救助体系。老年社会救助制度化也是同理，广泛倾听老年人的心声和诉求，明确老年人社会救助制度化的目标和发展规划，然后在国家社会救助整体发展的基础上努力推进制度化设计和实行，逐步推动工作。

第二节　我国老年社会福利与救助

中国具有悠久的尊老、敬老、养老的历史传统。新中国成立后，经过中国人几十年的不懈努力和奋勇向前，我国在老年社会福利和老年社会救助方面都制定了相应的一些法律法规和政策举措，包括《关于建立健全经济困难的高龄、失能等老年人补贴制度的通知》《关于实施老年人优待制度的意见》《中共中央、国务院关于加强老龄工作的决定》《老年人权益保障法 》《劳动法》《社会救助暂行办法》《法律援助条例》《城市居民最低生活保障条例》 等。

一、我国老年社会福利的简要发展历程

老年社会福利的发展演变与时代情景下的政策理念、经济条件、道德伦理观念密切相关。新中国成立后，根据中国社会的变迁和转型，以改革开放为分水岭，可以将我国老年人社会福利的发展演变分为两个阶段：计划经济时期的老年人社会福利（20 世纪 50 年代至 70 年代中后期）和经济市场化过程中的老年人社会福利（20 世纪 80 年代至今）。

（一）计划经济体制下的老年人社会福利

中华人民共和国刚成立时，社会经济凋敝，存在大量的贫困、需要救济的人员，社会救助任务繁重。因此，这一时期老年人社会福利遭遇到了福利理念等同于救济的尴尬境地，其服务对象限于无劳动能力、无生活来源、无法定赡养人的“三无”老人和部分生活不能自理的老人。在“一五”计划成功实施，社会主义制度稳固建立及国家初步工业化的宏观背景下，政府承担了老年社会福利的主要供给责任。

计划经济时期我国老年人社会福利的特点主要表现在：一是国家在老年人社会福利安排中占绝对的主导地位，社会福利由国家统包统揽，国家承担完全和无限的福利责任。二是老年人社会福利主要以集体福利为主。主要由用人单位来组织传递与提供福利服务，社会化程度水平低。三是低水平运行的特殊福利。由于国家经济水平的落后，老年人都是“单位人”，因而享受的福利也只会在本单位内实现。四是农村采取分散供养为主、集中供养为辅的方式对“五保户”老人提供低供养水平的福利服务。

（二）市场化改革进程中的老年人社会福利

自 20 世纪 80 年代开始，我国进入了改革开放阶段。经济制度由计划经济向市场经济转变，市场的地位开始重新定位，这使得单位福利功能逐渐退化。在这一时期，养老服务的需求和供给产生了矛盾，国家在计划经济时期兴办的老人社会福利机构也已经不能适应老年人的福利需求。

在这样的背景下，我国对社会福利制度包括老年人福利制度进行了适应新形势的探索。我国福利政策改革的历程大致如下：20 世纪 80 年代，民政部开始探索调动多方面的力量兴办社会福利事业，提出“坚持社会福利社会办”的方针；20 世纪 90 年代《农村五保供养工作条例》《中华人民共和国老年人权益保障法》的颁布实施，进一步丰富、健全了我国现行的制度体系，也使得我国的老年人福利工作走上了法制化和规范化的轨道；2000 年居家供养、社区福利服务和福利机构相结合的福利服务体系正式提出；

2006年颁布了《关于加快发展养老服务业的意见》，要求进一步发展老年福利事业、大力发展社会养老服务机构、鼓励发展居家老人服务机构、支持发展老年护理。2011年9月，国务院发布《中国老龄事业发展“十二五”规划》，积极探索中国特色社会福利的发展模式，发展适度普惠型的老年社会福利事业，研究制定政府为特殊困难老年人群购买服务的相关政策；进一步完善老年人优待办法，积极为老年人提供各种形式的照顾和优先、优待服务，逐步提高老年人的社会福利水平；有条件的地方可发放高龄老年人生活补贴和家庭经济困难的老年人养老服务补贴。

我国社会福利政策正从完全由政府配置资源向社会化配置资源的方式转变，由政府作为社会福利服务的唯一提供主体向提供主体多元化改变，正在走一条“社会福利社会化”的道路。此外，我国还通过1982年修订的《宪法》，以及此后颁布的《老年人建筑设计规范》《社会福利机构管理暂行办法》《社会福利机构基本规范》《社会福利机构区域设置规划》等一大批相关法律法规，为老年人合法权益保护提供法律依据①。

（三）我国现行的老年社会福利制度

我国老年社会福利制度主要分为收入型福利项目、服务型福利项目和优待型福利项目三部分。

1. 收入型福利项目

目前，我国老年收入型福利项目主要有福利养老金和高龄津贴两项，是政府为缓解老年贫困、保障老年人生活、提高老年人生活水平而针对老年人定期发放补贴的一类福利制度。福利养老金是在我国基本养老金制度之外所设立的一种针对无保障老年人的福利制度，既不属于社会保险也不属于社会救助，它被视为是社会保障体系的补充，在北京市和上海市分别有实践经验。北京市人民政府在2007年12月29日印发了《北京市城乡无社会保障老年居民养老保障办法》，凡具有北京市户籍、年满60周岁，且不享有社会养老保障待遇的人员即可享受每人每月200元的老年保障待遇。

高龄津贴是针对高龄老年人的一项社会福利制度，目的是缓解高龄老人基本生活问题、提升生活质量、鼓励长寿。中国民政部提出：有条件的地区可建立困难老人、高龄老人津贴制度。2021年12月2日在中国民政部官网公布的相关答复中提到：“2014年，与财政部、全国老龄办联合印发了《关于建立健全经济困难的高龄、失能等老年人补贴制度的通知》。近年来，各地结合自身实际，普遍建立了高龄津贴、养老服务补贴和失能老年人护理补贴制度”。

2. 服务型福利项目

老年服务型福利项目由社区居家养老服务、机构养老服务和医养结合服务组成。社区居家养老以家庭养老支持、日常生活支持为保障目标，服务内容包括生活照料、医疗

① 钟仁耀．社会救助与社会福利［M］．上海：上海财经大学出版社，2019.

服务、精神关爱，以专业人员上门提供照料服务、社区老年人日托服务为主要服务形式。机构养老是将老年人安置于收养机构内、并进行全方面保障的一种福利制度。我国的老年人公办的收养机构一般是城市老年社会福利院、农村敬老院、流浪乞讨救助站和军休所，而收养对象包括"五保"对象、"三无"人员、不能自理的老年人、流浪乞讨的老年人、孤寡离退休军转干部等。公办养老机构通常由政府承担全部责任，或者通过建立专门机构对老年人实施保障，或者通过购买服务等方式实施保障。医养结合服务是近几年政府推动的一项服务战略，旨在通过医养结合更好地提高老年人的福利水平。

3. 优待型福利项目

老年优待型福利是指政府或社会为鼓励某些行为或某些人群而给予特殊照顾、优先或优惠的制度安排，老年优待的目的是便利老年人的生活、保障老年人的合法权益、鼓励老年人积极参与社会和享受生活、倡导社会尊老敬老。我国现有的老年优待福利有医疗保健服务优待、生活服务优待、文体休闲服务优待、法律服务优待、义务和责任优待。

上述三个部分共同构成了我国老年社会福利体系（见表 8－1）。

表 8－1　　我国老年社会福利类型

类型	保障项目	保障目标	受益对象
收入型福利	福利老年金	保障基本生存，缓解老年贫困	无保障的老年人
	高龄津贴	缓解高龄老人基本生活问题，提升生活质量，鼓励长寿	高龄老年人
服务型福利	敬老院	替代家庭养老	五保对象
	福利院	替代家庭养老	三无人员
	光荣院	替代家庭养老，服务国防和军队建设	优抚对象
	复员军人疗养院	康复疗养，保健服务	优抚对象
	老年日托机构	老年日间照料	不能自理的老年人
	居家养老服务	家庭养老支持	有老年人的家庭
	社区服务	日常生活支持	有老年人的家庭
	医养结合服务	医养结合支持	有老年人的家庭
优待型福利	医疗保健服务优待	提升老年人的医疗保健服务	所有老年人
	文体休闲服务优待	鼓励老年人参与文化休闲活动	所有老年人
	日常生活服务优待	便利老年人日常生活	所有老年人
	法律服务优待	保障老年人的合法权益	所有老年人
	义务和责任优待	减轻老年人的负担	所有老年人

资料来源：杨立雄．老年福利制度研究［M］．北京：人民出版社，2013：5.

（四）我国老年社会福利完善的探索

1. 老年社会福利制度发展的原则

（1）经济保障与服务保障相结合的原则。经济保障主要指的是现金补贴和实物补贴，对于社会上处于不同环境下的老年人来说，自主选择最适合自己的经济补贴方式既能保障他们的生活又能最大限度实现福利的效能。当下，我国老年贫困的发生率比较高，老年脱贫的难度大，其最主要的原因是缺少经济来源，在这样的情况下，构建老年社会福利经济保障相关制度，向老年人提供经济保障就显得尤为重要。与此同时，也要加强老年社会福利的服务保障。老年人中有很多是以残疾为典型的失能老年人，这类人群对于生活起居和日常照护方面的服务需求远高于经济需求，所以建立相对健全的老年社会福利服务保障体系是必要的一项措施，同时还要提升服务水平和服务质量。在老年社会福利的问题上，必须将经济保障与服务保障相结合，才能有效提升老年社会福利保障水平。

（2）普惠性的原则。普惠性的社会福利制度的对象通常是全体人民，在这个问题上，党和国家奉行人民至上，一切为了人民，所以老年社会福利也应该以普惠性为原则将福利惠及每一个公民。国家和政府对老年社会福利制度的改革与完善的探索，永远基于以人为本的理念，而保障人民生活和各项权益、实现全社会全体人民无差别的公平共享、维护社会安定团结和稳定是最终的目标。例如，退休老人如果接受了普惠性的社会福利待遇，生活质量得到提升之后久而久之就会有包括精神追求在内的新的人生追求，继而重新参与社会活动进行再就业，继续实现自己的个人价值。

（3）与国情、经济社会发展相适应的原则。老年社会福利的完善必须与中国特色的国情、现阶段经济社会发展状况相适应。中国是社会主义国家，在新时代中国特色社会主义制度下制定的任何一项政策制度都必须与国情相适应。眼观国外社会福利制度化发展的实践经验我们可以得知，社会福利制度只有与社会经济发展相适应，才有可能在缓解当下社会矛盾、解决突出社会问题的同时得到长远、持续、稳定又健康的发展。

2. 完善老年社会福利制度目标

（1）社会福利的公平共享。老年人群本身就属于弱势群体，他们在本就处于生活困难的情况下若是遇上任何新的风险挑战都难以维系现有的生存状况，而我国的老年人受各种因素的限制，自身受教育水平和学习、适应能力相比普通人要低，很多老年人还患有各类自身老年疾病，参与社会劳动的能力更加有限，他们是内心最渴求公平的人群。公平是指平等地对待每一个人，不受年龄、性别、受教育程度、身份、地域等因素制约和影响，要保障每一个公民的基本生活需求，增进人民福祉。要做到这一点，关键的举措就是要通过合适且正确的制度政策来保证人们的起点公平、过程公平和结果公平，最后实现社会公平。社会福利通过向人民公平提供经济保障和服务设施保障，使他们能真正共享社会资源，从而达到促进社会公平正义和维护社会安定和谐的目的。因此，我国建立社会福利制度的目标之一就是要实现社会福利的公平和共享。

（2）促进老年人的社会参与。平等参与社会活动是人权保障的应有之义，也是当前国际社会就积极有效地应对人口老龄化挑战所形成的重要共识。老龄化是个人与特定社会环境相互嵌入的过程，而社会参与则是该过程的中间环节，是个人达成所期待的老龄化目标的手段。因此，老年人社会参与权的相关理论探索和制度设计，应当纳入“个人与社会环境相互嵌入”的动态老龄化视角，考察特定社会条件下老年人社会参与的目标、内涵和外延，并在尊重个体多样性和主观能动性的基础上制定理想的社会参与方案。社会福利不仅要保障老年人的基本生活需求，提高生活质量，还要通过社会福利制度的建立，帮助老年人回归社会实现自我价值。

（3）让老年人有尊严地安度晚年。尊老敬老是中华民族的传统美德，而在经济社会和科学技术飞速发展、人民生活水平快速提高的今天，“老有所养”很多时候却变成了老年人的奢望。目前，我国人口老龄化速度加快，社会上越来越多因疾病、残疾等因素导致生活不能自理的老年人的生活照护问题成为我国养老工作的一大挑战。不可否认，让老年人体面和有尊严地享受晚年生活是我们国家、社会和每个人的责任和义务，也是我国老年社会福利制度完善和改进的目标。

二、我国的老年社会救助

（一）新中国成立后的老年社会救助

新中国成立之初，我们国家遍布灾民、难民和流离失所的人，新中国成立之初经济紧张，再加上老龄人口数量之多，导致国家经济近乎崩溃。这样的环境下，我国只能采取紧急救助、群众自救和互帮互助的措施力所能及地保障更多人的生存需求。那时，国家接收了很多生产教养机构，收养残疾人和老年人，本就紧张的经费更加拮据了。对于老年人，有依靠后能参加生产劳动者由家人供养或力争自食其力，无依无靠也无生产能力“一等救济户，按缺粮日期长短全部救济”①。1954 年，新中国宪法颁布，第九十三条规定：“国家举办社会保险、社会救济和群众卫生事业，并且逐步扩大这些设施，以保证劳动者享受这种权利。”1956 年，社会改造基本完成，社会救助以互助共济和机构捐赠为主。1978 年至今是我国老年人社会救助事业的发展和改革时期，历经恢复发展和转型发展。从 1994 年国务院发布《农村五保供养工作条例》，到 1996 年颁布《中华人民共和国老年人权益保障法》，再到后来的《社会救助暂行办法》，这些立法的出台提供了一定的法律依据，但仍然不够完善，需要继续探索、改革和发展。

---

① 高冬梅．新中国成立初期中国共产党社会救助思想与实践研究（1949－1956）［M］．北京：人民出版社，2009：9.

（二）我国现行老年社会救助制度

1. 最低生活保障制度

最低生活保障制度指以保障全体公民生存权为目标的社会救助法律制度，它根据维持最起码的生存需求的标准设立一条最低生活保障线，每个公民当其收入水平低于该线时，就有权利得到国家和社会按照法定的程序和标准提供的现金和实物的救助制度①。1999年，国务院颁布《城市居民最低生活保障条例》，保障对象为持有非农业户口的城市居民，凡共同生活的家庭成员人均收入低于当地城市居民最低生活保障标准的，均有享受城市居民最低生活保障的权利。我国目前“最低生活保障线”是按照当地维持城市居民基本生活所需的衣食住行费用，适当考虑水电燃气费用以及未成年人义务教育费用来确定的，根据物价波动适时调整。2007年，我国颁布《关于在全国建立农村最低生活保障制度的通知》，时隔数年，农村最低生活保障制度才开始实行和逐步发展，加上农村地区所具有的特殊性，地方保障有着不一样的标准和相对分散的特征，全国统一管理的难度大，需要长期改善和发展。

2. 五保供养制度

农村五保供养制度的对象是在农村无土地、无工作、无社保的“三无”人员，可以说，这是一项具有中国特色的社会救助制度。2006年，新修订的《农村五保供养工作条例》出台，五保供养正式进入国家救助体系，国家财政拨款提供专门费用。这里所指的农村五保供养，是指依照该条例规定，在吃、穿、住、医、葬方面给予村民的生活照顾和物质帮助。老年、残疾或者未满16周岁的村民，无劳动能力、无生活来源又无法定赡养、抚养、扶养义务人，或者其法定赡养、抚养、扶养义务人无赡养、抚养、扶养能力的，享受农村五保供养待遇。农村五保供养包括以下供养内容：①供给粮油、副食品和生活用燃料；②供给服装、被褥等生活用品和零用钱；③提供符合基本居住条件的住房；④提供疾病治疗，对生活不能自理的给予照料；⑤办理丧葬事宜。农村五保供养对象可以在当地的农村五保供养服务机构集中供养，也可以在家分散供养，由供养对象自行选择。此条例是为保障农村五保供养对象的正常生活、促进农村社会保障制度发展而制定的。

3. 老年人医疗救助制度

医疗救助通常是在政府有关部门的主导下，及社会广泛参与，通过医疗机构针对贫困人口的患病者实施的恢复其健康、维持其基本生存能力的救治行为。2002年，中共中央和国务院做出《关于进一步加强农村卫生工作的决定》，在全国农村建立新型农村合作医疗制度和农村贫困人口的医疗救助制度。财政部、民政部《城乡医疗救助基金管理办法》（财社2013）规定，城乡医疗救助基金的救助对象是城乡低保对象、农村五保供养对象，以及其他符合医疗救助条件的经济困难群众。一方面是资助救助对象全部参

---

① 袁鹰．我国现行最低生活保障法律制度浅探［J］．山西广播电视大学学报，2005（01）：101－103.

加基本医疗保险；另一方面是对经基本医疗保险、大病保险和商业保险等补偿后，救助对象仍难以负担的符合规定的医疗费用给予补助，帮助困难群众获得基本医疗服务。

4. 老年人住房救助制度

住房救助是住房保障的一种特殊类型，延续中国尊老敬老的优秀传统，老年人住房救助制度针对最低生活保障家庭的困难老年人而实施。2014 年 11 月 13 日，住房城乡建设部、民政部、财政部三部门联合印发了《关于做好住房救助有关工作的通知》，对解决最低生活保障家庭、分散供养的特困人员做了相应的制度安排，其中就包括需要重点扶助的特困老年群体。该通知规范了住房救助的方式，对城镇住房救助对象采取优先分配公租房、发放租金补贴的方式进行住房救助，给予租金减免。

5. 老年人法律援助制度

根据司法部《关于开展法律援助工作的通知》，“法律援助，是指在国家设立的法律援助机构的指导和协调下，律师、公证员、基层法律工作者等法律服务人员为经济困难或特殊案件的当事人给予减、免收费提供法律帮助的一项法律制度”。1996 年 8 月 29 日，全国人大常委会通过了《老年人权益保障法》，其第三十九条明确规定了对老年人提供法律援助的内容。在老年人法律援助方面，《老年人权益保障法》第五十五条规定：“老年人因其合法权益受侵害提起诉讼缴纳诉讼费确有困难的，可以缓交、减交或者免交；需要获得律师帮助，但无力支付律师费用的，可以获得法律援助。”2015 年 4 月，司法部、全国老龄办印发了《关于深入开展老年人法律服务和法律援助工作的通知》，要求着力解决医疗、保险、救助、赡养、婚姻、财产继承等老年人最关心、最现实的法律问题，引导法律服务工作人员和法律援助人员不断提升工作能力。

6. 城镇流浪乞讨救助

流浪乞讨人员救助制度是指国家、各级政府和社会对流浪、乞讨人员进行物质救助的制度。流浪乞讨人员是指因自身无力解决食宿，无亲友投靠，正在城市流浪、乞讨度日的人员，或因其他各种原因遭遇生存危机，陷入困境居无定所的露宿街头人员。新中国成立初期，针对城市流浪乞讨的人员，采取收容和组织劳动的措施，直到 1982 年发布《城市流浪乞讨人员收容遣送办法》，才将收容遣送作为一项社会事务进行行政管理。2003 年，因“孙志刚事件”收容遣送制度被废止，新的救助制度《城市生活无着的流浪乞讨人员救助管理办法》建立，遵循自愿救助、无偿救助的原则，该制度为城市流浪乞讨老年人回归正常生活提供了保障。

7. 老年人生活照料

“所谓老年生活照料，一个经典的定义是指老年人受身心健康状况或年老体衰的影响，在日常生活活动功能方面逐渐减弱，需要他人照料。”① 我国老年生活照料的法制

① 程欣. 老年人生活照料研究综述［J］. 赤峰学院学报（汉文哲学社会科学版），2011，32（10）：117－119.

化制度建设起步晚，还未成体系、不成熟。

8. 开发式助老扶贫

开发式扶贫是国家支持的，利用贫困地区的自然资源，进行开发式生产建设，鼓励贫困老年人依靠自己解决温饱问题、争取早日脱贫的一项社会救助制度。一个开发式助老扶贫的目的是：通过“三个联系，两个结合，一个开发”使贫困地区自我积累和自我发展的能力增强，从根本上消除造成贫困的根源，实现稳定脱贫，走上致富大道①。

（三）我国老年社会救助制度的完善

1. 建立相应的法律制度

与西方国家相比，我国的社会救助法制化相对落后。2014 年 5 月 1 日，《社会救助暂行办法》正式施行，这是我国统筹各项社会救助制度为一体而出台的行政法规。当下我国各项立法正在不断完善，应该集中力量加快建立相对完善的社会救助法律制度，首先要具备立法理念和立法体系。

在老年人社会救助立法时应从保障老年人生存权的基本理念来进行构建，而不是更多满足政府管理的需求，从“发扬社会主义制度优越性”等政治性口号来宣示②。我国立法偏重于满足老年人的基本生活需求，在将来，会有越来越多的老年人有精神文化方面的需求需要满足。近年来，孤苦无助、内心空虚的老年人尤其是农村老年人自杀的新闻层出不穷，已然衍生成为一个社会问题亟待人们解决。关爱老年人精神健康，物质、精神保障共济，才能更好地保障老年人的生存需求。而从国家责任的角度来看，我国是人民民主专政的社会主义国家，奉行尊重人权、以人为本的理念，老年人属于弱势群体，那么国家承担老年人救助是责任同时也是义务，应该充分发挥政府主导的职能，号召其他社会力量共同提供更优质的老年人社会救助服务。

当下，我国关于老年人社会救助的相关政策举措和制度规定相对分散、不完善，缺乏一个合理且稳定的立法体系作为法律支撑。为此，需要进一步优化现行法律效力不足的《社会救助暂行办法》，并在此基础上加快制定《社会救助法》《老年人社会救助法》，使得老年人救助工作法制化、规范化。

2. 建立健全的资金筹措制度

社会救助工作的顺利、稳当进行是需要源源不断和稳固的资金来源的，资金筹措制度的不完善制约了我国老年人社会救助事业的发展。首先，要有健全的财政保障体系，加大力度投入政府财政专用资金，有了充足的资金才能保障老年人的衣食住行等基本生活需求。其次，应该大力支持社会组织发挥自身主观能动性，主动积极地投身到社会救助事业中，从而达到社会积极参与公共服务、社会救助事业扩大资金投入的双赢目的。

---

① 王朝明．中国农村 30 年开发式扶贫：政策实践与理论反思［J］．贵州财经学院学报，2008（06）：78－84.

② 曹明睿．社会救助法律制度研究［D］．西南政法大学，2004.

3. 建立社会互助机制

随着人口老龄化速度的加快，仅靠政府主导和推动的社会救助工作难以满足社会需求，老年社会救助制度的完善需要社会全体成员共同建立合作互助机制，企业、各类社会团体、志愿组织以及包括老年人在内的个人都应该互助结合，协同提高社会救助水平。老年社会互助是用社会互助的形式，社会各界有一定条件的不同人群通过各种方式向有照顾需求的老年人提供生活照顾服务，同时在一定程度上达到自身不同的目的，达到互帮互助的效果。

这里需要特别指出的问题是，随着中国老龄人口的增加，目前城乡老年人自杀的案件频出，病痛折磨、经济负担和精神抑郁是导致老年人自杀的三大原因。老年人基于自身各种原因的限制，生存于这个快节奏、高发展的社会面临着各种各样的困难，心理、情感方面的关爱缺失严重，以农村老人自杀问题来说，这不仅是文化变革问题，更是社会阶层和经济发展问题，更有不少生活在社会底层的老人已形成“到了一定时候就该自杀”这样的可怕思想。所以，老年社会互助应该兼顾精神情感方面的救助工作，关爱老年人心理健康，帮助他们走出生活阴霾从而恢复健康积极的生活心态，从消极养老迈向积极养老，这也是建立健全的社会救助制度应有的内容。

将来我国的老年社会互助模式可以向德国的老年互助模式借鉴学习，主要有以下几种：一是老人与老人互助模式，即由低龄老年人帮助高龄老年人，与养老院不同的是，老人可继续住在自己家里，由几个低龄老人牵头，组成邻里互帮互助的小组，轮流到每家活动。二是老人与单亲家庭互助模式，这种互助模式主要是将有照顾孩子需求的单亲家庭与有照顾需求的老人结合起来的“三代同堂”的特殊照顾模式，在一定程度上能满足部分失能老人的情感需求和精神需求。三是老人与大学生互助模式，即将有住宿需求的大学生与有房子、有照顾需求的老人结合起来的互助形式，由民政局与大学服务中心介绍大学生到孤寡老人家居住，可免房租，但学生要承担部分照顾老人的义务等①。

4. 完善监督制度

老年人社会救助工作的公平、公开、公正需要完善的监督制度，包括群众监督、网络舆论监督、政府行政监督等。《社会救助暂行办法》第十一章中提到，“监督管理”主要是规范县级以上人民政府及其社会救助管理部门以及履行社会救助职责的工作人员在社会救助工作中的监督制度，这里讨论一下关于群众监督和网络舆论监督的内容。

我国群众有参与权、知情权和监督权，一个公民接受了什么社会救助项目，申请救助的流程是否合规正常，享受到的救助金是多少、非物质服务是哪些，整个过程是否合法合规，都要经得起群众的监督、评论和质疑。涉及社会救助工作的各级民政部门在日常公开社会救助相关数据的同时，要设置公开的投诉监督通道，可以是电话、官网留言、现场等形式，及时受理群众的投诉与监督，并认真耐心、有秩序地及时回复群众的

① 肖金明．老年人社会救助制度研究［M］．济南：山东大学出版社，2015：10.

各种问题。

在互联网高速发展的今天，网络舆论对于政府公信力的影响越来越大，同时也是提升人民监督的一个有力推动。网络新闻媒体在进行社会救助政策举措宣传工作的同时，也对社会救助工作中存在错误和漏洞的现象进行及时和公开的报道，从而形成对社会救助的监督。

第三节 老年社会福利与救助的国际实践

老年社会福利作为一种政策举措和提高老年人生活质量的一种手段，有助于本就属于弱势群体的老年群体的基本生活问题的解决和各种特殊要求的满足。而社会救助是保障社会安全的最后一道防线，为由于各种原因陷入困境而无法维持最低生活水平的人们提供最底线的保障。随着工业化的发展，社会物质财富不断积累，第二次世界大战之后，西方一些发达资本主义国家开始实行“福利国家”制度，社会福利和救助制度得到了发展。在各国提供的老年人社会福利中，包括老年人生活照料、医疗福利、住房福利、尊重与享受需要福利、交通优惠福利和发展需要福利等，涉及老年人生活的各个方面。我国现行的老年社会福利制度主要是为退休后或达到法律规定年龄的老年人提供现金支持的一种生活保障方式。我国基本上是在没有充分准备的状况下悄然进入老龄化社会的，老年社会福利与救助立法尚未形成体系，老年人社会救助制度的建立与发展比较滞后。学习和借鉴其他国家关于老年社会福利与救助的先进经验，有利于我国老年人权益保障工作的推进。

一、老年社会福利的国际实践

（一）丹麦的老年社会福利制度

作为典型的北欧福利国家，丹麦是世界上生活水准最高的国家之一，也是高福利国家中的典型，然而人口老龄化态势在丹麦也越来越严重。面对日趋严重的老龄化问题，丹麦政府实施了一系列惠民养老措施：以养老金制度为福利政策核心，构建养老保障体系；制定专门的老年人住房法案，实现老年人住房安全的保障；实行弹性退休政策，以缓解人们的身体健康问题和退休带来的一系列社会问题。此外，丹麦政府还为老年人提供各项关怀服务。丹麦的老年服务面面俱到，在国际上具有鲜明的特色，达到了多样化、精细化、社会化的程度。

1. 养老金制度

丹麦的养老金制度是非缴费性的，所有在丹麦居住的退休人员都被覆盖。作为丹麦福利政策的核心，目前丹麦的养老保险分为法定和自愿两大类。法定养老保险包括国家养老保险、劳动市场补充养老保险和特别养老保险。根据丹麦法律规定，凡是年满67岁的丹麦公民，不论其是否缴纳社会保险税费，都可以享受不带任何附加条件的国家养老金。养老金的资金来源于中央政府的税收，其标准由国家确定，并由国家财政支出。国家养老金由基本金额和养老金津贴组成。每个人的基本金额是相同的，而养老金津贴取决于养老金领取者是单身、已婚还是同居。国家养老保险分为两种情况：从15岁以后开始计算，一个人在丹麦居住满40年，可以享受全额国家养老金；如果在丹麦居住不足40年，只能获得一部分。除国家养老金外，许多雇员还将享有“劳动市场补充养老保险”“特别养老保险”。为了增加退休后的收入，丹麦规定：所有每周工作9个小时以上并领取报酬的工作者都参加“劳动市场补充养老保险”，保险费由雇主和雇员分摊，雇主承担2/3，雇员1/3，雇员缴纳的部分从工资中自动扣转。“特别养老保险”的交费标准则是本人总收入的1%，一般从工资中自动扣转。

除此之外，许多雇员还将享有自愿养老保险。购买自愿养老保险的不同险种是购买人的个人行为。自愿养老保险包括集体养老保险、企业养老保险等。其中，集体养老保险常见于各个专业行业，由行业雇主协会与行业工会达成协议。各企业的企业养老保险不尽相同，它往往被视为变相的收入或福利待遇，保险费通常是参加雇员总收入的15%，其中，公司支付10%，个人支付5%。

2. 老年人住房保障

丹麦宪法明文规定，社会应当履行赡养老人的义务。丹麦老人与子女同住的比例很低，国家对老年人的社会保障政策倾向于让他们居住在独立的公寓中。除了老年公寓，丹麦老年住房形式还包括养老院、疗养院和老人收容院等。在丹麦，多数老人不愿舍弃久居的房屋和熟悉的生活环境，他们多选择居家养老。事实上，丹麦政府也大力支持居家养老，为此政府尽力帮助退休老人改造房屋，以使他们安享晚年。政府规定，退休以后，如果老人愿意继续居住在自己家中，但原有的设施无法满足其养老需求，他们可以到地方政府申请房屋改造。收到申请后，政府会在接下来的几天内派专人去查看房屋，并与老人商讨如何改造。

丹麦制定专门的老人住房法案——《老年人及丧失劳动能力者住房法案》，该法案严格规定：每套单元房一般应在60平方米以上，老年人住房要有卧室、客厅、厨房和厕所，不得建成办公用房；室内设计要根据老年人的生活习惯，厨房和厕所须安装扶手；在卧室安装急救门铃，有24小时紧急通信联络装置，以便老人在生病或跌伤时，能够立即反应。对于老年人的生活起居，政府尽力提供精细和优质的服务。

3. 弹性退休政策

在老龄化加剧的背景下，丹麦养老金支付压力日趋沉重。面对日益增大的养老金压力，丹麦着手实施弹性退休政策，努力挖掘“银发经济”蕴含的力量，并由此带动相关产业发展。弹性退休政策是丹麦老年政策的重要组成部分。早在1995年，丹麦就开始实施灵活退休的方案：在法定退休年龄以前，可以选择退休；达到法定退休年龄后，可以自愿选择是否退休。近年来，丹麦出台了新退休政策，逐步提高退休年龄，将退休年龄从目前的67岁延迟至2030年时的68岁。而到2060年，丹麦的退休年龄有可能自动推迟至74岁。多年来，丹麦劳动力市场一直呈现供不应求的状况，实行弹性退休、延长退休年龄，可以避免老年人因各种原因提早退休，在充分发挥老年人余热的同时，还有利于他们的身心健康。

4. 爱心服务政策

不少人退休后容易出现心理问题和健康问题，多年养成的工作习惯也不得不改变，主观情绪上有缺失、失落的感觉，生活重心发生了变化，丹麦政府认为有必要给退休老人提供必要的关怀，使其重新调整其心态，逐步适应退休生活。在关怀服务上，丹麦政府除了为健康的老人提供娱乐交流用的“老人活动中心”外，还设有专门的照护机构，以便为不能自理的老人提供日间或者夜间的托管与照护服务。丹麦设有各种各样的老人中心、日间照顾中心，照顾服务的基本内容是医疗护理和家庭服务，包括老年公寓内全天候运行的家庭医疗系统、养老中心的老年食堂、预防式家访服务、家务卫生和病患照料等项目内容。

（二）新西兰的老年社会福利制度

新西兰老人的养老方式分为居家养老和养老院养老，其中，选择居家养老的老年人如果遇到生活障碍，可以向社区申请帮助，社区人员和义工会定期上门提供照护服务；新西兰养老院分为医院养老院（Hospital Rest Home）和退休村庄（Retirement Village），前者的照顾对象是起居生活困难甚至不能自理的老年人，后者主要服务身体健康状况良好但家庭成员无法照顾的老年人。新西兰实行的是人人平等的养老金制度，并且是世界上第一个不需要个人缴纳税款就能享受养老金制度的国家。根据新西兰的养老金制度，不论是新西兰本国公民，还是有永久居留权的外国人，只要年满65岁，在新西兰住满十年，就有资格申领养老金。在新西兰居住十年以上、三十年以内的按全额养老金的一定比例领取。养老金的金额不能低于社会平均工资的65%，看病、乘坐公共交通工具是免费的，且养老金足够老年人的日常开销，当地老年人可以说是拥有非常有尊严和有质量的晚年生活了。总的来说，新西兰老人的生活是靠政府和相关制度来保障，而不是靠家庭养老。

（三）日本的老年社会福利制度

日本从20世纪60年代到今天，通过《老人福祉法》《老人保健法》《介护保险法》等相关法律作为支撑向老年人提供社会福利、医疗保健福利、日常生活照护等公共服务，形成了相对完善的养老服务制度体系。日本公共养老保险制度的基础年金主要由国民养老年金、共济年金、厚生养老年金三大部分构成，国民养老年金待遇是日本老年人生活的主要收入来源。此外，日本政府于20世纪60年代初期颁布了《老人福利法》，该法提出政府为认知障碍、卧床不起等体弱老人修建特别养老院。随着人口老龄化越来越严重，日本在2000年颁布了《老人介护保险法》，该制度规定国民从40岁开始交纳老年介护保险金，等年龄到达65岁以上且需护理的老人，可获得保障。日本老年社会福利制度具有相对完善的项目体系、明确的责任体系和优质的服务体系，并且有强有力的相关法律作为支撑，这与日本人口规模、经济发展程度、人口老龄化程度等都有密切关系，我国作为日本的东亚邻国，目前人口老龄化程度也趋于严重，可以借鉴日本老年社会福利制度中值得学习的方面。

二、老年社会救助的国际实践

（一）德国的老年社会救助制度

现代意义上的德国社会救助制度确立于1961年的《联邦社会救助法案》，该法案明确了德国社会救助的基本任务、内容与组织结构。2004年，德国政府推动社会救助制度改革，把原先高度统一、均质的社会救助制度改革为一种分层的、异质的制度，即根据给付对象不同而加以区别对待的制度。至此，德国老年人社会救助制度开始建立。

目前，德国的老年社会救助内容分为生活费用救助和特殊生活条件救助两大类。生活费用救助类似于我国的最低生活保障制度，它是德国社会救助制度最主要的救助内容，包括标准基础费用、额外需求补贴、住宿暖气三部分。特殊生活条件救助类似于我国的专项救助和临时救助项目，包括医疗救助、住房援助、残疾人社会整合救助、护理救助等。值得一提的是，德国自《长期护理保险法》的实施，基本实现了全民参保照护保险，德国政府会对低收入老年人给予照顾保险费的补助或减免，照护保险基金的给付根据被照护人的需求等级而定，之后每月发放照护补助，剩余部分由个人承担，对于无法支付的人来说必须依赖社会救助，由护理救助基金提供援助。与长期护理保险制度一样，德国的护理救助服务通过居家服务和护理院服务两种方式提供。居家服务提供者是专业照护人员或是家庭成员、亲属、朋友等家庭自配人员，可以由老年人自行选择居家服务的给付方式（现金给付或是实物给付），如果是实物给付就是由前者提供服务，如果是现金给付就是由后者提供服务然后现金支付给他们。德国的护理院有国有性质的也有私营或是地方组织的，分为半住院照护和完全住院照护两种。半住院照护是老年人指定一天中某段时间接受照护，完全住院照护只提供现金给付无实物给付。德国的老年社会救助制度遵循辅助原则，即救助作为一种辅助手段来补充保障老年人的生活所需。

（二）日本的老年社会救助制度

日本是亚洲人口老龄化最严重的国家，其长期护理制度发展较成熟，护理救助制度较为成功，在老年救助的问题上可以给我们很多启示。对于陷入困境的老年人，日本社会救助制度的主要措施是生活救助、就业援助、护理救助。生活救助的标准是根据受助者的年龄、性别、家庭状况及其所在地区的级别来核定的，个人收入与日本厚生省核定当地的最低生活费用的差额部分由生活救助进行补助。除这种差额补助外，还有年终一次性发放营养费补助、入院患者用品补助等形式，这种补助是以高龄者、单亲母子家庭、残疾人等为对象的额外补贴。就业援助是为鼓励老年人再就业而出台的鼓励政策和措施，近年来在日本各地设立了老年人才中心，为老年人提供就业服务，主张老年人退休后积极再就业，积极参与社会。护理救助是1946年日本《生活保护法》中的一个项目，后来建立了专门的老年人护理救助制度，内容包括上门照护、上门康复服务、通缩护理、支付居家福利用具购入费等。日本长期护理制度还规定了根据不同收入等级相应减免费用的制度，既包括对护理保险缴费的减免，也包括对护理服务给付时的补贴。

除此之外，日本对于符合贫困标准的老年人能够受到住房救助、医疗救助、丧葬救助等救助措施。日本侧重于提高老年人的生活自理能力，同时加强对贫困的老龄人口的公共服务，结合保障性法律，力求缓解人口老龄化带来的一系列问题。

（三）印度的老年社会救助制度

印度与中国相似，人口众多且农村人口占比大，城乡经济发展程度差距大，同为发展中国家，老年社会救助制度的目的是反贫困、保障人民基本生活水平，因此，印度的社会救助制度及其发展改革值得我国借鉴。目前，印度为贫困老年人提供的救助项目主要有甘地国家养老金计划、食物补助计划。国家养老金计划是一种以减贫为目标的非缴费型的老年保障制度，受益对象是所有生活在贫困线以下家庭的60岁以上的老年人，采取加急调查的形式发放现金津贴。食物补助计划是从2000年开始实施的，该计划向符合国家养老金计划领取资格但实际没有获得救助的老年人提供相应数量的谷物救济，为保障对象提供可供兑换谷物的口粮卡。2009年，寡妇津贴和伤残津贴纳入非缴费型养老金计划，至此，印度两级政府财政融资与多级政府管理的包括现金与实物救助的贫困老年社会救助制度基本确立。虽然印度老年社会救助制度的实行总体来说效果是积极的，但是该制度的覆盖范围与目标相差甚远，在老年贫困人口众多的国情之下，印度的老年社会救助制度还需继续优化。

思考与训练

1. 请思考在人口老龄化进程快速发展的新时代，如何将现代社会老年社会福利与救助制度建立在国家责任和公民人权保障之上？

2. 请思考为什么越来越多的城乡老年人选择自杀？如何从关爱老年人心理健康的角度开展社会救助工作？

3. 请在网络上下载《社会救助暂行办法》，并与同学进行讨论。

扩展阅读

搬迁移民：应保尽保，“黔”程无忧

贵州是全国贫困面大，贫困人口多的省份之一。脱贫攻坚是全省一切工作的重中之重。2015 年，全国扶贫攻坚大会召开以来，贵州省共有易地扶贫搬迁移民约 188 万人，占全国总搬迁人口的 19.16%。贫困发生率从 2011 年的 33.4% 降至 2019 年底的 1% 以下。贵州省人社厅按照省委省政府部署，围绕易地扶贫搬迁“六个坚持”，统筹抓好“五个体系”，落实“搬得出、稳得住、能致富”的工作要求，使易地扶贫搬迁的建档立卡贫困人口实现了城乡居民基本养老保险的全覆盖。

一个也不能掉队

面对 188 万易地扶贫搬迁移民，2016 年，贵州省人社厅出台了《关于做好新时期易地扶贫搬迁移民社会保障衔接有关问题的通知》（黔人社厅发〔2016〕20 号），以“四个确保”织牢易地扶贫搬迁移民的社会保障网，发挥社会保障兜底扶贫功能，使他们搬得出、稳得住、能发展，解除他们搬迁的后顾之忧。政策允许易地扶贫搬迁移民自由选择养老保险险种和参保地。2018 年 3 月，贵州省人社厅下发了《关于切实做好社会保险扶贫工作的实施意见》（黔人社厅发〔2018〕3 号），对未标注脱贫的建档立卡贫困人口、低保对象、特困人员等困难群体，参加城乡居民基本养老保险的，由地方政府按比例代缴部分或全部最低档次参保费用，减轻困难人群的参保缴费负担，助力其精准脱贫。

徐显富是黔西南州兴义市敬南镇水淹凼村三组村民，长期以来，他无力每年按期为自己和家人缴纳养老保险费。2018 年，徐显富所在的村子被纳入易地扶贫搬迁范围，他同大多数人一样将家搬到了兴义市洒金新城安置点，还被列入兴义市政府代缴养老保险名单。政府每年都会按比例为徐显富和他的家人代缴每人每年 100 元的保费，有效地解决了他缴不起养老保险费的难题。为了保证每一个像徐显富一样的贫困人员不掉队，基层人社干部还根据困难群众实际上门服务。2016 年，黔南州惠水县的人社干部在上门排查时发现搬迁移民中有一位名叫杨银翠的 91 岁高龄的建档立卡贫困人员因交通不便而未参加城乡居民基本养老保险。了解到情况后，惠水县人社局在一周内就为杨银翠办理了参保手续并按照相关标准为其补发了 3140 元的养老金。老人乐了：“我今后也能端上国家的‘铁饭碗’喽!”

资料来源：甘沁，陆毅．搬迁移民：应保尽保，“黔”程无忧［J］．中国社会保障，2020（03）：48 – 50.

第九章　慈善助老

学习目标

1. 掌握公益慈善的概念。
2. 了解慈善助老的路径。
3. 思考现阶段我国慈善助老存在的障碍及解决对策。

案例：河南武陟县创新慈善助力村级养老服务模式

随着经济社会的发展，传统的家庭养老和照料功能不断弱化，致使农村老年人口的养老问题日益凸显，逐步演变为一个社会性的问题。近年来，武陟县逐步形成了“村级＋慈善＋政府＋个人”四级联动“众筹养老”服务模式，满足了农村老年人多样化、深层次养老服务需求。

因地制宜，建设基础设施。全面调查摸底，将闲置的旧办公场所、医院、学校、企业、祠堂、农家庭院等改造用于农村慈善幸福院场所。在功能设置上统一标准，每所慈善幸福院至少配备休息室、配餐室、文体娱乐室、书画室、健身康复室和室外活动场地“五室一场”，做到生活、娱乐、医疗设施一应俱全，确保老人舒适方便。

多种渠道，筹集运营资金。该县主要采取“政府扶持、慈善捐赠、乡村补充、企业帮扶”的办法筹集资金，用于慈善幸福院建设及运营，老人子女每月仅需缴纳 100 元，就可入住慈善幸福院。县财政每年拿出 200 万元，采取星级评定和年终考核相结合的办法，通过以奖代补的形式发放至各村慈善幸福院，用于入住老人的生活补贴；各村通过募捐资金，用于慈善幸福院补贴、急难救助等工作；村里大力推行“以地养院”模式，结合村情盘活土地等资产资源，收益固定用于慈善幸福院的日常费用补贴；积极鼓励爱心企业、社工组织、义工团队，帮扶托管、兜底慈善幸福院，全县由企业通过各种渠道支持的慈善幸福院达 18 所。

创新载体，丰富服务内涵。社会各界爱心人士和党员志愿者服务队、社会义工服务队，经常开展“慈善送服务下乡”“慈善情·健康行”“关爱空巢老人”等主题党日活动，到慈善幸福院开展义诊、送戏下乡、心理咨询等活动，不断丰富老年人的精神文化生活。

加快发展，提升服务质量。为加快推进养老标准化、品牌化建设，该县探索养老服务的个性化与人性化需求相结合，投资 2000 余万元高标准打造了 14 所示范性村级慈善幸福院，设置床位 700 张；投资 5000 余万元，新建 6 所乡镇（街道）敬老院，新增床位 500 张，在优先满足农村“五保”对象集中供养需求的前提下，面向社会开放，拓展机构养老、短期托养、日间照料等服务，逐步将慈善幸福院打造成乡镇（街道）区域性养老服务中心。

此外，该县还探索“慈善＋专业团队＋社工组织”的新型养老服务模式，引入专业服务公司，利用专业服务团队和社工组织，为老人及特困对象提供助餐、日间托养、巡视巡察、家务照料心理疏导等养老服务，进一步提升养老精细化服务质量。“慈善工程”已成为武陟精神文明建设和养老事业发展的一张亮丽名片。

资料来源：河南武陟：农村养老“不出村”，光明日报，2022年4月。

思考与训练

1. 武陟县是如何创新发展新型慈善养老服务模式的？
2. 慈善助力养老的发展有何意义？
3. 慈善组织还可以为老年人提供哪些服务？

第一节　慈善事业助力养老

乐善好施一直是中华优秀传统文化的重要内容，在中华传统文化的熏陶下，各类义工、捐物活动也逐步走进了百姓的生活，而民间公益慈善机构的兴起，成为参与国家财富的第三次分配、增进人民福祉的重要社会力量。慈善事业作为我国社会保障制度的重要组成部分和必要补充，也逐渐在养老保障制度中发力，成为推动养老服务发展的一股重要的力量①。

一、慈善事业的内涵

慈善是缘起于仁爱理念，同情之心，是从人道主义救援和贫民救济活动中开始发展的，以直接扶贫济困、帮助全体社会成员谋取福利与利益为主要目标，是对社会弱势成员的一种自愿、互助和具有公益性的社会行为。在助人的本质上，公益慈善活动多为社会大众在闲暇生活时所进行的不求回报的服务，因此，公益慈善活动更多是一种情感的传递与升华。在助人机制方面，公益慈善是一种社会大众自愿的利他行为，所以对行善者的规范及其专业化的需求相对薄弱。在助人的内容方面，公益慈善既有物质上的救助，又有精神上的安慰；在互动关系方面，慈善救济是一种单纯的援助，援助者与受助者是一种平等的、互动的关系。

---

① 周秋光．现代中国社会保障制度与慈善事业70年发展进程及其思考［J］．中南大学学报（社会科学版），2020，269（06）：150－162.

慈善组织属于非营利组织，其范围包括捐赠款、志愿服务、社会组织、社会工作者等，作用是缩小贫富差距，连接社会资源，为社会弱势群体提供帮助，健全社会保障体系，调节社会风气，促进社会良性发展等。公益慈善事业则是指在政府的倡导、帮助或支持下，通过使命的凝聚和引导，由民间团体或个人自愿组织与开展活动的，对社会中遇到灾难、不幸的人或有利于人们福祉的教育、科研、文化、艺术、体育、环保等社会事务，不求回报地实施救助、扶助、资助的一种无私的支持与奉献的事业。旨在救助、救济、扶助特殊困难群体、个人或组织的公益慈善活动中，其运作的资源主要是从社会上（也有一部分政府财政资助和他国政府、境外组织与个体的捐赠）以一定的法定形式募集到的资金或善款，但募款的目的是支持公益慈善机构可以顺利地实现自己的使命。使命的实现、责任的担当才是公益慈善事业的终极目标。

二、公益慈善助力养老保障的功能

（一）公益慈善是养老金体系的有益补充

公益慈善是养老金体系的有益补充，是低收入老年人和困难老年人的收入来源之一。养老金体系是国家提供的一种基本保障机制，而慈善事业则通过社会力量和个人捐赠提供额外的帮助和救助，弥补困难老年人法定养老金的不足。尽管绝大部分老年人都有养老金作为收入的来源，但是养老金的保障水平不同。此外，由于老年人的抗风险能力弱，在生活中一旦遇到丧偶、离异或重大疾病，生活水平可能急剧下降，而养老金难以抵御这些风险。而慈善资金可以在老年人陷入困难后，在政府救助之外得到额外的救助。

（二）公益慈善是养老服务供给的重要力量

党的二十大对完善志愿服务制度和工作体系提出新要求，指出“引导、支持有意愿有能力的企业、社会组织和个人积极参与公益慈善事业”。当前，随着人口老龄化向老龄社会的纵深化发展，养老志愿服务作为一种非正式照护资源，逐渐成为专业化养老照顾的重要补充，在居家和社区养老服务中扮演着重要角色。养老志愿服务涵盖了生活照顾、医疗保健、精神慰藉等方面，它是对政府提供的兜底性养老服务、政府与市场提供的普惠性养老服务、以市场为主提供的生活性服务的有力补充，是社会化养老服务体系建设的组成部分之一。慈善志愿服务作为新时期我国老龄化社会治理的重要抓手，有利于优化社会治理创新路径。从国际经验看，除了资金捐赠支持外，各类慈善组织在社会服务供给中扮演重要角色。2020 年，美国慈善捐赠主要用途之一是人道服务，包括助老、儿童保护、社区服务等，且美国慈善组织的数量已超过 100 万家，多数直接为老年人、儿童、妇女及残疾人群体服务。

（三）公益慈善是老年人获得社会温暖的重要通道

公益慈善事业是建立在人类对他人的怜悯、慈爱以及信仰的基础上的。它是一部分人对另一部分人的自愿捐赠和帮助贫困人群的行为。在养老服务救助方面，在民政部门仅能承担托底保障、养老服务市场还未获得充分发展、长期照护保险制度等还未完全确立的时代背景下，作为第三部门的慈善组织补充了部分养老服务救助需求，虽然很多项目依然还是直接的资金、物质救助，但对老年人的生活照料、康复护理、精神慰藉、社会交往和临终关怀等在内的长期照护服务救助也是不断开拓创新，联合多方力量，满足老年人的养老需求。再加上我国对老年人长期照护专业人才、志愿者的培育和重视，我国慈善组织提供的养老服务正朝着多样化、精准化、个性化、时代化发展。

第二节　我国慈善事业的发展历程

慈善事业，作为社会文明进步的标志，以其博爱的胸怀和无私的奉献，承载着帮贫济困、扶弱助残、赈灾救援等社会责任。在我国，慈善事业自古以来就有着深厚的文化底蕴和社会基础，它不仅是社会救助体系的重要组成部分，更是构建和谐社会的重要力量。近年来，我国慈善事业逐步开拓发展的新局面，形成慈善与公益共同发展的新格局，配合政府的精准扶贫和福利服务增长，推动国际合作，同时加强慈善文化与道德伦理建设，依法行善，真正实现以人民为中心，开辟共建共享共治的、能满足人民日益增长需要的新时代①。

一、现代中国慈善事业的发展进程

（一）计划经济时期的慈善事业（1949—1980 年）

在计划经济时期，政府将慈善事业纳入福利救济体系中，政府成为主导力量，“吸收”个人和组织的参与，这在一定程度上否定了慈善事业的独立地位。从 20 世纪 50 年代末至 60 年代初，政府取缔、接管和改造了各种现有的慈善机构，开始建立新的福利机构和设施，包括社会救济、社会福利、优抚安置以及农村的“五保”供养和合作医疗等与高度集中的计划经济相适应的社会保障制度。因此，作为社会保障体系的补充，民间慈善事业停止了发展。从 20 世纪 50 年代中期到 80 年代初，中国的慈善事业经历

① 周秋光．现代中国社会保障制度与慈善事业 70 年发展进程及其思考［J］．中南大学学报（社会科学版），2020，269（06）：150 – 162.

了衰退和停滞；归根结底，是当时政治、经济、意识形态等多种因素的共同作用。从20世纪50年代中期到80年代，国民经济长期处于缓慢发展状态，物质生产无法满足人民的基本需求。大多数人仍未解决温饱问题，他们虽然有心帮助他人，但力量有限，无法形成规模化的社会捐赠。因此，慈善事业的发展缺乏坚实的经济基础。

（二）市场经济时期的慈善事业（1981—2016年）

1. 慈善事业缓慢复苏（1981—1993年）

改革开放后，慈善事业缓慢复苏。党的十一届三中全会后，中国社会发生巨大变化，慈善事业重新萌芽、走向复兴的条件也日益具备。一方面，政治局势的稳定和和谐成为恢复和发展慈善事业的先决条件。在20世纪80年代中后期，随着经济体制改革的深入进行，政治体制也发生了相应的变化。政府逐渐改变了过去主导社会救助的地位，开始让民间力量参与到慈善事业中来。另一方面，经济的发展为慈善事业的复苏提供了有利的物质条件。在中国特色社会主义市场经济时期，由于各种复杂因素的交织，以及社会贫富差距和区域发展不平衡等问题，社会上仍然存在一部分人未解决温饱问题，还有各种弱势群体和不幸者，这为慈善事业的复兴提供了机会。与此同时，政府也出台了一系列法律法规，促使各项慈善公益活动得以开展。1988年，民政部公布了《基金会管理办法》，明确规定了基金会的宗旨，在这一阶段，一批具有浓厚政府背景的公募基金会相继出现，如中国儿童少年基金会、宋庆龄基金会、中国残疾人福利基金会、中国扶贫基金会等。

2. 慈善事业全面兴起（1994—2007年）

以1994年中华慈善总会的成立为带动，全国各省市的官办公募慈善基金会相继设立。21世纪以来，国家对慈善事业的作用更加重视，出台和完善了一批慈善法规政策。而且在党和政府的重要会议报告、纲要、决定中都明晰了慈善事业的地位和作用。2004年9月召开的党的十六届四中全会颁布的《中共中央关于加强党的执政能力建设的决定》提出，“要健全社会保险、社会救助、社会福利和慈善事业相衔接的社会保障体系”①。2005年3月十届人大三次会议政府工作报告提出了“支持发展慈善事业”②，同年还颁布《中国慈善事业发展指导纲要（2006—2010）》。这一系列法规政策使我国慈善事业的发展环境得到极大改善。

该阶段慈善事业全面兴起，慈善公益机构与慈善捐赠量大规模增加。2004年中国慈善公益机构仅有395个，且多数有政府背景；捐赠资金仅人民币16.89亿元（较2003年增长42.54%，2003年的捐助资金额度占当年GDP的0.1%）。2005年中国慈善基金

① 中共中央关于加强党的执政能力建设的决定［EB/OL］.（2008-08-20）［2019-09-05］. 中华人民共和国中央人民政府.

② 温家宝. 2005年国务院政府工作报告［EB/OL］.（2006-02-16）［2019-09-05］. 中华人民共和国中央人民政府.

会达到1026个，其中中华慈善总会与各级总协会占731个（公募）。2007年全国已有基金会1340个，其中非公募基金会达436个。人民币捐赠总量，2005年只有几十亿元，2006年达到100亿元，2007年则达到300亿元①。

3. 慈善事业蓬勃发展（2008—2016年）

2008年发生“5.12”汶川地震，中国出现“全民慈善”，捐赠总额高达1070亿元，是2007年的3.5倍，占GDP的0.356%，且国内个人捐赠金额数量首次超过企业捐款，占年度捐款总额的54%。2008年全国各类基金会数量已有1597家，比2004年增长了4倍。2013年党的十八届三中全会通过的《中共中央关于全面深化改革若干重大问题的决定》要求“完善慈善捐助减免税制度，支持慈善事业发挥扶贫济困的积极作用”②，同年，国务院办公厅印发的《关于政府向社会力量购买服务的指导意见》规定，每年从中央财政下拨两亿元支持社会组织参与社会服务；2014年国务院印发了新中国成立以来的第一个国家级的专门规范慈善事业的文件《关于促进慈善事业健康发展的指导意见》（国发〔2014〕61号）；2016年出台的《慈善法》将慈善事业纳入法制的轨道下运营发展。此外，民间社会组织、团体在自主创新方面亦有诸多突破。

（三）新时代中国特色社会主义慈善事业（2017年至今）

党的十九大提出了当前我国社会的主要矛盾，即人民日益增长的美好生活需要和不平衡不充分的发展之间的矛盾。在这一背景下，新时代中国特色社会主义慈善事业应该开创发展的新局面，形成慈善与公益共同发展的新格局，真正实现以人民为中心，开辟共建共享共治的、能满足人民日益增长需要的新时代。首先，精准扶贫赋予了慈善组织新的历史使命，需要配合政府的精准脱贫工作，成为社会建设的重要力量。其次，福利服务的增长将促进慈善部门的扩张，政府和慈善组织是福利服务的主要供给力量，慈善组织应提供高效、专业、规范的福利服务。最后，“一带一路”政策将开启慈善公益事业新篇章，提高中国慈善组织的国际合作水平。此外，善治与德治并驾齐驱，为加强慈善文化与道德伦理建设，弘扬中华优秀传统文化中的崇德向善、乐善好施的美德，并且依法行善，相关部门还陆续颁布了与慈善法相配套的政策文件，修订了《企业所得税法》，颁布了《志愿服务条例》，推动志愿服务的制度化常态化发展。综上所述，新时代中国特色社会主义慈善事业应在加强社会建设的大背景下，形成慈善与公益共同发展的新格局，配合政府的精准扶贫和福利服务增长，推动国际合作，同时加强慈善文化与道德伦理建设，依法行善③。

---

① 周秋光．中华慈善的传承与转型发展［J］．经济社会史评论，2016（01）：85－95＋127－128.

② 中共中央关于全面深化改革若干重大问题的决定［EB/OL］．（2013－11－15）［2019－09－05］．中华人民共和国中央人民政府．

③ 郑秉文，施德容．新时代慈善十大热点［M］．北京：社会科学文献出版社，2018：9.

二、我国慈善助老的现状

近年来，我国社会潜藏的公益潜能逐步被挖掘出来，社会公益事业也呈现出蓬勃发展的趋势，在社会环境允许的前提下，鼓励社会各界积极投身公益事业，既是缓解社会矛盾、调节贫富差距的一种有效途径，也是增强民众的思想觉悟、增强民众互助意识、增强社会责任感的有效措施。一方面，由政府和机构发起的公益慈善组织逐渐进入到了社会。同时，民间自发组织也在不断地出现，在扶贫、救灾、抚恤、助学、安老、环保、文化等各个方面都扮演着举足轻重的角色，并在快速发展的进程中逐渐形成了一个相对独立的产业生态系统，在社会团体的带动下，由原本的计划慈善向公民公益转变，形式越发多样，慈善事业也越发有吸引力。党的十八届三中全会出台了一系列新的重要措施，包括促进社会团体活力、完善慈善捐赠优惠政策。这一共识逐渐促进了中国的公众利益的繁荣，它们在悄无声息地改变着中国的社会管理①。

（一）资金支持的现状

一直以来，社会捐赠总量、全国志愿服务贡献价值和彩票公益金三者之和为全核算社会公益资源总量。相关测算数据显示，2021 年全国社会公益资源总量预测为 4466 亿元，较 2020 年增长 8.57%，其中社会捐赠总量为 1450 亿元，彩票公益金总量为 1062 亿元，志愿者服务贡献价值折现为 1954 亿元，分别较 2020 年增长 -5.48%、10.64% 和 20.62%。据年鉴记载和统计，2020 年中华慈善总会和收录的 101 家慈善会全年接收慈善款物总额为 344.02 亿元，支出 333.27 亿元，救助数千万人（次）。2020 年中华慈善总会共募集社会捐赠款物 73.57 亿元，100 家慈善会共募集社会捐赠款物 270.45 亿元。各地慈善会募集社会捐赠款物超过 1 亿元的有 37 家。据不完全统计，2020 年，重点研究的 32 家慈善会（以省级慈善会为准）开展慈善项目总数为 585 个，分布于助老、助孤、助学、医疗、扶贫、抗击疫情几个领域，主要集中在助困、助医、助学三个领域。其中有 53 家慈善会有具体的助老支出统计，这 53 家慈善会的助老支出总额为 2.31 亿元（23126.62 万元），占慈善会支出总额的 0.89%。与此同时，国家中央彩票公益金每年用于养老救助的比例也在逐年提升。根据中国福利彩票公益金管理中心公布的数据，2018 年，中央彩票公益金中有约 12.7% 用于养老服务项目。2019 年，这一比例达到了约 13.3%。中央彩票公益金的项目使用分配比率代表了我国各种公益慈善基金使用分配项目的大方向，我国老龄事业的发展得到了越来越充分的资金保障。以慈善组织为平台的慈善助老项目为我国慈善助老的发展奠定了一定的组织基础和群众基础，而基于弘扬慈善理念，依靠慈善文化软实力和慈善事业的发展调动全社会参与农村养老的慈善互助养老模式，成功和具有代表性的有两个地区，分别是福建省的“慈善助老安居

① 朱健刚．论社会工作与公益慈善的合流［J］．社会科学辑刊，2016（04）：55-60.

楼”和河南省武陟县的“慈善幸福院”。

（二）服务支持的现状

在养老服务领域，2021 年，我国志愿者总数为 2.7 亿人，较 2020 年增长 15.63%。全国志愿服务折合人工成本价值约 1954 亿元，志愿服务指数相对于 2020 年增长 26.41%。中国志愿者继续在养老、助老等方面发挥着重要作用，社会力量参与的方式主要有民间资本投资兴办养老服务机构与社区养老机构和设施、慈善资金支持养老服务发展以及慈善组织提供的公益性养老服务。从国际经验看，除了资金捐赠支持外，各类慈善组织在社会服务供给中扮演重要角色。

我国的慈善养老服务发展较为滞后，面临着志愿服务制度不健全、参与机制不够通畅、行业建设技术落后等诸多障碍和困境。尽管《慈善法》明确了慈善事业的范围，将慈善服务单独列章，但落地实践效果不佳。虽然民间资本参与在不断壮大，但定位多是满足中高等收入群体，真正从事公益性活动的公众偏少。截至 2020 年，全国共有社会组织 89.4 万个，其中，社会团体 37.5 万个、基金会 8432 个、民非 51.1 万个，但认定为慈善组织的不足 1 万个。从养老服务领域看，尽管开始注重社会力量在养老服务领域的参与，走政府、社会、家庭与个人多元化的服务供给道路，养老服务政策引导、支持社会力量进入养老服务业，但效果同样不够理想。

（三）其他支持的现状

随着经济水平的发展和综合国力的提升，国家越来越重视老龄事业的发展，解决好我国养老问题，是社会进步的一大表现。近年来，我国一些基金会也在为老龄事业贡献力量。例如，中国老龄事业发展基金会实施的全国敬老爱老助老主题教育活动、爱心护理工程、乐龄陪伴工程、老年希望工程、中国老年艺术团红叶风采、幸福养老大课堂、老年心理关爱工程、大爱无疆资助贫困老人大型公益活动、健康养老服务业人才培训、致敬抗战老兵等活动。在个人参与养老慈善方面，我国个人志愿性的养老服务仍参与不足，从捐赠结构看，2019 年中国个人捐赠占比仅 26.4%，而美国个人捐赠占比在 70% 以上。除了慈善捐赠与服务意识的总体水平与经济社会发展的水平不相适应，个人的志愿服务渠道欠缺是主要原因，社区慈善与社区志愿养老服务的有效结合没有得到较好体现，与中国邻里互助的优良传统相符合的社区慈善服务发展不充分，这些民间的志愿行为虽然没有被统计进入官方数据，但在慈善养老服务中也发挥着重要作用。

三、对慈善助老的思考与建议

（一）政府、市场与慈善组织合作的必要性

目前，我国的慈善事业在养老保障方面还没有发挥出预期的作用。单纯依靠政府提

供福利，势必会对财政造成较大压力。福利多元主义为我们提供了更多的选择。由于慈善事业更加具备多样性和灵活性特征，慈善事业可作为当前社会保障制度的重要补充。慈善组织通常具有较强的社会责任感和使命感，能够更深入地了解社会需求并针对性地提供服务。它们通常具有灵活性和创新性，能够迅速响应社会变化并调整服务策略。此外，慈善组织还通过社会募捐、志愿者服务等方式，动员社会资源参与社会公益事业，为社会和谐稳定作出贡献。因此，政府应通过政策支持、鼓励慈善组织积极参与，强化慈善事业对养老保障制度的补充促进作用。

（二）慈善事业参与养老保障的未来方向

首先，继续突出慈善事业在解决老龄化问题中的作用。助老是慈善事业的重要组成部分，虽然现阶段我国慈善事业主要倾向于教育、医疗和贫困事业，助老慈善还不发达，总体规模也不大，但是我国慈善事业的发展前景和趋势必将显现。

其次，进一步完善慈善事业相关制度。大力发展现代慈善事业，在制度上为慈善事业未来发展扫清障碍。政府要充分发挥为慈善事业发展进行服务、监督的作用完善慈善立法，使慈善事业走出一条法制化的道路。建立适合慈善事业发展的宽松的环境，做好宣传和引导，充分发挥税收激励等制度的作用，使民众关注慈善事业，关心老龄化问题。

最后，要推动社区慈善发展，促进社区志愿养老服务壮大。通过社区的形式发展慈善养老服务，契合中国邻里互助的优良传统，要建立、培育社区志愿养老服务队伍，给予个人提供志愿养老服务的渠道，把社区慈善与社区志愿养老服务有机结合。在此基础上，要加强信息技术在志愿养老服务实践中的应用，完善全国统一的志愿服务信息系统，充分利用中国邻里互助的优良传统，探索、完善适用中国本土化的“时间银行”等互助养老模式。建立、完善对在养老服务领域进行慈善活动的个人与组织的奖励政策，通过各类媒体宣传扶老助老的慈行善举，营造慈善公益人人参与的社会氛围，积极引导社会各界参与到老龄工作中来，精准对焦老年人的需求，提高社会公众参与志愿养老服务的积极性，为老年群体做好事、办实事。

第三节　慈善助老的国际实践

福利模式是影响慈善事业发展的重要因素，如前所述，从纵向的福利发展轨迹看，不同福利发展阶段，慈善事业的发展程度和运行模式是不同的，从横向的福利模式看，不同福利模式下慈善事业发展的空间以及发挥的作用亦是不同的。本节选取了四种福利模式来论述不同福利模式下慈善事业对社会保障制度的重要作用，分别是补救型福利模式、贝弗里奇福利模式、社会保险福利模式和北欧福利模式，并具体分析不同福利模式的代表国家。

一、补救型福利模式

毫无疑问，美国是补救型福利的代表，同时美国也是慈善大国，美国慈善事业之所以如此蓬勃地发展起来，一方面是与美国传统的慈善精神和税收制度密切相关，另一方面也与该国的社会保障模式密切相关。学界通常认为，美国社会保障体系属于补救型模式，美国主要通过市场机制来获得保障，获取福利的基础是工作，无论是企业年金还是商业医疗保险，基本上是以工作为前提，即使是在社会救助领域，美国依旧强调以工作换取福利，这意味着美国社会保障制度将部分没有工作的群体排除在外，从而为政府和市场之外的福利选择提供了机会，其中一个重要的选择是慈善。

对于补救型福利模式来说，政府承担的保障作用被降至最低，因此，在政府的社会保障安排上通常以救助型制度为主，并且在近年来的社会救助改革中加入工作福利理念。在政府承担有限责任的基础上，国民获取保障的主要来源是市场，但由于市场失灵问题的存在，市场化保障亦面临覆盖面有限等问题，因此，在政府、市场和社会的互动中，社会化保障成为国民福利的重要选择，慈善保障是其中之一。在补救型福利模式背景下，美国慈善事业获得了极大的发展空间，税法规制是美国慈善事业发展的重要特征，社会组织通过税法认可获得慈善组织资格，政府通过税法监管慈善组织行为，慈善组织依据税法从事相关活动。在与社会保障制度之间的关系方面，慈善事业和社会保障制度是互补并行的，针对社会保障制度运行中出现的问题，慈善事业起到弥补和促进作用，但慈善事业又具有独立性，在经过长时间的发展后已经形成相对完整的运行模式和保障机制。例如，美国退休人员协会是美国最大的老年人组织，致力于为50岁及以上的人群提供健康保险、退休规划、社区服务等方面的资源和信息；送餐服务是一个志愿者驱动的组织，通过志愿送餐员将健康营养的餐食送到老年人的家中，帮助他们保持独立和健康；资深志愿者服务是一个由美国国内志愿者计划组成的项目，提供各种志愿者机会，包括老年人陪伴服务、才艺分享和社区支持等，旨在鼓励和支持年长志愿者参与社区服务；全国老龄化委员（National Council on Aging）是一个非营利组织，提供有关健康、经济安全、独立生活和社会参与等方面的信息和资源，致力于提高老年人的生活质量。这些慈善组织在美国老年人群体中起到了重要的支持和服务作用，通过提供各种资源和支持，帮助老年人提高生活质量，保持健康和独立。因此，在与社会保障的关系方面，慈善事业并非仅仅起到补充作用，它与政府保障以及市场化保障共同构成国民生活的大保障体系。

二、贝弗里奇福利模式

英国慈善事业的蓬勃发展一方面与其深厚的历史传统不可分割，另一方面也和该国的社会保障制度改革密切相关。作为贝弗里奇福利模式的代表，英国政府提供的福利强调全民性、统一性和水平适度性，更高水平的福利待遇则需要通过市场获得。此后，市场化、私有化、福利多元主义成为英国社会保障制度改革的主旋律。不同于美国慈善事业的自由发展，英国慈善事业受法律的约束较多。自1601年起，英国就通过法律的形式将慈善活动的范围确定下来，此后，法定慈善活动的范围不断变动，到《2011年慈善法》时期，英国的慈善活动共分为13类。在经历了第二次世界大战之后，欧洲福利国家公共服务的提供主体转移至政府，作为首个建立起福利国家的英国，其在战后建立起强大的公共部门来提供相关公共服务。然而，经济危机使英国政府开始逐步退出福利领域，其中一个重要标志就是政府将大量公共服务外包，政府成为公共服务的购买者，而非直接提供者。我们也可以从历史的角度发现这种政府购买的踪迹。从历史上看，《济贫法》规定以教区为单位提供救助，将政府救助和宗教组织联系起来，可以说这是一种早期的政府向慈善组织购买服务的方式。特别是《慈善用途法》从法律的形式上确定慈善事业的范围后，该法成为政府监管慈善事业的重要依据。此后，政府资助一直是英国慈善组织的主要收入来源之一。2010年，卡梅伦政府又提出“大社会”的改革理念，倡导“在社会团结理念的指导下，整合市场、地方和志愿组织的力量，构建小政府、大社会的服务供给体系”。同年，英国又出台《为了英国社区和公民的利益：联合政府与公民社会组织的有效合作》，它是大社会改革理念下界定政府和慈善组织义务的重要依据，并在每个目标下对政府和志愿组织的义务进行了界定。

英国是贝弗里奇福利模式的代表且英国具有较为深厚的慈善传统。贝弗里奇福利模式强调全面性和统一性，但同时，待遇水平普遍较低也是该模式的重要特征，市场化福利在这种模式中发挥了重要的作用。在慈善事业发展方面，虽然英国和美国的慈善事业同样繁荣，但两国的慈善发展逻辑和发展模式并不相同，从一开始政府与教会的合作，到现在的慈善委员会，英国慈善事业发展中政府发挥了较大的作用，美国慈善事业发展则具有较强的自主性。具体到慈善事业与社会保障制度之间的关系，一方面，随着福利改革的推进，慈善事业在减少贫困和推动就业方面发挥了重要作用；另一方面，慈善事业也是英国公共服务的重要提供者。从当前英国政府和慈善事业的关系看，二者之间呈现明显的合作关系。虽然政府广泛参与慈善事业的发展，但政府并不干预慈善事业，而是在最大限度上给予慈善组织各方面的支持，并尊重和维护慈善组织的独立地位，当慈善组织提供的服务包含在政府施政目标之内时，政府将给予资金、信息等方面的全面支持。此外，政府在慈善事业发展过程中，主要对慈善组织的公益性质进行监督，确保慈善组织真正代表公众利益。慈善委员会的设立使慈善组织有了政府协调机构，从而实现慈善机构与其他政府机构的沟通与合作，在这种关系下，慈善事业和社会保障制度的共同目标是提升国民福利。

三、社会保险福利模式

德国被视为现代社会保障制度的发源地，其社会保险模式为其公民提供了强大的经济保障。经过100多年的发展，德国的社会保险制度取得了显著成就。相关资料显示，2017年，大约有93%的劳动人口在德国社会养老保险制度的覆盖范围内，退休后的全额养老金能替代67%的收入。此外，德国还建立了职业养老金和个人养老金制度，这三种养老金制度使得德国老年人能够维持一定水平的退休生活。通常来讲，强大的社会保障制度会对慈善制度产生排斥作用，然而德国慈善事业却处于欧洲领先水平。德国慈善事业很突出的表现是其强大的基金会组织。在德国的社会保险福利模式下，慈善事业主要扮演补充社会保障的角色。尽管社会保险制度提供了基本的社会福利，但仍有一些特殊群体或特殊情况无法完全覆盖。这些特殊群体可能包括贫困人群、残疾人士、孤儿和流浪者等。慈善事业通过提供各种形式的援助，如食物救助、住房援助、医疗救助等，来填补社会保障制度的不足，帮助那些不能完全依靠社会保障的人群。此外，慈善事业还在德国的社会保险福利模式下扮演着社会改革的角色。慈善组织通常会关注一些社会问题，如贫困、教育、环境保护等，并通过各种活动和项目来推动社会的进步和改善。通过这些活动，慈善事业为社会保障制度的发展和改善提供了一定的参考和推动力。同时，德国社会服务提供的过程也是政府购买服务的过程。通过发挥自身长期积累的经验优势，德国慈善组织一直是社会服务的主要提供者，相对于其他欧美国家，德国的个人捐赠水平相对较低，国民捐赠率仅为33%，在一定程度上限制了慈善组织发挥社会作用的空间。在此背景下，政府支出构成德国慈善事业的重要收入来源。

总结当前德国慈善事业对社会保障制度的重要作用可以发现，经过100多年的发展，德国已经形成慈善事业和社会保障制度各司其职的运行模式，慈善事业在进行有限的慈善救助之外，成为社会服务的主要提供者，在其提供服务的过程中，出资方既可以是政府，也可以是社会保险经办机构。在这种运行模式下我们不难发现德国自治的组织管理传统和辅助性原则，慈善组织和社会保险机构共同植根于德国自治传统中，从而形成并行的互动模式，二者并不存在从属关系，而是在合作中共同促进德国福利社会的发展。另外，辅助性原则决定了德国政府在提供社会服务中的次要地位，从历史上看，政府从来都不是社会服务的主要提供者，政府在更大程度上承担了监督职能和供款职能。这有助于在更大程度上发挥慈善组织的积极性和灵活性。德国慈善事业为我们展示了不同于欧美的发展模式，在与社会保障制度的关系方面，呈现出明显的分工特点：社会保障负责经济保障，慈善事业负责服务保障。慈善事业和社会保障并行发展，互为补充，虽然美国慈善事业和社会保障之间亦互为补充，但没有呈现出明显的服务和经济分工特色，这主要源于德国社会保险模式的强大经济保障力量。

四、北欧福利模式

相对于工业发展较早的英国等国家，北欧国家慈善事业发展的基础并不深厚。在北欧福利制度发展之初，虽然建立起各类保险和福利制度，但慈善事业依然有较大的发展空间，比如丹麦在19世纪末20世纪初完成了各项国家福利制度的基本立法，但在不少领域，由于政策实施过程面临各种限制，慈善事业大有可为，1905年《儿童法》的颁布意味着政府开始将儿童保护提上政治日程，但由于政府财政压力，真正用于儿童保护的资金极为有限，一些民间的儿童保护机构发展起来，如儿童抚养家庭协会，该协会属于宗教性质，其主要目标是为孤儿寻找抚养家庭。值得注意的是，面对国家福利的兴起，这一时期的慈善事业不断寻找慈善与政府之间的平衡点，一方面需要获取政府的认可，另一方面试图在国家福利体系中寻找发展空间。但在第二次世界大战以后，北欧福利模式正式朝着高水平和普惠性方向发展，收入分配差距不断缩小，从摇篮到坟墓的福利制度能够满足国民各类层次的需要，同时，高额累进税使高收入者没有动力进行额外捐赠。慈善事业的社会基础被削弱，慈善事业发展进入低潮期。如果说第二次世界大战后北欧福利国家的发展是慈善事业进入低潮期的重要转折点，那么20世纪八九十年代的经济危机则成为慈善事业重新繁荣的重要契机。以芬兰为例，20世纪90年代，经济危机席卷芬兰，也改变了芬兰福利发展的轨迹。在这次危机中，芬兰失业率大幅上升并引发其他社会问题，人们对福利国家开始有所抱怨，一方面是因为持续降低的公共开支；另一方面，单一的、僵化的公共服务不能满足新形势下产生的新需求，这使得政府、公民和其他组织开始考虑相应的改革，政府开始寄希望于社会组织来提供服务，特别是在改善就业方面。即使危机结束经济复苏，这些组织依然持续发挥强大的作用。也就是说，20世纪90年代经济危机重构了芬兰福利供给模式。经济危机结束后，一些地方政府开始意识到私人部门和第三方部门的重要性，并加强与他们的合作，慈善事业开始更多地参与到社会经济生活中。从2012年开始，随着私营组织和非营利组织在福利提供方面作用的加强，人们更倾向将芬兰看成福利社会，而非福利国家。

总而言之，相对于其他三种福利模式，北欧福利模式下慈善事业的发展相对有限，且发展时间较晚。高水平综合性的社会保障作用对慈善事业的发展产生了抑制作用，慈善事业发展的社会基础并不深厚，导致慈善事业发展水平相对较低。但在经历了一系列经济危机后，政府在提供保障方面的能力受到严重影响，一方面高水平福利对政府造成较大的财政压力，政府急于通过其他途径替代当前保障措施；另一方面，社会对福利的要求越来越多样化，相对单一的、一致的政府福利无法满足社会需求。在这种背景下，北欧慈善事业开始发展，越来越多的地方政府开始寻求与慈善组织合作，不断加大购买慈善组织服务的力度，政府直接提供的社会服务越来越少，形成慈善事业对社会保障的部分替代。

五、总结

表面上看，慈善事业和社会保障制度都是有效的手段，用于缩小收入差距和提高国民福利水平。通常情况下，这两者之间存在着一种互补关系：当政府的社会保障制度不足时，慈善事业相对发达；而当政府的社会保障制度相对充足时，慈善事业的发展将会受到抑制。多数福利国家的发展证明了这一观点。美国的慈善事业和社会保障制度的发展就说明了这种情况。美国的慈善事业范围广泛，涵盖贫困救助、健康促进、宗教发展、灾难援助、失业救助和社会服务供给等多个领域，慈善组织在其中发挥着最大的作用。英国也是如此，慈善事业被纳入政府保障体系内，成为提供社会服务的主要力量，而英国深厚的慈善传统也决定了慈善事业对社会保障制度的促进作用。在德国，慈善事业与社会保障制度的关系更多呈现为互补和分工关系。社会保险作为主体负责经济保障，而非营利性组织作为主体负责提供服务保障，这种互补模式长期存在于德国的社会经济发展过程中。在北欧福利模式下，政府是提供经济保障和服务保障的主体，慈善发展空间有限。然而，近年来受经济低迷和福利财政危机的影响，包括慈善组织在内的非营利性组织开始提供社会服务，但与德国相比，其规模和水平都相对较低，慈善事业对社会保障制度来说更多是有限的补充作用。

思考与训练

1. 进入网络时代，舆论会对公益慈善的发展产生哪些影响？
2. 在网络信息化加速发展的今天，慈善助老该如何利用互联网进行创新型发展？

扩展阅读

“边境老人的午餐”慈善项目与中国老龄事业发展基金会简介

中国有2.2万公里的陆地边境线，绝大部分是少数民族聚居区，有9个省与14个国家接壤。边境村的老人又是一群非常特殊的老人，他们生而肩负使命，因环境特殊而处于相对贫困，又因年轻人向往更美好的生活涌入城市而使得老年人疏于被照顾。边境村的经济又较为落后、老年人口集中，大多数老年人吃得非常简单，有的每日只有一餐。为了帮助戍边老人解决吃饭问题，急需建设老年食堂，为边境村老人提供营养午餐，回报他们的守护，温暖他们的晚年，助力祖国固边兴边。因此，为贯彻落实民政部、国家发展改革委、财政部、人力资源社会保障部、商务部、市场监管总局等部门联合印发的《积极发展老年助餐服务行动方案》，由中国老龄事业发展基金会发起“边境老人的午餐”助餐服务行动项目，希望通过援建边境地区老年食堂，改善边境老年人的营养状况和生活状况，丰富边境老人精神文化生活，提升老年人的健康水平、加强彼此陪伴，促进邻里守望。

中国老龄事业发展基金会是民政部、全国老龄办领导下的全国性慈善组织，成立于1986年5月，原名叫中国老年基金会，2003年改为现名称，具有公开募集资格。基金会的宗旨是：全心全意为老年人服务。主要任务是：认真贯彻党中央积极应对人口老龄化决策部署，弘扬中华民族敬老、爱老、助老的传统美德，争取海内外关心中国老龄事业的团体、人士的支持和帮助，协助政府积极推进中国老年社会福利、医疗卫生、文化体育、老年教育等各项事业的发展，保障老年人合法权益，促进老年人参与社会发展，加强同国际老龄组织、友好机构及人士的联系，促进相互间的合作与交流。

资料来源：中国老龄事业发展基金会官方网页，http：//www. cadf. org. cn/project/8。

第二篇

服务保障

目前，我国养老服务供给总量不足、供需不匹配，特别是农村居家养老服务的可及性还比较差。2023 年，《关于推进基本养老服务体系建设的意见》印发，并给出了《国家基本养老服务清单》，清单中服务类包括家庭适老化改造、家庭养老支持服务、分散和集中供养、探访服务等内容，这些基本养老服务是确保老年人权益的基本保障。本篇主要包括社区居家养老服务、机构养老服务和医养结合服务，这些服务包括了清单中的主要服务。

第十章　社区居家养老服务

学习目标

1. 了解什么是社区居家养老服务，该养老模式的优势在哪儿？
2. 明确居家养老、社区养老与社区居家养老的受众人群分别是哪些？
3. 学习国外社区居家养老服务有哪些方面是值得我们借鉴地方的？

案例：护士上门，难在哪儿？居家护理呼唤更多护士

家住北京市西城区陶然亭的赵恒英老人做完髋关节置换手术，行动不便，由于有强烈的康复护理需求，必须经常去医院。“老爷子 80 岁，160 斤，我们兄弟 3 个得先把他从 5 楼家里抬下去，再找好车送到医院，等做完护理再抬回家。”赵迪是赵恒英的孙子，每次为了送爷爷去医院，他们兄弟几个没少费心：上楼下楼，抬得满头大汗；一去一回，要从早上 8 点忙到下午 3 点，大家都得请一天假。“一个行动不便的老人进医院，至少要三四个人照料，我看也就像我家这样的能做到。子女多而且都在老人身边的家庭越来越少了。”赵迪说。

为了解决像赵恒英老人家里这样的问题，我国推行了居家护理，居家护理方便了许多行动不便的病人，使他们能够在家休养、治疗和训练。但同时现阶段我国发展居家护理也存在很多问题。首先是护理费用的问题。目前老年人对照护服务的期望价格与市场价格差距仍然较大。78.5%的老年人可接受护理费在 2000 元以内，而参照目前的市场价格，此额度只能满足陪同就医、助浴等不定期单次上门服务。从居家照护需求来看，超三成老年人对上门居家照护服务有较高需求，且主要以短期需求为主，对长期照护需求不高。小时工服务内容方面，需求占比最高的 3 项分别为理发、修脚和洗澡。但是小时工的费用较高，老人自身往往无力负担。

其次是专业人员不足的问题。我国目前护士缺口有数百万名，现阶段发展居家护理还缺乏专业人才。很多患者出院后，往往还需要延续性护理，比如康复锻炼、伤口换药、体检监测、打针输液等。然而患者回到家中，随叫随到的护理服务非常少，只能多次往返医院，或干脆不做护理。专业护理人员的缺口非常大，有人呼吁可以让护士利用下班时间兼职做此类工作。但北京一三甲医院护士长李晶表示：护士下班后做上门护理的兼职属于是有心无力，三甲医院护士普遍很忙，有的要倒班，有的有学习任务，有的下班要照顾孩子。“可能大部分同行想过上门做兼职，但付诸实践还需要勇气。只有那些既愿意挣钱又有精力和能力的护士才会加入。做市场化兼职是有门槛的，如果自身水平不行，很快就会被淘汰。”“在现阶段，发展居家护理最大的困难还是缺乏护理人才。”李晶说，护士们在医院里都忙不过来，就算愿意做兼职，要抽出时间和精力去做也有一定难度。

资料来源：护士上门，难在哪儿？居家护理呼唤更多护士，人民政协网，2018－08－17。

思考与训练

1. 现阶段的社区居家护理遇到了哪些困难，你有什么好的对策？
2. 在未来，我国发展社区居家护理的过程中需要注意哪些问题？

第一节　居家养老

自我国进入老龄化社会以来，我国老年人口的数量与老年抚养比一直呈上升趋势。我国社会的老龄化发展趋势也呈现了与西方国家不同的形态，其中较为明显地表现在人口规模大、老龄化速度快，中国人口未富先老、地区、城乡之间人口老龄化程度差异显著、老龄化人口性别比例不平衡等特征。而由于经济文化、历史传统等因素影响，我国大部分的老年人还是会选择居家养老，因为居家养老不仅有熟悉的环境、亲人的陪伴，而且居家养老的经济成本大多数老年人也可以接受。因此，对于很多低龄或未失能老人来说，居家养老是他们的最佳选择。但在老龄化、不婚化和少子化的三重压力下，失能、半失能和高龄老人的居家养老面临新的挑战：一方面，子女数量减少或者缺少老伴，失能老人获得家庭成员提供的居家照护服务越来越困难；另一方面，社区养老服务发展迟缓，还不能完全满足居家老年人的养老服务需求。因此，本章节我们将对我国的居家养老模式展开讨论。

一、居家养老的概念界定

居家养老是在国外社区照顾的基础上产生的，最早于 1963 年英国提出的“社区照顾”思想中衍生出来，它相对于“家庭养老”和“机构养老”而言，体现的是养老方式的一种安排。居家养老虽然仍以家庭为核心，需要家庭的照料，但它是一种依托社区，通过专业培训的服务人员上门服务和社区日托为主要形式，以为老人提供生活照料、医疗康复、精神慰藉为主要内容的养老模式。

居家养老不同于传统的家庭养老，家庭养老的养老资源全部来自家庭成员或老年人自己，而居家养老支持主体更加多元化，强调以居家为主，社区服务为辅，机构养老作为最后补充，它充分利用各主体的优势并尊重老年人的生活习惯和需求，因此，在当下老龄化程度不断加深的背景下受到了重视和推崇。因此，本书对居家养老概念的界定如下：居家养老是家庭养老和社会养老的有机结合，它是政府和社会力量依托社区，为居家的老人提供生活照料、家政、康复护理和精神慰藉的服务。由于老年人居住在家中却享受着社区为他们提供的社会化的养老院式服务，因此，有学者将居家养老服务体系比喻成是“没有院墙的养老”①。

家庭养老和居家养老是不同的概念。学者丁建定认为现代居家养老与传统家庭养老具有本质性不同。前者导源于工业化，其基本支持系统为社会关系，责任主体与支撑单位包括家庭、社会与政府。后者适应于农业社会，其基本支持系统为血缘关系，责任主体和支撑单位为家庭或宗亲。从传统家庭养老服务走向现代居家养老服务，既是工业化与城市化所使然，也是应对人口老龄化和家庭核心化的必然②。我国目前正处于社会转型期的关键期，家庭结构向小型化和少子化变迁，家庭照顾功能进一步减弱，养老服务逐渐涉及更多复杂的人口及社会问题③。而居家养老仍然是我国现阶段乃至未来很长一段时间老年人的主要养老方式，大多数老人还是会选择在家养老，但应该明确的是家庭养老不等于居家养老。

二、居家养老服务的基本特征

居家养老服务具有养老功能全方位性、养老资源多元性、养老体系多层次性、养老体系开放性和优势互补性四个特征。

第一，养老功能的全方位性，居家养老服务模式可以满足老年人不同层次的需要，满足老年人经济供养需求、生活照顾、精神支持等多方面需求；第二，养老资源的多元性，就是居家养老服务的资源不仅来自个人、家庭，也来自政府、社会，是对多方面资源的整合；第三，养老体系的多层次性，居家养老能够根据老年人的具体生活状况、养老条件和养老需求分配养老资源，规划养老设施；第四，养老体系的开放性和优势互补性，强调居家养老中的“家”的概念，不再是仅由亲缘关系成员所组成的狭义的家庭概念，而是在生活功能上扩展到其所处社区的广义的家庭的概念，这在一定程度上减轻了老年人的孤独感。

三、居家养老的好处

第一，从经济成本方面来看，居家养老服务所需的经济成本比较低。选择机构养老的老人需要养老机构的设施与人员服务，需要支付相当数额的费用，而家庭养老则需要

---

① 张登利．中国居家养老服务的支持性政策研究［D］．华中科技大学，2020.

② 丁建定．居家养老服务：认识误区、理性原则及完善对策［J］．中国人民大学学报，2013，27（02）：20－26.

③ 白玥．交往行动：社会组织参与社区养老服务的协同逻辑［J/OL］．兰州学刊：1－15［2023－11－07］.

牺牲老人子女的工作时间或是雇佣专门人员给老人提供日常的居家照料，也需要承担不小的成本，因此，社区化的居家养老在经济成本方面是最为理想的一种养老方式。

第二，从文化观念的角度来看，社区化的居家养老既能够消除我国老年人在“孝”文化方面的顾虑，又能够适应我国在生活方式与价值观念方面的不断变化，可以有效处理传统文化与现实情况之间的冲突。我国几千年来，始终保持着传统的家庭模式，父母有养育子女的责任，子女有赡养父母的义务。虽然老年人生活场所可以有多种选择，如家庭、养老院、老年公寓等，但家庭仍然是老年人的第一选择。然而，随着社会经济的发展和人们婚育思想观念的转变，我国的家庭结构逐渐趋向小型化与核心化，家庭对老年人的保护能力日益衰弱。社区化的居家养老在老年人长时期居住的家庭环境中进行，不仅能够避免我国老年人在“孝”文化方面的顾虑，使老年人能够安心养老；而且老年人也能够得到社会提供的各项养老服务，既保持家庭养老的传统和优点，又能弥补其不足，有效地处理了我国传统文化与现实情况之间的矛盾。

第三，从服务人数方面来看，社区化的居家养老能够在数量上解决更多老年人的养老需求。由于硬件条件的限制，再加上较高的养老费用，机构养老在其可服务人数方面是存在很大限制的。从我国目前情况来看，养老机构可接纳的老人与希望享受机构养老服务的老年人在数量上存在着明显的矛盾，养老机构提供的养老服务对于老年人实际养老需求量来说是明显不足的。

第四，从服务效果方面来看，社区化的居家养老既能够避免机构养老中由于老年人生活方式改变等因素对老人身心造成的不良影响，又能够解决年轻一代忙于工作和学习，无暇照顾老人的问题，有利于保障老年人的身心健康。老人在自己十分熟悉的生活环境中养老，不离开亲人、朋友和邻居，生活满意度自然会比较高；同时，由社区服务提供老年人的居家照顾，将传统家庭照料的部分责任向社会转移，既满足了老年人的需求，又减轻了家庭成员的负担，能够较理想地保证老年人的身心健康。

第五，从社会效益方面来看，社区化的居家养老能够培养一大批照顾老年人的专职人员。相对于机构养老与传统的家庭养老来说，能够解决更多人的就业问题。在社区化的居家养老模式中，民政部门在街道、社区可以安排一批接受过系统培训的专职人员照顾老人，以家庭养护员的身份进入生活有困难的孤老家庭服务，照顾老人日常生活起居。这样不仅能够解决一批人的就业问题，而且也确保了居家养老模式的规范化和制度化。

第二节　社区养老

当前，我国人口老龄化趋势不断加快。面对老龄人口的增多和传统家庭养老功能的弱化，如何解决老年人养老问题，探寻新的全方位的养老服务，满足老年人的多样需求，已成为众多学者探讨的重要问题。随着我国老龄化的不断加剧，老年人口日益增长，未富先老和家庭空巢化等问题也日益严重，老年人的养老需求不断增加，传统的以家庭和养老机构为主的养老模式在为老年人提供幸福安康的晚年生活上显得疲乏和无力，老年人的需求无法得到有效地满足。为了解决这一系列问题，社区养老模式应运而生。

一、社区养老概述

社区养老的概念始于20世纪50年代英国提出的“社区照顾”（community care），包括“在社区内照顾”（care in the community）、“被社区照顾”（care by the community）和“为社区照顾”（care for the community）三方面的含义，主要是运用社区资源，对老年人进行开放式的院舍照顾。社区养老是相对于家庭养老和机构养老而提出的，指老人住在自己的家中或长期生活的社区里，在得到家庭、子女照顾的同时，又能获得来自社区养老机构或相关组织提供服务的一种养老方式。

不同的学者对于社区养老的概念界定有着自己不同的理解与侧重，王盛和白雨晨（2014）认为社区养老具体有两种含义：一是指老年人住在自己家里，在继续得到家人关怀的同时，由政府补贴、社区承担养老服务和组织老人集体活动。二是指根据发展规划建设的老年人集中居住的大型、专业化社区。这种社区通常设置完善的健康、娱乐配套设施，也有良好的护理条件，老年人在这种社区可以参与同龄人的集体生活。陶立群（2002）认为，社区养老是指老年人居住在自己家里，由社区通过科学的组织管理，为社区内的老年人提供社会化养老服务，以实现老年人在自己所熟悉的环境里养老①。还有研究者认为社区养老是没有围墙的养老院，旨在满足老年人的物质和精神需求。社区养老是以政府为主导，社区搭建养老服务平台，以上门服务为主，托老服务为辅，协调社会的现有资源，向社区内老年群体提供养老设施和服务的养老方式②。

以上学者对社区养老服务从不同的角度进行了界定和论述。综上所述，社区养老服务即以社区为载体，将社区内的老年人留在其所熟悉的社区环境中，由家庭、社区、社区内的机构以及其他各种社会力量为老年人提供的包括日常生活照料服务、医疗护理保健服务、社会帮助与精神慰藉服务等专业化服务的过程。其中，社区养老服务的专业性和服务提供主体的多元性，是其区别于居家养老和机构养老的关键。

二、社区养老服务的特点

一是依托社区为提供服务的载体。传统的机构养老是将老人集中在机构内部进行养

① 陶立群．中国老年人社会福利［M］．北京：中国社会出版社，2002.

② 陈莉，卢芹，乔菁菁．智慧社区养老服务体系构建研究［J］．人口学刊，2016，38（03）：67－73.

老，而社区养老服务则是将老人留在自己所熟悉的环境中提供相应的服务，但是与传统的家庭养老不同的是，社区养老并不以家庭为中心，在提供服务的过程中，将社区内的老人集中在社区中的机构，由社区组织、社区社会工作者等提供较为专业的服务。总体而言，社区养老是在社区内，提供的以社区为主，家庭为辅的养老服务。

二是服务提供主体更加多元化。传统居家养老提供服务的主体基本为老年人的子女和其他家庭成员，机构养老提供服务的主体为机构内部专业从事人员。而社区养老提供服务主体的来源则更为多元，首先，它是以社区为主，利用老人所在社区的可利用资源，如社区内专业机构、社区专业社会工作者、社区志愿者、社区退休人员等；其次，依托社会力量提供相应服务，如社会慈善组织，社会服务机构等；最后，它以家庭为辅，起到兜底作用。不同的主体提供相应侧重不同的服务，能够更好地满足老年人的多样需求。

三是提供的服务更加具有综合性。与机构养老和居家养老提供的服务相比较，社区养老融合了两者的特点，提供的服务更加综合。社区养老一方面可以将老人留在熟悉的社区，另一方面通过挖掘社区资源，发动社会和家庭等，为老年人提供较为全面和专业的服务，有效地避免了机构养老和家庭养老的劣势，是一种综合性的服务。

三、社区“嵌入式”养老服务模式

为了大力发展城市社区养老服务，2019 年 9 月，民政部出台了《关于进一步扩大养老服务供给促进养老服务消费的实施意见》，要求优化养老服务供给。社区“嵌入式”养老服务模式作为现阶段我国发达地区崭新的养老服务体系构建路径，受到全社会的关注。社区“嵌入式”养老服务模式是以实现老年人就近养老为目标，改造原有社区养老设施，加大社区养老资源的整合，将为老服务机构与小型养老院嵌入到社区之中，从而实现老年人托养、医养、专业化居家养老服务供给的社区养老服务模式①。

（一）优势

一是社区“嵌入式”养老服务模式提供了老年人适度社会化场域。老年人一方面要适应身体机能的变化，另一方面要面对从工具性角色向情感性角色的转变，这就需要社会化的过程。老年人习惯生活在熟悉的社区环境之中，并通过具体的社会情境来适应并接受这些变化。机构养老以集中养老的方式虽降低了养老成本，但现在大型的养老机构多建在城郊或远离老年人居住的社区，老年人选择机构养老意味着离开自己所熟悉的生活环境，他们需要重新适应生活环境，这对本来适应能力减弱的老年人提出了挑战。

---

① 王晶，李鹏飞．社区嵌入式养老服务模式的优势与思考——基于发达地区与欠发达地区养老服务现状的考察［J］．吉林大学社会科学学报，2019，59（06）：133－139＋222.

社区嵌入式养老服务模式将小型的托养机构或养老院设置在老年人生活的社区之中，一方面能够使老年人获得更多来自子女、亲朋的精神慰藉；另一方面在满足老年人托养需求的基础上促进其适应老年生活。

二是社区“嵌入式”养老服务模式搭建了老年人人际关系支持网络。老年人作为生命历程的多元个体，自身蕴藏着丰富的人际关系，这些嵌入在老年生活的强关系有待转化为养老服务资源。一些学者认为，现有的养老服务模式忽视老年人自身所具有的优势与资源，缺乏对老年人非正式照料的社会支持网络构建。相比之下，社区嵌入式养老服务模式将老年人的社区人际关系嵌入养老服务之中，并通过互助机制，加强邻里互助组织、老年活动组织、社区志愿者建设，不断为老年人赋权、增权，增加老年人非正式照顾的供给渠道，改变老年人对养老服务被动接受的局面，鼓励老年人在人际关系网络中积极创造养老服务资源。可以说，社区“嵌入式”养老服务为老年人打造了以社区为依托的社会支持网络，满足了老年人非正式照料的需求。

三是社区“嵌入式”养老服务模式高效整合了社区养老服务资源。养老服务资源的整合涉及政府、市场、社会组织之间的关系，是养老模式构建的核心问题之一。现阶段居家养老服务因未能从所依托的社区中获得充足的资源而广受学者诟病。原因在于没有理顺政府、市场、组织之间的关系。而嵌入式养老模式弥补居家养老的不足，一方面，不断优化养老服务供给结构，统筹政府、社会组织、市场三大服务供给主体，让政府事前做规划、事后抓监管，留给社会组织与市场足够的发挥空间；另一方面，最大限度盘活社区资源，丰富养老服务供给内容，减少无效、低效供给。总之，社区“嵌入式”养老服务模式有利于突破居家养老服务模式的瓶颈，整合社区资源、调整供给结构，从而进一步满足老年人的托养、医养服务需求，该模式也受到越来越多老年人的认同。

（二）问题

社区“嵌入式”养老服务模式作为养老产业的新生事物，正处于起步阶段。由于自身存在的问题和外部环境影响，其发展受到很大的困扰和制约。

一是功能定位不精准。首先，社区“嵌入式”养老是衔接居家养老、社区养老和机构养老三种模式的桥梁和纽带，使之形成一个有效的服务闭环，而不是取而代之。但在实践中，一些社区“嵌入式”机构被办成小型社区养老院，为老人提供长期托养服务。其次，服务对象错位。社区“嵌入式”机构本应为高龄自理、半自理及病后出院还需护养等老人提供短期住养服务，但是有些机构却收住失能失智、半自理及临终关怀等阶段的老人。最后，服务功能错位。社区“嵌入式”机构的核心功能之一是为居家老人提供支持，为社区老人提供日间照料和活动，但是一些机构仅局限在为托养老人提供服务，不辐射居家老人，也不提供日间照料。这就混淆了机构养老服务模式与社区“嵌入式”养老服务模式之间的功能定位。

二是投资回收期长，利润率低。养老服务业本身就是个微利行业，其特点是，前期投入大，投入回收期长，回报率低。这个问题在养老院和社区养老服务中心都普遍存在。一方面，投资回收期长。由于养老机构建在社区里面，受到社区闲置设施和用地的限制，其规模较小，床位数少，多数在30张以下，甚至不足10张。但是作为一个养老机构就必须做到麻雀虽小，五脏俱全。所以，从设施的适老化改造到内部装修、设备的采购再到人员的配置，几乎与养老院一样。从规模效益来看，它不具备规模优势，单个成本回收周期会更长。另一方面，经营成本高，利润率低。社区“嵌入式”养老机构运营成本较高，主要是人工成本所占比重较高。即使是“公建民营”模式，负责运营的养老服务机构也仅能获得微利。

三是社区缺少适合改造和建设设施。目前“嵌入式”养老服务设施的新建和改造主要通过三种方式进行：第一，对社区闲置物业进行改造，第二，在空闲的土地上申请自行建设，第三，租用小区业主的房屋。对于多数老旧社区，在当初规划和建设时没有考虑到人口老龄化问题，所以，没有配套公建养老服务设施，也没规划养老用地。当前，要找到合适的物业进行改造非常困难。

四是邻避效应阻力大。社区“嵌入式”养老服务模式在各地实践中频繁遭遇小区业主的抵制，造成很大一部分项目被迫停工，陷入邻避危机。“邻避效应”，主要是指具有环境负外部性的某些公共项目在给广大居民带来利益的同时其负外部性却只由项目周边居民承担而引发的抗议现象。周围居民虽然都认同公共利益的重要性，但是不同意把这些养老设施建在自己的“后院”。比如养老服务设施，老人及其家人都希望养老设施离自己的居住地近些，方便看望。但是，另外一些居民则反对在自己所在的小区建设养老设施。担心一些患认知障碍病的老人影响他们的生活；老人会有传染病以及医疗垃圾会影响健康等。社区“嵌入式”养老服务机构这一具有积极社会正效应的公共服务设施遭遇邻避效应，成为阻碍其发展的重要方面①。

第三节　社区居家养老

人口老龄化是人类社会经济发展的一个必然过程。21世纪初，世界上所有发达国家都已进入老龄社会，许多发展中国家正在或即将进入老龄社会，人口老龄化是世界各国共同面临的重大挑战。我国已于1999年进入老龄社会，并且已经成为世界上老年人口最多、增长最快的国家。与发达国家相比，我国是典型的未富先老。随着经济发展和工业化、城市化进程不断加快，家庭小型化趋势日益明显，人们居住方式和生活方式深

① 赵小兰，孟艳春. 社区“嵌入式”养老服务模式：优势、困境与出路［J］. 河北大学学报（哲学社会科学版），2019，44（04）：89－95.

刻变化；社会转型带来的生活节奏加快和工作压力增加等原因，导致家庭养老功能日益弱化。中国老龄科学研究中心调查显示，全国城市地区有近一半的老人没有子女相伴，将老人独自留在家中会产生安全隐患，也会导致老年人出现苦闷、孤独、抑郁、烦躁、多疑等情绪，可见，传统家庭养老服务模式受到了挑战，需要找到一个融合家庭养老与社会化养老的新模式，社区居家养老应运而生。

一、社区居家养老概述

社区居家养老是怎样的一种养老？简单地讲，它与传统的家庭养老以及通常熟知的机构养老不同，它是介于传统家庭养老和机构养老之间的一种新颖的养老方式。尽管对“社区居家养老”的看法不一，但总体看，均普遍认为社区居家养老是以社区为载体，通过服务商为社区老年人提供多种服务的养老模式。也就是说，它是老年人住在自己家中或长期生活的社区里，在继续得到家人照顾的同时，由社区的养老机构或相关站点提供服务的一种养老方式，是一种介于家庭养老和机构养老之间的新型养老方式。

（一）社区居家养老的内涵

“社区居家养老”又可称为“社区联入式养老”，这种养老方式是以社区为载体，通过政府购买服务引导或支持，以社会化方式的第三方服务提供商联入社区之中，为本社区或周边附近社区有需求的老年人提供日常生活照料、家庭病床、康复训练、心理治疗等多方面的服务。张孟强将社区居家养老概括为以家庭为核心，社区为依托，信息化为手段，专业化服务为支撑，以支持和满足老年人就地就近养老需求的服务体系。总的来说，社区居家养老服务就是以家庭为核心，以社区为依托，以专业化服务机构为载体，通过上门、日托或邻里互助的服务形式，为居家老年人提供生活照料、康复护理、医疗保健等为主要内容的社会化服务。发展社区居家养老服务已成为当前乃至未来我国应对人口老龄化的必然选择。

（二）社区居家养老的基本要素

社区作为一个大平台，可以为社区内的老人提供良好并且熟悉的生活环境和各种优质的服务。那么社区居家养老的基本要素有哪些呢？主要是有以下四个方面：

其一，接受服务的老年人没有离开自己的家庭或社区，居家资源和社区资源得到充分利用，这种养老方式依然是以家庭为基础的、家庭成员参与其中的。

其二，社区居家养老不是传统的家庭养老，也不是一般意义的机构养老，它是镶嵌在社区，主要为周边老年人提供上门服务或到服务商运营的场所接受服务，从形式上看有两种：一种是走进去，另一种是走出来，它是一种新型的社会化养老。

其三，社区居家养老，政府是发挥主导作用的，可以是政府购买服务，也可以是为服务商提供必要的资金、场所和政策支持，引导并有责任监管或约束、规范服务商的服务。

其四，服务商开展社区养老服务必须有符合相关要求的场所、功能室、人员及其他基础配置和资质要求，其开展服务的场所可以有社区居家养老服务中心、日间照料中心、托老所、服务站（驿站）、服务社、社区老年人助餐服务点等不同的称谓。

二、我国的社区居家养老服务

近年来，我国老年人口数量不断增加，养老问题越发突出。面对我国目前老龄化程度加剧、养老需求多样化的现状，社区居家养老或许更适合当下我国社会发展中老年人的多样化养老需求，它结合了家庭养老和机构养老的优势，让老年人可以住在家里享受到来自社区服务或者机构提供的服务。社区居家养老是最适合缓解我国当下养老问题的一种模式，但同时，由于在发展初期，也存在许多问题，这一小节我们将着重分析讨论。

（一）我国社区居家养老服务现状

目前，中国是世界上老年人口最多的国家。人口老龄化引发了大量的消费需求，中国养老产业规模面临爆发式增长。为加快推进养老服务业供给侧结构性改革，保障基本需求，提升服务质量，让广大老年群体享受优质养老服务，国务院办公厅下发《关于全面放开养老服务市场提升养老服务质量的若干意见》（国办发〔2016〕91 号），该文件中提出降低准入门槛，引导社会资本进入养老服务业。大批民非企业、小微民营企业涌入养老市场，行业具备典型的“小、散、乱、弱、差”的特性，行业集中度低。更有转型进入养老市场的家政公司经短期经营破产后，驿站停业，老人服务中断，严重影响老人服务体验感，违背政策初衷。为保障养老服务质量，需扶持优质企业连锁化、规模化、品牌化发展。

此外，我国人口结构化问题突出，围绕需求端的多维供给成必然。随着老龄化进程的加快，我国面临未富先老、高龄老人人数较多、空巢老人数量剧增等问题，而失能、失智、失独老人数量也在不断攀升。社区居家养老模式优势凸显：老人在家中享受的不是传统意义上自己照顾自己的居家养老，而是由社区专业人员为老年人提供日常生活照料方面的专业优质服务。社区居家养老一方面减轻老年人家庭的经济负担，另一方面减轻机构养老服务的压力，相当于服务组织共享老人家里的床位、节约了社会资源，适应我国当前“未富先老”的人口老龄化特点，因此，社区居家养老在中国养老产业中占据主流位置。

（二）我国社区居家养老服务发展趋势

1. AI 技术与大数据融合，推进养老产业发展

2019 年 4 月，国务院办公厅发布《关于推进养老服务发展的意见》（国办发

〔2019〕5号)，明确提出实施“互联网+养老”行动：持续推动智慧健康养老产业发展，拓展信息技术在养老领域的应用，制定智慧健康养老产品及服务推广目录，开展智慧健康养老应用试点示范。促进人工智能、物联网、云计算、大数据等新一代信息技术和智能硬件等产品在养老服务领域深度应用。

养老行业拥抱接纳AI技术，利用智能检测设备，如动态心电仪、睡眠仪、无创血糖仪等，采集老人心率、体温、血压、呼吸率等客户健康数据，再结合大数据收集、AI计算，或签约医生进行专业分析，为客户出具健康报告、提供科学化的照护服务，以及为养老服务组织提供即时老人健康异常状况警报。此外，大数据还能够带来精准化的社区居家养老服务，老人群体的数量会逐步增加，而不同老人之间存在很大差异，每个老人的需求都是个性化的。为提高社区居家养老服务质量，就需要针对这些个性化需求，注重服务的精准化、精细化。

2. 标准化、连锁化将促进产业快速发展

2014年1月，首届中国老龄产业标准化发展高峰论坛上探讨了中国养老问题的标准化战略，同时明确提出：以标准化促进中国老龄产业健康发展。一个新兴养老服务业发展，迫切需要有完整、专业的系统标准体系指导产业发展。社区居家养老产业标准化、连锁化是该产业能够有序、健康发展的重要前提，是促进产业发展、规范养老行业市场秩序、提高服务水平与质量、增强服务企业核心竞争力的重要推动力。

近几年社区居家养老服务需求快速增长、养老服务消费市场繁荣、民营养老组织尚处于蓬勃发展阶段，但服务质量参差不齐，推广社区居家养老行业标准化、连锁化能够为全面建设小康社会提供有力的技术支撑，提高企业的竞争力。为促进养老资源的最大化利用，切实提高老年人的生活水平及质量，完善行业标准起到了很好的推动作用，提高了社会效益和经济效益，有效地缓解了社会养老压力，为解决老龄化问题提供了客观条件，同时有利于社会稳定与家庭幸福。当前应该加快社区居家养老产业管理、设施、服务等标准的制定工作，逐步建立完善的社区居家养老产业标准体系，并在实践中不断细化和完善，对推广社区居家养老产业标准，增强服务者、经营者等的标准化意识，都能起到很好的推动作用。

三、社区居家养老服务的创新实践

随着社会老龄化加速，养老服务需求日益多元化、多层次化，养老供求矛盾日渐凸显。探索社区居家养老服务机制创新，不仅是适应经济社会发展新常态的需要，也是顺应人口发展规律和满足为老人服务需求的必然要求，更是迎合新时期养老服务发展要求以及当前党和国家重大战略布局的需要。目前，我国各地政府积极推动社区居家养老服务改革创新工作，形成了颇具特色的社区居家养老服务创新实践。

（一）医养结合社区居家养老服务实践

随着老龄人口的增加，2013年9月13日，国务院《关于加快发展养老服务业的若干意见》正式发布，将“积极推进医疗卫生与养老服务相结合”作为养老服务业发展的六大主要任务之一。这一政策也被称为我国养老服务业发展史上的里程碑式文件，是我国医养结合政策制定的指导性政策，也是医养结合政策的原点。2014年9月，国家发展改革委、民政部等10部门联合发布的《关于加快推进健康与养老服务工程建设的通知》中指出：养老服务体系包括社区老年人日间照料中心、老年养护院、养老院和医养结合服务设施、农村养老服务设施4类项目。2015年11月，卫生计生委等部门发布《关于推进医疗卫生与养老服务相结合的指导意见》的通知，提出到2017年医养结合政策体系、标准规范和管理制度要初步建立，同时也为医养结合作出了总体布局：医养结合不但包括传统的生活照料服务，更突出的是包括医疗康复保健服务，是集医疗、健康咨询、健康检查、疾病诊疗和护理、大病康复以及临终关怀为一体的养老服务模式。党的十九大报告也提出，“积极应对人口老龄化，构建养老、孝老、敬老政策体系和社会环境，推进医养结合，加快老龄事业和产业发展。”这为我国医养结合的实践探索指明了方向，至此全国医养结合的模式呈“井喷式”发展。

（二）互联网背景下的社区居家养老服务设计

传统的社区居家养老服务模式存在养老服务供需双方不匹配、及时性和灵活性较差；社区居家养老服务项目少、范围窄、精神慰藉缺失，社区居家养老服务监督和评价机制不完善，服务管理效率低；专业的居家养老服务人员短缺，人员素质不高等局限性问题。为解决上述问题，我国推出“互联网＋社区居家养老服务”服务模式。其核心是将互联网以及老年人护理服务业结合起来，利用信息流来推动老年护理服务，为养老行业开辟智能养老新格局。有学者认为，将互联网、物联网和移动通信网在“互联网＋”的视角下整合，然后利用互联网的数据收集以及优化资源的优势，整合社会上的多种资源进入养老行业，进而形成服务高效、共享信息资源的养老服务系统，实现满足老年人多元化护理养老需求的目标。“互联网＋社区居家养老服务”设计就是在传统社区居家养老面临信息闭塞、共享手段缺乏、服务内容单一、服务供应商区域化明显、缺乏有效的监管监督等问题的情况下，通过“互联网＋”的概念与技术打破社区服务信息孤岛的格局，充分发挥新技术在社区居家养老服务设计的应用，助推社区居家养老服务的发展。

（三）农村社区居家养老服务实践探索与创新

农村社区居家养老服务是指以村集体为单位、家庭为核心，结合村集体的各种资源、政府财政拨款、老年人家庭共同出资的方式，培养专业服务人员以及志愿者队伍为农村老年人提供上门服务。其服务形式分为两种：一种是专业人员上门为老年人服务；另一种是在村集体建立小型的老年人日间照料中心。服务的内容主要包括生活照顾、基本医疗服务以及精神抚慰三个方面。

近年来，农村互助养老成效初显。农村互助养老模式强调普通居民间的相互帮扶与慰藉，以自助互助为原则、互惠交换为形式，实现农村老年人的养老需求满足。这种模式通常由专业养老社工带领一定数量的社区活力老人居民志愿者，组成互助社，共同解决社区内老年人的居家养老服务需求。互助养老模式不仅满足了老年人的基本生活需求，还为他们提供了精神慰藉和文化娱乐等服务，提高了老年人的生活质量。对农村老人而言，村集体是他们最常生活和居住的地方，也最贴近他们的生活，让老年人在自己熟悉的环境中安度晚年，既可以享受家庭的温馨和天伦之乐，又是体现以人为本，构建社会主义和谐社会的需要，让更多的老人在经济发展的大潮中共享经济发展的成果，有利于和谐家庭的构建，也有利于推动社会的进步。

第四节　国外社区居家养老服务实践

社区居家养老因其兼具家庭养老和社会机构养老的优点，受到世界各国的广泛重视。社区居家养老源于西方的理念与制度安排，在国外被称作“社区照顾”。由于西方发达国家较早进入“银发”时代，社区居家养老在一定程度上得到了重视与发展。政府也在社区照顾中扮演了积极的“能促型”政府角色，建立了符合各国国情的社区养老服务发展的政策支持体系。此外，“能促型”国家理念也成为发达国家社会化养老服务中政府角色调整的方向，该理念和各国实践经验对于我国发展社区居家养老服务具有一定的借鉴意义。如今，世界上许多发达国家都已经进入了老龄化社会，且步入老龄化社会的时间大多都早于中国，它们在积极探寻解决国民养老问题中摸索出了一套符合自己国情的居家养老方案，有着丰富的经验，通过借鉴这些国家的养老模式，对于解决我国的养老问题大有裨益。

一、英国社区居家养老服务

社区居家养老服务在英国又被称为社区照顾服务。英国早在 20 世纪 50 年代就进入了老龄社会，“社区照顾”的理念由此产生，且经历了“在社区照顾”“由社区照顾”“对社区照顾”的持续发展。英国的社区照顾服务集中在对老人的生活照料、物质支持以及心理慰藉等方面。为促进社区照顾服务的进一步优化，英国持续鼓励多元主体进入社区，并通过完善的制度体系进行规范，发挥各主体的主观能动性，提升不同主体的参与能力，满足老年人的多元化需求。

在鼓励多元参与上，英国鼓励企业、非营利组织和社会公众等社会力量参与社区照顾服务①。为发挥各主体的主观能动性、提升不同主体的参与能力，英国政府尤其重视社区照顾服务的制度和组织体系建设，先后制定《养老服务五年规划》《养老服务评估方案》等实施方案。从中央政府顶层设计，到地方政府具体实施，再到社区力量的直接服务，形成了清晰的服务思路。首先，社区作为直接的服务主体，可以收集老人的现实需求向地方政府反馈，由地方政府协调人力、物力和财力进行有针对性的解决。此外，英国政府设立了专门的研究机构对社区老年人的短期、中期和长期照顾问题进行研究，形成丰富的研究成果，并投入大量资金保障社区照顾服务实现有效供给。最后，建立监督机制和评估机制，组织第三方机构定期对社区照顾服务的全流程进行考核评估，由此确保各主体都能发挥其应有的作用②。

在老年人的参与积极性和各主体的服务能力显著提升后，英国政府在全国范围内开展老人健康提升行动，对社区高龄老人提供健康补贴，极大减轻了家庭和老年人的经济压力。在许多社区内设立了老年医院，老年人在社区享受养老服务的同时，可以享受高质量的医疗服务。社区内还设置健康访问员，会定期上门为老年人检查身体，对老人的身体功能和生活能力进行评估，制定合适的饮食计划，提供养生、康复等方面的建议。英国政府专门设立了医养结合人才培养基金，每年花费大量资金进行人才队伍建设，提升社区工作人员的医养结合的服务能力。英国政府还十分重视技术在社区照顾服务中的作用，建立起集信息查询、智能呼叫、健康监控等一体化的智能平台，以智慧化医养结合的方式，极大程度提升了服务的质量与效率③。

二、美国社区居家养老服务

在美国，居家养老模式起步较晚但发展很快④。美国老年人享受“社会化居家养老”方式颐养天年的人数远远超过了住进养老院的人数，现已成为主流养老形式之一⑤。美国居家养老模式的快速发展，离不开美国出台的一系列鼓励政策与措施。

美国政府鼓励居家养老，政策上给予了支持，例如，国家为老人支付护工费用，个人购置老人辅助医疗器械能够得到税务减免，有医生上门为老人服务等，这些给居家养老创造了良好的环境，而养老专业人员的设置、志愿者和现代医学的进步使得居家养老

① Notter J, Spijker T, Stomp K. Taking the community into the home [J]. Health & Social Care in the Community, 2004: 448 - 453.

② Glendinning C. Home care in England: markets in the context of under - funding [J]. Health & Social Care in the Community, 2012: 292 - 299.

③ Ware T, Matosevic T, Hardy B, et al. Commissioning care services for older people in England: the view from care managers, users and carers [J]. Ageing & Society, 2003: 411 - 428.

④ 于骁骁. 美国政府购买居家养老服务的经验 [J]. 中国政府采购报, 2015, 8 (12): 4.

⑤ 穆光宗. 美国人的“品质养老” [J]. 中国卫生, 2013 (11): 34 - 35.

的质量得到提高。借此美国发展社区居家养老也积累了丰富的经验，对我国在发展社区居家养老服务优化和社区助老等方面具有一定借鉴性。

在丰富供给主体方面，美国十分重视老年人与老年人之间的互助养老，通过结伴配对的形式鼓励老年人主动参与到社区居家养老服务的供给过程中。一方面，通过社区对互助养老的优势和作用大力宣传，提高社区老年人的参与热情和积极性；另一方面，通过制度政策对参与互助养老的老年人进行一定的激励。美国同样十分重视志愿者组织的建设，在各个社区内建立了大量的志愿者组织，积极开展养老服务、知识宣传、社区建设等一系列活动，并鼓励社区老年人参与社区公共事务。不少机构也会招募具备一定知识水平的老年人，提供免费的学习培训机会，为其他人提供心理和法律咨询服务。老年人在参与志愿服务的过程中，可以提升自己的公共事务参与能力，进而获得再就业的机会，在一定程度上还有助于扩大劳动力市场、促进经济社会的发展。

为了让社区居家养老服务主体更有动力去提供高质量的服务，提升主体的服务供给能力，促进老年人广泛参与，在20世纪60年代中期，美国先后出台《老年人法》《老年人社区就业法》《老年人健康教育与培训方法》《老年人志愿参与方案》等法律制度，对社区居家养老服务的主体、内容和形式进行规定，为老年人构建了一张严密的制度保障网，确保社区老年人得到充足的保障。

经过长时间的发展，多元主体服务老年人的动力和能力得到明显提升，美国老人可以依据实际情况选择生活自理型、协助型、持续护理退休型和特殊护理型等不同类型的养老社区。这些不同类型的社区都建设了充足的养老服务设施，老年人可以全身心地享受其老年生活。

三、日本社区居家养老服务

在众多人口老龄化问题严重的国家当中，日本所面临的状况尤为突出：在20世纪90年代，日本人群中超过65岁的人群占比已经超过14%①，从老龄化社会进展为“超老龄化社会”。由于日本进入人口老龄化的时间较早，因而在解决人口老龄化的问题上有着更丰富的经验。日本的老年人照料经过几十年的探索已形成了体系化，这对我国养老政策的改革和实施有着重要的借鉴意义。

日本养老的关注点和措施主要体现在以下五个方面：第一，改善老年人的居住环境。因为老年人的各种生活能力在相应的下降，因此，对自家的居住环境及相应的公共设施的改善是不可或缺的②③。日本政府对于老年人的居住环境非常重视，提出了社会

① 周丹丹，周弘，马路遥．日本非营利组织参与社区居家养老对我国的启示［J］．管理观察，2013（17）：6－7.

② 张雪．国外居家养老模式的经验与启示［J］．当代经济，2017（15）：48－49.

③ 伊焕英，郭洪花，张彩虹．居家养老服务的研究现状［J］．海南医学，2017，28（12）：2001－2004.

及相应的街区应当全方位地支援老年人方案。第二，配套老年人居住社区的医疗体系。日本政府对老年人居住社区的医疗体系进行了改善，在以医疗服务体系为中心的背景下，使居家养老得以持续发展并增加社区照料服务的政策倾斜。这样使得老年人的生活支援服务实现具体化，支援点的选取和空间布局取得一一对应的关系，使得每一位老人的居住地附近有着救援点的存在。第三，建立老年人生理需求分级照料体系。根据老年人的生理状态，采取相应的照料措施①。根据该体系分为五个等级，分级依据是老人的行为能力：从简单的行走困难直到吞咽困难。第四，注重不同专业间的企业合作。这包括老年人居住地附近的较低等级医院、日间照料中心和保健中心等养老机构以及老人居住所在的机构跟护理机构之间的合作。第五，加强街区住宅的安全管理。日本人口老龄化的加重使得无人居住的住宅不断地增加，而这会造成卫生环境的恶化及增加犯罪的隐患。街区自治会增加治安环境的检查，包括对空屋进行进一步的利用，防患于未然，提前排除隐患。

日本居家养老的中心思想就是使得老年人在自己家中、自己熟悉的地方可以高质量的生活，而整个社会的相关机构则为实现此目标提供支持。特点是老年人可以自由地选择需要的养老服务，并为他们配备专业的家庭护理人员，以居住地为中心，建立一系列的支援中心。这对我国养老模式的探索具有重要借鉴意义，我们应当进一步完善养老制度，使养老服务多元化，让老年人有自由选择的空间以及提高相关从业人员的专业素养。

四、新加坡社区居家养老服务

新加坡所倡导的养老方式是以居家与社区养老为基础的原地养老。原地养老要依托于社区，所以原地养老的核心是社区养老。社区养老具有多方面的优点，例如：老年人有在家庭中的归属感、社区内的居民可以更方便地交流和参与社区活动等，这些方面都有利于保证老年人的生活质量和精神愉悦，减少或避免抑郁等老年心理疾病的发生。而社区能够提供这种条件的前提条件则是建设适宜于老年人居住的环境。新加坡政府将养老作为一项“系统工程”，发动政府、社会以及全民都参与到这项工程的建设中来。从新加坡政府所指定的一系列老龄政策制定的内容中可以看出，其政策理念是将老年人照料作为一个系统的工程来对待，重点是调动各方面的积极性，不仅包括作为提供老龄服务的社会及个人，而且包括老年人自己，来共同解决这一难题。在“国家、社会、家庭、个人”这个“四位一体”的体系中，国家提供的是基本的政策框架并且以切实的政策措施以及相关社区、设施等构建来创造条件，帮助个人、家庭以及社会各尽其责；社区的主要工作是通过协助和支持的方式来帮助老年人家庭，承担起照顾老人的责任；

① 王潼宇，邸玲．居家养老模式下的养老设施设计研究［J］．四川水泥，2017（04）：113.

家庭是大多数老年人养老的居住场所，也是为老年人提供生活照料的基础；而对老年人个人要求必须负起责任，来规划自己的晚年生活。

思考与训练

1. 现阶段，发展社区居家养老还存在哪些障碍？

2. 未来该如何实现我国居家养老、社区养老、机构养老统筹发展？

3. 虽然我国已经在政策中明确提出了实施“互联网＋养老”行动，但为什么在实行过程中并不理想，我们应该如何解决这些问题？

扩展阅读

湖北咸宁建设幸福合作社　合作互助惠老人

湖北省咸宁市咸安区贺胜桥镇万秀村严天申村湾的幸福食堂里，穿着绿马甲的社工、蓝马甲的驻村干部和几位身体硬朗的老人一起在厨房里忙活，洗菜的洗菜，炒菜的炒菜，不一会儿，农家柴火灶烟囱里就升起了袅袅炊烟，各种食物的香味弥漫开来。几位80岁上下的老人也慢慢从家里走来，坐在灶旁一起拉家常。“组里建起幸福合作社，我们老人的日子越来越好了，月月吃大餐，周周有医生上门，真想活到100岁！”68岁的婆婆代长生一边帮厨、一边乐呵呵地说。

2023年6月起，从严天申村湾开始，咸宁市逐渐在最基层的村组、社区建起21家幸福合作社，社员由基层党员、村民或居民、志愿者、爱心人士等组成，以合作互助的理念，破解特困低保、经济困难、空巢独居、高龄失能等家庭困难老人的养老难题。今年，幸福合作社将在更大范围内推广，惠及越来越多的老人。

——服务场所：因地制宜，建到群众家门口

严天申村湾里都是清一色的黄墙红瓦小楼，气派又漂亮，村湾道路干净整洁，70岁的唐细腊从田里干完农活回来，她家有座两层小楼，平时却只住着她一个人，老伴不在了，儿子们都在外地打工，回来得少。去年村组合计要建设幸福合作社，没场地，大家一商量，几名村民主动腾出了自家闲置房屋做合作社的活动室和幸福食堂、爱心超市，连房租都不要：“房子空着也是空着，腾出来还有人打理。自家老人有人管了，我们在外也放心。”过去，唐细腊一直住在近乎毛坯的房子里，两层楼地方大，却空荡荡的。现在，一楼有了电视、沙发，还有一个理疗室，供村医给老人测血糖、量血压，还配了按摩椅，哪里不舒服就按摩按摩；二楼除了唐细腊自己住一间，其他地方都变成了活动室。原本冷冷清清的房子，现在常有老伙伴来，唐细腊日子过得更舒心了。

——服务人员：就近培养，专兼结合有爱心

迎着冬日暖阳，咸宁市赤壁市蒲圻街道华舟社区的老人们三五成群来到社区日间照料中心前的小广场，排队接受“曙光社工”组织的义剪和义诊服务。头发花白的李福珍戴着志愿服务“小红帽”，一边维持秩序，一边满脸堆笑地和熟人打招呼、拉家常。

华舟社区过去是一家老企业的职工住宅区，居民多达数万人，这里不仅房龄老，居民老龄化也比较严重。去年10月，华舟社区建起幸福合作社，身体健康、热心公益的李福珍当上了副理事长。

村湾里、社区里，原本有一些热心人，但缺乏照顾老人的专业知识，政府购买服务请社工组织提供专业化为老服务，又存在成本太高、社工居住较远导致紧急情况难以及时处置等问题。然而，县城、乡村缺少养老护理服务人才是个普遍性问题。幸福合作社成立后，将基层党组织、志愿者与社工组织等专业机构有效连接了起来。咸宁市民政局还创新实施了“一家一护”家庭养老服务提能工程，去年以来对近2万人开展专业化养老护理培训。他们中有2000余人通过职业技能等级认定，可到医院、养老机构等就业，但更多人成为群众身边的“土专家”，已经成为或可以发展为养老服务志愿者。

——资金来源：多方筹措，就地取材可持续

幸福合作社从建设到运营，资金从哪来？一个个幸福合作社，各自从实际出发，探出了不同的路子。严天申村湾幸福合作社靠村民捐献住房使用权，解决了场地问题，他们还争取到了民政项目资金用于场地装修；而平时的运行经费，则通过村组集体经济补贴、募集爱心企业赞助、本村在外成功人士捐助等方式解决。

咸安区广东畈村上屋村湾幸福合作社则把运营的责任“打包”交给了本土农业企业咸宁市聚友农业生态有限公司。公司法人、上屋村湾幸福合作社理事长杨六林是本村人，近年来返乡创业，流转了村里数百亩山地搞果树栽培，他的母亲也住在村里。“孝敬村里的老人，也孝敬了我自己的母亲。”杨六林说。他算了笔账，本来自己需要给七八个员工每月支付4000多元餐费，而村里让他运营幸福食堂，场地是现成的，而村里的瓜果蔬菜几乎不用花钱买，每月他用于支付厨师工资、购买食材的费用同样是4000多元。现在，村组70岁以上老人和公司员工都可以在这里免费吃饭，几乎没有增加什么成本。

特困低保、经济困难、高龄失能老人等属于民政兜底对象，对他们的护理，则通过民政部门购买服务的方式解决。咸宁市嘉鱼县“心之泉”社会工作服务中心负责人刘成林说：“通过中标政府公益服务项目，我们已服务了4个乡镇、18个村的128位老人。我们主要依靠在当地培育的志愿者开展服务，对他们，我们按服务项目、服务时间等计分付酬。一些没有工作的留守妇女、相对年轻的老人通过做志愿者也能增加收入。”刘成林在尝试通过设立“时间仓库”，由相对年轻的老人对失能半失能老人滚动服务的方式，吸引更多相对年轻、健康的老人参与到互助养老事业中来。“我们也希望通过做好服务、做出品牌，吸引更多有经济能力的家庭为老人购买服务，让养老服务市场更加成熟、壮大。”

资料来源：湖北咸宁尝试破解家庭困难老人养老难题　建设幸福合作社　合作互助惠老人［N］. 人民日报，2024-01-22（012）.

第十一章　机构养老服务

学习目标

1. 全面掌握机构养老服务的概念、特征及意义。
2. 熟悉我国机构养老服务的产生和发展历程。
3. 了解国内外机构养老服务的最新发展趋势。

案例："享老"的日子，温暖向阳——广安养怡院

2014 年，改革浪潮中的广安养怡院正在探索"公建民营"。如何在确保公益属性的情况下开展市场化运营，给老人更好、更个性化的支持？6 年后"广安"交出了答卷。82 岁的郑奶奶为了解决腰椎骨折出院后的护理难题，于 2017 年 6 月入住广安养怡院。没想到，这一住就不愿搬离了。在入住的前 3 个月，郑奶奶需要卧床休养，广安养怡院的服务人员为郑奶奶提供了贴心的服务：定时翻身、床上洗头、饮食照料，无微不至。好几次，女儿要接郑奶奶回家，郑奶奶都拒绝了。"这儿生活有规律，不用为杂事操心，刚来时我体重不到 45 公斤，现在 50 多公斤了。"郑奶奶笑呵呵地说。"因为骨质疏松严重，我康复后延续了特级护理，包括床位费、护理费、餐费、洗衣费，目前每月一共 3260 元，养老金完全够用。"

很多人认为进了养老院，就意味着接近人生终点。但广安养怡院的工作人员并不这么认为，他们的目标是让老人"有尊严地老去"，在院感受到"家的温暖"。在"广安"，听到最多的一个词就是"服务"，点点滴滴充满温情。床尾的卡片，视老人不同状况区分不同颜色；护理区的时钟，有每 2 小时翻身一次的标识；7 楼特护区，设有图书角、休闲吧，老人走出居所便可享用。

不只经营好院内，更把优质的养老服务辐射到周边，实现"院居融合"。广安养怡院成立了区级"广安居家养老服务中心"，形成"广安养怡院、街道、社区"三级居家养老服务网络。几年来为海曙中心城区的居家老年人提供生活照料、配送餐等居家上门服务 1 万余人次。同时，托管古林镇敬老院，让远郊的老年人也享受到四星级养老机构服务。

2020 年 8 月，民政部、国家发改委在全国遴选并表彰了 49 个公办养老机构改革优秀案例，宁波的广安养怡院成为全省两个入选案例之一。

资料来源：杜寅. 入选全国公办养老机构改革优秀案例，这家养老院温暖如家，中国宁波网，2020-11-02。

思考与训练

1. 选择机构养老的优势是什么？
2. 未来我国机构养老的发展趋势是什么？

第一节　机构养老服务概述

机构养老是养老服务体系中的重要组成部分。自1999年我国进入老龄化社会以来，人口老龄化进程不断加快，与此同时，“4+2+1”家庭结构普遍出现，传统的养老模式不再能够完全满足日益多元化、差异化的养老需求，老年群体空巢化、高龄化、失能化的现象越发普遍，发展机构养老成为满足养老需求，弥补传统养老模式不足的重要途径。放眼世界，无论是美、德等欧美国家，还是日、韩、新等亚洲国家，都将健全养老服务体系，提供多层次、多元化、高质量的养老服务供给，作为有效应对人口老龄化的主攻方向和重点革新领域。

一、机构养老服务的概念

老龄是一个可以预见的生命经历。20世纪后期，人口老龄化逐步成为世界性趋势，庞大的老年群体带来了多样化的养老需求，养老消费市场潜力巨大。从养老观念上看，大多数老年人的养老观念正在朝着积极的方向迈进，倾向于追求更有品质的老年生活。从客观需求上看，伴随人口老龄化趋势的还有高龄、失能、空巢老人迅速增加，家庭养老功能弱化等系列变迁，越来越多的失能及半失能老年人需要得到专业的机构照护服务，这一变化给当前机构养老服务的供给提出了巨大的挑战，同时，机构养老服务的发展也迎来了前所未有的机遇。

不同国家和地区对于“机构养老”的定义以及机构养老提供的服务种类存在争议。放眼世界，机构养老形成了八种典型类型，各类型的定义侧重不同（见表11－1）①。

表11－1　机构养老概念解析

概念	概念界定
亚急性护理机构	在急性疾病和经常长期住院后可提供扩展医疗服务和密集的物理治疗、职业疗法、言语矫治的机构。
长期护理机构	为身体和（或）认知障碍的老年人（患者）提供食宿的基础上，能够进行24小时的慢性病的康复和日常生活活动（Activities of Daily Living，ADL）协助的机构。

① 姜春，刘辉．积极老龄化背景下机构养老服务质量研究的理论框架及其新维度［J］．宁夏社会科学，2023（02）：136－149.

续表

概念	概念界定
康复医院	专注于物理治疗、职业疗法、言语矫治以改善或恢复功能能力的机构。
专业护理机构	在急性疾病和经常长期住院后可提供扩展医疗服务和密集的物理治疗、职业疗法、言语矫治的机构。
辅助生活机构	为身体或认知障碍患者提供食宿或不同程度的医疗服务和 ADL 管理的机构。
护理之家	为身体和（或）认知受损的患者提供食宿和不同程度的日常生活能力协助的机构。通常情况下，护理是在较小的、类似家庭的环境中进行的，并且现场没有医疗专业人员。
老年医院	为老年人提供住院后护理和康复的机构。
临终关怀医院	临终时为患者提供护理的机构。

张岩松认为机构养老是指老年人离开原来的居住环境，入住社会性的养老服务机构（养老院、老年公寓、疗养院等），由国家或者亲属负担或者个人出资缴纳服务费用的养老方式①。王德文认为机构养老是指在特定的场所内，为特定的老年群体以专业化的方式提供医疗保健和日常生活起居有关的养老服务②。

从以上定义看出机构养老的内涵应该包括：一是机构养老是社会化养老的一种重要方式；二是服务机构是进行机构养老的主要场所；三是养老机构在服务供给方面具有专业性；四是提供养老服务的机构类型是多元化的；五是机构提供养老服务的内容不仅涉及老年人的饮食起居，还包括老人的医疗保健、情感慰藉、文娱活动等。

本书认为机构养老模式是并列于居家养老和社区养老两大养老模式的养老照护模式，主要是指以养老院、福利院、老年公寓等养老机构为载体，由专业的养老服务人员进行组织、运营、管理等工作，以有偿或无偿的方式向老年人提供住宿、饮食、护理、医疗、娱乐、照料、心理健康照护等服务，是保障老年人安度晚年的养老照护方式。该模式与社区居家养老模式的主要区别在于该模式以专门养老机构为提供服务的主要场所。

二、养老机构的分类

养老机构的称谓较多，如社会福利院、养老院、老人院、老年公寓、护老院、敬老院、托老所、护养院、老年人服务中心等。养老机构按照不同的分类标准可以有多种分类。例如，按照是否营利可划分为非营利性养老机构和营利性养老机构；按经营模式可划分为公益型养老机构、市场型养老机构、协作型养老机构。

---

① 张岩松．养老服务业发展与个案研究［M］．北京：清华大学出版社，2015.

② 王德文．社区老年人口养老照护现状与发展对策［M］．厦门：厦门大学出版社，2013.

（一）按经营模式分类

公益型养老机构又被称为公办养老机构，是由国家财政拨款及集体出资建设的。这种模式下由政府部门统筹安排养老机构的选址安排、设施规划及人员配备等，主要向老人提供一般性的生活照料、健康管理、文娱活动等服务，由民政部门负责运营管理，以救助“三无”老人和孤寡老人为主，也允许自费老人入住。这种模式下的养老机构不以营利为目的，资金来源于财政拨款以及自费老人缴纳的费用，公益性特征明显。

市场型养老机构是通过市场投资兴建养老机构进行运营的一种模式，通过向老年人提供付费的养老服务达到营利的目的。这种模式在实践中体现为两种类型：小规模租地经营以及大规模征地建设经营。小规模租地经营的经营者一般是个人和家庭，经营规模较小，床位较少，提供的养老服务种类有限，客户群体为中低收入的老年人；大规模征地建设经营模式下的大型养老机构具有雄厚的经济基础，硬件设施较好，配备的工作人员专业性较强，提供的服务种类多样，能够满足老年人多样化的养老需求，给老年人带来更好的居住体验，因此，收费标准较高，一般面向中高收入的老年群体。近年来，随着我国的老龄化程度加深，以及老年人对老年生活质量预期的不断提高，选择入住市场型养老机构的老年人数量也越来越多，市场型养老机构迎来了广阔的发展前景。

协作型养老机构就是政府与市场、社会共同投资建设的养老机构。这种模式下的养老机构，其经营理念是最大程度利用闲置的公共资源。在经营的方面，充分考虑入住老人的需求，采取差异化的收费标准和服务内容。社区托老是协作型养老机构经营模式下的主要经营方式，该方式借助社区现有的设施，降低了自己的运营成本，从而在价格方面更有竞争力，选择入住该类型养老机构的老人享受到市场、社会出资提供的优质生活服务同时又因为政府的扶持而降低相应的费用，此外，由于养老机构建在社区内，老年人不用离开原有的居住环境，子女也方便探望，很好地满足了老人“养老不离家”的情感需求。

（二）按政策法规分类

《老年人社会福利机构基本规范》将老年人社会福利机构分为老年社会福利院、养老院或老人院、老年公寓、护老院、护养院、敬老院、托老所、老年人服务中心八类。根据《老年人居住建筑设计标准》的解释，我国养老机构可分为四类：一是托老所，指设在居民小区内的日托型或全托型养老机构。托老所又被称为“老人之家”，由于收费不高，且能够实现老年人“养老不离家”的愿望，同时又能够给老年人提供一定的社交空间，逐渐被更多的老年群体和家属接受。二是养老院，指具有相对完善的配套服务设施，为老年人提供集中居住的养老机构。三是老年公寓，指具有齐全的公共服务功能，为老年人提供建筑和装修都符合老年人心理和体能特征（独立或半独立）家庭居室的养老机构。老年公寓是近年来在国内迅速发展起来的一种新型养老模式，它将社区服务和商业运作进行了有机结合，根据老年人的健康状况和经济情况的不同大致可以分为自理型老年公寓，服务型老年公寓和护理型老年公寓三类。四是护理院，指借助器材、依靠护理才能实现基本生活的养老服务机构，护理院能够为服务对象提供专业康复训练、护理以及临终关怀服务，对于失能和半失能老人来说，入住护养院是较好的选择。目前，我国社会化养老机构包括以养老院、敬老院、福利院老年公寓、托老所和老年康复医院为主的老年人养老机构。这些不同类型的养老机构在服务对象、服务内容等方面均存在一定的差异（见表11－2）①。

表11－2　　不同功能类型的养老机构比较

类型	服务对象	主要功能	性质
老年社会福利院	城市“三无”老人、代养老人	生活照顾、医疗护理等	公办、公办民营
敬老院	农村“五保”老人	生活照顾	公办、公办民营
老年公寓	自理老人	生活照顾	民办
养老院、老人院	自理或半自理	生活照顾、医疗护理	民办
护理院（护养院）	半自理或失能老人	医疗护理为主，兼生活照顾	民办
托老所（院）	社区自理老人	日间照料	民办
社区居家养老服务中心	社区自理老人	日间照料	公办、公办民营

三、养老机构提供的服务内容

根据《养老机构基本规范》中的规定及《养老机构服务质量基本规范》中的内容，各类养老机构应当为机构内的老年人提供生活照料服务、膳食服务、老年护理服务、医疗保健服务、安全保护服务、安宁服务、精神支持服务、文化娱乐服务、洗涤服务、清洁卫生服务10类服务。

（1）生活照料服务。生活照料服务是指为老年人提供饮食、起居、清洁等服务的活动。生活照料服务能够满足老年人的基本需要，生活照料服务的内容包括个人清洁卫生服务、穿衣服务、修饰服务、口腔清洁服务、饮食服务、排泄护理、皮肤清洁服务、压疮预防等。

（2）膳食服务。膳食服务是指根据老年人的实际健康状况，提供均衡营养饮食。膳食服务是养老机构最基本的服务之一，对老年人的生活有着至关重要的作用。科学合理的膳食不仅能够满足老年人对食物和营养的需求，同时有助于延缓或减轻老年人各种疾病的发生和发展。膳食服务内容主要包括饮食环境的准备、饮食种类的选择等。

（3）老年护理服务。老年护理服务是指为老年人提供促进身心健康的医疗照护的活动。护理服务是养老机构服务的主要内容之一，其目的是以照顾老年人日常生活起居为基础，用护理理念和护理技术辅助老年人尽量维持现有的生活能力和健康状况，最大限度地延长老年

① 张再云．主动选择还是被动调适：资源视角下的城市机构养老研究［M］．武汉：华中科技大学出版社，2020.

人自理自立生活的期限，尊重老年人的基本需求、心理需求以及自我实现的需求。老年人护理服务的内容包括基础护理、健康管理、健康教育、治疗护理、感染控制等。

（4）医疗保健服务。医疗保健服务是为老年人提供预防、保健、康复、医疗等方面的活动。医疗保健服务内容包括常见病和多发病、慢性非传染性疾病的诊断、治疗、预防和院前急救工作，康复治疗和转院工作，由机构内设立的医疗机构或委托医疗机构提供，由执业医师或康复师进行具体的操作，一应设施设备参照医疗机构设置要求配备。

（5）安全保护服务。养老机构应提供安全保护服务必要的设施、设备及用具，包括提供床档、防护垫、安全标识、安全扶手、紧急呼救系统等，能够为老年人采取适当的安全防护措施。在满足一定条件的情况下，养老机构为保障老年人的身心安全，可以对老年人进行身体约束或其他限制行为。

（6）安宁服务。安宁服务作为养老机构的重要服务内容，主要包括临终关怀，哀伤辅导及后事指导。旨在为疾病晚期的老年患者在临终前提供身体、心理、精神等方面的照料和人文关怀等服务，控制痛苦和不适症状，提高生命质量，帮助患者舒适、安详、有尊严地离世。

（7）精神支持服务。随着老龄化的加剧，老年人的心理健康问题日益受到关注，为了满足老年人多元化的需求，养老院将为老年人提供的精神支持服务包括但不限于：环境适应、情绪疏导、心理支持、危机干预。

（8）文化娱乐服务。定期开展文化娱乐活动是养老机构应该提供的服务内容之一，其目的是满足老年人的文化服务需求，让老年人的生活更加丰富多彩。其内容包括：文化娱乐活动及游戏竞技活动。文化娱乐活动包括：书法、绘画、舞蹈、唱歌等活动，其目的是帮助老年人培养兴趣爱好，丰富精神生活。游戏竞技活动包括象棋、扑克、乒乓球、太极拳等，目的是提高老年人的身体协调能力和反应能力。

（9）洗涤服务。洗涤服务包括但不限于老年人衣物、被褥等织物的收集、清洗和消毒。养老机构应配备专门的洗涤场所、洗涤设备、洗涤人员。对于被污染的织物，机构应在专门的地点、时间进行收集、清洗、消毒。此外，老年人个人衣物和被褥进行分类清洗。在洗涤结束后，应标示清楚并且进行清点核对。

（10）清洁卫生服务。清洁卫生服务的内容包括环境清洁、居室清洁、设施设备清洁、床单清洁等。养老机构应配备专职的清洁卫生人员，配备必要的清洁设施、设备和用具，定期对相应的区域进行清洁和消毒。

第二节　我国机构养老服务的实践与经验

随着经济社会的不断发展和物质生活水平的提高，人们对美好生活的向往越发强烈，伴随现代化进程与社会进步，人们的养老观点从传统走向现代，养老模式也从以家庭养老走向社会与家庭相结合，养老行业的发展发生了翻天覆地的变化，在政策支持方面也是大跨步向前推进。机构养老服务作为社会化养老服务的重要组成部分，它的出现和发展有着特殊的历史意义。

一、我国机构养老服务的发展历程

自新中国成立以来，党和政府采取了一系列措施促进了机构养老服务的发展，促进了我国的机构养老服务由救济型向福利化进而向市场化的转变。从时间历程来看，我国的机构养老服务大致经过了三个发展阶段：萌芽阶段，探索阶段以及快速发展阶段。本部分根据时间顺序全面回顾了自新中国成立至今我国机构养老服务在政策制定、服务类型、监督管理方面的发展历程，以深入了解我国机构养老服务的发展状况。

（一）萌芽阶段：新中国成立后至改革开放初期

1. 城镇福利机构的发展

新中国成立初期，对于城镇老年人的养老服务方面，只通过生产教养院，面向孤寡老人提供较为粗放的养老服务。1953 年底，全国有此类机构 920 个，先后收容孤老 10 万人左右[①]。1958 年，为了收养无亲属照顾的烈属老人，创建了烈属养老院，接收对象包括孤老伤残军人、孤老复员军人等[②]。1959 年后，福利事业单位不再提“教养”二字，更名为养老院、敬老院等。1964 年，全国福利机构发展至 733 个，收养城镇“三无”老人近 7.9 万人[③]。“文革”期间养老院、敬老院等发展遭受挫折。

2. 农村敬老院的发展

国家内务部于 1951 年推广河南省唐河县通过自愿联合、安置孤老残幼的办法，开启了敬老院的先河。被安置者将房屋、土地和财产带到安置者家中，生养死葬由安置者全部负责，遗产由安置者继承。1956 年，黑龙江省拜泉县兴华乡首先办起了养老院，随后，各地纷纷效仿。1958 年，中国共产党八届六次全会通过的《关于人民公社若干问题的决议》中明确指出要将敬老院办好，为无依无靠的老年人提供必要的生活场所。随后，各地开始实行“以乡镇为骨干多层次办院，实现各乡镇都有敬老院，促使五保老人就近入院”的措施，直接推动了农村敬老院的快速发展，同年年底，全国农村共办起 15 万多所敬老院，收养五保对象 300 余万人。

（二）探索阶段：改革开放后至 2000 年

民政部 1979 年开始重申机构的福利性质和服务方向。1984 年 11 月，民政部主持召

① 《当代中国》编委会．当代中国的民政（下）［M］．北京：当代中国出版社，1994：6.

② 陈景亮．中国机构养老服务发展历程［J］．中国老年学杂志，2014，34（13）：3804－3806.

③ 董红亚．中国政府养老服务发展历程及经验启示［J］．人口与发展，2010，16（05）：83.

开全国城市社会福利事业单位整顿经验交流会，首次明确提出社会福利社会办的思想，提出社会福利事业要面向社会，多层次、多形式、多渠道举办；要由国家包办向国家、集体、个人一起办转变。为推进社会福利社会化进程，1998 年民政部选定了 13 个城市进行试点，积极探索社会福利社会化的形式，不同类型的养老机构开始增多。同时，原有的收容条件限制被打破，社会老年人只要缴纳一定的费用就可以进入养老院、敬老院养老，服务对象日益多元化。该阶段，特别是 20 世纪 90 年代以来，出台了大量的政策，为老龄事业与产业的发展保驾护航。1996 年《中华人民共和国老年人权益保障法》颁布，1997 年出台《农村敬老院管理暂行办法》，1999 年出台《社会福利机构管理暂行办法》《老年人社会福利机构基本规范》，2000 年出台《老年人建筑设计规范》。政策的相继出台促使了养老机构的规范发展以及养老服务质量的提升。

（三）快速发展阶段：2000 年至今

进入 21 世纪，我国进入了老龄化社会，党和国家越来越重视养老服务体系的发展，养老机构的质和量都有了进一步的提升。2000 年，国务院办公厅转发了民政部等部门《关于加快实现社会福利社会化的意见》，明确提出“国家资助社会各方面力量积极兴办社会福利事业，建立投资主体多元化、服务对象公众化、服务方式多样化、服务队伍专业化的新型社会福利体系”；2005 年，民政部出台了《关于支持社会力量兴办社会福利机构的意见》，明确提出要多渠道、多形式筹集资金，支持社会办福利机构的发展；2006 年民政部、发改委、财政部制发《关于农村五保供养服务机构建设的指导意见》，要求各级政府把五保供养机构建设纳入当地经济社会发展规划；同年，全国开始实施“霞光计划”，进一步促进了敬老院的建设。据统计，到 2008 年底，全国共有各类养老机构近 4 万个、床位 279.4 万张，收养老人 193.3 万人①。2011 年，民政部提出建立“以居家养老为基础、社区服务为依托、机构养老为支撑，资金保障与服务保障相匹配，基本服务与选择性服务相结合，形成政府主导、社会参与、全民关怀”的服务体系，养老机构的支撑地位被明确。2012 年，民政部发布了《关于鼓励和引导民间资本进入养老服务领域的实施意见》。2013 年，《国务院关于加快发展养老服务业的若干意见》出台，明确要大力加强养老机构建设，鼓励个人举办家庭化、小型化的养老机构，社会力量举办规模化、连锁化的养老机构，鼓励民间资本对企业厂房、商业设施及其他可利用的社会资源进行整合和改造，用于养老服务，同时，开展公办养老机构改制试点。2014 年，民政部发布《关于加强养老服务标准化工作的指导意见》，同年，《老年养护院建设标准》《养老护理员国家职业技能标准》《光荣院服务规范》等一系列国家标准和行业标准出台。2016 年，“十三五”规划出台，提出建立以居家为基础、社区为依托、机构为补充的多层次养老服务体系，推动医疗卫生和养老服务相结合。从“机构为支撑”

---

① 中华人民共和国民政部．中国民政统计年鉴 2009［M］．北京：中国统计出版社，2009.

到“机构为补充”，一词之变折射出我国养老政策的新思路。2017 年，《“十三五”国家老龄事业发展和养老体系建设规划》出台，指明了要加强对养老机构服务质量的监管，全面提升养老机构服务质量。“十三五”期间，全国共有养老机构 3.8 万个，同比增长 10.4%，比 2015 年底增长 37.2%，其中社会力量占比超过 50%。2020 年，“十四五”规划出台，确定了要继续深化公办养老机构改革，加强对护理型民办养老机构的政策扶持，深入推进医养、康养结合。加大养老护理型人才培养力度等有关机构养老的发展方向。

二、我国机构养老服务存在的问题及未来发展趋势

目前，居家养老虽然是大部分老年人乐于选择的养老方式，但由于老龄化进程加快，社会快速转型及家庭规模小型化，未来机构养老的需求仍然很大。由于我国社会化养老服务的发展起步较晚，现阶段我国机构养老服务存在机构供需不匹配；人文关怀及康复护理服务欠缺；专业人才供给不足；养老机构运营难等问题。未来，民办养老机构将成为发展主体，机构、社区和居家养老服务融合发展是必然趋势，小型化、专业化、社区化、连锁化将成为养老机构发展主要态势，养老机构医养结合发展将更加紧密。

（一）我国机构养老服务存在的问题

1. 机构床位供需不匹配

从整体情况来看，2020 年，我国每 1000 名老人的养老床位数量是 25.3 张，近五年来床位增长率相对偏低，养老床位的增长速度与老龄化的增速不匹配，未来老龄化问题进一步加剧，供求缺口会进一步加大（见图 11－1）。从空间布局来看，一方面，公办养老机构依据行政区划进行布局，主要集中在农村地区，但是大部分老年人生活在城镇，不能很好地衔接老年人的数量与需求[①]。另一方面，资金雄厚的社会投资者更加青睐高端养老机构，经济发达的东南沿海城市成为投资者建设高端养老机构的理想地点，因此，沿海发达地区和城市地区机构数量多，而西部和农村地区分布数量少。此外，清华同衡总体规划研究所 2020 年通过对老年人养老机构有效需求的研究发现，大众型自理床位有效需求最高，失能和半失能老人反而较少入住养老机构，从侧面反映当前同质化的养老机构、医疗条件等未能满足其实际养老需求。以上种种现实因素导致床位闲置和一床难求的局面共存（见表 11－3）。

---

① 孟凡新，孙瑾．英国养老机构市场化实践对中国养老机构公建民营改革的启示［J］．中国老年学杂志，2023，43（06）：1515－1519.

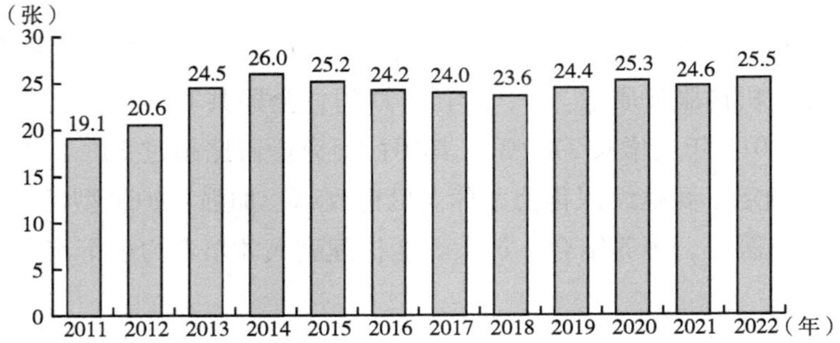

图 11－1　2011—2022 年中国每千名老人的养老床位数

资料来源：民政部、国家统计局、华经研究院。

注：平均床位＝养老机构床位数/65 岁以上老龄人口数。

表 11－3　2000—2022 年全国养老床位数量　单位：万张

年份	床位数
2000	104.5
2001	114.6
2002	114.9
2003	120.6
2004	139.5
2005	149.7
2006	179.6
2007	242.9
2008	234.5
2009	299.3
2010	314.9
2011	342.3
2012	381.0
2013	493.7
2014	577.8
2015	672.7
2016	730.2
2017	744.8
2018	746.4

续表

年份	床位数
2019	775.0
2020	821.0
2021	815.9
2022	822.3

资料来源：作者根据民政部公报数据整理。

2. 人文关怀及康复护理服务欠缺

根据2012年发布的我国养老机构基本规范，机构应该为老年人提供十项服务：生活照料服务、膳食服务、清洁卫生服务、洗涤服务、老年护理服务、心理精神支持服务、文化娱乐服务、咨询服务、安全保护服务和医疗保健服务。目前，从机构养老服务发展的现状来看，很大一部分养老机构提供的同质化、批量化的服务，依照健康状况对老年人进行简单分类，缺少对老年人口结构成分、消费认知程度等多维度的分析，因此无法对服务进行进一步的细分。受到身体健康状况和支付能力的影响，不同老年人的服务需求侧重点不同，对于失能老人来说，专业的护理服务是首要需求，对于身体健康状况良好的老年人来说，情感支持服务尤为重要。一方面，目前以失能老人为服务对象的，以提供“康复护理”为主的护理型养老机构数量有限。仅有15%左右的民办养老机构以提供“康复护理”服务为主，现有的护理型养老床位远远不能满足失能老人的长期照护需求[①]。另一方面，大部分养老机构的关注点是提供日常生活服务，情感支持服务供给不足。老年人由于生理机能下降，更容易产生自卑、孤独、抑郁等负面情绪，内心更加敏感，很大一部分老年人排斥机构养老的原因是安全感、归属感的缺失，缺乏家庭的温馨氛围，虽然大部分养老机构会开展丰富的文娱活动以满足老年人的精神文化需求，但是对于专业化水平较高的心理咨询、情绪疏导、危机干预等方面的服务还没有普及，服务水平也有待提升。

3. 专业人才供给不足

从业人员专业与否很大程度上决定了养老服务的质量如何，从业人员数量不足、专业人才短缺、流动性强是目前我国养老机构护理人员队伍的四个特点。从专业素质和从业数量上看，我国养老机构的从业人员有120多万人，服务于一线的护理员大多年龄偏大，学历较低，拥有丰富的工作经验但未接受过系统的知识培训，其中，接受过专业培训，具备护理资质的从业人员比例不到10%，但是，2.54亿老年人口中，需要特护的老年群体人数超4000万人，因此，无论是在服务供给数量还是服务质量上，现有的水平与老年人的需求之间还存在巨大差距。此外，高校老年服务类专业不仅招生困难，后

① 杨冬玲．基于需求与供给视角下机构养老发展问题研究［J］．法制与社会，2020（16）：127－128.

续的人才流失率也高。根据统计，毕业于高校养老服务类专业的学生，只有50%左右从事本专业工作，但后续的人才流失率达到30%以上，有的甚至达到70%，养老护理人才供给严重不足。

4. 养老机构运营难

养老机构属于投资周期长、投资金额大、回收周期长、盈利空间小、市场竞争激烈的高风险行业。养老设施在前期进行建设时就需要投入大量的资金配备相应的设备和人员，在后续的运营过程中，设施完备、服务专业的高端养老机构往往收费较高，很大一部分有需求的老年人受制于消费能力不能选择此类养老机构，入住率不高，而机构设备维护、人员工资等固定开支庞大，使得机构的利润率较低；能够提供一般性照料服务，收费实惠的养老机构，床位空置率低，但机构盈利空间也不高。综合来看，无论是中高端型的养老机构还是一般性养老机构，都需要大量的资金维持日常运营，经营压力大，负债比例高，由于盈利减少从而导致偿付能力丧失的可能性也随之增加，所以，虽然养老服务市场具有较大的潜力，但社会投资者依旧持保守观望的态度。此外，公办养老机构的资金来源渠道较为单一，主要依靠政府拨款，而由于资金周转周期长、资金需求量大，公办养老机构资金不足的现象时有出现。

（二）我国机构养老服务的发展趋势

1. 机构养老服务的市场化趋势明显

只有市场才能精准敏锐地捕捉到市场需求的变化，民办民营的养老机构将会逐渐成为发展主体。受个人选择和支付能力的影响，人们对养老服务的需求逐步呈现出多元化、差异化的趋势，未来细分养老市场将成为养老产业发展的必然方向。根据不同群体的需求，划分出不同的养老市场，建设具有不同特色的养老院，针对不同的老年群体，提供更贴合需求的养老服务，从而更好地提高老年群体的生活质量，因此，未来民办民营养老机构将逐渐成为提供机构养老服务的主体，养老机构的市场化趋势将会更加明显。

2. 机构养老服务将与居家、社区养老服务融合发展

2016年，“十三五”规划就提出建立以居家为基础、社区为依托、机构为补充的多层次养老服务体系。从“机构为支撑”到“机构为补充”，用词变化折射出我国养老政策的新思路。老年人对养老服务的需求可以概括为以下几个特点：服务内容多样；精细化专业化服务需求不断增加；注重养老服务的可及性和便利性。对养老服务需求的特点决定了未来机构养老服务将与居家、社区养老服务融合发展的必然趋势。相较于以机构为载体的集中式养老服务，在温馨和熟悉的环境中接受养老服务更符合老年人的心理需求，因此，机构、社区和居家养老服务一体化发展将是必然趋势。

3. 小型化、专业化、社区化、连锁化将成为机构发展的主要态势

一是养老机构社区化。未来养老机构将越来越多地依托社区建设，让有需求的老人能够就近入住机构，不需要脱离原有的生活圈，能够在熟悉的环境中接受连续、综合性

的服务。二是养老机构小型化。许多国家的实践经验表明，无论是从机构的经营角度还是从居住者的舒适度来看，机构规模都应该控制在一定的范围内，比较适宜的床位规模应该在 300 张床左右。三是养老机构的专业化。专业化服务是机构养老服务的一大特点，机构的服务专业与否，决定了老年群体对机构的信任度和评价。四是养老机构连锁化。养老服务行业投资大回报周期长，运营成本高，盈利空间有限，而品牌化、连锁化有利于占领市场，实现规模经济，减少经营风险，未来，机构养老服务连锁化经营是机构提高市场竞争力的必然选择。

4. 医养结合发展将更加紧密

未来“医养结合”将成为养老机构发展的主要趋势。随着科学的进步及医疗水平的提高，人类的预期寿命不断延长，伴随老年人口比例增加，随之而来的是老年疾病发病率明显增多，老年病成为老龄社会的突出问题之一。老年病具有易发性、常发性、突发性的特点，失能、半失能老人的康复护理问题也困扰着许多家庭。所谓医养结合就是把专业的医疗资源、康复资源和日常生活照料项目相融合，既能为入住老年人提供一般性的生活照料服务，满足基本养老需求，又能满足老年人长期的慢性病管理、康复、服药等基本医疗需求。医养结合的提供模式多样，可以在养老机构内直接设置卫生所、医务室等，也可以和医疗机构达成合作，由医疗机构为老年人提供专业服务。

5. 智慧养老成效初显

随着科技的飞速发展，智慧养老已成为现代社会养老服务的新趋势。它借助物联网、大数据、人工智能等先进技术，为老年人提供更加高效、便捷、安全的养老服务，取得了显著的成效。在健康管理方面，老年人可以通过可穿戴设备监测自己的心率、血压、血糖等生理指标，并将数据传输到云平台进行分析。一旦出现异常，系统会立即向医护人员发送警报，及时采取救治措施。同时，基于大数据分析的健康管理平台还能为老年人提供个性化的健康建议和指导，帮助他们更好地管理自己的健康。在生活照护方面，智能家居系统通过语音控制、手机 APP 等方式，让老年人可以轻松操作家中的电器设备，如空调、电视、灯光等。此外，智能门锁、智能安防系统等设备还能为老年人提供更加安全的居住环境。在购物、支付等方面，智慧养老也提供了多种便捷的解决方案，如在线购物、移动支付等，让老年人能够享受更加便捷的生活。在社交互动方面，老年人可以通过网络社交平台结交新朋友、分享生活趣事、参与社区活动等，丰富自己的精神生活。

（三）大数据、人工智能与养老服务

1. 大数据在养老服务中的应用价值

不管是在社区居家养老服务，还是机构养老服务领域，大数据的采集和利用正在不断提高养老服务的精准化、个性化和优质化。首先，大数据分析让精准供给得以实现。基于大数据的分析，可以了解老年人的生活习惯、兴趣爱好、服务需求等信息，为养老服务机构提供更加精准的服务方案。例如，根据老年人的饮食偏好和营养需求，提供定

制化的餐饮服务。其次，大数据优化了资源配置。通过数据分析，供给方可以分析不同区域老年人的服务需求和服务资源分布情况，合理规划养老服务设施的建设和布局。最后，大数据提高了服务的质量。利用大数据技术，可以对养老服务过程进行实时监控和评估，及时发现并解决问题，提高服务质量。例如，通过线上平台收集老年人对服务的评价和反馈，为服务改进提供依据。

2. 人工智能在养老服务中的应用价值

人工智能被认为是第四次工业革命，其在积极应对老龄化上发挥了重要的功能，在养老服务领域，它可以被运用在健康管理、智能护理、风险防控等方面。在健康管理方面，人工智能可以通过各种传感器和设备实时监测老年人的生理指标，如心率、血压、血糖等，并进行深入的数据分析。在智能护理方面，智能机器人可以代替人力完成一些重复性的工作，如指导护理员工、帮助老人翻身、监控老人的日常行为等。人工智能还可以通过人脸识别等技术识别老年人的情绪变化，并及时提供心理疏导和陪伴。这有助于缓解老年人的孤独感和心理压力，提高他们的生活质量。在风险防控方面，通过智能摄像头、烟雾报警器等设备实时监控老年人的居住环境，一旦发现异常情况可以及时发出警报并采取相应措施。此外，通过智能手环等设备实时定位老年人的位置信息，并在需要时追踪其行踪轨迹，为救援提供重要依据。

3. 大数据和人工智能助力养老保障

大数据和人工智能不仅在养老服务上大有作为，在完善养老保障制度方面也发挥重要作用，可以说养老保障中的经济保障、服务保障和精神保障都正在与大数据和人工智能进行融合。例如，利用智能算法对养老金的收支进行预测和规划，确保资金的稳定运营。同时，智能系统还可以自动处理养老金的发放、调整等日常事务，减轻管理人员的工作压力，提高管理效率。人工智能技术还可以实现对海量数据的快速收集、整理和分析，为管理决策提供有力支持。例如，通过分析参保人员的年龄、职业、健康状况等信息，可以预测未来的养老金支付压力，为政策制定提供参考。同时，智能系统还可以对养老金的运营管理数据进行实时监控和分析，确保资金的合规使用。在社会保险基金管理中，人工智能技术通过建立欺诈检测模型，对参保人员的缴费、领取等行为进行实时监控和预警。一旦发现异常行为，系统会立即向管理人员发送警报，并采取相应的处理措施，确保养老金的安全。

第三节　国内外机构养老服务的实践与经验

放眼全世界，发达国家和地区较我国更早进入老龄化社会，这些国家和地区的政府部门十分注重老年社会保障的发展，机构养老作为安老服务的重要组成部分，在发达国家和地区的老年人福利体系中占有重要的地位，经过长时间的探索和不断地发展完善，时至今日，已经形成了符合各个国家和地区的机构养老模式，积累了大量的经验，本部分介绍我国香港地区、美国、日本、法国在推行机构养老方面的实践经验，从而探求值得我国吸收借鉴的成功经验。

一、香港地区机构养老服务的实践

早在20世纪80年代，香港地区就步入了老龄化社会，进入90年代后，老龄化速度进一步加快。根据2019年12月香港统计月刊及社会福利署公布的资料，截至2019年，香港60岁或以上总人口数为190.9万，占人口总数的25.4%；65岁或以上的人口数，即长者数为133.2万，占人口总数的17.6%；接受院舍服务的长者数为6.2万，占长者总数的4.7%。据推算，香港地区65岁及以上长者在未来20年间将增加一倍以上，2036年将达到237万人，占人口总数的31.1%，超过230万的情况将最少维持30年①。

（一）香港地区机构养老服务的发展历程

院舍照顾是香港老年社会福利事业的一项重要组成部分。20世纪60年代中期，香港特区政府发布了第一份社会福利白皮书，由此政府开始积极参与安老服务的发展。20世纪70年代，开始通过“社区照顾”的方式发展安老服务。80年代，香港地区正式进入老龄社会，社区照顾已无法满足日益增长的养老服务需求。因此，1988年香港特区政府成立了“老人服务中央委员会”并发布报告书，首次提出了院舍服务（机构养老服务）和康复服务的重要性，此后，院舍发展进入了快速发展阶段。1989年香港社会福利署实施了“买位计划”，与私营安老院舍签订合约购买安老宿位。该计划增加了受资助的护理安老宿位，也提高了私营安老院舍的服务水平。1991年香港特区政府发表的《社会福利白皮书》中再次强调了居家养老与机构养老并重的原则，要尽量让老人在社区中安度晚年，并根据需要进行适当的院舍照顾。1994年，香港特区政府制定了《安老院条例》，并于1996年开始全面实施，该条例加强了对所有安老院舍的监管，以保证安老院舍能够符合安全标准。1997年，香港特区政府在《施政报告》中将“照顾长者”列为重点策略性政策目标之一，旨在让长者“老有所养、老有所属、老有所为”。目前，香港地区已经形成了以社会力量为主导，政府、企业、社会组织多元合作为特征的较成熟的养老服务体系，其在机构养老服务供给模式、经费支持、评估监督等方面具有丰富的经验，值得我们借鉴。

（二）香港地区机构养老服务的实践方式

1. 强有力的经费支撑

香港地区发展安老服务的资金来源是多样化的，包括政府拨款、基金捐赠以及自筹

① 刘述．积极老龄化视角下我国香港老年人数字融入路径研究［J］．中国远程教育，2021（03）：67－75.

经费。整体来看，政府一直是推动香港地区机构养老事业的主要力量，安老院舍服务80%—90%的成本由政府承担，政府通过公开采购、定向邀请、原址拓展服务等方式指定服务提供者（非政府机构），然后整笔拨款，政府在提供资助的同时，不干预款项的具体使用渠道，允许非政府机构根据需要灵活调配资助款。其次是基金捐赠，捐赠来源有四类：奖券基金、社会福利发展基金、香港公益金、其他慈善基金。奖券基金由六合彩收益、投资收入和车牌号拍卖所得组成，主要用于安老服务中的非经常性开支及试点计划；社会福利发展基金（2010—2018 年）由社会福利署在获得奖券基金拨款后设立，主要用于资助非政府机构开展从业人员培训、基础设施改善、相关研究的开展等；香港公益金由政府、企业和个人的捐款组成，部分用于资助安老院舍的建设，其余部分用于独居长者护理服务及认知障碍症特别服务等；其他慈善基金来自商界、娱乐界的慈善基金，资助了大量非津助的非政府机构。

2. 严格的准入制度

一是在服务机构准入方面实施发牌制度。《安老院条例》规定，机构需要获得牌照才可以运营，因此，除护养院以外的为长者提供照护服务的机构都需要向社会福利署申请牌照，为此，社会福利署于 1995 年成立了安老院牌照事务所，专门处理机构牌照的申请和续签事务，牌照的有效期一般为 3 年，事务所设有专门的督查队伍，负责院舍的巡查工作。通过发牌制度确保机构提供的服务质量，保障入住老人的合法权益。二是在服务对象准入方面实施“安老服务统一评估机制”。根据入住者需要照护的程度，设有长者宿舍、护理安老院、护养院三种类型的养老机构。自 2000 年起，香港特区政府实行安老服务统一评估机制，以国际认可的“长者健康及家居护理评估”工具为标准，由评估人员对老人的自理能力、行为能力、情绪状况等方面进行全面评估，确定老人需要的服务类型，目的在于合理有效地分配照护资源。另外，社会福利署实施长期护理服务中央轮候册，集中处理为长者而设的受资助长期护理服务的申请和服务编配①。

3. 有效的评审和监督制度

香港特区政府于 1994 年制定了《安老院条例》，授权社会福利署对全港地区的院舍服务进行监管。该条例建立了一套系统的院舍服务评审制度标准，为政府进行监管活动及老年人选择安老院舍服务时提供参考指标。香港特区政府资助的安老院、非营利安老院以及私营安老院都需要遵照该条例进行自我约束。1995 年，为促进社会福利服务质量进一步提高，社会福利署与非政府机构制定并推行了服务素质标准，进一步促进了安老服务的标准化管理。对于非政府机构主办的机构，由社会福利署采取以下三种标准进行监督：一是机构每年需要自查，同时向社会福利署提交自我评估报告，汇报其基本服

① 张杰，王盟，杨颖华，李国红．我国老年护理院出入院评估机制探索［J］．上海预防医学，2015，27（09）：554－557.

务规定和服务质量标准执行情况；二是社会福利署采取抽查的方式进行“评估探访”，了解机构的运营情况，三是对新单位以及疑似有问题的服务单位进行实地调查和评估①。2005 年，安老院舍评审计划正式实施，该计划鼓励院舍自愿参与评审，根据院舍管治、环境、服务流程、资料管理及沟通等 5 个评审范围的 40 个标准进行评审，监督院舍服务质量。评审周期为 3 年，第一年评审之后需要持续两年每年进行复检，通过评审机制，可以推动院舍服务持续改善，提升服务质量，进而推动优质安老院舍的发展。

二、发达国家机构养老服务的实践

养老是个世界性的话题，由于发达国家较早地进入老龄社会，为了有效应对老龄化问题，许多国家非常重视养老服务的发展，对养老服务机构建设投入巨大，发展至今，养老机构行业已发展十分成熟，形成了各具特色的模式，也具备一些共性可供参考，本部分选择美国、日本的机构养老实践案例进行介绍。

（一）美国机构养老服务的实践

1. 美国养老机构的分类

在美国，养老机构一般分为三种类型：一是一般照顾型养老机构，主要是看护一些能够自理的老人，为这些老人提供食宿和一般的照料，不需要提供医疗服务和全天的生活护理照顾。二是中级护理型养老机构。主要是为没有非常严重的疾病，又需要监护和护理，但不需要技术护理照顾的老年人所提供的服务。三是技术护理照顾型养老机构，接收的对象是全天需要医疗护理和看护，但并不需要医院提供经常性医疗服务的老人②。美国一直致力于构造一个全面的养老居住建筑和服务设施系统，老年人的身心健康情况及老年人对社交的需求是建立和划分养老机构的依据。不同需求的老年人可以根据自己的健康状况和社交需求来选择相应的养老机构，老人们入住养老机构的部分开销是由政府给老人的医疗保险和医疗补助来支付的，所以美国老年人入住养老机构的经济压力较小。

2. 美国机构养老模式的发展特点

（1）市场化趋势明显。美国现行的养老服务体系中的养老服务业在整个发展过程中受到了凯恩斯主义和新自由主义的重要影响。一方面，机构养老的建设强调了国家在福利领域的责任；另一方面，作为一个发达的市场经济国家，美国的养老机构离不开市场化。在美国，政府举办的养老服务机构仅占 7%，营利性的私立养老服务机构占 66%，非营利性的私立养老机构占 27%。社会力量投身养老服务事业可以享受政府提供的优惠政策，同时接受政府的监督和管理。私营部门和非政府组织涉足养老服务事业

① 资料来源：香港社会福利署网站．http：//www. swd. gov. hk/sc/index/ site_pubsvc/page_elderly/sub_residentia/id_overviewon/。

② 刘岚，陈功，郑晓瑛．我国社会化养老机构未来发展策略［J］．中国老年学杂志，2008（04）：412－414.

不仅缓解了政府兴办养老机构的压力，适当的竞争还促使机构养老的服务质量和专业化程度都有所提高。

（2）完善的服务质量评价体系。1935 年，自美国社会保障法通过以来，美国政府开始正式介入养老机构服务质量的管理①。经过不断的发展和完善，美国已经形成了非常成熟的养老机构服务质量评价体系。1961 年，美国公共卫生服务部颁布了《护理之家标准指南》，对养老机构的服务标准进行界定和说明，涵盖了养老机构内老年人健康和安全方面的需求。但是，随着医疗保险和救助计划的开展，养老机构的服务供不应求，服务质量未得到明显提高②。1987 年，美国《综合预算调整法案》通过，要求受到医疗保险计划和医疗救助计划认证的养老机构采用标准、综合的居民评估工具 RAI（the Resident Assessment Instrument）对所有入住老年人进行评估，以促进机构服务质量的提升。1991 年，美国政府发布了第一版养老机构服务质量评价工具 MDS（the Minimum Dataset），作为 RAI 的核心内容，第一版 MDS 涵盖意外事件、行为及情绪状态、临床处理、认知功能、排泄、感染控制、营养与进食、身体功能、抗精神药物使用、生活质量、感觉与沟通、皮肤照护 12 个方面。通过评估老年人状况与需求，继而制订服务计划，提高服务质量。美国医保与医助服务中心（Centers for Medicare & Medicaid Services，CMS）借助该工具，对养老机构的服务质量进行监管。除此之外，还可以用来计算老年人对资源的需求与付费的等级。此后，为了不断适应实践的需要，美国政府相继对评估内容进行了细化和修订，目前美国社会的主流评价版本为 MDS 3.0。

（二）日本机构养老服务的实践

1. 日本养老机构的分类

目前，日本的机构养老已经形成层次鲜明的机构体系，根据老年人不同的健康状况和护理要求，不同类型的养老机构可以提供不同的服务内容，很好地满足了不同群体的养老需求。根据机构的功能划分，日本的养老机构可以分为三大类：第一类是养老护理服务机构，这类机构占所有养老机构总数的 50% 以上，医疗照护程度最轻，服务对象为需要特殊照顾服务的老年人，机构为其提供一般性的日常生活照料以及健康管理等方面的服务；第二类是养老保健机构，服务对象是需要长期照护服务的老人，机构可以为老年人提供日常生活照料、护理照护，在需要时还可以获得治疗，居住于该类机构中的老年人经过专业照护后，多数可返回家庭；第三类是医疗养老机构，向服务对象提供专业长期照护服务，将医疗与养老相结合，入住该类机构的老人可以获得康复管理、医疗照护、个人照护、肢体锻炼及其他必要的医疗服务。从经营主体来看，日本的养老机构又可分为由社会福祉法人、医疗法人等负责经营的非营利性机构和由财团法人负责经营的营利性机构两类。

---

① 张恺悌，郭平方志，等．美国养老［M］．北京：中国社会出版社，2010.

② Castle N G，Ferguson J C. What Is Nursing Home Quality and How Is It Measured?［J］. Gerontologist，2010，50（4）：426 - 42. DOI：10.1093/geront/gnq052.

2. 日本机构养老实践的发展特点

（1）管理法制化。自20世纪60年代开始，日本就相继出台了多部有关养老服务的法律及政策。继1950年颁布《国民年金法》之后，1963年，日本政府推出了极具影响力的《老年人福祉法》，成为老年福祉政策的重要保障。1966年，日本开始规范养老院建立发展，提出相应的准入标准《关于养护老人院和特殊养护老人院及其运营基准》。1982年又制定了推广老年人保健设施的《老人保健法》，把日本老年福祉政策的重心转向护理照顾的方向。1988年，全国老年人福利机构协会公布了《老人院的机能及服务评价》，这被认为是养老机构运营具体化的标志。1989年日本启动开始推进十年战略"黄金计划"，着手解决家庭养老功能弱化和老年照护机构不足的问题，要求提升适老化服务质量，包括增加养老院床位、增加家庭照护者的人数、增设老年人日间照料中心等。1997年《介护保险法》颁布，2000年护理保险制度正式实施，以立法的方式宣告了"全社会共同支援需要护理的老年人"的基本目标，至此，养老责任主体从家庭、政府过渡到了全社会适老化服务。完善的规章制度促进了日本机构养老的健康有序发展，根据这些规章制度而推行的日本机构养老服务具有明显的层次性。日本厚生劳动省负责发布有关养老机构的各类标准和实施细则，主要包括《指定介护老人福祉设施人员、设备以及运营标准》《特别养老机构的设施与运营基本标准》《介护老人保健机构人员、设施与设备以及运营标准》《指定介护疗养型医疗机构人员、设备以及运营标准》，营利性养老机构除依据上述标准，在管理与运营中还需遵照《营利性养老机构设置运营标准》①。

（2）服务人性化。从《老人福祉法》至1989年推出"黄金计划"的近30年间，日本的老人照护机构只有特别养护老人之家。从特别老人之家的发展历程可以反映出日本养老机构"以老人为本"的服务理念。最初的特别养护老人之家属于"收容性场所"，居住形式体现为6—8人/间的集体居住，在对老人进行护理的过程中，缺乏对老年人隐私问题的考量，该阶段的人性化理念较为缺乏。20世纪70年代中后期开始，特别养护老人之家的运营理念从"收容性场所"转变为"生活性场所"，居住标准降低至4人/间，多人间内配备隔断窗帘，开始注重保护老年人的隐私。进入20世纪80年代后，特别养护老人之家接收的需要重度护理的老人不断增多，机构内服务人员的工作难度和强度增大，某些情况下，出于安全考虑，甚至采取"身体束缚"的方式限制入住老人的自由②。因此，从20世纪80年代开始，为了提升老年人的生活质量，民间开始尝试开设"宅老所""宅幼老所"等小型养老护理设施。

这种自发的尝试也影响了公办养老机构的发展模式，2003年，"小规模生活单元型"特别养护老人之家以制度的形式进行了落实，卧室居住标准为单间，每10间卧室

① 民政部政策研究中心．境外养老服务准入的做法及其启示［J］．社会福利，2012（03）：3. DOI：10.3969/j.issn.2095－2414.2012.03.024.

② 永和良之助，坂本勉，福富昌城．高龄者福祉论［M］．京都：ミネルヴァ書房，2009.

组成 1 个小规模生活单元。此外，机构设施也逐步完善，考虑到为老人提供方便，包括不同程度肢体功能障碍者使用的特别设施。例如：可升降的浴缸，方便左、右侧肢体活动障碍的对称型洗手间，洗手间的各种扶手、洗手间的呼叫器等，都体现了人性化的服务理念。服务方式也更趋于精细化、温情化。除了硬件设施外，“软实力”也在处处体现“以老人为本”的理念。日本养老机构鼓励老人做自己喜欢的、力所能及的事情，例如：力所能及的自理活动、帮助工作人员洗碗、烹饪、制作小首饰、化妆、弹钢琴等，由于工作人员和入住老人的比例较高，有些小型团体家园中的工作人员与入住老人比例可达 1∶1，因此，工作人员有充沛的精力照看老人，与老年人进行交流，老人们可以做自己喜欢做的事情，而不用过多担心会发生意外。

（3）服务专业化。在日本，入住养老机构的老年人的饮食起居、健康管理等各方面都有专人负责跟进，针对不同老人的需求，量身制订服务计划，充分考虑老年群体之间的差异性，并且实时关注老年人的健康状况，定期进行体检，做到了同时满足老年人的医疗和养老需求。日本养老机构的从业人员由三部分构成：介护保险管理师，介护士和非专业人员。介护保险管理师以及介护士都有专业的知识背景，需要接受系统的理论学习和实操训练，经过考试后，方可持证上岗，薪酬水平与职级挂钩。介护保险管理师负责根据老年人的不同状况和不同需求制订个性化护理方案，核算和管理经费；介护士承担机构内的照护工作，毕业于专业的护理学校；非专业人员在上岗前需要进行专门培训，需要先在护理学校参与理论培训和技能实训，然后进入机构学习护理经验等，非专业人员也可以考取专业资质。

三、国外机构养老服务的经验总结

作为社会养老服务的重要组成部分，发展机构养老能够有效满足现代社会中老人的各类养老需求，因此，在过去的几年里，我国的机构养老服务得到了快速的发展，同时，也出现了很多的问题。结合国内外实践经验，未来将从健全相关法律制度、发挥市场机制的作用、发展“嵌入式”机构养老服务、培养专业人才等方面促进机构养老服务的发展。

（一）健全机构养老相关的法律制度

机构养老服务的制度化、规范化建设与发展，离不开健全的法律体系作为支撑。目前，我国民政部已经出台的《养老机构管理办法》和《养老机构设立许可办法》为我国行政部门对养老机构的监管提供了法律上的依据，但是其许多的法律规定仅是原则性、大局性方面的规定，政策还不够细化，许多问题也亟待解决，各省市情况也存在差异，因此，我们应当尽快完善与《养老机构管理办法》和《养老机构设立许可办法》相关的配套法律法规。此外，应着重保护入住老人的合法权益。除了《中华人民共和国老年人权益保障法》，目前还没有专门针对养老机构入住老年人的权益保障法律或行政法规。老年人本身属于弱势群体，选择入住机构的老人大多是高龄、失能、半失能的老人，属于“弱势中的弱势”，随着选择养老机构的老年人越来越多，老年人和机构之间发生冲突的概率也越来越大，因此，应该建立健全老年人在养老机构遭受意外伤害、生病、死亡等危机的应对和处理机制。

（二）发挥市场机制的作用

通过对中国香港、美国、日本的经验借鉴可以发现，他们在推动机构养老社会化发展过程中，都是在加强机构养老事业的市场机制方面有所作为。在机构养老事业中，应充分发挥市场的资源配置作用，激发社会力量参与养老服务的活力和积极性，吸引社会资本参与投资养老服务事业，逐渐引导社会力量成为促使养老事业发展的主体。首先，政府应该发挥好宏观调控的作用，把更多的精力放在指引和监督管理上。政府需依据老年人口数量和分布密度，合理规划不同类型养老服务设施，明确市场准入机制，明确服务清单与收费类型；明确公办、公建、民营等不同性质养老机构的补贴政策与监管范围。其次，通过扶持政策，鼓励社会力量举办规模化的专业养老机构，鼓励个人举办家庭化的小型养老机构，丰富机构养老的投资主体。最后，将第三部门引入养老服务事业，促进社会团体和民间组织的培育和发展，将养老机构的经营和管理，通过政府购买的方式交给专业的社会组织来实现，增强养老机构的生机与活力。

（三）发展“嵌入式”养老服务

“十三五”规划已经明确提出建立以居家为基础、社区为依托、机构为补充的多层次养老服务体系，机构养老是作为居家养老和社区养老的补充存在的，并不能将机构养老作为家庭养老和社区养老的完全替代品。养老机构属于投资大、回报周期长、运营难的高风险行业，虽然公办民营模式能够为机构建设减轻负担，但城市地价贵，无法建造数量众多的大型养老机构，郊区虽然具备建设条件，但会使入住老人脱离原有的生活环境，无法满足老年人的心理需求，因此，社区嵌入式养老机构是一种值得探索的模式。一方面，这种模式下养老机构的建设成本较低，投资规模不大，相应地，可以以较为亲民的价格投入运营；另一方面，嵌入式养老机构可以向服务对象提供全托、半托、日托等多样化的服务，满足老年人不离家、不离群的前提下养老的需求。

（四）培养专业的人才队伍

随着人们生活水平的不断提高，对于老年生活质量的预期也越来越高，对养老机构的服务标准自然也有了更高的期待。现阶段，大部分养老机构现有的人员没有接受过专业的培训，缺乏专业水平和文化素养，要进一步提高养老机构的服务标准，接下来就要重视提高从业人员的专业能力，或者引进专业人才。为了实现这个目标，可以从以下三个方面入手：一是重视宣传引导，逐步改变社会大众对于养老护理人员的刻板印象，提高从业人员的社会地位，体现国家和社会对养老护理人才的认可与尊重；二是制定相关的考核标准，针对不同类别的从业人员进行定期的考核和培训，持证上岗，按级取酬；三是探索“医—养”人才共享模式。养老机构无法单方面解决医疗康复人才短缺的问题，因为机构缺乏培养和雇佣高水平专业人才的能力，养老和医疗还是处于相互分割的状态，虽然一些大型的机构拥有专业的医疗团队，但大多数养老机构无法获取良好的医疗资源，因此，医院和养老机构签订人才共享协议，由专业的医疗人员按照协议向入住养老机构的老年人提供专业的医疗服务能较快地解决机构专业人才紧缺的现状。

思考与训练

1. 在人口老龄化快速发展的今天，机构养老如何与居家养老、社区养老更好地融合发展？

2. “医养结合”是大势所趋，请思考我国推进“医养结合”的过程中存在哪些难点堵点？

3. 在网络上查询相关资料，自学养老投资项目可行性研究报告内容，并与同学进行讨论。

扩展阅读

政府投资项目可行性研究报告编写通用大纲（2023年版）

一、概述

（一）项目概况

项目全称及简称。概述项目建设目标和任务、建设地点、建设内容和规模（含主要产出）、建设工期、投资规模和资金来源、建设模式、主要技术经济指标、绩效目标等。

（二）项目单位概况

简述项目单位基本情况。拟新组建项目法人的，简述项目法人组建方案。对于政府资本金注入项目，简述项目法人基本信息、投资人（或者股东）构成及政府出资人代表等情况。

（三）编制依据

概述项目建议书（或项目建设规划）及其批复文件、国家和地方有关支持性规划、产业政策和行业准入条件、主要标准规范、专题研究成果，以及其他依据。

（四）主要结论和建议

简述项目可行性研究的主要结论和建议。

二、项目建设背景和必要性

（一）项目建设背景

简述项目立项背景，项目用地预审和规划选址等行政审批手续办理和其他前期工作进展。

（二）规划政策符合性

阐述项目与经济社会发展规划、区域规划、专项规划、国土空间规划等重大规划的衔接性，与扩大内需、共同富裕、乡村振兴、科技创新、节能减排、碳达峰碳中和、国家安全和应急管理等重大政策目标的符合性。

（三）项目建设必要性

从重大战略和规划、产业政策、经济社会发展、项目单位履职尽责等层面，综合论证项目建设的必要性和建设时机的适当性。

三、项目需求分析与产出方案

（一）需求分析

在调查项目所涉产品或服务需求现状的基础上，分析产品或服务的可接受性或市场需求潜力，研究提出拟建项目功能定位、近期和远期目标、产品或服务的需求总量及结构。

（二）建设内容和规模

（三）项目产出方案

四、项目选址与要素保障

（一）项目选址或选线

（二）项目建设条件

（三）要素保障分析

五、项目建设方案

（一）技术方案

（二）设备方案

（三）工程方案

（四）用地用海征收补偿（安置）方案

（五）数字化方案

（六）建设管理方案

六、项目运营方案

（一）运营模式选择

（二）运营组织方案

（三）安全保障方案

（四）绩效管理方案

七、项目投融资与财务方案

（一）投资估算

对项目建设和生产运营所需投入的全部资金即项目总投资进行估算，包括建设投资、建设期融资费用和流动资金，说明投资估算编制依据和编制范围，明确建设期内分年度投资计划。

（二）盈利能力分析

根据项目性质，确定适合的评价方法。结合项目运营期内的负荷要求，估算项目营业收入、补贴性收入及各种成本费用，并按相关行业要求提供量价协议、框架协议等支撑材料。通过项目自身的盈利能力分析，评价项目可融资性。对于政府直接投资的非经营性项目，开展项目全生命周期资金平衡分析，提出开源节流措施。对于政府资本金注入项目，计算财务内部收益率、财务净现值、投资回收期等指标，评价项目盈利能力；营业收入不足以覆盖项目成本费用的，提出政府支持方案。对于综合性开发项目，分析项目服务能力和潜在综合收益，评价项目采用市场化机制的可行性和利益相关方的可接受性。

（三）融资方案

研究提出项目拟采用的融资方案，包括权益性融资和债务性融资，分析融资结构和资金成本。说明项目申请财政资金投入的必要性和方式，明确资金来源，提出形成资金闭环的管理方案。对于政府资本金注入项目，说明项目资本金来源和结构、与金融机构对接情况，研究采用权益型金融工具、专项债、公司信用类债券等融资方式的可行性，主要包括融资金额、融资期限、融资成本等关键要素。对于具备资产盘活条件的基础设施项目，研究项目建成后采取基础设施领域不动产投资信托基金（REITs）等方式盘活存量资产、实现项目投资回收的可能路径。

（四）债务清偿能力分析

对于使用债务融资的项目，明确债务清偿测算依据和还本付息资金来源，分析利息备付率、偿债备付率等指标，评价项目债务清偿能力，以及是否增加当地政府财政支出负担、引发地方政府隐性债务风险等情况。

（五）财务可持续性分析

对于政府资本金注入项目，编制财务计划现金流量表，计算各年净现金流量和累计盈余资金，判断拟建项目是否有足够的净现金流量维持正常运营。对于在项目经营期出现经营净现金流量不足的项目，研究提出现金流接续方案，分析政府财政补贴所需资金，评价项目财务可持续性。

八、项目影响效果分析

（一）经济影响分析

（二）社会影响分析

（三）生态环境影响分析

（四）资源和能源利用效果分析

（五）碳达峰碳中和分析

九、项目风险管控方案

（一）风险识别与评价

（二）风险管控方案

（三）风险应急预案

十、研究结论及建议

（一）主要研究结论

从建设必要性、要素保障性、工程可行性、运营有效性、财务合理性、影响可持续性、风险可控性等维度分别简述项目可行性研究结论，评价项目在经济、社会、环境等各方面效果和风险，提出项目是否可行的研究结论。

（二）问题与建议

针对项目需要重点关注和进一步研究解决的问题，提出相关建议。

十一、附表、附图和附件

根据项目实际情况和相关规范要求，研究确定并附具可行性研究报告必要的附表、附图和附件等。

资料来源：《国家发展改革委关于印发投资项目可行性研究报告编写大纲及说明的通知》（发改投资规〔2023〕304号）。

第十二章　医养结合服务

学习目标

1. 掌握医养结合服务的基本概念。
2. 了解医养结合服务的主要类型。
3. 思考如何完善我国的医养结合服务。
4. 了解国外医养结合的实践经验。

案例：给山东曲阜医养结合"点赞"

"医养结合"不仅要"可以治病"，更要"治得起病"。居家医康养、医疗机构内设养老病床、进驻养老院、特殊人群精准医养……六种养老模式在山东曲阜先行先试。三年前，山东曲阜市民李燕面对丈夫瘫痪、儿子患有脑瘫的困境，每次带家人去医院复诊、治疗，整个人被消耗得心力交瘁。如今，李燕的丈夫在家就能完成复诊和常规治疗，这让她轻松了许多。事情的变化起源于曲阜市在全国率先试点实施的"居家医康养"模式。这个模式为符合条件的老人在家里设置家庭病床，由专业医护人员提供上门静脉注射、褥疮护理、康复等医疗服务。这项模式实施7年来，曲阜市不断探索完善居家医康养、医疗机构内设养老病床、医疗机构进驻养老院、医疗机构举办护理院、医疗机构联姻日间照料中心、特殊人群精准医养六种养老模式，让群众期盼的医疗服务从医院的院墙内延伸到家庭、养老院、日间照料中心，实现了家庭、机构与社会的"三赢"。

在国家卫生健康委员会2021年4月8日例行新闻发布会上，山东省卫生健康委吴副主任简要总结了曲阜居家医养模式：一是建立了服务片区、信息库和专业队伍。在服务片区规划上，城区以社区卫生服务机构为中心，打造15分钟的医疗服务圈；在镇街以管区为中心，实现了医疗服务半径不超过2公里；在失能、半失能老年人信息库的建立上，为居家医养服务的对象建立台账、精准服务；在服务队伍组建上，选派有经验的人员为居家医养专职医生，成立了医养结合服务团队，提供巡诊服务。二是破解居家医养服务的堵点和难点问题，比如，在医保报销方面，推行家庭病床制度，对符合家庭病床条件的老人，不收取床位费，其他医疗费用按住院标准予以结算，并将居家医养服务纳入长期护理保险范围。在运行保障方面，曲阜市每年列支专项经费50万元，作为居家医养专项基金。镇街全部设立夕阳红基金，医保报销后进行二次报销。同时，为解决用人不足的问题，开展居家医养服务的医护人员，薪资报酬不低于本单位同等条件医护人员水平。在确保医疗安全方面，制定了申请、评估、管理、终止四个工作流程，为居家医养医护人员购买了医疗责任险，签订服务协议书，并且由护士和家属全程陪同。

资料来源：《将医疗服务从医院延伸到居民身边》，中国青年报，2021－04－24；《卫生健康委新闻发布会介绍医养结合工作进展成效有关情况》，中央人民政府官网，2021－04－09。

思考与训练

1. 医养结合服务主要针对什么样的人群？
2. 医养结合的困难主要体现在哪些方面？

第一节 医养结合服务概述

医养结合是积极应对人口老龄化的一个战略计划，其基本原则是在保障老年人基本健康需求的基础上，对有需求的失能、部分失能老年人，通过整合医疗和养老服务的资源，为老年人提供全方位、多层次的健康和养老服务，从而提升老年人的生活质量和幸福感，有效地应对人口老龄化发展趋势。医养结合是一个世界难题，各国的医疗和养老都相对独立，为了更好地应对老龄化带来的挑战，英国 2012 年颁布实施了《医疗与社会照护法案》（Health and Social Care Act 2012），该法案推动医疗、社会照护、公共卫生和第三部门之间进行合作，为老年人提供整合照护服务（integrated care）。日本《介护保险法》于 2000 年开始施行，可以说日本的医养结合得益于其介护保险制度的建立与完善，在 2015 年的介护保险制度改革中，政府又提出了新的改革方向，在 2025 年前后将医疗和介护保险进行融合。

一、医养结合的相关概念

（一）养老服务

养老服务，是指在家庭成员承担赡养、扶养义务的基础上，由政府和社会为老年人提供的生活照料、医疗保健、康复护理、文体娱乐、精神慰藉、紧急救援、临终关怀等服务①。养老服务旨在帮助老年人步入晚年后应对身体机能衰退、疾病和其他健康问题，提高他们的生活质量和幸福感，以满足生理、心理以及其他方面产生的特殊需求②。

① 参考《河南省养老服务条例》《广东省养老服务条例》的定义。

② 王莉莉，杨晓奇．我国老龄服务业发展现状、问题及趋势分析［J］．老龄科学研究，2015，3（07）：6－17.

（二）医疗服务

医疗服务是指卫生技术人员遵照执业技术规范提供的照护生命、诊治疾病的健康促进服务，以及为实现这些服务提供的药品、医疗器械、救助运输、病房住宿等服务。照护生命主要是指对生命由孕育到衰亡的自然进程的关照、护卫，如孕期保健、分娩支持、临终关怀、预防保健等；诊治疾病主要是指对人体在受到病因损害后进行识别，并对出现的功能紊乱或损伤进行调整，以求改善机能、恢复健康的过程。在不同语境下，医疗服务的范围有所不同，狭义的医疗服务主要是指医务人员提供的诊治疾病的服务，也可称为临床医疗服务。传统上医疗服务主要是在医院内提供的诊疗、预防、康复等，是从病人就诊，与医院建立服务关系开始，直至治疗终结，痊愈出院或死亡的全过程。现代医疗服务在加强院内医疗服务的同时，重视延伸到院外开展社会医疗服务，包括出院后随访、家庭病床、民众健康教育、疾病普查、社会医疗救助和对口支援、医疗下乡等①。

（三）医养结合服务

医养结合服务就是把医疗卫生资源和养老服务资源进行有效整合，使社会资源得到最大程度发挥。医养结合服务是将医疗、康复、照护以及养老有机融合在一起，把老年人健康医疗服务放在首要位置，将养老机构与医疗机构的功能有效连接，从而形成一种将生活照料与医疗康复有机融合的综合性养老服务模式。医养结合服务是对传统养老服务模式的延伸②。

医养结合服务由具有专业医疗和护理资质的机构为老年人提供全面的医疗护理和日常生活照顾，为他们提供一站式服务。这种机构能够满足高龄、疾病缠身、失能和半失能老人的多种养老需求，并给予其多方面的护理保障，构成一种既与医院、养老院相区别，同时又兼顾二者优势的统一的新功能体系。简单来说，医养结合就是一种未病疗养、有病治病、病后护理等医疗服务和养老服务相结合的机构养老模式③。

二、医养结合服务的理念及主要内容

（一）医养结合服务的理念

1990 年世界银行首次提出“健康老龄化”的战略目标④。不少发达国家通过将医疗

① 参考成武县人民政府网页资料整理。

② 张良文，曾雁冰，王丽霞，等．基于 Andersen 模型的“医养结合“型机构养老需求的影响因素研究［J］．中国卫生统计，2019，36（03）：339－343.

③ 邓大松，李玉娇．医养结合养老模式：制度理性、供需困境与模式创新［J］．新疆师范大学学报（哲学社会科学版），2018，39（01）：107－114＋2.

④ 赵晓芳．健康老龄化背景下“医养结合”养老服务模式研究［J］．兰州学刊，2014（09）：129－136.

资源和养老资源整合在一起，对老年人进行综合性、持续性的医养结合服务，使老年人群在生理、心理及社会功能都达到舒适状态，幸福健康地度过晚年。医养结合服务是人们对养老服务内容之间关系的重新思考，也是一种综合考虑医院和养老院两者优势的新型养老服务体系①。

医养结合服务的提供者主要包括老年公寓、护理院、临终关怀院、各级医院、社区卫生服务中心等②。这些机构和服务人员共同承担着为老年人提供医疗护理、康复治疗、生活照料等综合服务的责任。医养结合服务的对象，主要是在居家、社区及机构中，重点关注那些生活无法自理的老年人，特别是残障、慢性病、易复发病、大病恢复期及绝症晚期的老年人等③。

（二）医养结合服务的内容

医养结合服务主要包括三类：一是基本的生活护理服务。二是为患者提供医疗救助、健康咨询和检查、重大疾病的康复以及临终关怀的医疗保健服务。三是以老年文化娱乐为主要内容的精神慰藉、情绪疏导和精神文化服务④。此外，为了确保老年人医疗和养老服务方面的品质，也要制定一套行之有效的标准来衡量和指导，包括医疗和养老各自的入院病情准入条件、住院时的服务标准、患者会诊及转诊流程、分级护理服务标准、临终关怀服务内容及服务标准、医疗和养老转换标准⑤。

三、我国医养结合改革的重要性及进展

（一）医养结合的意义

我国是世界上老年人口最多的国家，进入21世纪后，失能、部分失能老年人口大幅增加，老年人的医疗卫生服务需求和生活照料需求叠加的趋势越来越显著，健康养老服务需求日益强劲，目前有限的医疗卫生和养老服务资源以及彼此相对独立的服务体系远远不能满足老年人的需要，迫切需要为老年人提供医疗卫生与养老相结合的服务。医疗卫生与养老服务相结合，是社会各界普遍关注的重大民生问题，是积极应对人口老龄化的长久之计，是我国经济发展新常态下重要的经济增长点。加快推进医疗卫生与养老

① 刘清发，孙瑞玲．嵌入性视角下的医养结合养老模式初探［J］．西北人口，2014，35（06）：94－97.

② 资料来源：2016年社会服务发展统计公报。

③ 陈俊峰，王硕．城市“医养结合”型养老存在的问题及其解决途径——以合肥市为例［J］．城市问题，2016（06）：92－97.

④ 廖芮，张开宁，王华平，等．我国健康老龄化背景下的医养结合：基本理念、服务模式与实践难题［J］．中国全科医学，2017，20（03）：270－277.

⑤ 黄佳豪，孟昉．“医养结合”养老模式的必要性、困境与对策［J］．中国卫生政策研究，2014，7（06）：63－68.

服务相结合，有利于满足人民群众日益增长的多层次、多样化健康养老服务需求，有利于扩大内需、拉动消费、增加就业，有利于推动经济持续健康发展和社会和谐稳定，对稳增长、促改革、调结构、惠民生和全面建成小康社会具有重要意义。

（二）我国医养结合改革的情况

2013 年，我国政府出台《国务院关于加快发展养老服务业的若干意见》，该意见结合我国医养资源和服务体系相对独立的现实状况，首次提出了医养融合的战略思路。2015 年，《关于推进医疗卫生与养老服务相结合的指导意见》印发，政府全面推行医养结合改革。2019 年，《关于深入推进医养结合发展的若干意见》《关于做好医养结合机构审批登记工作的通知》等多个重要文件陆续出台，医养结合改革取得明显成效。2022 年，国家卫生健康委员会等 11 个部门联合下发《关于进一步推进医养结合发展的指导意见》，持续推动医养结合走向改革的“深水区”。

截至 2019 年年底，医养结合试点共进行了两批，共有 87 个城市作为试点单位，包括北京市、石家庄市、太原市等。试点的目标是构建覆盖城乡、规模适宜、功能合理、综合连续的医养结合服务网络，探索医养结合体制机制。试点的 5 项重点任务是建立健全医疗和养老机构合作机制；支持养老机构开展医疗服务；推动医疗服务延伸至社区和家庭；鼓励社会力量兴办医养结合机构；鼓励医疗和养老融合发展。截至 2022 年年末，全国共有两证齐全（具备医疗卫生机构资质，并进行养老机构备案）的医养结合机构 6986 家，比上年增长 7.6%；医疗卫生机构与养老服务机构建立签约合作关系 8.4 万对，比上年增长 6.7%。

第二节　我国医养结合服务体系的建设

在我国人口老龄化的大背景下，由于老年人身体机能的衰退，自我照顾能力降低及慢性病并发等现象逐渐凸显，老年人的医疗卫生服务需求和生活照料需求叠加的趋势越来越显著。我国将国际上健康老龄化的理念不断地向养老保障领域延伸，以健康老龄化为最终目标而提出“医养结合、健康养老”的理念，把医疗卫生与养老服务相结合，既是积极应对人口老龄化的长久之计，也是我国经济发展新常态下重要的经济增长点，虽然我国的医养结合养老服务还在起步阶段，但在全球健康老龄化发展中更具有实践意义，并在不断摸索中形成具有中国特色的养老服务体系。

一、我国医养结合服务的主要类型

医养结合真正的“困难户”在社区居家养老领域。现阶段老年人在就医上并没有特别大的困难，医疗机构已经为老年人开通绿色就医通道、开设老年科、提供慢性病长处方等措施，极大地方便了老年人入院获得医疗服务。但老年人在医疗机构、养老机构或家庭之间过渡时要获得无缝隙的“医疗+养老服务”还比较困难，其中低收入和缺少照护者的失能老年人尤为突出。在最近5年，随着国家对老年工作的重视，不少新的医养结合类型不断涌现，例如，卫生部门主导的“居家和社区医养结合服务”，民政部门主导的“家庭养老床位”等。

（一）社区居家医养结合服务

社区居家医养结合服务的服务对象是辖区内有医养结合服务需求的居家养老和社区养老的老年人，重点是失能（含失智，下同）、慢性病、高龄、残疾、疾病康复或终末期，出院后仍需医疗服务的老年人。服务内容包括健康教育、健康管理服务、医疗巡诊服务、家庭病床服务、居家医疗服务、中医药服务、心理精神支持服务、转诊服务等①。

研究显示，我国选择社区居家养老的老年人约占总人口的94%。目前，我国主要通过家庭医生签约服务、基层医疗机构提供家庭病床服务、鼓励村医参与健康养老服务、支持养老机构上门等形式为居家老人提供服务来满足居家养老人群的医养结合需求，该模式也被称为“整合辐射”模式，即医疗、养老服务延伸到居家和社区。

1. 家庭医生签约服务形式

2016年，国务院发布《关于推进家庭医生签约服务的指导意见》，目的是促使医疗卫生工作重心下移、资源下沉，作为完善分级诊疗、双向诊疗政策的突破口，家庭医生制度是我国医疗卫生体制改革的重要探索和战略举措。家庭医生主要为居民提供基本医疗、公共卫生和约定的健康管理服务。按照以往医养服务相对独立的体系设置，家庭医生签约属于医疗服务。2016年，家庭医生签约服务在200个城市开展试点，国家鼓励有条件的地区自行开展，老年人、孕产妇、儿童、残疾人，以及高血压、糖尿病、结核病等重点人群可以向基层卫生机构（社区医院、乡镇卫生院或乡村医生）申请与机构内的全科医生或具备能力的乡镇卫生院医生进行签约获得家庭病床、家庭护理、康复指导、远程健康监测等服务，签约服务费由医保基金、基本公共卫生服务经费和签约居民付费等分担。2016年云南省发布《关于推进家庭医生签约服务的实施方案》，昆明市、玉溪市、曲靖市、普洱市、红河州、大理州等城市全面开展家庭医生签约服务。每人每年36元，其中医保和财政出资24元。有关调查显示，2017年，6个试点城市共签约393.8万人，常住居民签约率达到15.27%。云南省家庭医生签约服务在提高老人生活质量、方便老年人就诊开药、降低医疗费用方面取得了一定成效。

---

① 参考《关于印发居家和社区医养结合服务指南（试行）的通知》（国卫办老龄发〔2023〕18号），本教材中为了考虑概念的统一性，本处使用“社区居家医养结合服务”概念。

2. 家庭病床服务形式

家庭病床服务是指对适宜在家庭连续治疗又需依靠医护人员上门服务的患者，在居住场所设立病床，由指定医护人员定期上门，提供治疗、康复、护理、临终关怀、健康指导及咨询全方位的医疗服务，并在家庭病床病历上记录服务过程的一种家庭医生式服务。家庭病床服务一般由各省自主明确服务规范。按照2013年《广州市社区卫生家庭病床服务管理规范（试行）》的要求，家庭病床服务的建床规范包括：一是建床对象原则上为居住在社区卫生服务中心所辖区域内的居民。患者（或法定监护人）提出建床申请；社区卫生服务中心根据收治范围和患者情况确定是否建床；确定予以建床的，应指定责任全科医师和护士。二是责任全科医师、护士指导患者（或法定监护人）按规定办理建床手续，给予家庭病床建床告知书，双方签订家庭病床服务协议书。三是责任全科医师首次访视应详细询问建床患者病情，进行体格检查和其他检查，并作诊断，对建床患者制订治疗计划①。

家庭病床服务内容包括：全科医疗服务、社区护理服务、中医中药康复服务、检查检验服务、健康管理服务等。按照2023年广州市越秀区家庭病床管理规定，家庭病床起付标准按参保人在一级医疗机构住院起付标准确定，即职工医保为250元，居民医保为150元。每90天重新计算一次起付标准。起付标准以上基本医疗费用按参保人相应的一级医疗机构基本医疗费用的支付比例确认，即退休人员为93%，在职职工和居民医保为90%。

3. 家庭养老床位服务形式

家庭养老床位是依托符合条件的养老服务组织，为有需求的老年人的居家环境进行适老化及智能化改造，将专业照护服务送到家，使老年人居家就能享受到的“类机构”专业化养老服务①。2021年发布的《“十四五”民政事业发展规划》提出，健全建设、运营、管理政策，发展“家庭养老床位”。2022年9月，民政部、财政部联合开展居家和社区基本养老服务提升行动项目，明确提出通过中央专项彩票公益金支持，面向60周岁及以上经济困难的失能、半失能老人建设10万张家庭养老床位、提供20万人次居家养老上门服务。

家庭养老床位是政府鼓励引导社会力量，特别是养老机构为居家养老的老年人提供家庭养老床位，目前费用分摊的方法和服务规范各地正在探索中，一般城镇低收入和农村低保家庭中失能的老年人可以获得资助。在广州，按照《关于全面开展家庭养老床位建设和服务工作的通知》的规定，家庭养老床位服务对象为广州市范围内60周岁以上，居住在家中需要照护的老年人。入住养老机构（含综合养老服务中心全托区）、医院的老年人不纳入家庭养老床位建设和服务范围。家庭养老床位服务机构应按照协议约定提

① 参考《广州市民政局 广州市财政局关于全面开展家庭养老床位建设和服务工作的通知》（穗民规字〔2024〕4号）。

供以下服务：适老化改造、智能化改造、专业化服务等。老年人通过广州市为老服务综合平台或就近线下向居住地所在区的服务机构提交建床申请。在建床的资助上，广州市户籍老年人设立床位，在核实合格后连续提供服务满 6 个月的，民政部门按实际改造费用给予一次性建床资助，每张床位最高不超过 3000 元。在运营上，不同照护需求级别从 200 元至 500 元不等进行资助。

（二）机构医养结合服务

机构医养结合服务是指政府统一管理，由具有一定医疗、护理水平的医疗或养老机构为老年人同时提供日常生活照料、健康监护、精神慰藉、疾病治疗甚至临终关怀等服务的一种医养结合服务。“有病治病、无病疗养”是医养结合养老服务模式的基本理念。在该理念指导下，医养结合养老服务模式可以同时为老年人提供医疗与养老服务①。其优势在于将医疗资源最大化地引入到养老产业中，且服务对象较广，尤其针对介护、介助型老人或患有重大疾病的老人，因其健康差异的不同而提供不同层级的医疗护理、健康照料②。与传统的居家养老相比，机构医养结合模式提供的养老服务更加具有专业化水平，目前机构医养结合模式主要有四种：

1. 医疗机构创办养老机构

医疗机构创办养老中心，通过设立老年科、养老中心或者康复中心等方式，医疗机构依托自身的医疗优势，将一些需要长期护理、慢性疾病以及正在恢复期的老年人转至养老机构，既提供医疗、康复、护理，又能提供日常生活照料。这种模式下医疗机构将具有功能辐射化，结合医疗机构医疗服务专业化特点，将养老功能纳入其服务体系，在医疗机构内部整合养老功能，实现医养结合模式。医疗机构根据不同护理需求将老年人分为自理型、半失能、重症失能和临终关怀四种类型，提供有针对性的服务，收费标准也有所不同。

2. 养老机构和医疗机构合作

民营或者公立养老机构与医疗机构签署合作协议，养老机构负责前期的建设，医疗机构负责后期医疗、康复、护理以及运营保障，从而为老年人提供全方位的健康管理服务。即卫生医疗机构与养老机构合作，打造医养协作联盟，一方面发挥医疗机构在卫生服务、健康护理等方面的专业优势，为养老机构的老年人提供健康护理需求；另一方面也发挥了养老机构在日常照料和养老服务方面的特长，为老年人提供基本的照料服务，能够有效整合医疗和养老资源，解决了养老机构床位利用率不高问题。养老机构负责提供医疗咨询室等硬件，并配备空调、电脑、网络、健康检查仪器等设施设备，医疗机构派遣责任医生团队，定期坐诊医疗咨询室，为老年人提供面对面服务。这是今后医养结

① 魏宇．“十四五”时期我国养老服务模式的创新战略探讨［J］．西南金融，2021（04）：17－28.

② 周颖，孙耀南．医养结合视点下新型养老住区的设计理念［J］．建筑技艺，2016（03）：70－77.

合的普遍模式。

3. 养老机构内设医疗服务

在养老机构设立医务室、门诊部等形式，为入住的老年人提供一般的医疗服务，针对长期患慢性病、卧床、无自理能力的人，提供专业化的医疗照护和生活照料。通常养老机构在其内部建立标准化门诊部，门诊部能满足入驻老人包括身体检查、药品购买、日常病治疗和康复保健等医疗需求。这样既能为老人养老提供日常的照料，也能及时提供专业的配套康复治疗和护理服务。老人不用走出养老机构，即可享受专业化的养老与护理服务。这种模式的优点在于通过设置专业医疗设施并提供专业医护服务，养老机构可以满足机构内老人的慢性病护理与指导日常健康检查、康复、急救等需求。由于老人，特别是半失能、失能老人对于医疗的依赖度很高，医养结合水平正成为很多老年人选择养老机构的关键考虑因素，因此，内设医疗板块可以提高养老机构的吸引力。特别是如果机构内设诊所拥有医保定点资质，还能为老人报销医疗费用，减轻其经济负担①。

4. 医疗机构直接转型为养老机构

2015 年《国务院办公厅转发卫生计生委等部门关于推进医疗卫生与养老服务相结合指导意见的通知》（国办发〔2015〕84 号）指出：公立医院资源丰富的地区可积极稳妥地将部分公立医院转为康复、老年护理等接续性医疗机构。在此政策下，将过剩的医疗资源进行整合，对部分医疗机构的结构和功能进行调整，直接转型老年康复院、老年护理院、老年医养结合中心等医养结合服务机构，并根据老年人不同的需要提供长期的医疗、康复、生活照顾等服务。通过对城乡过剩的公立医疗资源，比如部分一级或二级医院（包括厂企医院/乡镇卫生院），进行结构与功能调整，直接转型为老年康复院、老年护理院等医养结合服务机构，为老年患者提供长期医疗护理服务。该模式深受老年人的喜爱，能够更好地发挥医院医疗技术和资源优势，有效促进老人身体健康。例如，在海口、长沙等地开展养老服务中心、社区养护站、家庭微型养老院等项目，对二级医院医疗资源进行整合，作为康复医疗和老年慢性病防治的支撑主体②。

二、我国医养结合服务存在的问题

（一）医养结合机构自身服务能力有限

我国目前主要的三种机构医养模式都存在自身服务能力有限的问题，主要体现在：一是医疗机构老年病专科设置不足。医疗机构多以疾病分科为主，专门设立老年病科的医疗机构较少，无法使老年人在医疗机构得到及时准确的医疗服务和优质的养护措施。

① 谢呈嫡，熊婧佚．北京市海淀区医养结合试点发展现状及建议［J］．中国经贸导刊，2024（04）：128－130.

② 王素英，张作森，孙文灿．医养结合的模式与路径——关于推进医疗卫生与养老服务相结合的调研报告［J］．社会福利，2013（12）：11－14.

老年人多以慢性病为主，老年阶段在生理上也有其特殊性，医疗机构单纯以疾病进行分科，很难满足老年人在医疗、养护上的需求，也会造成宝贵医疗资源的浪费。二是养老机构医疗服务能力较弱。当前我国养老机构绝大多数以提供针对老年人的基本生活照料服务为主，不具备相关医疗服务能力或医疗服务能力较弱。养老机构提供医疗服务首先要具备相应的资质，同时要承担的医疗风险较大，还需要一支专业的医疗服务人才队伍，这些因素都导致养老机构不愿意提供过多的医疗服务，养老机构多愿意接受生活能够自理的老年人，而那些失能失智真正需要医疗养护的老人却被拒之门外。三是医疗机构与养老机构缺乏合作机制。现阶段，我国医疗机构与养老机构多是相互独立，老年人要享受医疗与养护服务只能在不同的机构之间来回奔波，而医养结合的本质就是二者的融合。这两种机构目前还没有形成有效的合作机制，各自机构自身的优势资源无法有效对接实现共享共赢，导致老年人医养结合需求无法满足，服务能力和质量不高。

（二）机构医养服务对象模糊，收费偏高

医养结合型机构的服务对象主要是针对患有严重疾病、瘫痪卧床、老年痴呆的部分失能或完全失能的老年人，但在现实情况中医养机构还面向身体机能相对健全，生活基本能够自理的老年人提供养老服务。一些患病、失能老年人享受医养结合机构提供服务，经过医疗、养护一系列过程后身体机能好转，能够基本实现生活自理，但他们依然选择留在机构中进行养老，这就会导致机构医养服务对象模糊，偏离医养结合机构自身的定位。同时，医养结合机构需要提供医疗、护理、养老等服务，服务收费往往偏高，会形成医养结合机构高收费与需求老年人低收入之间的矛盾，入住需要较好的经济条件作为支撑，就将很多低收入群体老年人排除在外了，入住率低会导致宝贵医养资源的浪费，也限制了社会资本的流入，导致其发展动力不足。

（三）行政部门多头管理，扶持政策落实不到位

我国对于医养结合型机构的相关监管涉及多个行政部门。养老机构主要是由民政部门进行审批和监管，医疗机构则是由卫健委负责认定和监管，人社部门负责对医保定点机构进行管理以及医疗保险费用报销等。存在多头管理的体制壁垒，虽然各个部门都有各自的分工，但没有统一的组织领导，医养服务资源缺乏有效的整合与统一规划，并且在监管上存在职责划分不清，可能同时出现“各个部门都要管，各个部门都不管”的情形，导致监管混乱，医养结合机构乱象丛生，无法有效提供高水平的医养结合服务，这些对于医养结合型机构的建设与发展十分不利。同时，相关政策落实不到位也是制约其发展的重要因素，扶持政策涉及机构设立、土地使用与规划、财政补贴、税费减免、审批流程简化等多个方面，同样归属到不同的行政部门，这就极易导致各项扶持政策的“碎片化”，造成政策难以落实、效果不明显。

三、我国医养结合服务改革方向

党的十八大以来，我国深入实施健康中国战略，医养结合基础设施数量和服务质量明显提升。但也要看到，目前我国失能、半失能老年人口约4000万人，对失能照护、慢病管理、康复促进等服务需求迫切。当前，医养结合服务还面临资源总量不足、居家和社区服务能力不强、专业人才队伍建设滞后等短板，需要下大力气补齐。

（一）扩大服务供给，把重点放在居家和社区

目前，我国养老格局中，绝大部分老年人选择居家养老，一部分老年人选择社区养老，只有一小部分人在机构养老。可见，解决医养结合资源不足的问题，需要把重点放在发展居家和社区医养结合服务上。要鼓励有条件的医疗机构上门为居家老年人提供家庭病床、上门巡诊等医疗服务，更好发挥家庭医生团队签约服务作用，让老年人不出家门也能看上病；支持社区卫生服务中心、乡镇卫生院以及社区养老服务机构在社区改扩建一批社区（乡镇）医养结合服务设施，让老年人不出社区也能享受到服务。

（二）确保服务质量，注重服务类型的多元化

对于医养结合来说，养老是基础，医疗是支撑，二者缺一不可，需要各自发挥业务专长，开展业务合作，做到“你中有我，我中有你”。由于年龄、健康等因素，老年群体对医养结合服务需求存在较大差异。健康的老年人对体检、健康管理和精神文化需求较多；生活半自理的老人体弱多病，对慢病管理、就医用药、生活照料等需求较多；失能和卧床老人则需要家庭病床、长期护理和上门诊疗服务。因此，医养结合服务要精准对接不同需求，结合所服务的老年人特点，提供差异化服务。

（三）扩充人才队伍，提升从业者专业水平

专业人才直接决定着医养结合服务质量和供给。目前，缺乏从事老年人医疗护理的专业人才是养老机构、医院面临的共同难题。要鼓励普通高校、职业院校增设健康和养老相关专业和课程，扩大招生规模，适应行业需求。开展医养结合领域培训，发挥有关职业技能等级证书作用，提升从业人员服务水平。医务人员从事医养结合服务具有特殊优势，可以通过人才培养、绩效考核适当倾斜等方式，引导更多医务人员从事医养结合服务，并支持退休的医务人员到医养结合服务机构开展服务。

推进医养结合是优化老年健康和养老服务供给的重要举措，是积极应对人口老龄化的重要途径。狠抓政策落实，做好先进经验推广，不断疏通堵点，补齐短板，提供质优、便捷、多元的医养结合服务，一定能让老年人享有幸福的晚年。

第三节　国外医养结合改革成效及启示

人口老龄化是世界性问题，通过医养结合来应对这一挑战，是许多国家的共同选择。国外一些发达国家较早进入老龄化社会，各国根据本国国情陆续出台应对人口老龄化的政策，力图实现医疗、卫生、社会服务等多种资源的整合，解决老年人养老问题。虽各国实践模式各有不同，但我们也可以借鉴一些国际先进理念，提高老年人的生活质量。

一、日本的医养结合服务

20 世纪 70 年代日本开始步入老龄化，直至目前是全球老龄化最严重的国家，这对医疗和照护的需求不断膨胀。老年人为了获得介护①服务长期住在医院，这样造成医疗资源的浪费，加重医疗方面的财政危机。为此，日本 2000 年开始实施《长期照护公共保险计划》及介护保险法，通过此法将介护从医疗保险中分离出来，推行以居家照护为基础，机构照护为补充的长期照护服务体系。日本的养老服务经历了从公费医疗到老年人保健，再到现阶段的介护保险制度的演变过程。介护保险法实施之前，老年人照护分别由医疗、福利、保健三个部门管理，各制度间互不衔接，独立运行，会出现服务项目重复给付等问题。在介护保险制度下原有的老年社会福利系统和卫生、保健系统有机结合为介护服务体系，以避免介护服务给付部门的不同导致制度间、利用者间的负担失衡。历经了 20 世纪 60 年代的老人福利制度，70 年代的老人医疗费支付制度，80 年代的老人保健制度，再到 90 年代初的“黄金计划”，推动着日本对于老年人医养事业的发展，到 2000 年实施的介护保险制度，使得日本老年人医养体制进一步完善，也为国民提供了一套多层次、综合性的医养服务体系。

（一）日本医养结合改革取得的成效

1. 提高老年人生活质量，减轻家庭照护负担

医养结合的最根本目的是提高患病老年人的生活质量，实现这一目的的手段就是为患病老人提供及时便利、价格可负担、质量有保证的医养结合服务。筹资方面由中央财政、地方财政和参保者三方承担。参保者负担费用比例约为 50%，中央财政负担 25%、都道府县和市町村二三级政府各自负担 12.5%。参保者又分为 1 号参保者和 2 号参保者，1 号参保者指 65 岁以上老年人，2 号参保者指 40—64 岁已经加入国民健康保险的

① 日本对老年人、残疾人的日常生活照料及对其进行的医疗、看护、康复等方面的援助，称之为“介护”，理念是维护人的尊严，医疗以及生存的信念，使其生活更加幸福。

参保者。其中，对于1号参保者又按照收入水平划分5个等级，对于1—3级低收入群体，相应免除25%—50%的参保费。高收入群体则可以由地方酌情提高缴费比例。2号参保者是统一的参保费率，由运营机构统一征收。民营企业承担参保者一半费用。自营业者、无业人员等由财政进行补贴。

2. 医养服务受益范围扩大，预防服务快速增长

日本医养服务的推广迅速扩大了受益人群范围，据日本国立社会保障人口问题研究所统计，2000年日本享受居家医养服务的为1360万人次，到2013年增长到4290万人次，增长率为216%，享受社区医养服务的，到2013年达到了424万人次，2000年享受机构医养服务为644万人次，到2013年增长至1072万人次，增长率为61%。日本在医养方面的改革也促使预防服务快速增长，而非单一的照护服务，2000年享受照护服务1792万人次，至2013年上升至4565万人次，增长率155%，2000年享受预防服务232万人次，到2013年迅速上升达到1222万人次，增长率427%。日本面对日益严重的老龄化问题，推出了一系列措施和制度，使得更多老年人能够获得良好的医养服务，受益人群的规模逐年上升。

3. 推动本国医养产业快速发展

20世纪90年代，日本经济发展放缓，老龄化程度在不断加深，自2000年推行介护保险制度以来，老年人医养方面资金由政府财政单独负担变为中央财政、地方财政和参保者三方共同承担，减轻了财政压力，同时也鼓励社会资本参与到医养机构建设和服务的提供上来，推动了医养产业的市场化进程，许多民营企业从中发现了市场潜力和商机，受市场化机制的作用影响，医养服务的质量明显提升，供给量也在不断增加。日本一系列措施和改革为医养产业的发展注入了活力，巨大的利润空间，吸引众多民营机构的参与，同时也创造了大量就业岗位，促进了就业与再就业问题的解决，培养了不少医养服务工作专业化人才。

（二）启示

1. 以老年人多元化需求为导向，构建我国医养服务体系

日本发展医养结合的过程是一个不断发现问题、解决问题的过程，介护保险作为医养结合过程中的一个重要产物，成立至今已就各类问题召开135次会议商讨解决。我国在医养结合的实践中，应充分考虑老年人的身心状况、传统观念与个性化的需求，有针对性地供给医养服务。弄清楚老年人何时需要“医”，何时需要“养”，厘清医疗机构与养老机构的服务范围与合作关系。在我国医养结合的三种形式中，对“医”和“养”不同程度所提供的服务有了粗略的划分，但针对老年人多样化、人性化的需求还应进一步细化，除了对老年人生理上医养，更要注重老年人心理健康，丰富老年生活，让他们活得有尊严。

2. 健全法律与政策保障，完善政府管理体制

日本相继出台了关于老年人医养以及相关权利保障方面的法律，为老年人获得全方

位的医养服务创造了良好的法律环境。我国在老年人权益保护和医养方面的法律建设还很滞后，政府多部门管理，涉及民政部门、卫健部门、社保部门等，各部门在应对人口老龄化、老年人医养问题上应加强整合，明确各部门的权责，打破体制壁垒，加强部门联合与协同，理顺政府管理的运行机制，有效推动我国医养结合服务体系的发展。另外，政府应为医养产业的发展提供优惠与扶持政策，引导市场主体积极参与到社会医养服务体系当中。

3. 建立专业医养护理人才培养制度，提高专业化水平

在日本的医养体系中，特别重视对专业护理人才的培养，在介护保险制度下，配有专业的人员“介护士”，由专业化的培训和学习，通过专业的资格考试后获得资质认证，同时大学也开有福利护理等相关专业，可谓一应俱全。目前制约我国医养结合工作发展的一个重要原因就是专业人才的匮乏，体现在“质”不高，“量”不足，缺乏专业培养体系和有效监管。一方面，从事养老护理的人员普遍存在文化水平不高的问题，缺乏看护、医疗、康复、助老等专业知识，只停留在低层次的护理水平，无法提供更加深入专业的服务。另一方面，从事养老专业护理的人员匮乏，人才流失严重，加上社会认可度不高，工资收入偏低，且工作强度和工作压力大，很多有专业知识的年轻人都不愿参与到这个行业。我国应尽快构建医养服务工作人才培养制度，从高校专业的设置，社会职业资格的认证与继续教育到人才的监管、评价、考核和薪酬制度等，建立起一套完整人才培养体系，提高医养服务人员的社会地位和服务质量，提升专业化和职业化水平，建立一支高素质的人才队伍。

二、英国的医养结合服务

英国早在20世纪30年代就已经进入老龄化社会，是世界上较早进入老龄化的国家。为解决日益庞大的老年医疗、护理需求，英国做出了多种尝试。加上福利国家的制度，高福利给财政支出带来了巨大压力，英国政府开始对社会保障制度进行“去机构化”和“市场化”改革，加上医疗和社会服务存在很多交叉重复的服务，英国开始探索“医养结合”。1990年推行《国民健康服务与社区照护法案》，开始了社区照护实践；2001年，英国原卫生部颁布《全国性老年人服务框架》，这是英国第一个应对老龄化挑战的医疗战略规划，目的是向老年人提供公平、高质量、高效率的医疗服务；2010年，《解放NHS白皮书》提出“医养结合”改革和养老服务资源之间的整合（“整合照护”是欧洲国家所提出来的，针对老年公共服务中医疗护理和养老照料的“双轨制”提出的资源整合方法，提高资源的利用率和服务质量）。英国医养结合并没有被单独列出来，而是融合在全民医疗体系中，NHS结合居家、社区及养老机构开展医疗和护理服务，以及远程护理和长期护理等延伸服务，通过全民医疗来体现对老年人医疗护理的保障。

（一）英国医养结合改革取得的成效

1. 医疗卫生支出增长速度放缓，成人社会照护支出增长不大

按照法律和政党的竞选承诺，NHS 预算在逐年增加，但从医疗卫生支出数据看，英国医疗卫生支出从 2010 年起增长速度有所放缓，按照实际价（排除通货膨胀因素后价格）计算，2000—2009 年的年均增速约 5.4%，而改革后的 2010—2017 年为 1.5%。英国医疗卫生支出主要包括 NHS 支出、公共卫生支出和其他部门提供的预防性医疗支出。成人社会照护支出按照实际价增长不大，2005—2018 年平均增长率为 0.1%。

2. 医疗和社会照护服务质量获得较大提高

照护质量委员会（CQC）对英国医疗和社会照护服务注册机构进行了连续 3 年的检查和评价，2017 年的结果是，78% 的成人社会照护被评价为“良好”，较 2016 年 71% 提升了 7 个百分点，55% 的 NHS 急诊服务被评为“良好”，较 2016 年增加 4 个百分点，89% 的全科医生被评为“良好”，较 2016 年增加 6 个百分点。相比 2014 年照护法案颁布前，48% 的成人社会照护被评为“需要改进”。23% 的全科医生“需要改进”。55% 的 NHS 急诊医院被评价为“良好”，68% 的 NHS 心理健康服务被评为“良好”，66% 的社区医疗服务被评为“良好”，这些数据相比改革前都得到了较大程度的提高。

3. 医疗和照护服务更加“一体化”

英国“医养结合”的工作目标是“对公众而言，最重要的是我可以和那些更懂我的照护者一起计划，并在我的控制之下，让所有的服务产生最好的效果”。这种以个人感受为目标的做法是治理理论中“以结果为导向”的具体体现。相对过去“碎片化”的服务，经过整合，医疗和社会照护服务现在更加“一体化”，并且实现了“以人为本”（见图 12－1）。

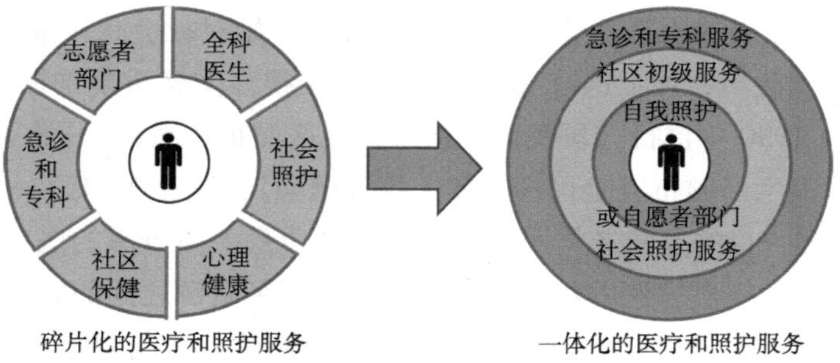

图 12－1　经过协调后服务于个人的医疗和照护服务

资料来源：Department of Health，Department for communities and local government. 2017－19 Integration and Better Care Fund［R］. 2017，3.

（二）启示

1. 地方当局负责形成照护服务市场，为实现“普惠”提供可能

在照护服务方面，地方当局的主要职责之一是形成照护服务市场，即地方当局有义务向所有老年人提供照护方案和信息。这一点的价值首先体现出政府主导照护服务供给的理念，体现了福利思想。在改革前，英国地方当局与中国政府一样主要为弱势群体提供照护服务。改革后，地方当局为辖区内所有申请人提供服务，实现了“普惠”。这为中国养老制度从为弱势群体服务的“福利”制度走向为所有老年人提供“普惠”服务提供了可行思路。其次，地方当局成为弱势群体（老年人）的利益代理人，政府与服务供应方是博弈关系，而不是让弱势群体与供应商博弈。这与中国政府向“三无”老人提供养老服务一样，但效果完全不同的是，中国地方政府负责福利设施建设，并组织提供服务，然后优先提供给“三无”老人，是一种“直接供给”的形式，而英国地方当局扮演的则是市场形成的组织者，不仅为低收入人群免费购买服务，包括自己付费的高收入人群也要接受当局的照护建议和计划来获得服务，有效发挥了政府的治理能力。

2. “以人为本”的政策设计

英国通过法律来实施政策倡议，法律条文越细致，公民的权利和义务越能得到保障。在医养结合的各种法案中处处体现出“以人为本”的指导思想。例如，法律中以“成年人”的概念取代“老年人”“残疾人”等概念，一方面法律适用范围更广，另一方面更是消除歧视的体现。再以支付为例，地方当局为符合条件的申请人制定好照护方案后，符合减免条件的成年人可以要求地方当局直接支付给照护他们的人或机构（养老院），而不是安排照护服务，以确保老人自主选择。为了分辨申请人是否有能力支付照护费用，地方当局还要对申请人进行财产评估，包括收入、资产和其他投资，如果申请人有能力但不能马上支付的，还可以签订“延期付款协议”，待资产处置后再偿还地方当局。如果申请人明确自己有能力支付的，政府会简化财务评估。此外，为了充分考虑病情还没有严重到获得长期护理服务之前，有一部分人（约1/8的申请人）将自己承担较高的照护费用，为了让申请人免受灾难性费用的影响，地方当局设置了照护费用上限（从2020年实施）。再例如，为了确保成年人不因为搬家而中断照护，地方当局会与“新的当局”联系提供“连续性护理”。

3. 激励全科医生和护理人员，评估和支持照护者

全科医生和专业护理人员短缺也是英国目前面临的主要困难。英国医改后，全科医生作用得到加强，他们不仅是医疗服务的“守门人”，更是居家和社区照护的重要支撑。目前，我国全科医生制度正在发展完善中，如何激励全科医生团队为老年人提供更多社区和居家的医疗照护服务是解决我国绝大多数老年人“医养结合”的重中之重。临床职业联盟（CCG）目前负责NHS 80%的预算支配，我国在部分地区也在探索将签约居民按人头将门诊基金支付给家庭医生团队。此外，英国还采取了国际征聘、利用

"NHS专业人员"（一个为NHS雇员提供临时性工作的机构）以及采用更灵活的退休机制等壮大服务队伍。对照护者进行评估，确保他们是否"符合资格"获得地方当局的支持。照护者通常是被照护人的亲戚或朋友，与专业护理人员和志愿者不同。地方当局制定的支持计划包括提供"喘息服务"，即临时性替代照护者，让其得到必要的休息，并满足一些临时要求，如帮助照护者做家务或与家人保持联系。如果照护者每周花费35小时且税后收入不超过120英镑，可以获得政府（中央政府）每周64.6英镑的补贴，尽管金额不高，但是一种认可①。

思考与训练

1. 随着老龄化的加速，我国在推行医养结合服务上可以学习西方哪些先进的经验？

2. 请在网络上观看医养结合养老题材系列电影《陪你回家》，并与同学们进行讨论。

扩展阅读

主要老年疾病

老年疾病（elderly disease）又称老年病，指由于衰老引起的一系列与增龄相关的疾病（age - related disease）及伴随的相关问题，包括衰老、长期疾病以及神经退行性病变引起的心理健康等相关问题。随着年龄的增长，老年人的器官和功能发生进行性、衰退性变化，常发生的疾病有糖尿病、高血压、冠心病、脑卒中、慢性阻塞性肺疾病、胃食管反流、骨质疏松症等，严重威胁老年人的健康和生活质量。

糖尿病（diabetes mellitus）是一组由多病因引起以慢性高血糖为特征的代谢性疾病，是由于胰岛素分泌和/或利用缺陷所引起。长期碳水化合物以及脂肪、蛋白质代谢紊乱可引起多系统损害，导致眼、肾、神经、心脏、血管等组织器官慢性进行性病变、功能减退或衰竭。年龄≥60岁（WHO界定≥65岁）的糖尿病患者被定义为老年糖尿病患者。2019年国际糖尿病联合会（IDF）公布的数据显示，全球糖尿病病人数量已达4.63亿人，患病率呈快速上升趋势，65—99岁糖尿病病人数量估计为1.356亿人（患病率19.3%），中国≥65岁的老年糖尿病病人数约3550万人，居世界首位；占全球老年糖尿病病人的1/4且呈现上升趋势。约有420万人（20—79岁）死于糖尿病或其并发症，约占全球全死因死亡的11.3%。老年糖尿病的高发病率严重影响生活质量和寿命，并发症是致残致死的主要原因。

老年高血压（elderly hypertension）是指年龄≥65岁，在未使用抗高血压药物的情况下，血压持续或非同日3次以上收缩压（SBP）≥140mmHg（18.7kPa）和/或舒张

① 冯蕾，陈龙．英国"医养结合"改革成效与启示——让医疗体系更好地服务老年人．摘自：《中国老年健康研究报告（2020—2021）》，社会科学出版社2021年版。

压（DBP）≥90mmHg（12.0kPa）。其中收缩压≥140mmHg，舒张压 <90mmHg 定义为单纯收缩期高血压（isolated systolic hypertension）。老年高血压病人中单纯收缩期高血压者超过半数。老年高血压常伴随有心、脑、肾等脏器的损害，是一种排除假性或继发性高血压的全身性疾病，也是导致老年人心血管疾病、脑卒中、肾衰竭和主动脉瘤等疾病的重要发病原因和诱发因素。老年高血压患病率很高，约占 50%，并随着年龄的增长患病率不断提高。高血压在 80 岁及以上人群中患病率高达 75%—90%，是老年人多种疾病的重要发病原因。

冠心病是冠状动脉粥样硬化性心脏病（coronary atherosclerotic heart disease）的简称。冠状动脉粥样硬化，血管腔狭窄或阻塞和/或因冠状动脉功能性改变（痉挛）导致心肌缺血缺氧或坏死而引起的心脏病，是老年人最常见的心脏病。冠心病的发病率和死亡率均随年龄增加而明显增加。老年冠心病病人的临床特点表现：①病史长、病变累及多支血管，常有陈旧性心肌梗死，且可伴有不同程度的心功能不全，心绞痛的发作与冠状动脉狭窄程度不完全一致，主要取决于侧支循环的形成是否完善。②感受性低，多无典型症状。可表现为慢性稳定型心绞痛，也可以急性冠状动脉综合征（acute coronary syndrome）为首发症状。③常伴有高血压、糖尿病、慢阻肺等慢性疾病。④多存在器官功能退行性病变，如心脏瓣膜退行性病变、心功能减退等。因此，老年冠心病病人发生急性冠状动脉综合征的危险性相对较大。心绞痛（angina pectoris）是冠心病最常见的类型，而急性心肌梗死（acute myocardial infarction）在老年人的发病率较一般成人高，且高龄者急性心肌梗死的病死率较高，故本节重点介绍老年心绞痛和老年心肌梗死的护理。

慢性阻塞性肺疾病（chronic obstructive pulmonary disease）简称慢阻肺，是一种以气流受限不完全可逆为特征的慢性肺部疾病，气流受限一般呈进行性发展，并伴有气道和肺对有害颗粒或气体所致慢性炎症的增加。

老年肺炎（elderly pneumonia）即 65 岁以上老年人所患肺炎，是指各种病原体引起的老年肺实质性炎症，其中细菌感染最常见。主要是由于机体老化，呼吸系统解剖和功能的改变导致全身和呼吸道局部的防御和免疫功能降低，各重要器官功能储备减弱或罹患多种慢性严重疾病。50% 以上的肺炎病人是 65 岁以上的老人，老年肺炎的发生率大约是青年人的 10 倍。在老年人中，肺炎是发病率高、死亡率高、危害大的疾病，也是导致老年人死亡的最常见感染性疾病。

资料来源：胡秀英，肖惠敏．老年护理学［M］．北京：人民卫生出版社，2022.

第三篇

精神保障

养老保障体系建设应当关注老年人的精神需求，让老年人精神世界更丰富，晚年生活更幸福。习近平总书记指出，“一个社会幸福不幸福，很重要的是看老年人幸福不幸福”“要适当组织开展文体活动，丰富老年人精神文化生活”。打造老年友好型社会，更需关注老年人的精神需求。老年人精神需求主要是指老年人获得人格尊重、情感支持和心理慰藉的需求，是养老需求的重要组成部分，老年人的精神保障首先要从文化着手，充分利用中华民族优秀的传统文化去营造尊老、敬老的社会环境，让全体公民将孝文化内化于心，外化于行。其次，要做好人生最后一段历程的情感支持和关怀，让老年人获得心理慰藉。最后还要尊重老年人自主决策，鼓励老年人参与到社会活动中，继续发光发热。

第十三章　中国孝文化与养老

学习目标

1. 掌握中国孝文化的内涵和功能。
2. 了解中国孝文化的发展历史，理解孝文化在完善养老困境上的着力点。
3. 能够将孝文化内化于心，外化于行。

案例：淄博博山区孝文化+养老 让服务更周到

“周奶奶吃饭了吗？我们过两天去看您啊……”山东孝之源养老服务产业发展有限公司的工作人员马仕玲正在通过“孝能通”与居家老人周奶奶视频通话。

第七次全国人口普查结果显示，淄博市博山区60岁以上人口达12.99万，占全区总人口的29.2%，老龄化程度远远高于省市。为有效应对人口老龄化，博山区通过构建多层级养老服务体系，为老年人提供高质量、多样化养老服务，让更多的老年人实现了老有所养、老有所乐、安享晚年。

据了解，博山区现共有养老机构16家，床位总数2253张，其中，护理型床位数1157张，能够较好满足群众日益多样化的养老服务需求。“我们公司原来是为小区提供物业服务，当时看到社区里老人们关于居家养老的一系列需求，我就想如果有个平台能为老人直接提供上门服务就好了。”山东孝之源养老服务产业发展有限公司创始人张梅介绍，2015年公司在博山12349居家服务信息中心和淄博金海世家物业管理有限公司基础上成立，以“发扬新孝道，为政府分忧，帮儿女尽孝”为使命，以“让孝之源服务过的老人健康快乐每一天”为愿景。

此外，博山区推进医养康养深度融合，让先进的医疗设备和专业的医疗人才最大限度地服务于养老事业。目前，全区“两院一体”模式养老机构共有8家，实现了医疗服务与养老服务的有机融合。

“互联网+智慧居家养老服务”的新模式，为博山区的老人们打造出了一个没有围墙的养老院。孝之源养老服务产业发展有限公司开发的人工智能产品“孝能通”，既可远程与居家老人视频通话，也可以观察服务人员在上门服务中的一举一动，打造一个让老人安心、让子女放心、让服务员用心的养老服务环境。家住大街社区87岁的蒋则华说：“孝之源的服务人员对俺太好了，孝之源就是俺那娘家，有啥事俺就找她！”

博山区还积极探索集中供养和“救助+服务”模式，整合全区10处敬老院，建立特困人员供养中心，持续巩固拓展脱贫攻坚成果；实施长者食堂“暖心午餐”工程，打造了“日间照料＋长者食堂”“农村幸福院＋长者食堂”“快餐店＋长者食堂”等多种助餐配餐模式，构建起“政府搭台建设、爱心企业资助、社区积极参与、社工机构运营”的大配餐服务体系，为辖区近1000名老人提供助餐配餐服务，通过一顿暖心餐，让老年人感受到党和政府的温暖，有效提升群众满意度。

资料来源：淄博博山区孝文化＋养老　让服务更周到，齐鲁壹点，2021年10月。

思考与训练

1. 为什么我们需要“孝”文化？
2. 如何更好发挥“孝”文化作用？

第一节　孝文化的定义

中国的孝文化从一开始就不断发展。“孝”不仅是一种道德准则、一种民族习俗和一种传统美德，“孝”也是封建社会维护社会稳定的需要，它渗透着民族文化价值观和伦理思维方式。几乎每个朝代都有适应社会养老的法律和措施，但也存在不当的亲权、严格的刑法、个人压迫等现象。因此，孝道文化必须适应现代社会发展的需要，强化其和谐的精神内核。

一、孝文化的概念

孝文化历史悠久，源远流长，是中华民族最古老的道德规范。“孝”之初始意义主要在于调整部落家族内部的家庭伦理，西周时“孝的对象为神祖考妣，非健在的人；孝是君德、宗德；其内容为尊祖，有敬宗抑父的作用”①。周代以前孝的含义为尊祖敬宗和传宗接代，即“孝是延续父母与祖先的生命”②；战国以后经过儒家的阐释和强化，善事父母的内涵才逐渐占据主导地位，成为孝的核心意蕴，并流传至今③。而以家庭伦理为核心的历史来源可以追溯到先秦时代。孔子先生是中国传统儒家文化的开创人，坚持修身、齐家、治国、平天下的本意，构建了以孝道为核心的家庭伦理框架；而孟子、荀子则对孔子构建的家庭伦理作出了重要的补充和传承；《孝经》则较为完整、清晰地解释了家庭伦理的基本原则和具体要求，使孝文化的发展具有可行的依据④。在唐朝，

① 查昌国．西周“孝”义初探［J］．中国史研究，1993（02）．

② 杨懋春．中国的家族主义与国民性格［M］//李亦圆，杨国枢．中国人的性格．台北：桂冠图书股份有限公司，1988．

③ 刘永祥．近代中国孝道文化研究［D］．山东师范大学，2009．

④ 吕红平．农村家庭养老的家庭文化构建研究［J］．福建行政学院学报，2019（02）：95－101．

当时的统治者对孝文化的社会功能具有独特的认知，因而主张“以孝治天下”，所以唐朝是以“孝治”来维护国家统治。唐高祖在《旌表孝友诏》提到：“民禀五常，仁义斯重；士有百行，孝敬为先。自古哲王，经邦致治，设教垂范，莫尚于兹。”武则天在《臣轨·序》中说：“然则君亲既立，忠孝形焉。奉国奉家，率由之道宁二；事君事父，资敬之途斯一。”可见，以遵从孝文化的准则是唐朝君臣共同坚守的治国方针①。

二、孝文化的本质

子曰：“今之孝者，是谓能养。至于犬马，皆能有养；不敬，何以别乎”。孝不仅是你赡养着父母，你们家的马和狗你都养着它们，能说“孝”吗？若不尊敬父母那和养牲口有什么区别？即“孝之至，莫大于尊亲”。在中国的传统文化中，人的孝道是建立在“敬”之上的，“敬”的最好的表现形式就是“顺”，“顺”指的是“孝顺”和“孝敬”，因此孝道的实质就是“顺从”。家族中有一种与生俱来的优越感，让我们成为一个听话的好孩子，对婚姻、是非观、人生观、世界观，都不能有自己的看法。所谓三年不变，就是永远遵从他的价值观。孔子喜欢颜回，主要是看在他是个听话的人的份上，不像宰我和子路那样，总是和师父作对。中国的一个“孝”是永远也说不出的，正如亚里士多德所说的：“吾爱吾师，吾更爱真理。”法国笛卡儿、英国休谟、德国康德，这些“怀疑一切”的伟大哲学家，中国的大师们是带不出来的。

三、孝文化的层次

在中国传统的社会里，孝道是一种根深蒂固的力量。梁漱溟在其《中国文化要义》一书中曾提出“中国文化为孝道”。孝是一种由家庭或社会成员将老人作为主要的社会态度和社会行为的结合体，也就是孝的态度和行为。依此定义，孝道可划分为下述四个层次（见图 13 – 1）。孝知：即孝的认知层次，是家庭或社会成员对老年人及其相关事物的认识、了解及价值取向和信念等。孝感：即孝的感情层次，是家庭或社会成员对老年人或相关事物的情绪、感受及接受度，比如爱、敬、畏等。孝意：即孝的意志层次，是家庭或社会成员对老年人及其相关事物的行为意向或反应倾向。孝行：即孝的行为层次，是家庭或社会成员对老年人的孝道养老行为的具体实践。以上四个层次相互作用。其中，孝知和孝感相互作用，而孝意则可能影响孝行。这其中孝知所包含的主要是应然性的内涵，孝感及孝行所包含的主要是实然性的内涵，而孝意则可能是两者兼而有之。因此，孝知所反映的是孝的观念文化，而孝行反映的是孝的制度实践。

---

① 王双怀．唐代孝文化缘何兴盛［J］．人民论坛，2020（04）：142 – 144.

在《孝经》里“孝”则总结为：“夫孝，德之本也；教之所由生也。”不只是讲怎么对待老人、怎么对老人尽孝，它实际上是人的德行或教化的最根本的原则。《孝经》把“孝”的内涵分了三个层次。第一层含义是：爱惜自己的身体，保护自己的生命，继承父亲的志业，这叫“身体发肤，受之父母，不敢毁伤，孝之始也”。第二层含义是：修德学道，增长才干，服务社会，忠君报国。这是大孝。第三层含义是：行道布施，立功于生时，扬名于后世，令父母显得荣耀，这是最高形式的孝[1]。

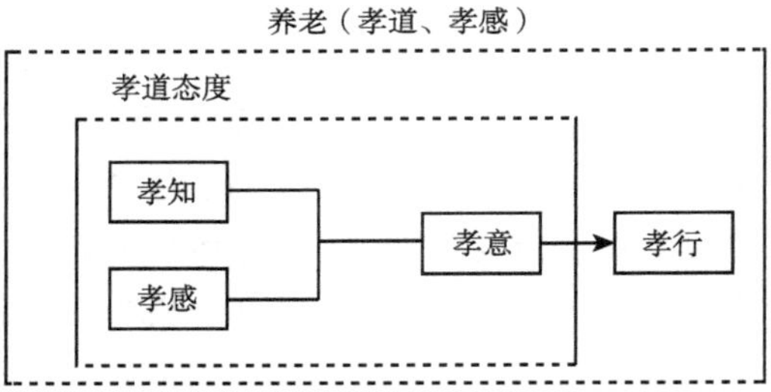

图 13－1　孝道划分

资料来源：杨国枢．中国人的蜕变［M］．台北：台湾桂冠图书公司，1988：31.

四、孝文化的功能

（一）“孝”文化决定了中国的家庭养老保障的制度模式

传统的孝文化指的是孝道。它是关于孩子与父母、晚辈对长辈的关系。这包括支持父母、尊重父母和送终父母。这种文化观念的出现与中国特殊的社会结构有着非常重要的关系。在中国，亲属关系的解体不足以形成以人际关系为中心的社会关系。它打破了低水平的和谐局面，对维护家庭、国家和社会的和谐提出了新的要求，因此，中国社会出现了孝道的文化观念。儒家文化倡导的孝道文化的核心是“五伦”，强调家庭与亲情的关系，强调家庭之间的相互支持，认为家庭是经济安全的重要手段甚至是唯一保障。这种受儒家孝道影响的东方家庭制度在中国传统的社会保障体系中发挥着重要作用。与西方的“青年文化”和“个人主义”传统不同，中国的社会历史和私人生活面向家庭。在中国人根深蒂固的传统观念中，照顾老人是家庭的责任，也是孩子的义务。它已经内化为中国人的心理和行为取向。所以，在这种文化的基础上，家庭养老制度形成了独特的模式，已成为老年人的避风港。中国老年人生活在这样一个“三四代同堂”的港湾里，不仅满足了经济保障的需要，也满足了“子孙满堂”和“子孙绕膝”的精神需要。

① 汪受宽，金良年．孝经·大学·中庸译注［M］．上海：上海古籍出版社，2012：24.

（二）“孝”文化为家庭养老保障提供了良好的环境支持

“孝”文化是中国传统文化体系中最深、最广、最长、最完整、最普遍的文化体系，包括尊重、关怀和融合。中国的孝文化是一种基于家庭成员血缘关系的伦理道德价值观，强调家庭成员之间的相互保护，尤其是子女对父母的支持。根据这一道德原则，子女有义务和责任在家庭中赡养父母。在整个社会中，家庭是社会最基本的单位，是社会的基本细胞。只有家庭稳定，社会才能稳定。用孩子的孝道文化来调节家庭成员之间的关系，让家庭成员在日常生活中言行一致地履行各自的职责，让家庭保持最大的稳定，社会也保持稳定。这是中国孝道文化的伦理价值所能发挥的最大社会功能。同时，在儒家伦理思想的影响下，孝文化由孝向忠的转化，孝与忠的融合，孝文化从家庭延伸到社会，养老延伸到国家，旧的“家庭道德”被提升为一种“社会道德”。因此，“家庭和民族团结”的传统政治和文化特征在中国得到了发展。因此，孝文化将国家利益、社会利益、家庭利益和个人利益有机地结合起来，为家庭养老保障提供了必要的环境支持。

（三）“孝”文化所内含的精神保障是家庭养老保障的核心

《孝经・纪孝行章第十》：“子曰：‘孝子之事亲也，居则至其敬，病则至其忧，养则至其乐，丧则至其哀，祭则至其严’，五者备矣，然后能事亲”；普通百姓尽孝道，应当“谨身节用，以养父母”，而不能只注重物质，不注重精神，如果没有感情和爱的精神，“虽日用三牲，尤为不孝也。”在某种程度上，中国“孝”文化的核心是强调家庭关系的精神慰藉，这种基于精神慰藉的精神保障无疑是家庭养老的核心。虽然随着社会保障水平的提高和人口老龄化高峰的到来，家庭养老保障的物质保障功能可以逐渐被其他养老方式所取代，但以关怀和情感支持为核心的精神保障功能很难被取代。即使在今天的西方，虽然它通常是一种社会保障模式，但对生活的情感支持和关怀仍然来自家庭的精神慰藉。在距离允许的情况下，一代又一代的老年人继续对他们的孩子和老人承担传统责任。世界卫生组织的研究表明，情感交流在精神慰藉方面发挥着不可替代的作用，保护“孝”文化是家庭生活的核心价值。

第二节　孝文化的发展历史

除了“仁”，“孝道”观念也是儒家文化的重要组成部分，也是中国“敬老”“孝老”等传统美德的延续，“礼乐治国”“孝治天下”成为历代统治者治理国家的力量源泉，因此“孝”早已成为传统文化的核心观念之一。“孝文化”在历朝历代的发展中不断演变，“孝”既是评判君主、人臣、士人、平民的道德标准，又是维护封建社会统治的重要手段，也在不同的历史阶段凸显出了时代特性。

一、传统孝文化的历史与发展

根据儒家著作，“孝”字产生于尧舜时期，这正是孔子系统化和理论化了孝的概念。殷周时期，随着社会生产力的发展，上层社会的经济基础与君主专制的矛盾日益突出。周礼的权威和规范逐渐失去了应有的地位。权力斗争激烈，奴隶起义爆发。孔子生活在这样一个礼崩乐坏的时代。他希望通过建立礼教统治秩序来维护道教的社会统治。在春秋末期，小农经济的发展促使社会的经济基础发生了重要的变化，“天下有道，则礼乐征伐自天子出；天下无道，则礼乐征伐自诸侯出”（《论语·季氏》）。经济基础发生的变化在一定程度上导致了政权的分裂，也完成了对宗法社会的解构，“礼”的规则不仅出现在贵族阶级，也走入平民百姓的生活中。《孝经》引孔子的话说：“夫孝，天之经也，地之义也，民之行也。”由此确立了孝的正式的地位，并在百姓中所推崇。而“道德仁义，非礼不成”（《礼记·曲礼上》），孔子又以“孝”释“仁”，认为“君子务本，本立而道生。孝悌也者，其为仁之本与?”（《论语·学而》），阐明“孝”是“仁”的根本，“孝”与“仁”有内在的同一性，由此维护了宗族与社会的稳定。

以孔子为依托的《孝经》对孝的功能有很多阐释。“立身行道，扬名于后世，以显父母，孝之终也。”（《孝经·开宗明义章》）“以孝事君则忠，以敬事长则顺。”（《孝经·士章》）将平民百姓的孝也牵涉到政治伦理上，“忠顺不失，以事其上，然后能保其禄位，而守其祭祀，盖士之孝也”（《孝经·士章》）的思想，又促使“孝”不仅是家庭伦理的体现，同时也是政治仕途的垫脚石，也是对“君君、臣臣、父父、子子”（《论语·颜渊》）的伦理秩序的补充。《孝经》对不同阶层的人均有所阐释，如庶人之孝、士人之孝、诸侯之孝、天子之孝。而孟子对孔子所提出的思想进行了深一步的阐释，《孟子》对舜的孝道加以褒扬：“尧舜之道，孝弟而已矣。”（《孟子·告子下》）又说：“大孝终身慕父母，五十而慕者，予于大舜见之矣。”（《孟子·万章章句上》）孟子“以孝治天下”的思想是对孔子思想的延续。荀子说的“涂之人可以禹”（《荀子·性恶》），与孟子说的“人皆可以为尧舜”（《孟子·告子下》），都是对孔子观点的补充，而且荀子提出的“从道不从君，从义不从父，人之大行也”（《荀子·臣道》）是对孔子观点的进一步拓展，也是儒家孝文化的重要观点。孔子孝论的具体规范，主要强调了“孝养”“孝敬”“孝治”“无违”“谏亲”“显亲”，并在此基础上形成了以“仁”为核心的“孝”，最后形成“孝”“忠”相结合的“孝悌观”雏形[①]。

在漫长的封建社会，先秦至唐代是孝悌文化形成与发展的阶段。秦统一天下之后，以暴治政。秦始皇统治时期的“仁义不行”“焚书坑儒”导致了秦代的短暂，成为后世

---

① 刘雪莲．中华孝文化的历史嬗变与时代内涵［J］．湖北工程学院学报，2015（05）：29－31.

引以为戒的反面典型。汉朝大肆宣扬“以孝治天下”，汉武帝时期，董仲舒提出“罢黜百家，独尊儒术”，使儒家思想又回到了君王统治的指导思想阶段，孔子“孝悌观”的地位重新得以确立。汉代帝王的谥号皆有“孝”字，汉惠帝、汉文帝、汉武帝、汉成帝、汉明帝等人都颁布了推行“孝”的措施与政策，汉武帝“举孝廉”，汉惠帝“孝悌力田”，汉成帝曾让后宫习读《孝经》《论语》，汉代帝王非常注重孝行的落实，实施了奖惩分明的政策。因此，汉代将孝文化的家庭化和政治化融合在一起，既促进了家庭的和谐，也维护了国家的稳定。尽管汉代也因此产生“假孝”与“愚孝”①，但“孝治天下”的基本格局也一直延续，对后来漫长的封建社会产生了重要影响。

魏晋时期社会动荡不安，儒家孝悌文化的影响力相对减弱，魏晋“玄学”的兴起冲击了传统的儒家思想，但是由于孝悌观念已贯穿历代王朝，对社会影响巨大，儒家思想仍受到社会不同阶层的认同与崇尚。两晋继续了汉代“以孝治天下”的政策，晋武帝下诏：“有不孝敬于父母，不长悌于族党，悖理弃常，不率法令下”的政策，晋武帝下诏：“有不孝敬于父母，不长悌于族党，悖理弃常，不率法令者，纠而罪之。”（《晋书·武帝纪》）两晋还出现了帝王亲自讲《孝经》的现象，如晋穆帝、晋孝武帝等，崇孝之风成一时之盛。

隋唐时期是孝文化的“起死回生”转折点，奖励孝悌的政策在唐代得以延续。唐代的统治者虽然受到道教和佛教影响，但基本上以儒家思想为主导。隋唐开设科举考试，《孝经》《论语》被重新作为各级官学、私学的必修科目，由此，孝道政治教化也得到了加强。唐玄宗在开元七年（719 年），下诏令群儒制定《孝经》，为《孝经》序注，后来《孝经御注》流行，对后世影响非常深远。应该说，到了唐代，“孝悌”观念已经真正深入到民众当中。

从宋代到明清，孝文化逐渐成熟并达到顶峰。宋代坚持“以孝治国”的原则，普及了《孝经》，是宋代孝文化的重要内容。宋太祖向世界宣告，“举孝悌彰闻”（《宋史·太祖》），开启了以孝道为国策的宋朝时代。相比之下，宋朝实行童孝，制定了完善而详细的法律规定，严格控制社会上的各种孝行为，公平惩罚不孝之人。随着南宋程朱理学的确立，忠孝伦理也得到加强，宣传力度进一步加强。此外，与前人不同的是，宋代将儒家的孝道理论与当地的孝道结合起来，使用简单的词语或粗俗的散文，作为民间说教讲教的宣传方式，成为宋代孝文化发展较之前代更为鲜明的特色之一。西夏、辽、金、元时代亦接受儒学，但是元代初期儒学还是受到很大冲击。由于元代推行民族歧视政策，加深了民族矛盾，科举时兴时废，虽然孝文化的核心地位没有动摇，但元代统治者对儒学经历了较慢的接受过程，所以相比而言，元代是孝文化推行力较弱的时期。

明清时期是孝悌文化推行的又一个高峰。明太祖大力提倡“孝道”，认为《孝经》

---

① 李锦全. 中国古代“孝”文化的两重性［J］. 孔子研究，2004（04）：41－46＋127.

是“孔子明帝王治天下之大经大法，以垂万世”（《国朝典汇》）。洪武三十年，明太祖亲自制订、颁布了《教民六谕》（《圣谕六言》），其最为核心的要求是：“孝顺父母，恭敬长上，和睦乡里，教训子孙，各安生理，毋作非为。”（《明太祖实录》卷二五五）一方面扭转了社会风气，另一方面要以“忠孝节义”来加强政治稳定。《明史·孝义传》中有很多尊老、孝子、孝女的典范，体现了“事亲至孝”“累代同居”的特点。这种孝道，包括男性丧葬自杀和女性终身未婚，给孝道理论中的禁欲主义增添了浓厚的色彩。明代，孝由家庭伦理演变为家族宗法制度和封建专制制度，而养老措施主要体现在捐赠、减税和建立养老机构等方面。与明代相似，清朝统治者也非常重视孝道，通过孝道加强对国家的统治。同时，清朝遵循了明朝的孝道和廉政倡导措施，建立了廉政司，作为选拔和评价官员的标准。清代旌表孝子的同时，也运用律法对“不孝”进行严惩，对“不孝子妇”与家庭之间的矛盾纠纷加以明文规定，强调尊老、敬老等。律法的规定以及对家长权力的宣扬，也使得封建家长的权力过大①。

到了近代社会，五四时期出现的很多学者倡导“新文化运动”，将传统文化与“新文化”对立起来，陈独秀、李大钊、鲁迅等人对孝道进行了批判，指出了“孝道”的虚伪、残酷、吃人，胡适等人又宣称与传统文化决裂。很显然，五四文人只看到了孝文化中的糟粕，而忽视了孝文化中的精华部分。20世纪60年代的“文革”更是对现代文明深刻打压。毛泽东曾指出：“我们是马克思主义的历史主义者，我们不应当割断历史。从孔夫子到孙中山，我们应当给以总结，承继这一份珍贵的遗产。”② 习近平同志在《在纪念孔子诞辰2565周年国际学术研讨会上的讲话》中也谈道：“优秀传统文化是一个国家、一个民族传承和发展的根本，如果丢掉了，就割断了精神命脉。我们要善于把弘扬优秀传统文化和发展现实文化有机统一起来，紧密结合起来，在继承中发展，在发展中继承。”这段话表明了传统文化是中华民族的精神之源，对传统文化要继承而不是割断，对待孝文化亦是如此，需要在转型与完善中发挥其应有作用，才能为社会主义核心价值体系服务③。

二、孝文化的时代价值

（一）新时代孝文化的诠释

弘扬中华优秀传统文化，要处理好继承和发展的关系，重点做好创造性转化和创新性发展。孝文化是中国传统文化的重要组成部分，在新时代孝文化体现出以下特点：

第一，时代性与文明性。古代社会的孝文化旨在加强封建统治，非常依赖家族宗法

①③ 刘雪莲．中华孝文化的历史嬗变与时代内涵［J］．湖北工程学院学报，2015（05）：29－31.

② 毛泽东选集：第2卷［M］．北京：人民出版社，1991：534.

制度和封建专制制度。孝道超越了家庭的范围，成为社会伦理的一部分，束缚了人们的思想。当代孝文化应当重回家庭，通过家庭伦理来确定子女的德与行。

第二，民主性与平等性。传统孝文化的主要糟粕就是封建家长专制和君主专制，当代社会父母和子女双方在人格上是平等的。父母对子女有抚养和教育的义务，子女对父母有赡养和尽孝的义务，家庭中互敬互爱，团结和睦。

第三，科学性与和谐性。封建社会异化了孝道，出现了卧冰求鲤、郭巨埋儿等极端行为。当代孝文化应当摒弃这些非理性、非人性的因素，保留其中的科学因素，秉持平等宽容诚信的原则，建立和谐的人际关系。

新型孝文化基本内容包含敬爱、平等、共享、和谐等理念。而其核心是尊老爱幼，是人与人之间的真爱，是建立在人格平等、权利和义务平等基础上的“爱”与“敬”，这是现代孝道同传统孝道的最根本区别，也是现代社会孝道的核心精神①。

（二）孝文化在养老中发挥的作用

1. 孝文化在家庭养老中的作用

家庭是社会的最基本单位，家庭关系的稳定是树立正确养老观、健全养老制度的基础，《论语》中记录的有关孔子与子游的对话中提到“今之孝者，是谓能养。至于犬马，皆能有养，不敬，何以别乎?”即对父母及其他长辈的尊敬与孝道不应只建立在赡养原则上，而应在安排好长辈衣食起居的基础上，时刻做到敬重与关爱②。

无论古代社会还是现代社会，养老任务都更侧重于精神方面。《论语·里仁》中有言“父母在，不远游，游必有方。”说明孔子既强调子女应奉养并孝敬父母，但又不反对一个人在有了正当明确的目标时外出去奋斗。如今的社会分工更加具体，地区之间也存在一定的经济差异，人员流动性较强，“远游”的年轻人无法在父母身边尽孝早已成为社会的普遍问题。但是通信设备和交通工具的迅猛发展又为我们提供了更多样的沟通渠道，常与父母联系、分享自己的生活与牵挂也是对父母最大的安慰。所以传承孝道，更应该注重父母长辈的精神世界，注重内心真挚的体恤与关心，切不可因为工作生活而忽视了父母的精神需求。

2. 孝文化在社会养老中的作用

两千多年前，儒家就提出“大同”社会的理想，“矜寡孤独废疾皆有所养”就是其中的一项重要内容，“老吾老以及人之老”是全体士大夫的精神追求。但长期以来，广大群众尤其是大多数工薪阶层和乡村居民沿袭的是居家养老的模式，无法形成完整的社会化养老体系，最重要的原因就是养老制度的缺失。

当今我国面临的养老困境，一方面，独生子女为父母养老的压力巨大，另一方面，

---

① 周峰，计志宏．新型孝文化特征及构建［J］．人民论坛，2012（02）：130－131.

② 曹瑞阳．基于儒家思想的现代养老制度的发展和创新——评《至德要道：儒家孝悌文化》［J］．中国油脂，2021，46（06）：162.

社会环境让人的自我意识更加强烈，家庭结构的不稳定因素正在增加，可以预见到未来很长一段时间内，家居养老已经不再是最好的选择。尽管我们提倡孝道，但理想不能替代现实，想要走出这一困境就必须建立健全社会养老体制，让社会养老体系成为鳏寡孤独人群的最后一层保障。这是形势所迫，也是未来发展的必然趋势，更是“大同”的社会理想。为此，政府应与时俱进，创新实现多层次养老模式，完善自我养老、家庭养老及社会养老的三重联合保障政策。

儒家的孝文化是我国重要的精神支柱，但鉴于传统思想与现代文化上的断层，仍需辩证地看待文化的具体内涵，一方面，需要剥离封建政治体制下的愚孝思想，剔除虚伪、表面的养老理念；另一方面，要积极学习儒家思想的精华部分，完善我国现有养老制度，以国民的切实利益为根本出发点，提升整体国民的思想道德水平，构建由孝文化延伸出来的良好的社会养老氛围。此外，鼓励建立个人养老储蓄计划，不断完善现有社会养老制度，如探索长效的养老金增长机制，依据现有人口平均预期寿命及对未来经济发展的预测，调整退休年龄及养老金领取计划等，从而保障我国养老制度的稳定发展。

我国目前所面临的养老问题，归根结底是现代社会养老制度不够完善，多数家庭将养老问题归结于个人责任，缺乏对社会养老制度的关注，从精神及物质上加剧了养老危机，因此，在现代养老体制建设中汲取儒家思想，可以看作是突破社会养老问题的关键①。

第三节　孝文化与中国养老

中国传统社会的构建理念是儒家文化，而“孝道”正是儒家文化的核心。2019 年 11 月，中共中央、国务院印发了《国家积极应对人口老龄化中长期规划》，主要从 5 个方面部署了应对人口老龄化的具体工作任务，其中就强调了要构建养老、孝老、敬老的社会环境，构建家庭支持体系，建设老年型友好社会。这正是对弘扬孝道文化、重视家庭亲情提出的新要求②。但是数据显示，2018 年我国有 27% 的 60 岁以上老年人仍在继续工作，其中，60—64 岁的占 60 岁以上总在业人口的 56%，65 岁及以上仍在继续工作的老年人占 60 岁及以上总在业人口的 12%，约为 3000 万人（2018 年我国 60 岁及以上人口约 2.5 亿人）。我国老年人就业率高的根本原因大部分是为了实现“既不给儿女增添负担，也让自己退休后能够吃饭看病”。因此，政府为了解决突发的老龄化问题，提

① 曹瑞阳．基于儒家思想的现代养老制度的发展和创新——评《至德要道：儒家孝悌文化》[J]．中国油脂，2021，46（06）：162.

② 李丽容，王净．中国优秀传统孝文化视域下老年人精神赡养问题 [J]．中国老年学杂志，2022，42（05）：1262－1265.

出了让民营经济进入养老市场的方略，所以我国目前的养老模式也是围绕地方实际情况各有各的模式，总体来说中国的养老模式分为三种：家庭养老、社区养老、机构养老。基于我国未富先老和老年人口数量巨大的现实，目前已经确立“到2020年，全面建成以占比90%居家养老为基础、以7%社区养老为依托、以3%机构养老为支撑”的基本养老方针。

一、孝文化与我国养老模式

（一）孝文化传承下的家庭养老

家庭养老是一种环环相扣的反馈模式。在经济供养上，家庭养老是代际经济转移，以家庭为载体，自然实现保障功能，自然完成保障过程。首先是继承和发扬孝文化的基本形式，其次也是唯一一种能全面保障老年人物质、生活和精神需求的社会单位①。家庭养老功能从狭义上理解有生活照料功能、经济供养功能与精神关爱功能。在家庭中所滋生的血亲价值与亲情的力量是社会养老方式难以比拟的。家庭养老是中国老年人最期待和最倾向的养老方式，在精神关爱、经济供养、生活照料等方面具有得天独厚的优势，且在社会不断发展进步的情况下，这种优势也将持续存在。家庭所具有的亲情价值让家庭养老在解决老年保障问题中不可或缺②。

（二）孝文化视角下的社区养老

社区养老是以家庭为核心，以社区为依托，以老年人日间照料、生活护理、家政服务和精神慰藉为主要内容，以上门服务和社区日托为主要形式，并引入养老机构专业化服务方式的居家养老服务体系。社区养老相较于家庭养老更符合我国现在老龄社会的特点，无论是在农村的社区老年集中居住点还是城市中更专业的社区服务，都需要所有工作人员秉持敬老爱老的价值观，真正设身处地为老年人提供服务和帮助。社区居家型养老不仅可以缓解社会养老不适合国情的矛盾，同时又可以避免传统家庭养老照料不周的问题，减轻家庭养老负担。老年人生活在熟悉的社区环境中，服务靠社区，养老靠家庭，传承了家庭养老的传统美德，家庭和睦、社区和谐③。

（三）孝文化视域下的机构养老

机构养老是老年人在能为其提供饮食起居、清洁卫生、生活护理、健康管理和文体

---

① 袁景．传统养老文化视角下中国特色养老体系构建研究［J］．广西社会科学，2016（10）：159－161.

② 黄健元，贾林霞．家庭养老功能的变迁与新时代家庭养老功能的发挥［J］．中州学刊，2019（12）：83－88.

③ 王林．社区居家型家庭养老的困境和出路［J］．广西社会科学，2015（06）：150－155.

娱乐活动等综合性服务的机构之中养老。根据2021年5月发布的第七次人口普查结果，中国65岁及以上老年人有19064万人，在总人口中所占比例达13.5%[①]，根据国际对老龄化的界定：一个国家或地区65岁以上人口占比达到7%，视作进入老龄化阶段。可见我们是此标准的近2倍，庞大的老年群体养老需求千差万异，因此，急须拓展多元化和个性化的服务模式。社区养老模式由于服务人员主要是由社区工作人员、家政服务人员或志愿者组成，并不能针对性地为老人提供多元化和专业化的服务，但养老机构可以雇佣专业人员和配备专业设备，为他们提供个性化的服务。这是传统的家庭养老和社区养老都难以实现的。

很多人认为，孝道只是一种人性道德，即每个人对自己的父母长辈孝养和孝敬。但事实上，儒家伦理认为，孝道乃是一种社会性道德，因此，养老也就不是单纯的个体性的行动，而是一项社会化的活动，全社会齐心协力创办更多设施完善、服务周到的养老机构就是在履行对老年人义不容辞的责任[②]。我国社会应该以新型孝文化为依托，加速发展机构养老模式，践行"老有所依、老有所乐、老有所安"的中国养老制度核心价值观。

二、孝文化与养老危机

（一）孝文化与个体意识的觉醒

个体意识觉醒的萌芽应当追溯到东汉末年孔融的"父母无恩论"，他察觉到父母养育子女有动物自然属性的一面，并不完全是社会行为，其目的就是要让为人父母者意识到自己作为人和动物的区别。

近代以来，胡适、鲁迅等学者已经意识到子女不再是父母的附庸，而是作为一个独立的个体而存在。随着社会的发展，越来越多的人开始尊重子女的独立人格，不再拘泥于传统孝道的定义，不再把对子女的养育视为一种恩情，反而是当作了一份责任，维系家庭的纽带不再是单纯的血缘，更多的是感情。

当代社会思想的深刻变革，一方面，让人们脱离了宗法制度桎梏，把个人从家族中解放出来，给了人们更多自由选择的权利；另一方面，整个社会又没有完全抛弃传统文化中孝的一部分，对个人而言，虽然选择的方向多了，但是其身上背负的压力并没有消失，反而是随着社会矛盾的升级和贫富差距增大日渐凸显出来。随着孝道核心思想的变革，"养儿防老"观念逐渐淡化，再加上养老保险体制的不断完善，生育率的下降是必然的。

---

① 数据来源：中国2020年全国人口普查，http：//www. stats. gov. cn/tjsj/tjgb/rkpcgb/。

② 屈群苹，许佃兵．论现代孝文化视域下机构养老的构建［J］．南京社会科学，2016（02）：92－97＋106.

（二）社会养老危机与家庭建设

经济模型显示，在理想情况下，只有人口出生率大于 1 的时候，养老金制度才能增加整个社会的福利，随着生育率的下降，养老金会出现缺口，完全依靠社会养老，必然会出现养老危机。

解决这一危机的根本方法是提高生育率，但这并不是一朝一夕所能为。因此，我们不能完全寄希望于社会养老，而应当让养老在一定程度上回归家庭，即家庭和社会共同承担养老责任。

家庭养老最重要的环节是家庭建设，习近平总书记曾说过："不论时代发生多大变化，不论生活格局发生多大变化，我们都要重视家庭建设，注重家庭、注重家教、注重家风，紧密结合培育和弘扬社会主义核心价值观，发扬光大中华民族传统家庭美德，促进家庭和睦，促进亲人相亲相爱，促进下一代健康成长，促进老年人老有所养，使千千万万个家庭成为国家发展、民族进步、社会和谐的重要基点。"可见，在社会主义核心价值观的引领下，优秀传统伦理道德能够实现创造性发展，孝文化作为传统儒家文化的核心和维系家庭关系的纽带，在这一过程中有着不可替代的作用。

2017 年 2 月，国务院印发《"十三五"国家老龄事业发展和养老体系建设规划》对完善养老体系进行了顶层制度设计，其中一个发展目标是"居家为基础、社区为依托、机构为补充、医养相结合的养老服务体系更加健全"。这其中具体提到了"居家养老"这一概念，强调发挥家庭在养老服务体系中的基础地位和作用。2017 年 10 月，党的十九大报告提出："构建养老、孝老、敬老政策体系和社会环境，推进医养结合，加快老龄事业和产业发展。"这为新时代中国特色养老事业指明了方向。其中，"家庭美德""孝老爱亲"等提法都非常具体明确，为今后居家养老指明了方向和出路①。

三、我国孝老文化践行路径

（一）当前我国养老问题的几大困境

1. 养老责任淡化与家庭养老缺位

父母将子女抚养成人，在子女逐渐成熟的过程中，父母也逐渐衰老，代际间的责任方向开始转变。孝文化的最基础要求就是子女赡养父母，这既是道德准绳，也是法律规定。但随着社会经济的迅猛发展，年轻人的负担也愈发沉重，学业、工作、晋升、收入、婚姻、住房、生育都成了压在年轻人头上的大山，无可避免地淡化了年轻人承担养老责任的意识，一个人尚不能独善其身，又如何兼济他人？并且随着生活压力的进一步

① 吴洁．儒家孝道思想视角下现代家庭养老对策研究［J］．邢台学院学报，2020，35（04）：9－14.

加大，老年人的生活环境也在变差，这更加剧了养老问题的严重程度，使得家庭养老陷入了困境。

2. 养老服务匮乏与老龄产业不足

尽管从宏观上看，我国已形成基本的养老服务体系，但具体来看，城乡、区域间养老服务的发展水平及发展质量不一，从当前社区普遍状况来看，主要体现在社区养老服务的整体匮乏、设施陈旧、服务容量小、从业人员水平不高、经费缺乏及运行不畅上。并且当前城市中老龄产业的发展仍然严重不足，乡村老龄产业的发展甚至尚未起步。究其成因，老龄产业具有“投入大，风险高，回报低，资金成本回收慢”等弊端，与老龄产业相关的法律法规亟待健全完善，适合老龄产业发展的市场环境也尚待培育。老龄产业主要由政府注资进行建设与运营，由于缺少活跃的市场竞争，很容易变得低效甚至僵化。

3. 老年贫困频发与养老保险困境

老年人在丧失了劳动能力后，收入只能依赖政府的保险金和子女的生活费，但由于人口增长缓慢和政府财政的限制，养老金发放标准整体不高且增长缓慢。收入来源单一的老年人便无法适应逐年增长的物价水平，再加上较弱的抗风险能力，一旦遇上大病重病则无力抵挡，往往因此致贫或返贫，身心两方面的贫困也容易导致老年人陷入绝望的境地①。

（二）孝老文化面对困境的着力点

1. 弘扬传统文化，形成孝老爱亲的社会风尚

家庭是社会的缩影，孝在一定程度上代表着一个人的处事方式，古人“举孝廉”的选拔方式有一定的合理性，但已与如今社会主义市场经济不相适应。所以应该广泛发动机关单位、企事业单位、学校、媒体等参与到弘扬传统文化的活动中来，重塑孝老文化，赋予其新的含义，以生动鲜活的方式践行社会主义核心价值观，在全社会形成孝老爱亲的浓厚氛围。

2. 发展社区养老，完善社会养老的服务模式

鉴于如今养老体系出现的诸多问题，可以预见社会资本介入养老服务应该是未来的发展趋势和必然选择。政府在财税方面应该给予养老产业更多的支持，加快建设更多的公办、民办养老服务机构，制定相应政策规范扶持老龄产业。从而进一步完善养老服务模式，提升服务水平。

对待社区领导者和工作人员，应将孝文化融入其服务理念中，在孝文化的引领下转变思维，通过切实服务老年人、提升老年人生活质量、获得老年人良好评价以实现工作

---

① 严雪雁，谢金晶．增权视角下孝文化与社区养老的联动审视［J］．湖北工程学院学报，2020，40（02）：15－22.

价值，进而不断激励自己改进工作，从社区管理者、服务者的身份转变为老年人的“子女”，践行“老吾老以及人之老”的工作理念。

3. 加强社会保障，提高赡养老人的经济能力

加快城镇化建设和新农村建设，实现农村劳动力充分就业与就近就业，增加居民收入的同时改善他们的住房、医疗、交通、通信等基础条件，让年轻人有机会陪在父母身边尽孝。

中央财政应当加大力度支持地方基本养老保险的发展，优化预算结构，提升社会保障支出比重，更大幅度地增加社会保障基金向各地的转移支付水平，减轻地方财政负担，扶持各地养老服务工作的发展，切实实现老有所养、老有所乐。

四、孝文化结合养老的实践

孝养文化是中国式养老的精髓。从古至今，我国乡土社会一直依靠孝文化维系着养老的代际传递与良性循环，加之国情与文化因素让我们坚定地在走一条孝养文化的中国式养老之路。孝道当中，中国几千年的历史最遗憾的一件事莫过于“树欲静而风不止，子欲养而亲不待”，因此，通过法律手段保障孝文化在解决养老问题中的地位，解除孝文化在人们观念与行为之间的障碍，使孝文化充分发挥其养老的实效性，更好地解决我国的养老问题。因此，为践行孝文化、弥补养老保障制度不足之处，法律可以作为道德最低的一种坚守，也可以作为对社会的一种倡导，因为法律除了具有强制性，也有明示、矫正和预防的综合作用，对此，我国目前具体从以下两个方面入手：

第一，将“常回家看看”入法。2012 年 6 月 30 日，全国人大常委会分组审议关乎 1.85 亿老年人合法权益保障的法律——《中华人民共和国老年人权益保障法（修订草案）》。第十八条规定：“家庭成员应当关心老年人的精神需求，不得忽视、冷落老年人；与老年人分开居住的家庭成员，应当经常看望或者问候老年人。”这是国家为建立和完善以居家为基础、社区为依托、机构为支撑的社会养老服务体系，运用法律手段推进公民家庭道德建设的重要举措①。

第二，发布新“二十四孝”行动标准。2012 年 8 月 13 日，由全国妇联老龄工作协调办、全国老龄办、全国心系系列活动组委会共同发布新版“二十四孝”行动标准，内容不仅包括“节假日经常与父母共度”“亲自给父母做饭”“每周给父母打个电话”等生活琐事，还包括“教父母学会上网”“为父母购买合适的保险”等与现代生活紧密结合的行动准则和“支持单身父母再婚”“仔细聆听父母的往事”“打开父母的心结”等涉及精神与心理的内容。在现代社会养老尽孝，不完全是个人责任，还是一种社会福

① 孙奔，江达．从“常回家看看”入法论我国公民家庭道德建设［J］．江苏师范大学学报（教育科学版），2013，4（S2）：91－93.

利。中国社会福利的发展程度，在很大程度上决定着中国老人生活的文明程度。所以，在养老问题上，不能完全靠子女，还要靠社会、靠国家①。不可否认，这是一种结合中国历史文化和现实国情做出的尝试，同时，也是对中华优秀文化的传承和发扬。

由此可见，政府和社会非常关心老年人养老保障问题，以法律和道德的方式保障和保护老年人权益的同时，重塑当代社会新型孝文化。无论是“常回家看看”入法，还是发布新“二十四孝”行动标准，都不仅仅是要求能“养老”，更是提倡和呼吁社会“敬老”，不仅仅关心老人的基本生活保障，也要关心老人的精神和心理需求。新“二十四孝”行动标准每一条虽都简单易行，但都体现了“孝”即“养父母之身、养父母之心、养父母之志”的积极内涵，通俗地向普通百姓诠释了现代社会新型孝文化，以上举措都促进了社会主义新时代背景下的新型孝文化的形成。

思考与训练

1. 新时代背景下我们如何发挥“孝文化”在养老保障中的作用？
2. 请简述新型孝文化所体现出来的当代特点。
3. 结合我国的“孝文化”发展历史，谈谈如何将“孝文化”更好地融入我国的养老保障事业。

扩展阅读

《孝经》

子曰：“孝子之事亲也，居则致其敬，养则致其乐，病则致其忧，丧则致其哀，祭则致其严。五者备矣，然后能事亲。”

孔子说：“大凡有孝心的子女们，对父母亲的侍奉，第一，在日常家居的时候，要竭尽对父母的恭敬，衣食起居要多方面注意；第二，对父母，要在奉养的时候，保持和悦愉快的心情去服侍，笑容承欢，而不要使父母感到不安；第三，父母有病时，要带着忧虑的心情去照料，急请名医诊治，亲奉汤药，早晚服侍，父母的疾病一日不愈，即一日不能安心；第四，万一父母不幸病故，则要谨慎小心，满足父母所需，备办一切，还要竭尽悲哀之情料理后事；第五，对于父母去世以后的祭祀方向，尽其思慕之心，庄严肃敬地祭奠。以上五项孝道，在履行的时候，必定要出于至诚。否则，徒具形式，则失去孝道的意义了。”

事亲者，居上不骄，为下不乱，在丑不争。居上而骄则亡，为下而乱则刑，在丑而争则兵。三者不除，虽日用三牲之养，犹为不孝也。

孝敬父母，不但要有以上的五要，还要有以下的三忌：第一，就是身居高位的人，不要有骄傲自大蛮横之气；第二，身居下层的人，不要有悖乱不法的作为；第三，在鄙

① 夏学銮．新“24孝”的社会视角审视［J］．人民论坛，2012（S1）：74－75.

俗的群众当中要与人和平相处，而不要和他们争斗。身居高位却骄傲自大的人，必招致灭亡之灾。身居下层违法乱纪的人，必遭受严厉酷刑的惩罚。在鄙俗的群众中与人斗争，必然会受到凶险残杀的下场。这骄、乱、争三项逆理行为，每一桩都有危及自身、殃及父母的可能。父母常担心子女的安全，为儿女的，若不戒除以上的三项逆行，就是每天用牛、羊、猪三牲来奉养他的父母，也不能让父母安心，还是没有尽到孝的本质。可见孝敬父母，不在口腹之养，而在于让父母在精神上得到欣慰。

子曰："爱亲者，不敢恶于人；敬亲者，不敢慢于人。爱敬尽于事亲，而德教加于百姓，刑于四海。盖天子之孝也。"

孔子说："能够爱护自己父母的人，就不会厌恶别人的父母；能够尊敬自己父母的人，也不会怠慢别人的父母。以亲爱恭敬的心情尽心尽力侍奉双亲，而将侍奉双亲的德行教化施之于天下百姓，使天下的百姓遵从模仿，这就是天子的孝道啊！"

故不爱其亲，而爱他人者，谓之悖德；不敬其亲，而敬他人者，谓之悖礼。以顺则逆，民无则焉！不在于善，而皆在于凶德，虽得之，君子不贵也。

所以爱敬之情当由爱敬自己的父母起始。假如有人不敬爱自己的父母，却去爱敬别人，那就叫违背道德。不尊敬自己父母而去尊敬别人，那就叫违背礼法。爱亲敬亲，是顺道而行的善行；不爱不敬，就是逆道而行的凶德。不顺应人心天理地爱敬父母，偏要倒行逆施，人民如何能效法？不是在躬行爱敬的善道上努力，却凭借恶道施为，即使能得一时之志，也是被君子所不齿的，终将遗臭万年。

用天之道，分地之利。谨身节用，以养父母，此庶人之孝也。

我国自古以来就以农业为主，农人的孝道，就是要会利用自然的季节来耕耘收获，以适应天道。认清土地的高下优劣，来种植庄稼，生产获益，以收获果实。庶人的孝道，除了上述的利用天时和地利以外，还要行为谨慎地保重自己的身体和爱护自己的名誉，不要使父母赋予你的身体有一点损伤，名誉有一点败坏。也要节省开支，不要把有用的金钱，做无谓的消耗。如果照这样保健身体、爱护名誉、节省有用的金钱，使财物充裕，食用不缺，以孝养父母，那父母一定是很喜悦的。这就是普通老百姓的孝道了。

资料来源：[春秋] 曾参. 孝经 [M]. 付海江主编，西安：西安交通大学出版社，2014.

第十四章　安宁疗护服务

学习目标

1. 掌握安宁疗护的概念。
2. 了解安宁疗护的内容。
3. 思考完善我国安宁疗护服务发展的路径。

案例：北京丰台区“蒲黄榆社区卫生服务中心开展居家安宁疗护”

北京丰台区的蒲黄榆社区卫生服务中心是北京市所有社区卫生服务中心较早开展了居家安宁疗护的社区卫生服务中心，从2019年开始围绕患者整个疾病、症状、家庭状况、心理状况等所有内容提供持续性的安宁疗护照料服务。蒲黄榆社区共有常住居民10.9万人，大部分是老旧小区，在社区生活的老年人数量众多。基于社区需要，为了解决“养老送终”最后一公里的问题，蒲黄榆社区卫生服务中心为此成立了一个经过专业培训的9人安宁疗护团队，包含了全科医生、护士，也有中医医生、药师、医务社工、志愿者，以及还有北京协和医院的专家作为指导。居家安宁疗护也是基于病人实际需求和感受出发的，很多老人虽然生病了，但希望能在家里走完最后一程，因为家里有熟悉的环境、熟悉的亲人。面对生命的终结，很多人其实没有经验，即使老人本人希望在家安静离世，家属仍会去呼叫急救车，甚至是实施无效的救治，这无疑可能增加患者的痛苦。这种居家安宁疗护模式也是顺应了生命最后的需求。

最初蒲黄榆社区卫生服务中心进行宣传时，发现社区居民对安宁疗护并不了解，也不知晓社区卫生服务中心有此类服务，甚至有的社区居民还误以为安宁疗护是治疗失眠的。所以刚开始接受安宁疗护照料服务的社区居民，都是主动发掘而来的。基本上是家里有患者处于疾病终末期，经大医院治疗，从医院接回家后，家属联系社区医院，问能不能帮着抽血监测身体状况、帮忙插胃管、上尿管，社区医院再把有需要的患者转介社区的安宁疗护团队。

但经过近几年的发展，老百姓越来越认可了，前段时间就有一位老奶奶主动打电话来找社区卫生服务中心求助，她的老伴处于肿瘤晚期，需要提供服务，而且目前还会有京外患者专门来向蒲黄榆社区卫生服务中心咨询。

当社区的患者和家属明确需要安宁疗护时，蒲黄榆社区卫生服务中心会派人上门评估，了解患者的病情及其家庭状况，包括经济状况、心理状况、对死亡的认知等，在全面掌握基本情况后根据患者和家属的需求，给他们提供支持。比如有的肿瘤患者在末期出现癌痛，医生就上门给患者做镇痛治疗；有的患者需要更换药物，药师就会介入。而且蒲黄榆社区卫生服务中心会更多关注患者和家属的心理需求，一旦心理出现问题，医务社工也会及时伸出援手，包括做一些生死观教育。

目前，蒲黄榆社区卫生服务中心已经为40多名患者提供了安宁疗护照料服务，并将为更多的社区居民提供安宁疗护照料服务。蒲黄榆社区的上门服务之所以能开展起来，很大程度上得益于必要的政策保证。首先，通过这些年社区卫生服务中心不断扎根基层，很多老年人跟家庭医生签约，医患之间建立了很深的情感和信任。其次，蒲黄榆社区卫生服务中心也会跟家属签署知情同意书，提前告知风险。而且在第一次上门评估时，社区卫生服务中心会邀请社区居委会的干部作为第三方一起入户。最后，北京丰台区给每一位居家上门服务的医务人员都上了医疗责任险，为可能出现的医疗风险提前准备化解机制和保障。

资料来源：北京青年报：居家安宁疗护让患者有尊严地离世，新华网，2022年3月。

思考与训练

1. 安宁疗护是什么？
2. 推广并普及安宁疗护的意义？
3. 安宁疗护可以为老年人提供什么样的服务？

第一节 安宁疗护服务概述

生和死是一个人的起点和终点，生死为大，死和生同样重要。对于久卧在床的重病患者，也许有尊严地走完最后一程是对心灵最好的慰藉。安宁疗护是指对濒临离世的患者给予亲切的抚慰、良好的照顾和尽可能的帮助，使其安然离去。过去，一个不能自行呼吸的人可能几分钟就离开人世，但在医疗技术发达的今天，机械化的辅助呼吸或人工营养与补水可以让生命继续维持更长的时间。今天，临终时要怎么离开也成为一个不能回避的问题。

《中华人民共和国老年人权益保障法》第五十条提出，“各级人民政府和有关部门应当将老年医疗卫生服务纳入城乡医疗卫生服务规划，将老年人健康管理和常见病预防等纳入国家基本公共卫生服务项目。鼓励为老年人提供保健、护理、临终关怀等服务。”“十四五”国家老龄事业发展和养老服务体系规划当中也有与安宁疗护的相关内容，例如，推动医疗卫生机构按照“充分知情、自愿选择”的原则开展安宁疗护服务；稳步扩大安宁疗护试点，推动安宁疗护机构标准化、规范化建设；支持社区和居家安宁疗护服务发展，建立机构、社区和居家相衔接的安宁疗护服务机制；加强对社会公众的生命教育等。

一、安宁疗护的概念和服务内容

安宁疗护是为临近死亡的患者提供身体、心理、社交和精神上的综合护理，以减轻患者的痛苦、提高生活质量和帮助患者和家属面对死亡。安宁疗护通常由一个多学科的团队来提供，包括医生、护士、社工、心理咨询师、宗教人士等。这个团队会与患者和家属密切合作，制定个性化的治疗计划，并提供支持和指导，以确保患者和家属在临终阶段得到全面的关怀。2017 年，原国家卫生和计划生育委员会提出了将临终关怀、舒缓医疗和姑息治疗统称为“安宁疗护”①。

（一）安宁疗护的主要内涵

安宁疗护是一种面向患有严重、慢性疾病或末期疾病患者的综合性医疗服务，旨在提供全面的身体、心理、社交和精神支持，以提高患者的生活质量。安宁疗护的主要内涵包括以下几个方面：

1. 疼痛和症状管理

安宁疗护致力于减轻患者的疼痛和其他症状，如呼吸困难、恶心、焦虑等，通过药物治疗、心理支持和其他综合性干预措施，以提高患者的舒适度和生活质量。

2. 综合性护理

安宁疗护提供全面的身体护理，包括基本的日常生活活动（如洗澡、进食等）的协助，以及疾病管理和监测，以确保患者的身体需求得到满足。

3. 心理社会支持

安宁疗护重视患者和家属的心理和社会需求，提供心理咨询、情绪支持和社交服务，以帮助他们应对疾病带来的心理压力和困难。

4. 沟通和决策支持

安宁疗护鼓励患者和家属之间的开放对话，帮助他们理解疾病的进展和治疗选择，以便做出符合患者价值观和偏好的决策。

5. 临终关怀

安宁疗护为临终患者提供特别关注和护理，包括病情评估、症状缓解、家庭支持和悲伤辅导，以确保他们在生命最后阶段得到尊严和舒适的护理。

（二）安宁疗护主要内容

安宁疗护以五全照顾为主要内容，它是一种综合性的照顾模式，旨在全面关注和照顾人的各个方面。这种照顾模式主要包括五个方面的照顾，分别是全人照顾、全家照

---

① 陆宇晗．我国安宁疗护的现状及发展方向［J］．中华护理杂志，2017，52（06）：659 - 664.

顾、全社区照顾、全程照顾、全队照顾。

1. 全人照顾

指为临终老人提供身、心、灵全方位的关怀。因为一般的照护就只是照顾临终老人的身体，很容易忽略了临终老年人除了身体上的不适，同时还存在着很多精神、家庭等各方面问题，这些在为老人提供安宁疗护时通通都要注意并考虑清楚。全人照顾注重关注人的身体、心理、社会等各个方面的需求，提供全面的健康和福利保障，确保人的全面发展和幸福感。

2. 全家照顾

临终老人最后终将离去，而死亡是整个家庭甚至是全家族的大事；与此同时，很多家庭成员会在照顾临终老人的途中出现很多问题。所以，全家照顾就是指在提供安宁疗护服务时，除了临终老人，还要兼顾其家属的需要，解决他们悲伤过度等问题。

3. 全程照顾

全程照顾指为临终老人提供一条龙照料服务，从照顾的开始到结束，全程关注和照顾人的需求，确保照顾过程的连续性和有效性。从临终老人接受安宁疗护（包括住院及居家照顾）开始，一直持续到老人离世之后家属的悲伤辅导，尽量减少创伤，避免后遗症的出现。

4. 全队照顾

全队照顾指由专门接受过系统学习的专业人员组成一个专业团队，各司其职，协助合作为临终老人提供安宁疗护照料。安宁疗护不是一个人可以完成的工作，而是需要一个团队共同努力奋斗，凡是临终老人所需要的都是团队成员。团队成员主要包括医生、护士、医务社会工作者、社会志愿者、民俗专家、心理咨询师等①。

5. 全社区照顾

全社区照顾是指帮助临终老人及家庭享受以他们为中心、就近、方便、快捷、有效、高效的社区服务②。社区作为服务群众的最后一公里，要坚守阵地，最大程度地为临终老人及其家庭提供保障。

五全照顾的核心理念是关注和尊重个体的需求，通过提供全面的照顾和支持，帮助个体实现全面发展和幸福感，同时也促进了社区和家庭的和谐发展。

（三）安宁疗护和临终关怀的联系

安宁疗护伴随着临终关怀运动发展而来。临终关怀（hospice care），“hospice”是指在中世纪欧洲，用来为朝圣者或旅行者提供中途休息、补充体力的驿站，其原意指

---

① 张斌．安宁疗护的概念、对象与要求——台湾的安宁疗护介绍之一［J］．医学与哲学，2004（11）：79－80.

② 谢琼．死得其安：临终关怀服务体系的构建与完善［J］．中国行政管理，2019（12）：28－32..

“济贫院”“救济院”，被视为一类早期的慈善服务机构。随后，“hospice”逐渐引申为“帮助那些处于人生旅途最后一站的人，着重为临终病人控制病痛，以及在病人去世后为家属提供情绪支持”。20 世纪 60 年代，英国女医生西瑟莉·桑德斯博士在伦敦创建了世界上第一家临终关怀医院——圣克里斯多弗临终关怀医院。1982 年，世界卫生组织癌症小组开始使用缓和医疗（palliative care）概念。1990 年，WHO 正式对缓和医疗进行定义，并在 2002 年将其修订完善为“缓和医疗是通过早期识别、积极评估、控制疼痛和其他痛苦症状，包括身体、心理、社会和精神困扰，来预防和缓解身心痛苦，从而提高面临威胁生命疾病的病人（成人和儿童）及其家属生活质量的一种方法。”2018 年，美国国家综合癌症网络发布的《缓和医疗临床实践指南》中指出，缓和医疗应根据病人的意愿和选择，从疾病诊断开始与疾病治愈性治疗共同提供，适用于任何疾病、任何疾病阶段、任何年龄的病人。由此可知，“palliative care”是对“hospice care”的延伸与拓展。

1988 年，随着天津医学院临终关怀研究中心成立，“hospice”被翻译成“临终关怀”，并开始在我国正式使用。国内学者还引入了“palliative care”，将其翻译为“缓和医疗”“舒缓医疗”“姑息治疗”等。在很长的一段时间内“缓和医疗”“舒缓医疗”“姑息治疗”“临终关怀”等词混淆使用。2017 年 2 月，国家卫生与计划生育委员会相继印发《安宁疗护实践指南（试行）》和《安宁疗护中心基本标准和管理规范（试行）》，用“安宁疗护”一词替代“临终关怀”，指出：“安宁疗护是以临终病人和家属为中心，为疾病终末期病人在临终前通过控制痛苦和不适症状，提供身体、心理、精神等方面的照护和人文关怀服务，以提高生命质量，帮助病人舒适、安详、有尊严地离世。”同年，国家卫生与计划生育委员会对十二届全国人大第五次会议第 1356 号建议的回复中明确指出，将“临终关怀、舒缓医疗、姑息治疗等统称为安宁疗护”。《“十三五”健康老龄化规划》也采用“安宁疗护”代替“临终关怀”。学者认为，采用“安宁疗护”一词可避免传统文化和生死观对于“临终”和“死亡”的避讳，在现有语境下有利于推动我国安宁疗护事业的发展①。

二、安宁疗护服务的相关理论

（一）人本主义

安宁疗护体现的正是社会主义以人为本的核心思想，把临终老人的生命意义摆在第一位，最大限度降低对老人及其家属的伤害。安宁疗护是对生命尊严、神圣、质量与价

① 胡秀英，肖惠敏．老年护理学［M］．北京：人民卫生出版社，2022：6.

值的追求，对医学伦理无伤原则和有利原则的渴求，对临终期人道原则和自主原则的企求[①]。坚持以人为本，就是坚持生命本体论、生命质量论与生命价值论的相统一原则，安宁疗护就是要尊重临终老人的意愿，尊重其人格尊严，包括对临终老人宗教及其信仰和善终方式的尊重，帮助他们能够有尊严、安逸地辞世[②]。

（二）优逝框架

优逝框架理论是由美国心理学家伊莱恩·阿伦森提出的一种心理理论，用于解释人们在面对悲伤和失去时的心理过程和适应机制。优逝框架理论认为，当人们面临悲伤和失去时，他们会经历一系列的心理过程和适应机制，包括接受现实、经历痛苦、调整内部世界和重新投入生活的过程。这个理论对于理解人们在面对悲伤和失去时的心理过程和适应机制具有重要的指导意义。

（三）社会沃姆理论

社会沃姆理论是由美国社会心理学家尼克·哈斯特在2006年提出的一种关于人类对社会群体的认知方式的理论。根据社会沃姆理论，人们倾向于将社会群体看作是有意识、有意图、有目标的个体，就像动物一样具有心理特征和行为。社会沃姆理论的核心观点是，人们在理解和解释社会群体时，会将其看作是具有个体特征的有机体。这种认知方式被称为“社会沃姆”，即将社会群体看作具有意识、意图和目标的个体，并将其行为解释为有意识和目的性的。该理论认为，人们倾向于将社会群体看作是有机体，这种认知方式可以帮助人们更好地理解和预测社会群体的行为。

社会沃姆理论提供了一种解释人们对社会群体认知的认知倾向，但仍需要进一步的研究来验证和完善这一理论。

第二节 我国的安宁疗护服务体系

一、我国安宁疗护发展史

在古代时期，我国为孤寡老人、残障人和穷人设立了专门的机构，如唐代的“悲田院”、北宋时期的“福田院”、元朝时期的“济众院”、明朝时期的“养济院”以及清朝在北京设立的“普济堂”等。同时，这些机构也为他们提供各种各样的殡葬服务，

---

① 刘博，芦恒．医务社会工作介入老年临终关怀的伦理困境及重塑路径［J］．华东理工大学学报（社会科学版），2019，34（01）：65－73.

② 李义庭，刘芳，付丽，等．以人为本，推进我国临终关怀事业的发展［J］．医学与哲学（人文社会医学版），2006（12）：39－40.

尊重他们的死后生活。这些机构的设立为现代安宁疗护的兴起和发展奠定了一定的前期基础。

我国现代意义上的安宁疗护的发展史可以追溯到 20 世纪 80 年代末和 90 年代初。那时，我国的医疗体系主要关注的是治疗和救治，安宁疗护的概念和实践并不普遍。随着社会的发展和人们对生命价值的重新认识，安宁疗护的重要性被逐渐认识。

在这个时期，中国社会经济发展迅速，人们的生活水平不断提高，人口老龄化问题逐渐凸显，安宁疗护的需求也逐渐增加。1988 年 10 月，天津医学院在美籍华人黄天中博士的资助下，成立了中国第一个安宁疗护研究中心，它标志着中国开始了安宁疗护的研究与实践。同年，上海建立退休职工南汇护理医院，为退休职工中的晚期病人提供医疗、护理、照料以及善终等全方位的服务，是我国第一家安宁疗护型医院。

1993 年，原卫生部发布了《关于进一步加强临终关怀工作的通知》，该通知提出了建立临终病人关怀疗护机构的指导意见，标志着我国安宁疗护的发展进入了一个新阶段。随后，我国政府相继出台了一系列相关政策文件，包括《关于加强临终关怀工作的指导意见》《关于加强临终关怀工作的意见》等，明确了安宁疗护的重要性，并提出了相应的发展目标和举措。

1994 年，原卫生部在《医疗机构诊疗科目名录》中列入了“临终关怀科”，并且制定了《医疗机构基本标准（试行)》。1999 年 11 月，原卫生部制定的全科医生培训大纲和 2000 年 7 月制定的社区护士岗位培训大纲正式列入临终关怀内容。1998 年，李嘉诚基金会捐资于汕头大学医学院第一附属医院，设立全国首家宁养院。

1998 年，中国医师协会和中国老年学会联合发起了“中国临终关怀研究”项目，这是我国临终关怀领域的第一个系统研究项目。2002 年，中国医师协会成立了中国临终关怀专业委员会，这标志着我国临终关怀专业化的开始。专业委员会成立后，开始组织培训班和学术交流活动，推动临终关怀的发展。

2006 年，国务院办公厅发布的《关于加快发展养老服务业的意见》提出，“要支持兴办老年护理、临终关怀性质的医疗机构，鼓励医疗机构开展老年护理、临终关怀服务。根据实际情况，对开展老年护理、临终关怀服务的机构按规定给予政策扶持。”中国卫生部也发布了《关于加强临终关怀工作的意见》，提出了加强临终关怀工作的具体要求和举措，包括建立临终关怀机构、培养专业人才、加强政策支持等。同年，中国第一个关注人的生命晚期生存状态的临终关怀社会团体——中国生命关怀协会成立，标志着中国安宁疗护事业的发展迈出了历史性的一步。

2015 年，中国卫生计生委发布了《关于加强临终关怀工作的指导意见》，进一步明确了安宁疗护的发展目标和任务，提出了加强终末期疼痛和症状控制、推进居家临终关怀等具体措施。近年来，我国安宁疗护的发展取得了显著成绩。各地纷纷建立了安宁疗护机构，培养了一批专业人才，开展了一系列相关活动，提高了临终病人的生活质量和家庭的满意度。

随着时间的推移，安宁疗护在我国的发展逐渐加快。越来越多的医疗机构开始设立临终关怀科或病房，专门为临终患者提供综合性的关怀和疗护服务。同时，相关的政策和法规也在逐步完善，为安宁疗护的发展提供了支持。目前，我国的安宁疗护领域仍然存在一些挑战和问题，如医疗资源不均衡、专业人才缺乏、社会认知度不高等问题。但随着社会对安宁疗护的认识和需求的不断提高，相信在未来会有更多的关注和投入，推动安宁疗护的进一步发展。

二、我国安宁疗护服务供给的困境

我国安宁疗护事业虽然经过三十多年的发展取得了质的飞跃，但受伦理困境、基础设施不完善、安宁疗护人才储备不足、城乡差异大等因素导致了社会公众目前对安宁疗护的认知度依然不高，与安宁疗护体系相对完善的发达国家相比，我国安宁疗护的发展依然缓慢。

（一）安宁疗护人才储备不足

安宁疗护对于从业人员的专业素质和要求高，一方面，需要从业人员接受持续的专业教育，经过完善的岗前培训；另一方面，还需要从业人员具备人文关怀、积极主动、温和的态度；这样从业人员才能与临终老人及其家属一起制定适宜的诊疗决策，提供专业化、职业化的服务。根据国家统计局数据报告，我国每年大约有 960 万—990 万人死亡，然而，2018 年我国安宁疗护机构总共服务了 28.3 万名患者，接受安宁疗护的人仅占死亡人数的 3%，并且当下我国从事安宁疗护的服务人员只有近 5 万人[①]。面对如此庞大的需求，我国现有的安宁疗护工作人员的人数和能力不足以满足临终老人及其家庭特有的心理、社会和灵性等需求。

（二）伦理困境

常言道“生亦何欢，死亦何苦”，以此劝慰人们对待生命保持淡定和乐观的心态。面对新生命的诞生，普罗大众的态度是喜闻乐见，但是真正面临死亡的时候社会普遍谈死色变。传统文化对安宁疗护理念的禁锢，导致我国的生死观教育相对安宁疗护体系完善的西方发达国家而言不够普及，这也正是我国发展安宁疗护最大的阻力。悠久的历史传统，造成的结果就是人们能欣然看到新生命的诞生却不能正视死亡的到来，尤其当家中有人去世的时候，往往是避讳不谈。此外，知情权与病情保密相冲突所带来的困境也对安宁疗护形成阻碍。临终老人有权利得知自己的病情，但是家属担心长辈得知情况之

---

① 王蒙蒙，徐天梦，岳鹏．我国现行安宁疗护的相关政策梳理、挑战与建议［J］．医学与哲学，2020，41（14）：19－22.

后失去继续生活的信心，从而放弃生命。

（三）基础设施不完善

到2018年为止，我国大陆在安宁疗护质量方面在全球80个国家或地区中排名第69位。全国共有2342家医疗机构设有安宁疗护科，其中包括259家三级医院，469家二级医院，469家一级医院以及1145家其他医疗机构。与欧美、澳大利亚等地相比，我国的安宁疗护设备和服务覆盖率远远不足，仅为1%[①]。而且我国资源分布不均，安宁疗护机构主要集中在东部的北京、上海、广州、深圳等一线发达城市，中西部地区发展慢、基础弱。当下我国的安宁疗护机构的发展数量和速度尚不能满足我国临终老人日益增长的需求。

（四）城乡差异大

基于城乡二元对立体系，我国现在的老年安宁疗护服务模式大致分为两种：一种是城市地区的安宁疗护服务模式；另一种是农村地区的安宁疗护服务模式。在城市地区，安宁疗护服务模式相对发达。城市地区的医疗资源丰富，老年人可以选择在医院或养老院接受专业的安宁疗护服务。这些服务包括疼痛缓解、精神慰藉、心理支持等，旨在帮助老年人在生命最后阶段获得舒适和安宁。同时，城市地区的老年安宁疗护服务还注重家庭参与，鼓励家属陪伴老年人度过最后的时光。

而在农村地区，安宁疗护服务模式相对薄弱。农村地区的医疗资源相对匮乏，缺乏专业的安宁疗护服务机构。老年人通常只能依赖家庭成员进行照料，缺乏专业的医疗支持和心理支持。由于农村地区的人口分散和交通不便，老年人往往难以获得及时的医疗和护理服务。

因此，基于城乡二元对立体系，我国现在的安宁疗护服务模式存在城乡差异。城市地区的服务相对完善，老年人可以获得专业的医疗和护理支持；而农村地区的服务相对不足，老年人面临医疗资源不足和护理困难的问题。为了解决这一问题，需要加强农村地区的安宁疗护服务，提高医疗资源配置和服务水平，同时加强家庭和社区的支持和参与。

三、我国安宁疗护服务发展建议

（一）普及生死观教育

受困于传统伦理，我国的生死观教育普及度不高。要想更快更好发展我国安宁疗护

---

① 谌永毅，吴欣娟，李旭英，成琴琴，毛婷．健康中国建设背景下安宁疗护事业的发展［J］．中国护理管理，2019，19（06）：801－806.

事业，首先要进行的就是积极进行现代生死观教育，推进临终关怀新理念的生成。只有改变我们传统的思想观念，奠定基础，才能发展好我国安宁疗护事业。我们需要引导大众转变思想观念，正视死亡。我们需要承认现代医学并不是万能的，不能一味地以治愈的理念对待所有疾病，从而导致医疗资源浪费、徒增临终老人的疼痛和苦难。首先，我们可以先在一些重点的区域进行理念的宣传与推广，抓住重点人群，以点带面。其次，我们也可以与我国优秀的传统文化和传统节日相结合，更好地去推广安宁疗护理念，通过开展死亡教育课程对安宁疗护理念进行推广。通过各种渠道，加强对安宁疗护的宣传，提高公众对这一领域的认识和理解，同时树立、普及正确的生死观，促进社会对临终患者的关爱。

（二）增加安宁疗护的服务供给

面对目前我国安宁疗护机构数量严重不足的现状，可以采取以下措施：一是要加强与家庭医生和社区卫生服务中心的合作。与家庭医生和社区卫生服务中心建立紧密的合作关系，共同提供安宁疗护服务。通过合作，可以更好地整合资源，提供全方位的服务。二是要增加相关专业人员的培训与招聘。培训更多的医生、护士和社工等专业人员，提升他们的安宁疗护技能，同时通过招聘更多的专业人员，对专业人员提供培训和教育，提高服务供给质量和增加服务供给的能力。大力开展安宁疗护的培训和教育活动，提高公众对此类服务的认知和需求，并通过培训志愿者和家属，提供基本的安宁疗护支持。三是要加强政策支持。政府可以制定相关政策，鼓励和支持安宁疗护服务的发展，并提供资金支持、减免税收、优先审批等措施，吸引更多的机构和个人参与到该领域。

（三）发展中国特色安宁疗护服务模式

结合中国国情，与孝道文化积极融合，适应大多数中国人想在家里度过最后时光的情结，积极探索并发展接地气的人民大众所需要的中国特色安宁疗护服务模式。在中国，家庭对于安宁疗护具有重要责任，从古至今我国的养老、临终关怀方式都以居家、家庭照顾为主要方式。因此，现阶段居家为主、机构补充的方式是较为适宜的选择。同时，可以整合我国现有的医疗体系资源，将其纳入临终关怀的监管体系中。家庭、社区、医院三位一体，共同结合，为我国安宁疗护服务提供新模式。

总而言之，我们需要打破城乡二元对立体制，综合乡村二元安宁疗护服务模式和城市多元综合发展模式，结合国内发展优秀的长春模式、上海模式、青岛模式，同时借鉴学习我国港澳台地区人性化的安宁疗护照料服务，以社会主义以人为本作为指导思想，以城乡居民医疗保险与城乡居民养老保险作为老年安宁疗护的保障底线，以家庭作为单位，社区作为基础，医院作为技术支持，社会工作者作为桥梁纽带，社会志愿者作为重要补充，打造中国特色安宁疗护服务模式，保障老年生活质量。

思政专栏

向死而生——电视纪录片《生命里》带来的思考

央视纪录频道播出的纪录片《生命里》将视点聚焦于上海一家社区服务中心的舒缓医疗区，实际上这是一个临终关怀机构，收治的主要是癌症晚期患者。作品拍摄周期3年，耗时6000多个小时。该作品秉持了现实主义题材的创作规律，将40多位癌症晚期患者的故事浓缩在三集的影像记录之中，以真人、真事完成了纪录片的结构塑形，以真情实感展现了作品的意义与价值。《生命里》恪守了现实主义的三个原则：形象的典型性，细节的真实性，以及描述方式的客观性，并且结合纪录片独有的影像书写规律，将人们面对死亡时的悲伤、无奈、自责、惋惜等复杂矛盾的情绪细致地记录下来，带领观者直面死亡，也思考活着的价值。《生命里》成功塑造了四组典型形象：癌症晚期的患者和老人、病患身边的家属、医护人员，以及志愿者们。其中最为突出的是临终的病患，尽管他们也有悲伤难过的时候，但在生命的最后时光中，他们面对摄像机的镜头，还是呈现出了坚强、勇敢等品质，这些故事背后所折射出的人性和病患对尊严的自持，让人感动。另三组不同身份的典型形象在与癌症晚期病患的交互关系中，体现了不同层面的人文关怀，分别是：病患家属的亲情关怀、医护人员的生理关怀、社会志愿者的心理关怀。这些人物的选择、对照与关系编织，构成了一幅鲜活的人物群像。

资料来源：李智，高梦婷：向死而生——电视纪录片《生命里》带来的思考，中国艺术报，2018年10月。

第三节　国外安宁疗护服务实践与启示

一、代表国家安宁疗护服务的缘起

西方国家最早的安宁疗护是在公元4世纪，一个罗马贵妇人为了实现自己“积德行善”的愿望，在家为病患者提供照护①。但西方国家现代意义上的安宁疗护的发展历史可以追溯到19世纪晚期。

19世纪晚期，伊丽莎白·科维尔通过与临终病人的交流和观察，提出了著名的“临终关怀五阶段模型”，即否认、愤怒、讨价还价、沮丧和接受。20世纪初，霍斯皮斯运动兴起，主要目标是提供终末期病人的全面照顾，包括身体、心理、社交和精神方面的支持。1997年，世界卫生组织发布《癌症疼痛与癌症病人临终关怀》报告：该报告强调了提供适当的疼痛缓解和终末期护理的重要性，并呼吁各国政府和医疗机构加强对临终病人的关怀。21世纪初，西方国家普遍推广安宁疗护：随着对安宁疗护的认识

① 李义庭，李伟，刘芳，等．临终关怀学［M］．北京：中国科学技术出版社，2000，12：5－6.

不断增加，越来越多的西方国家开始在医疗体系中普遍推广安宁疗护服务，并设立专门的机构和团体来提供相关服务。

西方国家安宁疗护的发展历史经历了从个别实践到系统推广的过程，逐渐形成了一套完善的理论和实践体系，为临终病人和其家庭提供了全面的照顾和支持。

（一）英国

安宁疗护在英国的发展历史可以追溯到 20 世纪 60 年代。现代安宁疗护的建立是以西西里·桑德斯博士及其 1967 年创办的圣克里斯多夫临终关怀院为标志的①。

1967 年，世界上第一个现代安宁疗护机构——斯塔福德郡霍斯皮斯成立。该机构由诺丁汉大学的临床心理学家西西莉亚·桑德斯创立，为晚期癌症患者提供终末期医疗和心理支持。1974 年，英国第一个专门的终末期护理中心——圣克里斯托弗霍斯皮斯在伦敦成立。该中心由霍尔斯顿医生创建，提供终末期护理和家庭支持。经过 20 年左右的发展，英国于 1980 年成立了第一个安宁疗护协会。该协会致力于提高安宁疗护的质量，并推动政府和公众对这一领域的关注。1990 年，英国政府发布了第一个关于安宁疗护的国家战略文件《终生关怀：现代安宁疗护的发展》，提出了改善安宁疗护服务的目标和行动计划。2004 年，英国政府通过《终末期护理法案》，确立了每个人都有权利获得适当的安宁疗护的原则。该法案还要求医疗机构提供终末期护理的培训和支持。2015 年，英国政府发布《终末期护理卓越计划》，旨在提高终末期护理的质量和可及性。该计划设立了专门的资金，用于培训医护人员、改善设施和提供更多的社区护理服务。

随着时间的推移，英国的安宁疗护得到了更多的关注和发展。如今，英国有许多专门的安宁疗护机构和疗养院，为晚期疾病患者和他们的家人提供全面的终末期医疗、心理和社会支持。此外，安宁疗护也逐渐成为医学教育的重要组成部分，越来越多的医护人员接受相关培训，以提高他们在终末期护理中的专业水平。

（二）美国

美国安宁疗护的发展历史可以追溯到 20 世纪 60 年代。1967 年，美国社会学家伊丽莎白·库布勒·罗斯出版了《死亡与安宁疗护》一书，该书提出了五个临终阶段的理论，为安宁疗护的研究和实践奠定了基础。1974 年，美国医生西西里亚·桑斯创建了安宁疗护的现代概念。她成立了世界上第一个安宁疗护研究中心，并建立了安宁疗护的专业组织。1982 年，美国国会通过了一项法案，将安宁疗护纳入医疗保险的范围。这一举措为安宁疗护提供了更多的资金和资源。1997 年，美国国会通过了《平衡预算法案》，其中包括一项规定，要求医院提供安宁疗护服务。2003 年，美国成立了全国性的安宁疗护组织——全国安宁疗护协会。2010 年，美国通过了《平价医疗法案》，该法案

① 陈番，李伟长．临终关怀与安乐死曙光［M］．北京：中国工人出版社，2004：13－14.

要求医疗保险公司覆盖安宁疗护服务，并提供更多的资金支持。

近年来，美国安宁疗护领域取得了较大的发展。越来越多的医院、医疗机构和社区提供安宁疗护服务，并建立了专门的安宁疗护机构和中心。此外，越来越多的专业人士接受了相关的培训和教育，以提供更好的安宁疗护服务。美国安宁疗护的发展历史经历了从理论研究到实践推广的过程，政府的支持和法律的制定为其提供了更好的发展环境。随着人们对安宁疗护的需求不断增加，这一领域将继续得到进一步的发展和完善。

二、国外代表国家安宁疗护服务的特点

（一）综合性

英国和美国的安宁疗护注重全面的照顾，包括身体、心理、社交和精神层面的关怀，它不仅关注病人的身体症状，还关注病人的情感和精神需求。同时，西方安宁疗护强调多学科的合作，包括医生、护士、社工、心理咨询师等不同专业的人员共同参与，他们通过协作工作，为病人提供全面的照顾。

（二）服务人性化

代表国家安宁疗护强调病人在决策过程中的主导地位。医护人员会与病人和其家属进行深入的交流，了解他们的需求和价值观，并尊重他们的决策权。例如，在英国的安宁疗护机构中，不仅设施齐全，而且环境温馨，帮助患者感受到家庭般的温暖。与此类似，德国的埃森教会医院以家庭化的方式布置病房，配备了电视、电话、衣柜等各种设施，同时也允许患者回家与配偶团聚，满足他们的生理和亲情需求。此外，西方安宁疗护还注重为病人和家属提供心理支持。他们提供心理咨询、心理治疗和悲伤辅导等服务，帮助病人和家属应对情绪困扰和心理压力。

（三）社会支持

代表国家注重为病人及其家属提供社会上的支持。他们会协助病人解决生活中的问题，提供居家护理、社区资源和社交支持等服务，以提高病人的生活质量，例如，英国支持安宁疗护事业的志愿者热情高涨，通过积极参与宣传推广，还以提供帮助、给予建议等方式加入社区安宁疗护服务增强服务的可及性。同时，西方国家也为安宁护理提供了政府兜底保障，通过政策、财政的支持，为安宁疗护的发展奠定了基础。

总的来说，国外安宁疗护以人为本，注重全面的照顾和支持，旨在帮助病人和其家属度过临终阶段，并提供尽可能舒适和有尊严的护理。

三、代表国家安宁疗护实践对我国的启示

（一）健全和完善社会医疗保障体系

国外发达国家安宁疗护事业蓬勃发展的一个非常重要的原因是他们的安宁疗护事业已经开始制度化，这使得其能够得到持续的政府和相关部门的关注和支持。然而，在我国，安宁疗护事业由于种种原因并未受到政府及相关部门的重视，更多的是停留在倡导层面，没有作为我国医疗保障体系的重要组成部分。在我国已进入老龄化社会的背景下，政府及相关部门应该做好顶层设计，重视、支持并发展安宁疗护事业。这样可以尊重临终老人的需要，减轻家庭和社会的负担，同时促进人与社会的和谐发展。

我们可以学习借鉴发达国家优秀的安宁疗护先进经验，立足我国现状，出台政策引导，制定相关法律法规，不断健全和完善我国的社会医疗保障体系，将安宁疗护纳入社会基本医疗保险的范畴，确保患者在接受安宁疗护时享受医保待遇，以减轻患者及其家庭的经济负担，同时，在考虑我国国情、文化和伦理的前提下，加快推进安宁疗护的立法进程，出台《安宁疗护法》并完善配套文件及实施细则，为安宁疗护行业的发展提供完善的法律保障，以确保安宁疗护事业能够得到可持续的发展，并能够为需要的人们提供更好的服务和支持。

（二）政府力量主导，拓宽筹资机制

在英国，由于实行全民免费医疗，安宁疗护作为公民基本医疗服务被纳入国民医疗保险体系。安宁疗护机构是非营利性医疗机构，因此，政府基本承担了临终患者就诊和住院等费用①。与国外相比，中国的安宁疗护机构在资金方面面临严重匮乏的问题，大部分机构都靠医疗收入来维持运营，这与安宁疗护的初衷相违背。在运营相对良好的安宁疗护机构中，由香港李嘉诚基金会资助的 32 所宁养院占了很大比例，其他社会资助非常有限且不够稳定，这严重阻碍了中国安宁疗护事业的发展②。因此，为了支持和发展中国的安宁疗护事业，需要加大国家财政支持力度，主要通过政府购买服务的方式，并采取多渠道、多途径的筹措方式，如慈善捐款、彩票发行和企业赞助等，以完善我国的安宁疗护体系。

（三）专业人员提供服务，鼓励社会志愿者广泛参与

提供安宁疗护服务是一个非常敏感和复杂的任务，在日本，安宁疗护团队不仅包含

---

① 王星明．西方主要国家临终关怀的特点及启示［J］．医学与哲学（A），2014，35（01）：40－42.

② 杜鹏，王永梅．中国老年临终关怀服务的实践与制度探索［J］．中国特色社会主义研究，2015（05）：95－101.

了医生和护士，还有心理咨询师、营养师、医学社会工作者等丰富的职业种类①。需要专业人员具备一定的知识和技能，同时也需要社会志愿者广泛参与。专业人员可以组织培训和教育活动，向志愿者传授安宁疗护的基本知识和技能。这可以包括如何与临终患者建立信任关系、提供心理支持、处理疼痛和症状管理等方面的培训。专业人员可以与社区组织、志愿者团体和其他相关机构建立合作关系，共同提供安宁疗护服务。这可以扩大服务的范围和影响力，并使更多的志愿者参与其中。或通过社交媒体等平台的宣传，吸引更多的志愿者加入。社会志愿者的广泛参与，一定程度上可以减少安宁疗护工作人员的工作量，有助于提高老年人临终服务的质量，还能以点带面，发掘更多的人成为社会志愿者，从而支持我国安宁疗护的发展。

思考与训练

1. “十四五”时期，我国老年人口进入急速增长阶段，对疾病终末期的医疗照护需求也将飞速增长，家庭及社会将面临巨大的经济和照护压力，现阶段该如何健全安宁疗护制度提升临终患者生命质量？

2. 请在网络上观看安宁疗护纪录片《生命里》，并与同学们进行讨论。

扩展阅读

生命尽头的需要：倾听、陪伴、接受

倾听临终者的诉说就是我们能给予他们的最好的礼物之一。医学专业人士受到的教育认为，倾听是一种收集病人信息并评估病人生理和心理状况的方式。此外，倾听本身就是一种强有力地给人安慰的方式。病人的亲人和朋友来到医院时经常是惊慌失措的，害怕见到面临死亡的人。他们不知道说什么好，往往找医生或护士拿主意：“我们要做什么啊？我们要说什么啊？”他们得到的回答总是倾听，只是去倾听。倾听他们抱怨，倾听他们哭泣，倾听他们笑，倾听他们回忆，倾听他们谈论天气或者死亡。只要倾听就行。

身患绝症的人们会告诉你任何你需要知道的事：他们认为自己的情况怎样，还有如果他们不忌讳，还会说出他们希望自己死亡时怎样安排。

75 岁的约瑟夫突然开始感觉身体虚弱不适。他打电话给他的儿子丹尼尔说：“丹尼尔，我感觉自己有些地方不对劲，不是因为年纪大了。我可不想让你认为我老了，在说傻话，可是我想我是到时候了。你知道我们常常谈起要回缅因州。我在那里长大，你也是在那里出生的。让我们现在就去做这件事吧。我想在我死之前，我们能在一起待上一段时间。”

---

① 陆杰华，伍海诚. 老龄化背景下中国特色临终关怀体系建构的若干思考［J］. 新视野，2017（01）：74－80.

“爸爸，您为什么不去看医生啊?”儿子担心地建议他。

“我明天去看医生，”父亲回答，“那么我们能去旅行吗?丹尼尔，我75岁了，我感冒了，我得了流感，我还有关节炎。我知道老了是什么感觉，这次感觉不同。我知道身体出了严重的问题。”

丹尼尔拿定了主意。如果他听他父亲的话一起去旅行，之后发现他父亲没什么问题，丹尼尔会接受事实，他们只是旅行了一趟，一切安好。但是他感到如果他不听父亲的话，如果他父亲后来有了什么不测，他将非常后悔失去最后一次和父亲共度时光的机会。于是他答应了这样一趟怀旧之旅。

次日，约瑟夫依他所说的去看医生。医生不确定他虚弱的原因，就给他做了一系列检查。结果要几天后才出来。在等待结果的时间里，父子俩就驱车去了缅因州。他们住在离湖边不远的一个汽车旅馆里，约瑟夫是在那个湖边长大的，丹尼尔出生后的几年也是在那里度过的。他们俩在那里钓鱼，回忆往事，约见老友，整整待了一个星期。虽说体力不济，约瑟夫的话匣子却一直不断，丹尼尔则饶有兴趣地听他讲。他们俩不去想检查结果如何，刚过了旅行的第一天，丹尼尔就十分高兴他和父亲可以一起度过这段时光。他们都不去想约瑟夫的虚弱，只是一起玩得很开心。

一周后，他们一同来到医生的就诊室，获悉约瑟夫得了胰腺癌，十分震惊。这个病到了这个阶段，已经无力回天，任何治疗都失去意义了。在他去世前的几周里，约瑟夫的身体越来越差，但父子俩都很欣慰，因为他们俩已经共度了一段美好时光。现在回头一想，丹尼尔很庆幸他听从了父亲的话，而不是像往常那样，把老人的话当成是大惊小怪。

我们在听这些面对死亡的人讲话时，希望他们和我们分享他们的信念、想法，也许这会令我们欣慰。但是有时他们说的并不会让我们感到欣慰。有时，我们对他们的说法不敢苟同；有时他们对死亡的看法对我们自己的观点是一种挑战，令我们很不自在。但我们要记住，临终者有权相信他们想要相信的，有权以自己的方式表达他们对即将到来的死亡的感受，即便他们的情感令人心碎，或者让我们听了悲痛万分。他们有权选择生与死。

我们可以和自己所爱的人一起哭泣，我们可以分析治疗方案，我们可以有不同的意见，我们也可以完全不接受现实，可到头来，我们能做到的最好的事就是倾听。

当他们告诉我们他们所剩的时日不多时，我们需要更加仔细地倾听他们的话。

资料来源：［美］大卫·凯斯勒．生命尽头的需要［M］．于晓明，译，北京：华夏出版社，2021.

第十五章　工作与社会参与

学习目标

1. 理解老年人社会参与的价值意义。
2. 了解中国老年人社会参与的现状与特点。
3. 借鉴国外成功实践经验，进一步拓展老年人实现自身价值的途径。

案例：银发志愿者在行动

2003 年，全国老龄委启动了“银龄行动”，组织以东部地区为主的全国大中城市离退休老年知识分子，向西部地区或经济欠发达地区开展智力援助行动。由于这些老专家大多已经“华发如银”，所以行动简称“银龄行动”。如今“银龄行动”已经成为老年知识分子“老有所为”的一面旗帜。

2022 年 9 月，一年一度的深圳市“银龄行动”对广西百色对口支援的乡村振兴项目再次正式启动。12 位来自不同领域的老专家们作为志愿者参加了这次活动。73 岁的顾大公也是这次行动的志愿者之一。顾大公是深圳市的一名高级经济师和高级工程师，在项目规划和评审方面有着丰富的经验。从退休后，顾大公就开始参加“银龄行动”，到现在已经 11 个年头。顾大公对这次要帮扶的广西百色田林县已经很熟悉。两年前他就来到这里，参加了深圳市“银龄行动”对广西百色的帮扶项目，在田林县三个月，帮助发展产业。如何为脱贫后的乡村找准产业，进一步发展经济，是顾大公这次工作的重点。这天，他和电商产业老专家，也是这次“银龄行动”的志愿者朱鸣学一起来到利周瑶族乡爱善现代农业庄园。这是由深圳市光明区帮扶建设的项目，种植优质葡萄，产出的葡萄直接销往深圳。当地正在规划把这里打造成一个葡萄采摘和观光旅游的示范点。顾大公建议村里可以把民宿发展起来。像顾大公一样，参加“银龄行动”赴田林县项目的其他老专家们，也都在各个领域忙碌着。医疗老专家们在田林县当地医院为病人看诊，他们来到当地后，不仅进行了大量看诊，还手把手教当地医生怎样诊疗，帮医院成立了之前短缺的科室，规范了各项流程和诊疗方案。

这些银发的志愿者们奔走在中西部地区，不辞辛苦，用自己多年积累的专业知识和技能帮助当地群众，为当地经济社会发展作出了贡献，同时也找到了自身的价值感和成就感。随着人均寿命的延长，健康水平的提升，这是我们在应对人口老龄化时必须思考的问题。“银龄行动”就是一个很成功的尝试，它既是广大老年人发挥正能量，参与社会发展的生动画卷，也是积极老龄观、健康老龄化理念的生动体现。

资料来源：央视新闻：银发志愿者在行动，2022 年 9 月。

思考与训练

1. 什么是银龄行动？
2. 银龄行动有哪些方面的意义？

第一节 老年人社会参与概述

“积极老龄化”是基于联合国提出的“独立、参与、尊严、照料和自我实现”的原则而概括出来的一个政策理论，强调增强老年人口的活力，支持老年群体积极参与社会经济活动和公共生活。世界卫生组织指出：积极老龄化政策框架要求在健康、参与、保障三个方面的基本支柱采取行动。老年社会参与正式纳入“积极老龄化”发展战略，成为应对21世纪人口老龄化的政策框架，因此，老年人的社会参与被认为是实现积极老龄化的途径之一。当前，我国正在经历着不断加速的人口老龄化，积极应对人口老龄化是国家人口发展战略的重要内容。《中共中央 国务院关于加强新时代老龄工作的意见》强调“积极老龄观、健康老龄化”，契合国际社会应对老龄化的指导性战略和行动建议。

一、社会参与的概念

目前中国的理论界对社会参与没有统一的概念，中国关于社会参与的研究基本上是以“老有所为”的概念提出和发展的。邬沧萍教授（1991）将“老有所为”定义为“老年人自愿参与社会发展，并为社会所做的力所能及的有益贡献”。乌沧萍、杜鹏等（1999）从广泛的意义出发，认为老年人只要是与社会保持联系均可算作社会参与。李宗华（2009）认为，社会参与就是指在社会互动过程中，在机会均等的基础上，老年人参与的一切有利于社会发展的各项活动，既包括有报酬的社会劳动，也包括无报酬的志愿者活动、家务劳动以及各项娱乐活动等。谢立黎（2019）将老年人的社会参与界定为60岁及以上人口在家庭、社区、社会层面所参与的有关经济、社会、政治和家庭等一系列正式和非正式活动，并在参与的过程中发挥作用、实现个人价值①。杨茜（2020）对社会参与的界定是：老年人根据自身的实际情况和主观意愿，选择某种形式与社会进行互动和联系，可以是有偿的也可以是无偿的，并在参与过程中实现了自我的价值②。

---

① 谢立黎，汪斌. 积极老龄化视野下中国老年人社会参与模式及影响因素［J］. 人口研究，2019（03）：17－30.

② 杨茜. 中国老年人口健康和社会参与的相关关系研究［D］. 西南财经大学，2020.

综上所述，老年人社会参与是指老年人在社会互动过程中，通过社会劳动或者社会活动的形式，实现自身价值的一种行为模式，具体应该包括人际交往、参与经济活动、参与闲暇活动和社会互动等多种形式的活动①。

二、老年人社会参与的前提条件

（一）经济基础

经济基础是老年人社会参与的物质前提条件，决定了老人社会参与的可能性，牵制着老年人社会参与的机会行业，决定着老年人社会参与的深度与广度。一个国家发展水平越低，经济基础越欠缺，导致可以分给社会成员的社会资源就越少，人和人之间、跨代中间在资源问题上的矛盾就会越猛烈，这时候，老人理所应当地被规定“交出网络资源、空出位置、放弃机遇”，为年轻人让道，这样的情况下，老年人社会参与的可能性就十分之小或几乎为零②。

（二）老年资源

社会参与作为“充分运用宝贵才能和经验”“参与社会和发展”的社会活动，在老年个体则是“有条件介入”，无论是安南报告和《政治宣言》在论及老年社会参与时均首先肯定，由于“现代生活拥有前所未有的财富和技术能力”，“许多人受过良好的教育、寿命延长，而且能较长时间保持健康，现在的老年人能够对社会作出比以往更大的贡献”。拥有健康是老年社会参与的基本前提。需要特别说明的是，这里所说的健康与世界卫生组织确立的“健康三要素”概念所强调的侧重点有所不同，其着力之处在于：①无疾患或虽有疾患但仍然保持良好的体能；②受过良好的教育，有着丰富的经验和技能；③社会适应良好，“终身继续学习”，这三者是在老年社会参与问题上老年资源健康的核心。

（三）参与空间

对于社会参与不能作延迟退休、重新工作、再就业等狭义理解，社会参与包括就业，但就业仅仅是社会参与的一种形式，绝非全部。社会参与的指向是社会，所强调的是“老年人能够按照自己的需要、愿望和能力参与社会”，每位老年人在自己的需要、愿望和能力的指引下所参与的可能是正规的工作岗位，也可能是非正规的工作岗位；从事的可能是有报酬的工作，也可能是无报酬的工作，还可能是参与民间社团、老年协会、私营机构、老年大学、学术团体、文体团体、志愿者，甚至宗教团体的活动等，因

① 傅昌．中国老年人社会参与和健康的相关性研究［D］．武汉大学，2018.

② 刘颂．积极老龄化框架下老年社会参与的难点及对策［J］．南京人口管理干部学院学报，2006（04）：5－9.

此，《政治宣言》中说“除了政府提供的服务之外，家庭、志愿者、社区老年人组织，以及以社区为基础的组织等都扮演着重要角色”。这个特点要求社会必须是一个全方位的开放型社会，能够提供足以满足老年人参与需求的社会领域和活动项目，在这个前提下，老年社会参与才可能从口号走向现实。

三、老年人社会参与的形式

（一）经济参与

经济参与，是指老年人的经济活动参与，老年人以各种形式从事生产活动并获得相应收入和酬劳①。其中的活动包括老年人退休后的正式再就业，老年人各种形式灵活的非正规就业，如医生、老师、专家等这些技术型人才在退休后被返聘，在农村地区身体条件允许的老年人也大多在继续从事农、林、牧、渔等生产活动。在人口老龄化持续加深的背景下，劳动年龄人口数量和比重下行压力明显，开发老年人力资源，提高老年人口经济参与，成为纾解劳动力资源收紧压力的重要途径。

（二）政治参与

老年人政治参与是老年人通过各种方式参加政治活动，试图影响和推动公共决策和执行过程的活动②。政治活动多指老年人参加选举投票，是义务性的；只有社会参与是老年人出于自身喜好和意愿，利用闲暇时间作出对社会有贡献的参与行为。

（三）志愿服务

志愿服务是指人们利用自己的时间、技能、资源以及善心为邻居、社区和社会提供非营利的、非职业化的帮助和支援行为。在志愿者中，老年人是一支不可忽视的队伍，他们通常具有熟练的技术、丰富的资源和充足的闲暇时间，也普遍愿意参与志愿服务，因此，他们在各类志愿服务活动中可以发挥出广泛而重要的作用③。近年来，在我国人口老龄化持续加剧和社会志愿服务蓬勃发展的背景下，老年人凭借其在经验、资源、闲暇等各方面的优势参与志愿服务的能力和意愿均有显著提高，并日渐成为一支潜在的志愿服务主力军。在环保活动、志愿维护交通治安等志愿者活动领域也出现了更多老年人的身影。老年人参与社会公益活动在一定程度上可以实现社会资源的合理配置，有益于健康老龄化，是利国利民的好事。

---

① 李翌萱．积极老龄化视域下中国老年人经济活动参与研究［J］．兰州学刊，2016（05）：156－163.

② 王浦劬．政治学基础（第2版）［M］．北京：北京大学出版社，1995：207.

③ 梅陈玉婵，等．老有所为在全球的发展——实证、实践与实策［M］．北京：北京大学出版社，2012.

（四）社会文化活动

随着老年人口的增加、社会经济水平的发展，老年人对于文化生活的需求更加强烈。老年人的前半生都是在紧张和忙碌的工作中度过的，在结束工作之后，老年人应该利用更多的闲暇时间来发展自己的兴趣爱好，多参与文化娱乐活动。“老有所乐”的重要实现途径就是参与文化娱乐活动。

（五）老年教育与培训

1965 年，保罗朗格朗提出“终身教育”概念。伴随着民众对终身教育的普遍接受，1973 年，法国学者皮埃尔·维勒斯首次提出“第三年龄大学”的设想，并建立图卢兹第三年龄大学，老年教育这一概念应运而生。我国的老年教育步入正轨是在 1996 年 8 月，《中华人民共和国老年人权益保障法》规定“老年人有继续受教育的权利”。老年教育是指以退休期的老年人口为教育对象，以满足老年人求知、进取、康乐、有为的需求为教育目的，增进老年人社会参与，实现老年价值，提高生活质量与生命质量的教育过程①。

第二节　中国老年社会参与的现状

一、中国老年社会参与的发展进程

中国关于支持老年人社会参与政策大体可以分为以下几个阶段：

第一阶段，社会参与对象仅限于党内的老干部以及专业技术人才。我国最早关于老年人社会参与的文件可追溯到 1958 年中央颁布《关于安排一部分老干部担任某种荣誉职务的决定》，但该决定涉及的老年人群仅为部分老干部，其他老年人群的社会参与问题并未得到关注。1986 年颁布的《支持离退休专业技术人员继续发挥作用》将老年社会参与的对象扩大到专业技术性型人才，使掌握专业技术这一部分老年人能够更好发挥才干传承经验。

第二阶段，成立专门组织机构，关注老年人社会参与。最早有关老年人社会参与的研究是 1992 年中国老龄科学研究中心开展的有关老年人供养体系的调查，该项调查覆盖了我国 12 个省市以及自治区，对各地老年活动场所拥有状况、老年人参加各种老年活动状况进行研究。

第三阶段，全面促进老年人社会参与，建立老年社会参与支撑体系。2006 年，中

① 施祖美. 老年教育策论［M］. 北京：社会科学文献出版社，2011：11.

国老龄事业发展白皮书中用“社会参与”一词表达了老有所为的概念，即“中国重视老年人的知识、经验和技能，尊重他们的专长和生产力，并鼓励和支持他们继续参与帮助社会发展”①。2016 年，《国家老龄事业发展“十三五”规划》（2016—2020 年）提出，要促进老年人积极参与社会建设，提高老年人社会参与度。具体政策包括鼓励老年人参加志愿者服务、开展老年人技能培训和职业再就业，鼓励企事业单位提供适龄老年人就业岗位。2020 年，《关于推进老年人全面参与农村振兴的指导意见》发布，该指导意见提出，要发挥老年人的智力、经验和力量，推动老年人参与农村振兴。2021 年 12 月颁布的“十四五”养老体系规划进一步倡导全社会树立积极老龄观念，支持老年人参与社会各项活动，引导各级搭建老年人社会参与平台，丰富老年人晚年生活。

二、中国老年人的社会参与实践

（一）经济参与

1. 再就业

就业是老年人经济活动参与中的重要部分，同时也是解决老龄化问题的有效方法之一。我国已进入老龄化社会，并即将迈入深度老龄化社会。劳动力供给不足越发明显，公开数据显示，“到 2030 年以后，劳动年龄人口会出现大幅下降的过程，平均以每年 760 万人的速度减少”②。2019 年，中共中央、国务院印发的《国家积极应对人口老龄化中长期规划》强调，要推进对人力资源的开发利用，实现更高质量和更加充分就业，确保积极应对人口老龄化的人力资源总量足、素质高。对于老年人自身而言，参与就业首先可以增加经济收入。经济收入作为参与就业最直接的收益，可以有效提升老年人的生活质量。对于社会而言，提高老年人口的就业水平可以在一定程度上缓解老龄化带来的劳动力短缺现象，并为社会减少经济压力；同时，老年人可以将自身积累的工作经验和技能传递给年轻人，从而促进社会生产力的转化。实施积极应对人口老龄化国家战略，要求我们倡导终身发展理念，支持老年人力所能及发光发热、老有所为，积极参与经济社会活动。

2. 延迟退休

随着人口老龄化程度的进一步提高，必须全面启动提高法定的退休年龄工作，以便缓解未来劳动力不足、养老金入不敷出的压力，提高经济人口总量，为经济发展提供必要的人口资源，同时，还可以减轻国家财政、社会负担。延迟退休是中国鼓励老有所为的重要途径之一，中国自 2004 年开始讨论延迟退休问题。2015 年的《中华人民共和国

① 中国人大网．中国老龄事业发展白皮书［A/OL］．（2006－12－12）［2011－09－16］．

② 人力资源和社会保障部．2016 年二季度新闻发布会答问实录。

国民经济和社会发展第十三个五年规划纲要》提出“实施渐进式延迟退休年龄政策”；2021年的《中华人民共和国国民经济和社会发展第十四个五年规划和2035年远景目标纲要》提出按照“小步调整、弹性实施、分类推进、统筹兼顾”等原则，逐步延迟法定退休年龄。

3. 储蓄投资

老年人已经成为个人投资者中一个重要的群体。据研究机构统计，部分商业银行的理财投资者群体中老年人占比已突破30%，在一些城市商业银行里，来咨询的理财投资信息的老年人越来越多。与年轻人追求高收益、高风险等理财目标不同，老年人主要追求资金的稳定和财富的保值增值，控制风险是第一位的，因此，老年人一般偏好存款和国债，但是这类养老产品的流动性比较差。此外，不少老年人还热衷于银行理财产品。理财产品相对更加灵活，收益更高，风险相对较低，老年人可以选择低风险的养老理财产品。目前，银行发行的养老理财产品更灵活，多数投资于债券和货币市场等低风险资产，符合养老产品“安全”的概念，预期收益率也比普通债券类理财产品更有吸引力。

（二）社会文化活动

从参与社会文化活动来看，我国老年人的社会参与主要涉及健身、知识、娱乐、兴趣、公益活动五个方面，老年人的社会活动参与明显表现出自我性、差异性和参与度低三个特点，并且表现出极强的“政府依赖”情结，对由政府、街道、社区和一些合法的组织、机构开展的活动更有参与的热情和积极性。其中，城市老年人活动的一般是在社区的老年活动室、公园等进行的聊天、唱歌、跳舞和下棋等室外活动。而农村老年人活动以室内为主，如看电视、在家听歌、上网与不住一起的亲戚聚会等①，一部分老年知识分子通过“银龄行动”和“奥运活动”参与社会文化活动。

（三）志愿服务

从社会公益活动、志愿者活动的参与情况来看，我国老年志愿者活动尚未形成广泛的老年市民活动，其主体构成还停留在“老年精英”层面的现状。文化程度、收入状况、年龄层次和社会贡献意识是城市老年人参与志愿服务等社会公益活动的主要影响因素，文化程度越高、经济状况越好、年龄越轻的男性老年人参与社会公益活动的比例更高②；实现自我价值、实现角色转变、建立人际网络和履行社会责任是我国老年人参加志愿活动的主要动机，精神心理的满足则是老年人参与志愿者活动的最主要目的。随着今后我国志愿者活动的不断完善，只要政府或民间组织为老年人提供机会，老年人志愿

① 王莉莉．中国老年人社会参与的理论、实证与政策研究综述［J］．人口与发展，2011，17（03）：35－43.

② 陈茗，林志婉．浅析厦门市老年人参与志愿者活动的现状及其意愿［J］．西北人口，2002（03）：60－62.

者活动将会逐渐被更多的人所熟悉和理解①。

（四）网络参与

从社会参与的新方式来看，互联网技术的快速发展和数字化时代的到来极大地改变了人们的生活方式，社会参与的内容和形式也得到了进一步拓展，线上社会参与亦成为老年人的日常活动内容的一部分。越来越多的老年人开始使用智能手机、社交媒体和在线社区与他人进行交流和分享。一方面，互联网使老年人能够方便地获取各种信息和知识，包括新闻、健康信息、养老知识、文化艺术等。老年人可以通过在线学习平台学习新技能、参加网上课程，丰富自己的知识储备，保持学习的兴趣和能力。另一方面，互联网使用有助于老年期的角色和参与，重新拓展和维系了现有的社会网络和社会关系，有效避免了因角色中断而导致的价值失落，从而有利于老年人认识更多朋友，参与更多社交活动，可拓展其社交范围，减轻抑郁、孤独等不良情绪，提高其主观幸福感。再一方面，电子商务的兴起使得老年人能够在家中便捷地购买各种商品和服务，满足日常生活需求。老年人可以通过在线平台订购生活用品、食品、药品等，并享受到快递服务的便利。此外，互联网还提供了各种便民服务，如在线银行、在线医疗咨询等，方便老年人处理各种事务。以利于成功老龄化的实现。这种数字化社交方式为老年人提供了更多与他人连接的途径，缩小了代沟并扩大了社会参与的范围。

（五）老年教育与培训

从参与的学习教育活动来看，随着人口老龄化的加剧，老年教育逐渐成为社会关注的焦点之一。政府和社会各界都开始意识到老年人终身学习的重要性，并为他们提供更多学习机会和资源。中国老年教育主要包括老年大学、社区学习中心、在线学习资源、专业培训机构。老年教育的对象一般分为两种，一种是年龄为 60 岁及以上者，另一种是指退休者。从老年大学的课程设置看，主要集中在康乐和实用类课程，并非所有老年人都需要来老年大学满足自己的学习需求，其休闲娱乐和大部分基础学习需求是可以在社区教育中获得。社区老年教育主要通过开展学习班、活动日、文艺演出、培训课程等多种形式，主要涉及健康、心理、兴趣爱好、法律、金融理财等方面的知识。目前，我国大部分社区的老年文化教育发展还比较薄弱，大多数老年选择附近的公园和广场，而不是社区内设置的老年活动中心或读书室。从社会角度看，老年教育是社会开发利用老年人力资源、支持老年人继续参与社会发展的有效手段。从人的发展看，参与教育活动可以满足老年人现实的学习需求以及由此带来的精神上的满足。

---

① 小川全夫，桂世勋，陈晓娴．关于终身参与社会意识的中日比较研究——日本山口县与中国上海市嘉定区的调查数据分析［J］．华东师范大学学报（哲学社会科学版），2006（05）：15－19．

三、制约老年人社会参与的因素

（一）文化困境因素

1. 受传统思想的束缚

与家庭相关落后的观点是受中国古代儒家传统文化的影响，传统“尊老爱幼”的家庭赡养模式，要求人进入老年时期，子女就应照顾父母不应该让父母继续工作，而该在家里安享晚年。对于经历传统社会的老年人而言，家本位意识不会短时间消失，而是长期固存。因此，这种“重家庭、轻社会”的观念极有可能转移老年人对社会生活的注意力，削弱其社会活动的参与积极性，最终降低老年人的社区参与水平。

2. 社会固有偏见的制约

即与社会相关错误的观点，一是认为老年人的劳动生产率低下，二是认为老年人会占有年轻人的就业岗位。随着时代的进步，老年人的社会地位逐渐降低，并对老年人参与社会产生了误解和偏见。研究表明老年人仍然有较强的工作能力，熟练掌握工作技能。老年人所从事的行业多为年轻人不愿意进入的行业，如家政服务，保安等工作，由于老年人与年轻人受教育程度的差距，随着时代进步产生的技能方面的差距，老年人参与社会并不会加大年轻人的就业压力，这两个群体所适合的岗位不会有过大的冲突。

（二）获取渠道因素

随着信息技术的发展，各种新媒体平台的出现改变了传统的信息传播方式，带来数字机遇和数字红利的同时也带来了新的难题——老年数字鸿沟。传统招聘信息一般通过各地人才市场，现在的招聘信息多上传在互联网各种平台，而对于不会使用网络的中老年群体将会错失许多参与社会的机会。一是由于大量老年群体往往收入较低，数字设备和网络的拥有制约其接入互联网[①]。二是互联网的使用需要一定的数字素养，对于受教育水平较低、互联网使用技能缺乏的老年群体而言，互联网较高的使用门槛导致其在接入互联网的过程中自我效能感低下，产生比较强烈的抗拒感、无力感和焦虑感，进而对数字技术疏离与抵触[②]。

（三）制度因素

我国关于老年人社会参与和管理的法律还没有形成，导致老年人社会参与和管理的路径还处在探索阶段，主要表现在以下几个方面：

---

① 彭青云．城市老年人互联网接入障碍影响因素研究［J］．人口与经济，2018（05）：74－82.

② 许肇然，胡安安，黄丽华．国内外老年人互联网使用行为研究述评［J］．图书情报工作，2017，61（20）：140－148.

1. 老年人政策滞后和限制性

针对老年人的政策具有很大的滞后性和限制性，缺乏统一性，相应的体系还不够完善，老年人社会参与和管理呈现局部、分散、不固定、自发的状态，老年人人力资源没有合理利用。

2. 相关权益制度的缺失

导致老年人在就业时受到较大的歧视，相关权益得不到保障，工资待遇低，在就业中缺少保护自己权益的意识。由于相关法律法规的缺位，进入劳动力市场的老年人在获得劳务报酬、工伤赔偿等方面缺乏保障，老年人权益受损的风险较大。再就业老年人与用人单位之间的关系没有明确的法律规定，按照现在的司法解释，二者之间的关系被界定为劳务关系而非劳动关系。无法建立正式的劳动关系，意味着老年人在获得劳务报酬、工伤赔偿等方面的权益无法明确，增加了老年人和用工单位双方的风险。

虽然我国的《老年人权益保障法》明确规定老年人“有参与社会发展和共享发展成果的权利”，且“国家为老年人发展创造条件”，鼓励老年人在自愿和量力的情况下从事文化教育、科学技术、生产经营和社会公益等方面的活动，但始终以鼓励和倡导为主，缺乏真正能够落地的可操作性措施。

（四）社区因素

1. 社区组织能力

社区举办活动的频率偏低，而且活动更适用于年轻人，没有充分考虑到老年人的兴趣爱好，因此老年人参与活动的频率也较低。根据部分老年人访谈所知，在组织活动的前期，社区也不会对老年人所需要参加的活动进行调研，并没有真正了解老年人的参与需求，也没有给老年人提供适合他们参与的活动。

2. 社区环境

（1）社区文化环境。老年人参与社区活动一般是通过社区宣传参与社区的活动，假如一个社区的氛围和谐，风气良好，就越能引导老年人参与社区内的活动。根据实地调研，大多数社区没有为老年人创造良好的参与活动氛围，由于社区都是一家一户各自封闭居住，不像农村一样各家各户的联系更紧密，因此就没有足够浓厚的社会参与氛围。没有积极良好的社区风气和氛围引导老年人参与社区活动，也是其参与水平较低的原因。

（2）社区活动环境。老年人存在参与活动场所缺失的问题，老年人活动室被他人侵占，用作其他用途，社区内老年人健身器材比较陈旧，容易引发一些安全隐患。社区的互助场所、医疗保健场所没有达到老年人参与活动的标准。社区条件不完善，能为老年人提供的设施较少，体育健身、医疗康复、老年教育相关的机构设施较少，老年人宣传教育活动的场所也较为简陋，使得老年人参与活动的积极性不高。社区资源匮乏，老年人缺乏参与社区活动的保障。只有具备了老年人社会参与的基本条件，老年人才会放心地参与活动。还有部分社区活动场所甚至存在收费的情况，老年人在社区的场地参与活动需要按照小时来计费，这让大部分退出就业市场的老年人望而却步，虽然价格可以接受，但是老年人勤俭节约的消费观念让他们放弃参与社区的活动。

（五）自身特征因素

1. 年龄

年龄对老年人经济参与、政治参与、物质文化与精神文化生活参与中从事有收入的工作、从事投资理财活动、参与社区选举、参与下一代家庭事务，参与老年教育活动等活动均有显著的影响。年龄升高对上述活动均有负面的影响，只有文化娱乐活动和体育活动不受年龄的影响。也就是说，随着年龄的增长，老年人大部分的社会参与行为进行的频率将会越来越少，这与老年脱离理论的一部分结论一致，E. 库明和 W. E. 亨利（1961）认为，伴随着衰老，社会和个人之间的往来关系减少，但是这种脱离并没有显示出强烈的不可避免性，例如，年龄的升高对老年人参与文化娱乐活动、体育活动及公益活动都没有显著性影响。

2. 性别

性别对老年人在经济参与、物质文化与精神文化生活参与中从事有收入的工作、从事体育活动、参与老年教育活动有显著性影响。女性老年人从事有收入工作的概率要低于男性，但是从事体育活动、参与老年教育活动的概率要高于男性。男性老年人参与有收入的工作的概率比起女性来说仍然很大，但是并不能表明男性在就业市场上更受欢迎，因为双方的分工也是无法测量的变量。由于男性更多地参与工作，空闲时间相较女性较少，所以其参与老年体育和老年教育的概率也会弱于女性。其实，女性广泛地参与体育运动已经是这些年我们能明显感觉到的趋势，越来越多的中老年女性走上街头，参与广场舞、太极操、踢毽子等体育活动，而老年大学的教室里，女性的身影也在增多。

（六）文化、社会资本因素

1. 受教育程度

受教育程度是影响老年人社会参与程度的十分重要的因素，随着受教育程度的提高，老年人在医疗、专业知识等领域的文化储备明显增多，在选择参与哪些社会活动时，可供选择的活动类型也会明显增多①。购买商业医疗保险、拥有退休金的概率也增大，个人金融资产和家户收入也越多，其心理健康程度和日常生活自理能力随着受教育程度的提高而更趋向健康的方向。因此，较高水平的教育可以帮助其增加人力资本或者获得发展的机会，提高其社会地位和经济状况，也会获得更多的健康知识或更多疾病识

① 郇宜飞．积极老龄化视角下老年人社会参与现状及影响因素研究［J］．农村经济与科技．2021，32（13）：292－294.

别治疗的机会，进而拥有更好的健康状态。受教育程度提高，老年人会有更好的人力资本，会更加积极地、多样化地安排老年生活。

2. 经济状况

经济状况的提高对老年人参与投资理财活动、参与下一代家庭事务及参与老年教育活动存在一定的负向影响，但这种影响并非适用于所有的经济等级。在一定程度上，除经济状况最好的老年人之外，随着经济状况的下降，老年人更倾向于介入下一代的家庭事务；相比于经济状况比较困难的老人，感觉自己经济情况非常困难的老人则更倾向于去从事投资理财活动及老年教育活动。父代经济状况较差的条件下，更利于子代父代财务共享、家务互助与情感交流的交换机制的存在：经济状况较差的老年人将会抽出更多的时间与子女产生交集，帮子女照看家庭、做家务、干农活、照看孙子孙女。

3. 职业状况

即曾经的职业状况的影响。曾经职位较高的老年人，其拥有的文化程度也相对较高，往往具有良好的素养和领导能力，在维护自身利益方面具有较强的主动性。在城市社区中，职业素养较高的退休干部参与社区活动的次数比较多，也正是因为他们对社区事务较为了解，并且加上老干部的领导能力强，不仅他们自己主动参与社区活动，还能够充分组织社区其他居民参与社区活动。而对于一些曾经职业状况较差，社会地位不高的老年人而言，他们往往缺乏参与社区事务的意识和主动性，如果没有其他老年人或者社区工作人员的鼓励或者带动，他们往往缺乏社区参与行为。

四、推进老年人社会参与的策略

（一）政府层面策略

1. 完善法律保障，逐步建立法律法规体系，出台相关政策

政府部门应该健全完善保障老年人社会参与的相关法律法规，保障老年人劳动就业权益和创业权益。加强劳动用工管理，督促用人单位与老年人签订书面协议，依法保障老年人在生产劳动过程中的合法收入、安全和健康。应该根据不同群体的老年人制定针对性政策，应当重点帮扶农村老年人群体和特殊困难老年群体。保障老年人社会参与的权益，消除老年人社会参与的后顾之忧。政策还应该支持退休后有专业技能的和还有能力继续工作的老年人延迟退休年龄。

2. 发展老年教育，在教育、思想上提供支持

加快发展城乡社区老年教育，支持各类有条件的学校举办老年大学（学校）、参与老年教育。鼓励养教结合创新实践，支持社区养老服务机构建设学习点。发挥社区教育办学网络的作用，办好家门口的老年教育。依托国家开放大学筹建国家老年大学，搭建全国老年教育资源共享和公共服务平台。推动各地开放大学举办“老年开放大学”，鼓

励老年教育机构开展在线老年教育。创新机制，推动部门、行业企业、高校举办的老年大学面向社会开放办学。

3．宣传积极老龄化，创造参与环境

加强宣传“健康的老龄化”和“积极老龄化”的概念，让社会各界意识到老龄化带来的影响，意识到老年人在社会发展中的重要地位。鼓励老年人积极参加社会活动，为老年人的社会参与创造优良宽松的社会舆论环境。

4．发挥老年人的主体性作用，搭建老年人力资源社会参与平台

公共就业和人才服务机构应加强对老年人才的求职登记、职业介绍、创业指导服务，建立老年人才信息库，开展老年人才交流招聘活动，为有劳动能力和再就业意愿的老年人参与职业技能培训提供便利。鼓励符合条件的老年人参加专业技术人员职业资格考试和职业技能鉴定。按照单位按需聘请、个人自愿劳动原则，鼓励专业技术人才合理延长工作年限。建设高层次老年人才智库，在调查研究、咨询建言等方面发挥作用。

发展老年志愿服务。在全社会倡导积极老龄观，引导老年人根据自身情况，积极参与家庭、社区和社会发展。深入开展“银龄行动”，引导老年人积极参与基层民主监督、社会治安、公益慈善、移风易俗、民事调解、文教卫生、全民健身等工作。对老有所为贡献突出的老年人按规定给予表彰奖励。

（二）社区层面策略

1．加强社会环境建设

社区是老年人社会参与的重要平台，要积极推进社区的建设。首先，要加强社区内的基础设施建设，为老年人提供合适的场所。如在社区内建立老年活动室，设置健身器材，桌椅和阅读室等娱乐设施。还要定期对设施进行检查维护，以免设施老化故障伤到老年人。其次，社区可以作为养老的平台，为失能老年人提供生活照料服务，还能为一些退休后想要再就业的老人提供就业机会。满足了老年人的基本需求后，才会有更多的老年人参与到社区活动中。

2．加强社区组织能力建设

社区社团需要加强组织建设，增强社区社团能力，创建高素质人员队伍，建立多渠道资金来源，因地制宜地开展社区互动项目。社区需要认真了解老人的需求，认真根据不同老人的兴趣爱好，可以定期开展一些读书、唱歌、书法等活动。

要解决老年人社会参与问题，还需要专业社会工作者的介入，而社会工作对老年人社会参与的介入主要是老年社区工作的介入。社会工作者可以让老人使用社区内的设施和跟老年人社会参与相关的政策等，引导老年人利用资源。社会工作者应该加强对老年人的教育和宣传，树立积极的老年人形象，加强老年人被尊重和有能力参与的感受，使老年人充分认识到通过社会参与可以收获快乐和健康，一步步地引导老年人参与，逐步提高其社会参与度。

第三节　国外促进老年人社会参与的实践

随着人口老龄化现象的普遍发展，越来越多的国家和社区开始重视老年人的需求和贡献。许多国家制定了各种政策和措施，通过鼓励发展老年教育、鼓励老年人积极参与志愿服务、鼓励老年人参与决策等提供支持、创造机会和倾听他们的声音，以促进老年人的社会参与和融入。越来越多的国家意识到老年人是社会的重要资源，他们的参与和贡献对社会发展至关重要。

一、日本促进老年人社会参与的实践

为应对人口老龄化挑战，扩大老年人的社会参与，日本政府通过制定一系列政策措施鼓励和支持老年人利用自身的经验和知识，参加符合自己情况的生产性、创造性活动，以提升老年期人生价值。日本有效激发了老年人的工作激情和活力，释放了长寿红利，对于推动日本社会经济的发展作出了积极贡献，为应对人口老龄化提供了可行性方案。

（一）日本的老年教育

日本老年人的社会参与一般分为就业活动和非就业活动，对那些因经济问题而参与社会的老年人，主要是增加其就业机会；而对那些希望保持健康及发挥自我价值的老年人，主要是增加其社会参与机会。根据2017年修改的《社会教育法》，社区和学校协同合作，利用老年人的知识和经验，开展“社区学校协同活动”；为了使更多的老年人参与社会，对公共设施进行无障碍化改造；每年举办“老龄社会论坛”，积极向社会宣传和介绍老年人参加社会活动的情况及老年团体开展活动的情况；政府通过“老龄社会论坛”平台，表扬先进个人和老年团体，向社会宣传老年人社会参与情况。日本政府政策中贯穿的积极老龄化理念，以及将老年人从以往的“需要保护及抚养对象”转变为“社会参与主体”的做法，对于我国制定老年人社会参与政策具有重要借鉴意义①。

（二）日本的再就业与延迟退休

为积极应对人口老龄化，1986年，日本制定了《老年人就业稳定法》，鼓励企业采取60岁退休制度；2004年，日本重新修改《老年人就业稳定法》，规定企业要分阶段提高退休年龄至65岁。2021年4月，实行《改正高年龄者雇佣安定法》，将退休年龄提高至70岁。为了使老年人充分参与社会活动，日本政府对《老年人雇佣稳定法》进行了修改，并

① 田香兰. 日本老年人社会参与现状及对策研究［J］. 黑龙江社会科学，2020（01）：86－90＋160.

制定了“老年人雇佣确保措施”。企业可以废除退休制度，也可以采取继续雇佣制度或延长退休年龄制度。对于尚未采取上述措施的企业，由公共职业稳定所提供咨询和指导。对于国家公务员，根据现行国家公务员制度，采取再聘制度，阶段性延长退休年龄到65岁。为了帮助劳动者在职业生涯中继续发挥能力，政府支持企业对劳动者开展阶段性、系统性职业能力培训，普及和促进带薪教育培训制度，同时也支持劳动者自我能力开发，以此提高生产效率。从就业形势来看，大多数企业采用“继续雇佣制度”，即老年人可以在原来的企业以委托制、合同制、临时制等形式继续工作，雇佣合同以一年为单位，可以续签。

二、美国促进老年人社会参与的实践

（一）美国的老年教育

为了促进老年人的社会参与，美国老年教育的功能早就从“福利救济”转向了“赋权增能”，将老年教育视为塑造与强化老年人主体性的社会活动①。

20世纪60—70年代，老龄化组织的政策倡议开始在国会获得支持，教育也被视为改善老龄化问题的一条有效途径。在这期间，美国陆续出台了《成人教育法》（1964）、《高等教育法》（1965）、《美国老人法》（1965）、《职业教育法》（1968）等一系列法案，这些法案都明确要求为老年人提供教育和学习活动，帮助他们应对老年期所遭遇的问题。但这一时期的老年教育是以“社会服务”为导向的，主要集中在休闲与娱乐方面，提供知识和技能的目的也只是为了帮助老年人顺应角色的转变②。1971年是美国老年教育的重要转折点。麦克拉斯基（Maclusky）在第二届美国白宫老龄问题会议上提出，教育是包括老年人在内的所有人都应该享有的权利，是帮助老年人自我实现并促进他们参与社会治理的有效手段③。20世纪70年代，由于美国政府的资助和授权，老年中心也在各个社区不断涌现，为老年人提供了便捷的教育与服务，极大地促进了他们的社会参与。进入20世纪80年代以后，美国老年教育的扩展越来越多地受到公共和私人组织的影响，私有化倾向愈加明显；针对老年学习者的项目也更加强调领导能力和决策能力的培养，重视成员领导与成员管理④。

美国通过制定较为完备的老年教育政策，保障了老年人的受教育权，提高了老年人的社会参与力。美国推进老年教育的策略有以下几方面：第一，通过立法保障老年人的

---

① 许瑞媛，马丽华．赋权增能：美国老年教育促进老年人社会参与的策略探究［J］．职教论坛，2021，37（08）：137－146.

② FINDSEN，B. & FORMOSA，M. Lifelong Learning in Later Life：A Handbook on Older Adult Learning［M］. Sense Publishers，Rotterdam，2012：57－58.

③ 岳瑛．教育学视阈中的老年教育［M］．武汉：湖北科学技术出版社，2012：113.

④ MANHEIMER，R. J. The Promise and Politics of Older Adult Education［J］. Research on Aging，1998，20（04）：391－414.

受教育权。美国直接以老年人为对象制定了一系列相关的法律政策，如《美国老人法》(1965)、《老年人教育法》（2000）等。第二，关注老年弱势群体的教育公平问题。例如，《第六届白宫老龄会议的政策报告》（2015）就强调了要关注土著部落老年居民的学习与教育需求，加强对农村老年人的信息素养教育等①。第三，重视老年人力资源的开发。美国希望通过老年教育进一步开发老年人力资源，以发挥他们的经验、知识、技能和社会资本去增进社区或社会福祉，促进老龄化社会的治理。第四，完善老年教育的机制。其中包括成员管理的老年教育创新、线上线下相结合的老年教育模式、场所和方式多样化的老年教育、与社区服务相结合的老年教育项目。

美国 20 世纪 70 年代之后的各项教育举措其实都体现了一个共同的目标，即开发老年人潜能，促进他们的社会参与，以建立一个更公平的“民有、民享、民治”的社会。美国通过老年教育对他们赋权增能，将老年人纳入教育管理与决策的过程中，在实践中发展老年人的主体性，从而促进他们更广泛的社会参与。

（二）美国的延迟退休政策

美国对于退休年龄的调整措施最早是在 1978 年，美国总统卡特签署了一项法律规定，禁止对私营企业部门 70 岁以下的职工实施强制性退休。1983 年，美国对《社会保障法案》重新进行了修订，提出要实行弹性退休制度。目前美国的退休制度规定为：退休年龄一般集中在 62—70 岁，62 岁为领取退休金的最早年龄，但是只能领取 70%—75% 的公共养老金，越推迟退休领到的养老金越多，这样一来，就能起到鼓励晚退休的作用。与此同时，美国还通过退休返聘政策来吸引退休老人继续工作，老人可以回到原岗位，也可以重新选择新行业。达到退休年龄又接受返聘的老人不仅可以获得正常的养老金收入，还能获得相应的工资收入。考虑到老年人再就业技能的需要，美国政府有针对性地实施了技能培训和就业服务，以帮助其提高再就业技能②。

三、德国促进老年人社会参与的实践

（一）德国的老年教育

德国是欧洲老龄化程度最高的国家之一，老年人口给德国的劳动力市场、经济发展以及住房资源都带来了挑战。德国老年教育起步较晚，但发展较快，经历了起始和发展两个发展阶段，通过“大学向老年人开放”“高级专家服务”和代际项目来保障和支持老年教育顺利进行。

---

① 甘永涛. 从“消极福利”走向“积极教育”——美国老年教育政策的演变［J］. 继续教育研究，2020 (01)：73－77.

② Experience Workers. Senior Community Service Employment Program（SCSEP）［EB/OL］.［2020－07－15］.

1. 起始阶段（1950—1980 年）

1970 年，德国大学成人教育联邦工作组（AUE）成立，并首次提出了“大学向老年人开放”的理念。“大学向老年人开放”运动最初是指，在 AUE 的指导下，在职成年人到高校接受各类型的继续教育，随后才推广到老年群体①。1972 年，德国老年教育的纲领性文件《终身教育》的颁布，使德国老年人的受教育意识发生了转变，第一所老年学院也于此时在多特蒙德市以社会团体的名义成立。

2. 发展阶段（1980 年至今）

（1）“高级专家服务”项目。1983—1998 年，名为“高级专家服务”（Senior Expert Service，SES）的项目通过派遣德国高级专家到其他国家，提供他们在各个领域的专业知识和咨询服务，通过指导他人的专业性工作帮助老年人实现积极老化（Metzler，1998）。德国的“高级专家服务”项目让被委派出去的已退休老年人感受到自己仍然是被社会需要的，从而有效减少了他们在退休后的空虚感。这些退休的专家在外派过程中，可以在劳动强度相对较低的情况下，逐步适应老年期生活，调整心态，实现积极老化。

（2）代际项目。随着家庭矛盾逐渐激烈，由此引发的代际矛盾也引起了政府的重视，包括以家庭融合为主的祖孙辈代际项目，帮助老年人融入社会的异质年龄组代际项目，以及不以家庭为纽带而使祖孙辈共融的高级青年代际项目等相应增加。

德国代际项目主要有三种形式：一是祖孙辈项目，该项目的终点是生成家谱概念，促进祖孙辈之间的沟通融合；二是高级青年项目，主要指小学生、大学生、年轻的学徒或工作者与不存在亲缘关系的老人一起参与项目；三是异质年龄组代际项目，该项目将各个年龄阶层的人士聚集在一起，以讨论会形式进行相互交流②。

（二）德国的延迟退休政策

1996 年，联邦政府颁布《部分退休法》，将退休年龄推迟至 65 岁，目的在于缓和从工作到退休的过渡，并为特定时期内减少工作时间提供机会。2006 年，德国大联合政府内阁会议通过《德国退休体制改革决议》方案，规定从 2012 年到 2029 年，将德国法定退休年龄“以月为单位”由 65 岁逐年提高至 67 岁，同时出台相关文件，禁止企业在招聘过程中存在年龄歧视，保证老年劳动者享受免受解雇的优先权。2005 年，启动 50 岁以上再就业计划，在老年劳动力的健康、工作灵活性、工作能力等方面给予指导和援助。

思考与训练

1. 归纳总结老年人社会参与的前提条件与形式。
2. 结合长寿社会背景谈一谈老年人社会参与有哪些方面的价值。

---

① 俞可．论德国“大学向老年人开放”运动［J］．复旦教育论坛，2013，11（02）：18－24.

② 刘泽琳，孙立新．德国老年教育进展及其对我国的启示［J］．老龄科学研究，2019，7（11）：70－80.

3. 结合我国老年人社会参与的现状和制约因素，分析我国老年人社会参与的缺陷。
4. 借鉴国外的社会参与的实践谈一谈如何促进中国的老年社会参与实践。

扩展阅读

“长寿红利”这样挖掘

第七次全国人口普查最新数据显示，我国60岁及以上人口为2.64亿，占总人口的比重为18.70%，相比2010年第六次普查上升5.44个百分点。

通常提到“人口红利”，是指一个国家的劳动年龄人口占总人口比重较大，抚养率比较低，为经济发展创造了有利的人口条件。但这个概念很自然地将老年人口排除在外。事实上，深度老龄化社会，也潜藏着巨大的“长寿红利”。为此，本刊独家专访中国人民大学人口与发展研究中心、老年学研究所副教授谢立黎，探讨潜藏的巨大“长寿红利”该如何充分挖掘？

提高社会参与

《瞭望东方周刊》：当前，我国老年人社会参与的现状发生了哪些新变化？

谢立黎：过去发展老年人社会参与，主要受到老年人自身能力和外部资源的双重限制。进入长寿社会以来，我国老年人社会参与的内外部条件已经发生了很大变化。

首先，我国老年人社会参与的比例较过去有了一定程度的提高，根据中国人民大学老年学研究所设计，人大调查与数据中心实施的一项全国性调查项目“中国老年社会追踪调查（2018年）”的数据显示，老年人在劳动就业、志愿服务和非正式助人活动等领域的参与比例整体都呈现波动上升的趋势。

其次，最新人口普查结果显示，老年人的数量和占人口的比例进一步提高，这种转变将对当下以青年人为中心的文化提出挑战。但是，新的老年文化需要适应社会的发展变化，甚至推动社会创新，这就需要赋予老年人除伦理价值外更多的社会价值。这种转变需要老年人自身的参与，如参与终身学习，提高人力资本，不断提高适应社会发展的知识和技能；发挥老年人在文化传承和知识传授方面的优势，为年轻人树立榜样；参与社会志愿服务或者提供隔代照料，身体力行获得社会和家庭的尊重和认可。如此，不仅有利于消除“老年歧视”，还有助于重塑积极的老年文化。

总体来看，进入长寿社会以来，我国老年人社会参与的内外部条件已经发生了很大变化。社会参与相关政策的优化、社会保障制度的完善、无障碍环境的普及，无障碍使用支持在各种智能设备和网络平台的应用，使得老年人社会参与的生理性限制大幅度降低。加上新进入老年期的老年人参与意愿有所提高，文化水平、经济状况、健康状况和自理能力持续改善，为长寿社会下实现广泛的老年社会参与奠定了良好的基础。

《瞭望东方周刊》：充分挖掘“长寿红利”还面临哪些挑战？

谢立黎：世界范围内提高劳动力供给的经验大致可以总结为两点：一是提高生育率；二是延迟退休。过去我们在讨论老年社会参与的制约因素时，主要聚焦于个体因素，但随着老年健康的整体提高，制度性的因素逐渐成为阻碍老年人社会参与发展的主要原因。尤其是在深度老龄化社会下，若要进一步推进老年社会参与的发展，至少存在以下三方面的挑战。

第一，长久以来，我们的社会制度都是建立在“上学—工作—退休”这种“三段式”生命周期划分基础上，其实，60 岁也许正值壮年，70 岁还能开启一项新的爱好。如果仍然保持这种“三段式”，将限制人们更多元化的社会参与。我国现有的社会制度安排尽管已经开始调整，但还没有完全做好迎接深度老龄化社会的准备。以“三段式”生命周期为基础形成的现代教育制度主要是以学前教育，初等、中等和高等教育为主，老年教育的发展既无法与现有教育制度相融合，也尚未形成独立发展体系。

第二，时间是老年人参与社会活动的一种重要资源。进入老年期的个体虽然会脱离大部分职场上的角色，其往往会承担起更多家庭中的角色。例如，参与隔代照料可能会消耗很大一部分老年人的时间和精力。如果不尽快建立 0—3 岁托幼服务体系、完善家庭支持政策，很可能会与延迟退休等开发老年人力资源的政策产生冲突。

第三，老年人参与社会活动对组织的依赖性较强。目前，由于政策导向不明，管理部门权责不清，使得社会力量目前参与的积极性远远不够。现有的社区组织、公益机构大多将老年人视为服务对象而不是服务者，适合老年人参与的志愿服务项目非常有限。基层老年协会普遍存在机构设置不健全、建设任务不明确、组织领导不作为、活动经费不充分等问题。这也导致很大一部分老年人满腔热情却无处施展。

随着老年群体的队列更替，亟须重新审视我们看待老年人的视角和现有制度安排，构建一个更加包容、友好的“不分年龄、人人共享”的社会，做好迎接“长寿红利”的准备。

资料来源：“长寿红利”这样挖掘，瞭望东方周刊。

参考文献

［1］奥利维尔·聪茨．美国慈善史［M］．杨敏，译，上海：上海财经大学出版社，2016.

［2］白晶晶．我国企业年金制度实施研究［D］．郑州大学，2019.

［3］白书忠．“第三届健康产业论坛选粹”：中国健康管理现状分析［J］．中华医学信息导报，2006（12）：5.

［4］白玥．交往行动：社会组织参与社区养老服务的协同逻辑［J/OL］．兰州学刊：2023：1－15［2023－11－07］.

［5］卜振兴．发挥养老三支柱作用［J］．中国外汇，2022（14）：63－66.

［6］曹明睿．社会救助法律制度研究［D］．西南政法大学，2004.

［7］曹瑞阳．基于儒家思想的现代养老制度的发展和创新——评《至德要道：儒家孝悌文化》［J］．中国油脂，2021，46（06）：162.

［8］曹源．宋代养老思想及措施研究［D］．华中师范大学，2015.

［9］柴效武．养老保障与养老模式探寻［M］．杭州：浙江大学出版社，2018.

［10］陈东升．长寿时代的理论与对策［J］．管理世界，2020，36（04）：66－86.

［11］陈番，李伟长．临终关怀与安乐死曙光［M］．北京：中国工人出版社，2004：13－14.

［12］陈功．我国养老方式研究［M］．北京：北京大学出版社，2003.

［13］陈澔注、金晓东校点．礼记［M］．上海：上海古籍出版社，2016.

［14］陈景亮．中国机构养老服务发展历程［J］．中国老年学杂志，2014，34（13）：3804－3806.

［15］陈俊峰，王硕．城市“医养结合”型养老存在的问题及其解决途径——以合肥市为例［J］．城市问题，2016（06）：92－97.

［16］陈露晓，王兴佳．老年期生理、心理变化及应对［M］．北京：中国社会出版社，2014：3.

［17］陈茗，林志婉．浅析厦门市老年人参与志愿者活动的现状及其意愿［J］．西北人口，2002（03）：60－62.

［18］陈之楚．中国社会养老保障制度研究［D］．天津财经大学，2008.

［19］谌永毅，吴欣娟，李旭英，等．健康中国建设背景下安宁疗护事业的发展［J］．中国护理管理，2019，19（06）：801－806.

[20] 程欣．老年人生活照料研究综述 [J]．赤峰学院学报（汉文哲学社会科学版），2011，32（10）：117－119.

[21] 邓春容．英国社会保障制度 [M]．上海：上海人民出版社，2012.

[22] 邓大松，李玉娇．医养结合养老模式：制度理性、供需困境与模式创新 [J]．新疆师范大学学报（哲学社会科学版），2018，39（01）：107－114＋2.

[23] 邓大松，杨燕绥．社会保障概论 [M]．北京：高等教育出版社，2019.

[24] 邓大松．社会保险 [M]．北京：中国劳动社会保障出版社，2002.

[25]《当代中国》编委会．当代中国的民政（下）[M]．北京：当代中国出版社，1994：6.

[26] 邓微．积极引导公益慈善力量进入社区养老服务体系 [J]．湖湘论坛，2014（02）：100－105.

[27] 邓小平．邓小平年谱（1975—1997）[M]．北京：中央文献出版社，2003.

[28] 邓小平．邓小平文选（第3卷）[M]．北京：人民出版社，1993.

[29] 翟振武，李龙．老年标准和定义的再探讨 [J]．人口研究，2014，38（06）：57－63.

[30] 丁建定．社会福利思想 [M]．武汉：华中科技大学出版社，2022.

[31] 丁建定．居家养老服务：认识误区、理性原则及完善对策 [J]．中国人民大学学报，2013，27（02）：20－26.

[32] 丁志宏，王莉莉．我国社区居家养老服务均等化研究 [J]．人口学刊，2011（05）：83－88.

[33] 董红亚．中国政府养老服务发展历程及经验启示 [J]．人口与发展，2010，16（05）：83.

[34] 董克用．王燕．养老保险 [M]．北京：中国人民大学出版社，2000.

[35] 杜鹏，王永梅．中国老年临终关怀服务的实践与制度探索 [J]．中国特色社会主义研究，2015（05）：95－101.

[36] 恩格斯．反杜林论 [M] //马克思恩格斯选集（第三卷），中央编译局译．北京：人民出版社，1972：233.

[37] 范慧，彭华民．美好生活需要与社会福利制度创新论析 [J]．安徽大学学报（哲学社会科学版），2019，43（02）：126－134.

[38] 封进．社会保险经济学 [M]．北京：北京大学出版社，2019.

[39] 傅昌．中国老年人社会参与和健康的相关性研究 [D]．武汉大学，2018.

[40] 甘永涛．从“消极福利”走向“积极教育”——美国老年教育政策的演变 [J]．继续教育研究，2020（01）：73－77.

[41] 高冬梅．新中国成立初期中国共产党社会救助思想与实践研究（1949—1956）[M]．北京：人民出版社，2009.

［42］葛荣晋．儒学精蕴与现代文明［M］．北京：中国人民出版社，2014：84.

［43］顾大男．老年人年龄界定和重新界定的思考［J］．中国人口科学，2000，78（03）：42－51.

［44］郭丽君，鲍勇，黄春玉，等．中国养老服务医养结合模式的制度设计和政策建议［J］．中国老年学杂志，2018，38（11）：2794－2798.

［45］郭丽君．“医养结合”养老服务体系［M］．北京：科学出版社，2019.

［46］郭丽娜．有效需求理论演进及其发展研究［D］．辽宁大学，2011.

［47］郭忠华．比较视野下的“百年未有之大变局”——基于世界结构性原则的论述［J］．四川大学学报（哲学社会科学版），2021（04）：29－39.

［48］国务院发展研究中心社会发展研究部课题组．健康老龄化政策与产业双轮驱动［M］．北京：中国发展出版社，2022.

［49］哈瑞·穆迪，等．老龄化［M］．南京：江苏人民出版社，2018.

［50］韩俊强．农民工养老保险参保行为与城市融合［J］．中国人口·资源与环境，2017（02）：135—142.

［51］韩青松．老年社会参与的现状、问题及对策［J］．南京人口管理干部学院学报，2007（04）：41－44.

［52］胡国胜，董娟．论抗日战争时期陕甘宁边区政府的社会保障建设［J］．郑州航空工业管理学院学报（社会科学版），2009，28（01）：35－38.

［53］胡秀英，肖惠敏．老年护理学［M］．北京：人民卫生出版社，2022.

［54］郇宜飞．积极老龄化视角下老年人社会参与现状及影响因素研究［J］．农村经济与科技，2021，32（13）：292－294.

［55］黄必红．养老金制度［M］．北京：中国劳动社会保障出版社，2008.

［56］黄佳豪，孟昉．“医养结合”养老模式的必要性、困境与对策［J］．中国卫生政策研究，2014，7（06）：63－68.

［57］黄健元，贾林霞．家庭养老功能的变迁与新时代家庭养老功能的发挥［J］．中州学刊，2019（12）：83－88.

［58］姜春，刘辉．积极老龄化背景下机构养老服务质量研究的理论框架及其新维度［J］．宁夏社会科学，2023（02）：136－149.

［59］姜向群．老年社会保障制度——历史与变革［M］．北京：中国人民大学出版社，2005.

［60］劳伦斯·福利德曼，马克·麦加维．美国历史上的慈善组织、公益事业和公民性［M］．徐家良，卢永彬，等，译，上海：上海财经大学出版社，2016.

［61］李冬梅，许虹．医养结合养老服务机构运营管理实务［M］．北京：机械工业出版社，2019.

［62］李海峰，周青．“中国特色社会保障制度：回顾与前瞻”理论研讨会综述

[J]. 中国特色社会主义研究, 2013 (03): 111-112.

[63] 李锦全. 中国古代"孝"文化的两重性 [J]. 孔子研究, 2004 (04): 41-46+127.

[64] 李静毅. 中国民间公益事业发展与财税政策选择 [D]. 财政部财政科学研究所, 2013.

[65] 李丽容, 王净. 中国优秀传统孝文化视域下老年人精神赡养问题 [J]. 中国老年学杂志, 2022, 42 (05): 1262-1265.

[66] 李路路, 李汉林. 中国的单位组织——资源、权力与交换 [M]. 北京: 生活·读书·新知三联书店, 2019.

[67] 李闪闪. 德国养老保障制度研究 [D]. 华东师范大学, 2011.

[68] 李向军. 清代救灾的制度建设与社会效果 [J]. 历史研究, 1995 (05): 71-87.

[69] 李亚军. 印度非缴费型养老金制度发展评述 [J]. 南亚研究季刊, 2014 (01): 71-75+5.

[70] 李瑶. 我国企业年金发展的主要问题与对策研究 [D]. 兰州财经大学, 2019.

[71] 李义庭, 李伟, 刘芳, 等. 临终关怀学 [M]. 北京: 中国科学技术出版社, 2000: 5-6.

[72] 李义庭, 刘芳, 付丽, 等. 以人为本, 推进我国临终关怀事业的发展 [J]. 医学与哲学 (人文社会医学版), 2006 (12): 39-40.

[73] 李翌萱. 积极老龄化视域下中国老年人经济活动参与研究 [J]. 兰州学刊, 2016 (05): 156-163.

[74] 廖芮, 张开宁, 王华平, 等. 我国健康老龄化背景下的医养结合: 基本理念、服务模式与实践难题 [J]. 中国全科医学, 2017, 20 (03): 270-277.

[75] 列宁. 俄国社会民主工党第六次"布拉格"全国代表会议 [M] //列宁全集 (第十七卷), 中央编译局译, 北京: 人民出版社, 1959: 449.

[76] 列宁. 关于对杜马的工人的国家保险法案的态度 [M] //列宁全集 (第十七卷), 北京: 人民出版社, 1959: 450.

[77] 林嘉. 中国特色社会保障制度的发展 [J]. 人民论坛, 2009 (22): 43-45.

[78] 林闽钢. 现代西方社会福利思想——流派与名家 [M]. 北京: 中国劳动社会保障出版社, 2017.

[79] 林闽钢. 现代家庭养老保障探析 [J]. 人口与社会, 2014, 30 (01): 7-11.

[80] 林闽钢. 以"美好生活"为核心的新时代社会保障论纲 [J]. 内蒙古社会科学, 2019, 40 (03): 30-35.

[81] 林义. 中国多层次养老保险的制度创新与路径优化 [J]. 社会保障评论,

2017（03）：29－42.

［82］刘博，芦恒．医务社会工作介入老年临终关怀的伦理困境及重塑路径［J］．华东理工大学学报（社会科学版），2019，34（01）：65－73.

［83］刘冬梅．德国老年福利制度研究［J］．社会政策研究，2018（02）：31－46.

［84］刘芳，欧阳令南．养老保险制度理论的分析［J］．上海经济研究，2002（08）：45－50.

［85］刘凤芹．农地制度与农业经济组织［D］．东北财经大学，2003.

［86］刘海宁．美国养老金制度改革——权变而非颠覆［J］．老龄科学研究，2016（02）：69－80.

［87］刘岚，陈功，郑晓瑛．我国社会化养老机构未来发展策略［J］．中国老年学杂志，2008（04）：412－414.

［88］刘茂山．保险经济学［M］．天津：南开大学出版社，2000.

［89］刘清发，孙瑞玲．嵌入性视角下的医养结合养老模式初探［J］．西北人口，2014，35（06）：94－97.

［90］刘述．积极老龄化视角下我国香港老年人数字融入路径研究［J］．中国远程教育，2021（03）：67－75.

［91］刘颂．积极老龄化框架下老年社会参与的难点及对策［J］．南京人口管理干部学院学报，2006（04）：5－9.

［92］刘涛．德国社会救助制度改革对我国低保制度的启示［J］．社会保障研究，2011（02）：158－170.

［93］刘威．从分立实践到嵌合共生——中国社会工作与公益慈善的理想关系模式建构［J］．学习与探索，2018（11）：51－58.

［94］刘秀红．南京国民政府时期劳工社会保障制度的现代化——以工业劳动者为考察中心（1927—1937）［J］．临沂大学学报，2011，33（05）：85－90.

［95］刘雪莲．中华孝文化的历史嬗变与时代内涵［J］．湖北工程学院学报，2015（05）：29－31.

［96］刘一伟．互补还是替代："社会养老"与"家庭养老"——基于城乡差异的分析视角［J］．公共管理学报，2016，13（4）：77－88.

［97］刘永祥．近代中国孝道文化研究［D］．山东师范大学，2009.

［98］刘远．以人权为基础的老年人社会参与：理念更新和行动方案［J］．人权，2022（06）：135－154.

［99］刘泽琳，孙立新．德国老年教育进展及其对我国的启示［J］．老龄科学研究，2019，7（11）：70－80.

［100］卢敏，彭希哲．基于期望余寿理论的老年定义新思考与中国人口态势重新测算［J］．人口学刊，2018，40（04）：5－18.

[101] 陆杰华，伍海诚．老龄化背景下中国特色临终关怀体系建构的若干思考[J]．新视野，2017（01）：74－80.

[102] 陆宇晗．我国安宁疗护的现状及发展方向[J]．中华护理杂志，2017，52（06）：659－664.

[103] 吕红平．农村家庭养老的家庭文化构建研究[J]．福建行政学院学报，2019（02）：95－101.

[104] 吕学静．日本社会救助制度的最新改革及对中国的启示[J]．苏州大学学报（哲学社会科学版），2016，37（03）：45－50.

[105] 马凯旋，侯风云．美国养老保险制度演进及其启示[J]．山东大学学报（哲学社会科学版），2014（03）：88－95.

[106] 马克思．哥达纲领批判[M]//中央编译局译，马克思恩格斯全集（第十九卷），北京：人民出版社，1963.

[107] 马克思恩格斯全集：第2卷[M]．北京：人民出版社，1957：567－568.

[108] 马克思恩格斯全集：第4卷[M]．北京：人民出版社，1958：471.

[109] 马克思恩格斯全集：第24卷[M]．北京：人民出版社，1972：198.

[110] 马克思恩格斯全集：第31卷[M]．北京：人民出版社，1998：104.

[111] 马葵．我国商业养老保险的发展现状与未来展望[M]//王延中，单大圣，龙玉其．社会保障绿皮书：中国社会保障发展报告（2019）．北京：社会科学文献出版社，2019：104－133.

[112] 毛泽东选集（第1卷）[M]．北京：人民出版社，1951.

[113] 毛泽东选集（第2卷）[M]．北京：人民出版社，1991：534.

[114] 梅陈玉婵，等．老有所为在全球的发展——实证、实践与实策[M]．北京：北京大学出版社，2012.

[115] 蒙柳晓．英国《1908年养老金法案》研究[D]．陕西师范大学，2015.

[116] 孟凡新，孙瑾．英国养老机构市场化实践对中国养老机构公建民营改革的启示[J]．中国老年学杂志，2023，43（06）：1515－1519.

[117] 苗青．助力共同富裕的第三次分配：作用、掣肘与重点举措[J]．社会保障评论，2022，6（05）：90－101.

[118] 民政部政策研究中心．境外养老服务准入的做法及其启示[J]．社会福利，2012（3）：3. DOI：10.3969/j.issn.2095－2414.2012.03.024.

[119] 明起，日本正式进入70岁退休时代[N]．广州日报，2021－03－31.

[120] 穆光宗．美国人的“品质养老”[J]．中国卫生，2013（11）：34－35.

[121] 彭华民，黄叶青．福利多元主义：福利提供从国家到多元部门的转型[J]．南开学报，2006（06）：40－48.

[122] 彭华民．老人福利[M]．天津：南开大学出版社，2002.

［123］［日］平松類．当你老了：老年人行为说明书［M］．北京：企业管理出版社，2019.

［124］彭小兵．公益慈善事业管理［M］．北京：电子工业出版社，2018.

［125］秦梓萌．现代家庭养老保障探析［J］．新西部（理论版），2016（20）：9－10.

［126］屈群苹，许佃兵．论现代孝文化视域下机构养老的构建［J］．南京社会科学，2016（02）：92－97＋106.

［127］屈小博．中国养老保险制度的演变、发展与思考［J］．社会科学管理与评论，2010（03）：57－65＋112.

［128］上海辞书出版社．国学名篇鉴赏辞典［M］．上海：上海辞书出版社，2009.

［129］邵祥东，王海燕．年金改革的理论、实践与案例［M］．北京：中国社会科学出版社，2020：125－169.

［130］社会保障概论编写组．社会保障概论［M］．北京：高等教育出版社，2019.

［131］申靓亮，刘冰冰，赵利梅，等．我国台湾安宁疗护的发展历程及启示［J］．护理管理杂志，2017，17（03）：189－191.

［132］施祖美．老年教育策论［M］．北京：社会科学文献出版社，2011：11.

［133］石国亮．国外政府与非营利组织合作的新形式——基于英国、加拿大、澳大利亚三国实践创新的分析与展望［J］．四川师范大学学报（社会科学版），2012（03）：19－29.

［134］史蒂芬·格罗斯．德国的社会公共服务体制及改革［J］．中国机构改革与管理，2014（Z1）：17－21.

［135］史寒冰．社会保险与大数法则［J］．金融博览，2013（09）：34－35.

［136］世界银行编．防止老龄危机：保护老年人及促进增长的政策［M］．北京：中国财政经济出版社，1996.

［137］宋全成，崔瑞宁．人口高速老龄化的理论应对——从健康老龄化到积极老龄化［J］．山东社会科学，2013（04）：36－41.

［138］宋全成，温欣．论积极的健康老龄化的政策框架与行动方略［J］．中州学刊，2022（08）：69－78.

［139］孙奔，江达．从“常回家看看”入法论我国公民家庭道德建设［J］．江苏师范大学学报（教育科学版），2013，4（S2）：91－93.

［140］孙建勇．企业年金管理指引［M］．北京：中国财政经济出版社，2004.

［141］孙祁祥等，译．人寿与健康保险［M］．北京：经济科学出版社，2003.

［142］孙小雁．中国城乡老年人收入：个人、家庭和政府的作用［D］．上海社会科学院，2021.

［143］孙中山全集（第2卷）［M］．北京：中华书局，1982：623.

［144］谭有模．基于社会支持理论视角的养老服务研究综述［J］．中小企业管理

与科技（上旬刊），2021（09）：167－169.

［145］唐敏，张春焰，吴海波．医养结合型养老服务模式比较研究［J］．卫生经济研究，2018（02）：60－63.

［146］陶立群．中国老年人社会福利［M］．北京：中国社会出版社，2002.

［147］陶玉莹．从社会工作视角探索我国公益慈善的专业化发展［J］．青少年研究与实践，2021，36（01）：63－66.

［148］田香兰．日本老年人社会参与现状及对策研究［J］．黑龙江社会科学，2020（01）：86－90＋160.

［149］田毅鹏．新编21世纪社会工作系列教材中国社会福利思想史（第2版）［M］．北京：中国人民大学出版社，2017.

［150］铁木尔高力套．日本介护保险制度初探［J］．政法学刊，2016，33（01）：66－73.

［151］仝佳．日本老年福利保障研究及启示［J］．管理观察，2019（13）：78－79.

［152］汪受宽，金良年．孝经·大学·中庸译注［M］．上海：上海古籍出版社，2012：24.

［153］王朝明．中国农村30年开发式扶贫：政策实践与理论反思［J］．贵州财经学院学报，2008（06）：78－84.

［154］王岱，刘旭，蔺雪芹．发达国家应对人口老龄化的对策及对我国的启示［J］．世界地理研究，2013，22（01）：138－147＋31.

［155］王德文．社区老年人口养老照护现状与发展对策［M］．厦门：厦门大学出版社，2013.

［156］王化楠．德国李斯特养老金计划改革及对我国补充性商业养老保险发展的启示［D］．西南财经大学，2017.

［157］王晶，李鹏飞．社区嵌入式养老服务模式的优势与思考——基于发达地区与欠发达地区养老服务现状的考察［J］．吉林大学社会科学学报，2019，59（06）：133－139＋222.

［158］王莉莉，杨晓奇．我国老龄服务业发展现状、问题及趋势分析［J］．老龄科学研究，2015，3（07）：6－17.

［159］王莉莉．中国老年人社会参与的理论、实证与政策研究综述［J］．人口与发展，2011，17（03）：35－43.

［160］王林．社区居家型家庭养老的困境和出路［J］．广西社会科学，2015（06）：150－155.

［161］王蒙蒙，徐天梦，岳鹏．我国现行安宁疗护的相关政策梳理、挑战与建议［J］．医学与哲学，2020，41（14）：19－22.

［162］王名．中国公益慈善：发展、改革与趋势［J］．中国人大，2016（07）：

40－44.

［163］王浦劬．政治学基础（第2版）［M］．北京：北京大学出版社，1995：207.

［164］王盛，白雨晨．关于发展社区养老模式的研究［J］．科学发展 2014（03）：101－112.

［165］王双怀．唐代孝文化缘何兴盛［J］．人民论坛，2020（04）：142－144.

［166］王潼宇，邸玲．居家养老模式下的养老设施设计研究［J］．四川水泥，2017（04）：113.

［167］王星明．西方主要国家临终关怀的特点及启示［J］．医学与哲学（A），2014，35（01）：40－42.

［168］王彦龙．中国共产党社会保障思想与实践研究［M］．北京：中国社会科学出版社，2020：22.

［169］王媛媛．上海社会保障绿皮书：上海社会保障改革与发展报告（2023）［M］．北京：社会科学文献出版社，2023：94－107.

［170］王云斌．福利需要视角：中国特色社会主义福利制度改革与创新［J］．社会福利（理论版），2021（03）：3－10.

［171］威廉·G. 盖尔，约翰·B. 肖文，马克·J. 沃肖斯基．改革中的美国养老金制度趋势、效果以及改革建议［M］．梁莹，译，北京：北京大学出版社，2013.

［172］温来成，贺志强，张偲．我国第三支柱养老保险税收政策完善研究［J］．税务研究，2021（12）：16－22.

［173］吴洁．儒家孝道思想视角下现代家庭养老对策研究［J］．邢台学院学报，2020，35（04）：9－14.

［174］吴香雪．福利供给责任与福利契约践行问题研究［J］．社会保障研究，2018（01）：87－95.

［175］习近平．高举中国特色社会主义伟大旗帜　为全面建设社会主义现代化国家而团结奋斗——在中国共产党第二十次全国代表大会上的报告［J］．中国人大，2022（21）：6－21.

［176］习近平．决胜全面建成小康社会夺取新时代中国特色社会主义伟大胜利［M］．北京：人民出版社，2017.

［177］习近平谈治国理政［M］．北京：外文出版社，2014.

［178］习近平谈治国理政（第四卷）［M］．北京：外文出版社，2022：66.

［179］夏学銮．新“24孝”的社会视角审视［J］．人民论坛，2012（S1）：74－75.

［180］小川全夫，桂世勋，陈晓娴．关于终身参与社会意识的中日比较研究——日本山口县与中国上海市嘉定区的调查数据分析［J］．华东师范大学学报（哲学社会科学版），2006（05）：15－19.

［181］肖金明．老年人社会救助制度研究［M］．济南：山东大学出版社，2015.

[182] 谢贵安．古代的致仕制度与官员的退休生活［J］．人民论坛，2023（10）：110－112.

[183] 谢立黎，汪斌．积极老龄化视野下中国老年人社会参与模式及影响因素［J］．人口研究．2019（03）：17－30.

[184] 谢琼．死得其安：临终关怀服务体系的构建与完善［J］．中国行政管理，2019（12）：28－32.

[185] 谢无量．谢无量文集（第二卷）［M］．北京：中国人民大学出版社，2001：119.

[186] 新帕尔格雷夫．经济学大辞典（中译本第三卷）［M］．北京：经济科学出版社，1992：194.

[187] 徐珺玉．郑观应的社会福利思想探析［J］．贵州师范大学学报（社会科学版），2019，220（05）：42－47.

[188] 许瑞媛，马丽华．赋权增能：美国老年教育促进老年人社会参与的策略探究［J］．职教论坛，2021，37（08）：137－146.

[189] 严雪雁，谢金晶．增权视角下孝文化与社区养老的联动审视［J］．湖北工程学院学报，2020，40（02）：15－22.

[190] 杨冬玲．基于需求与供给视角下机构养老发展问题研究［J］．法制与社会，2020（16）：127－128.

[191] 杨立雄．老年福利制度研究［M］．北京：人民出版社，2013.

[192] 杨懋春．中国的家族主义与国民性格［M］//李亦圆，杨国枢．中国人的性格．台北：桂冠图书股份有限公司，1988.

[193] 杨孟著．养老保障“组合拳”意在优化“三支柱”结构［N］．证券时报，2019－07－16（A03）.

[194] 杨茜．中国老年人口健康和社会参与的相关关系研究［D］．西南财经大学，2020.

[195] 杨思斌．社会救助权的法律定位及其实现［J］．社会科学辑刊，2008（01）：46－51.

[196] 杨团．中国长期照护的政策选择［J］．中国社会科学，2016（04）：87－110.

[197] 姚玲珍．德国社会保障制度［M］．上海：上海人民出版社，2011.

[198] 姚学丽，李明刚．中国城市贫困老年人问题［J］．乐山师范学院学报，2004（09）：134－137.

[199] 伊焕英，郭洪花，张彩虹．居家养老服务的研究现状［J］．海南医学，2017，28（12）：2001－2004.

[200] 永和良之助，坂本勉，福富昌城．高龄者福祉论［M］．京都：ミネルヴァ

書房，2009.

［201］于洪．外国养老保障制度［M］．上海：上海财经大学出版社，2005.

［202］于骁骁．美国政府购买居家养老服务的经验［J］．中国政府采购报，2015，8（12）：4.

［203］余桔云．养老保险理论与政策［M］．上海：复旦大学出版社，2019：31.

［204］余桔云．养老保险：理论与政策［M］．上海：复旦大学出版社，2021.

［205］余桔云．中新两国家庭赡养法律的比较研究——基于多元协同治理的视角［J］．国外社会科学，2017（03）：136－144.

［206］俞可．论德国“大学向老年人开放”运动［J］．复旦教育论坛，2013，11（02）：18－24.

［207］袁景．传统养老文化视角下中国特色养老体系构建研究［J］．广西社会科学，2016（10）：159－161.

［208］袁鹰．我国现行最低生活保障法律制度浅探［J］．山西广播电视大学学报，2005（01）：101－103.

［209］岳瑛．教育学视阈中的老年教育［M］．武汉：湖北科学技术出版社，2012：113.

［210］查昌国．西周“孝”义初探［J］．中国史研究，1993（02）.

［211］詹石窗．文昌信仰与孝道传播及其社会治疗［M］．梓潼县文广新旅局编，2016：23.

［212］张斌．安宁疗护的概念、对象与要求——台湾的安宁疗护介绍之一［J］．医学与哲学，2004（11）：79－80.

［213］张登利．中国居家养老服务的支持性政策研究［D］．华中科技大学，2020.

［214］张剑，赵宝爱，社会福利思想［M］．济南：山东人民出版社，2014.

［215］张杰，王盟，杨颖华，等．我国老年护理院出入院评估机制探索［J］．上海预防医学，2015，27（09）：554－557.

［216］张恺悌，郭平方志，等．美国养老［M］．北京：中国社会出版社，2010.

［217］张恺悌，段成荣，梁宏．老年人的社会活动和思想政治状况［M］//中国城乡老年人口状况一次性抽样调查数据分析．北京：中国标准出版社，2003.

［218］张良文，曾雁冰，王丽霞，等．基于 Andersen 模型的“医养结合”型机构养老需求的影响因素研究［J］．中国卫生统计，2019，36（03）：339－343.

［219］张林广．中国特色养老保障制度的改革与发展［J］．中国社会保障，2017（09）：88.

［220］［美］詹姆斯·H. 舒尔茨．老龄化经济学［M］．北京：社会科学文献出版社，2010.

［221］张强，杨宜勇．商业养老保险参与的影响因素分析［J］．华中农业大学学

报（社会科学版），2017（05）：138－143＋150.

［222］张祥云．国外居家养老方式的经验与启示——以美国、芬兰、瑞典、日本为例［J］．特区经济，2013（10）：49－50.

［223］张萱．日本护理救助制度的介绍与分析［J］．东南亚纵横，2009（06）：84－86.

［224］张雪．国外居家养老模式的经验与启示［J］．当代经济，2017（15）：48－49.

［225］张岩松．养老服务业发展与个案研究［M］．北京：清华大学出版社，2015.

［226］张燕，王志中．我国社会工作与公益慈善关系研究［J］．劳动保障世界，2019（27）：66－68.

［227］张原．老龄化背景下的商业养老保险：兼论银行业支持养老保险第三支柱建设［M］．北京：光明日报出版社，2022.

［228］张云野，刘婉华．职业年金制度研究［M］．北京：清华大学出版社，2014：1－2.

［229］张再云．主动选择还是被动调适：资源视角下的城市机构养老研究［M］．武汉：华中科技大学出版社，2020.

［230］张志敏．“中国内地及香港迈进九十年代的社会福利发展”研讨会在京召开［J］．社会学研究，1991（02）：87.

［231］江立华，袁校卫．生命历程理论的知识传统与话语体系［J］．科学社会主义，2014（03）：46－50.

［232］章高荣．中国慈善会系统发展历程、基本问题与功能定位［J］．社会保障评论，2022，6（05）：119－133.

［233］赵立新．英国养老保障制度［J］．中国人大，2018（21）：51－54.

［234］赵小兰，孟艳春．社区“嵌入式”养老服务模式：优势、困境与出路［J］．河北大学学报（哲学社会科学版），2019，44（04）：89－95.

［235］赵晓芳．健康老龄化背景下“医养结合”养老服务模式研究［J］．兰州学刊，2014（09）：129－136.

［236］郑秉文．新时代慈善十大热点［M］．北京：社会科学文献出版社，2018.

［237］郑秉文．第三支柱商业养老保险顶层设计：税收的作用及其深远意义［J］．中国人民大学学报，2016，30（01）：2－11.

［238］郑功成．社会保障学［M］．北京：中央广播电视大学出版社，2004.

［239］郑功成．当代中国慈善事业［M］．北京：人民出版社，2010：1.

［240］郑功成．社会保障学——理念、制度、实践与思辨［M］．北京：北京商务印书馆，2000.

［241］郑功成．中国社会保障改革与发展战略［M］．北京：北京人民出版社，2011.

［242］中国养老金融50人论坛，中国养老金融发展报告（2018）［M］．北京：社会科学文献出版社，2018：47.

［243］中华人民共和国民政部．中国民政统计年鉴2009［M］．北京：中国统计出版社，2009.

［244］钟仁耀．社会救助与社会福利［M］．上海：上海财经大学出版社，2019.

［245］钟涨宝．中国农村社会养老保障问题研究［M］．北京：中国社会科学出版社，2017：29.

［246］钟振亚．基于老年人生理与行为特征的无障碍家居设计研究［D］．南京林业大学，2016.

［247］周爱民，姜耀辉．中国养老保障制度的改革与发展［M］．北京：经济科学出版社，2018：20.

［248］周丹丹，周弘，马路遥．日本非营利组织参与社区居家养老对我国的启示［J］．管理观察，2013（17）：6－7.

［249］周峰，计志宏．新型孝文化特征及构建［J］．人民论坛，2012（02）：130－131.

［250］周华林，李玉芳，郭金龙．我国个税递延型商业养老保险与专属商业养老保险的比较分析［J］．保险职业学院学报，2022，36（06）：5－12.

［251］周秋光．现代中国社会保障制度与慈善事业70年发展进程及其思考［J］．中南大学学报（社会科学版），2020，269（06）：150－162.

［252］周秋光．中华慈善的传承与转型发展［J］．经济社会史评论，2016（01）：85－95＋127－128.

［253］周湘莲．居家养老服务民营化中政府责任的缺失及其治理［J］．湘潭大学学报（哲学社会科学版），2013.

［254］朱健刚．论社会工作与公益慈善的合流［J］．社会科学辑刊，2016（04）：55－60.

［255］左凌英．让人眼红的新西兰养老［J］．沪港经济，2015（09）：71.

［256］Alecxih L M B. Long－term Care：Knowing the Risk，Paying the Price［M］. Health Insurance Association of America，1997：49－50.

［257］An International Definition for "Nursing Home"［J］. Journal of the American Medical Directors Association，2015，16（3）：181－184.

［258］Castle N G，Ferguson J C. What Is Nursing Home Quality and How Is It Measured?［J］. Gerontologist，2010，50（4）：426－442.

［259］Department of Health，Department for Communities and Local Government，2017－19 Integration and Better Care Fund［R］. 2017：3.

［260］Department of housing，communities and local government. Improved Better Care

Fund (iBCF): Quarterly and year - end reporting 2018 - 19 [R]. 2019, 10.

[261] Experience Workers. Senior Community Service Employment Program (SCSEP) [EB/OL]. [2020 - 07 - 15].

[262] Glendinning C. Home care in England: markets in the context of under - funding [J]. Health & Social Care in the Community, 2012: 292 - 299.

[263] Indsen, B. &Formosa, M. Lifelong Learning in Later Life: A Handbook on Older Adult Learning [M]. Sense Publishers, Rotterdam, 2012: 57 - 58.

[264] Manheimer, R. J. The Promise and Politics of Older Adult Education [J]. Research on Aging, 1998, 20 (4): 391 - 414.

[265] Mason, Andrew, and Ronald Lee. Intergenerational transfers and the older population. In Future Directions for the Demography of Aging: Proceedings of a Workshop, Mark D. Hayward and Malay K. Majmundar, eds. Washington, DC [R]. National Academies Press, 2018.

[266] Merton. Robert C. On the Role of Social Security as a Means for Efficient Risk Sharing in an Economy Where Human Capital is not Tradable [M]. In Financial Aspects of the United States Pension System. ed, ZviBodie and John B. Shoven. Chicago; University of Chicago Press, 1983: 325 - 358.

[267] Notter J, Spijker T, Stomp K. Taking the community into the home [J]. Health & Social Care in the Community, 2004: 448 - 453.

[268] OECD, Pensions at a Glance 2017: OECD and G20 Indicators [R]. OECD Publishing, Paris, 2017.

[269] Peter S. Heller. Is Asia Prepared for an Aging Population [J]. International Monetary Fund, 2006: 14.

[270] Richard Jackson, Rebecca Strauss & Neil Howe. Latin America's Aging Challenge - Demographics and Retirement Policy in Brazil, Chile, and Mexico [J]. CSIS, 2009: 31 - 32.

[271] Schultz E. The Long - Term Care System for the Elderly in Germany [R]. Enepri Research Report, 2010: 2.

[272] Ware T, Matosevic T, Hardy B, et al. Commissioning care services for older people in England: the view from care managers, users and carers [J]. Ageing & Society, 2003: 411 - 428.

[273] World Social Report 2023: Leaving No One Behind in An Ageing World [R]. United Nations, 2023.

后　记

我国正处于由快速老龄化向深度老龄化社会转变的历史阶段，党的二十大报告提出，实施积极应对人口老龄化国家战略，发展养老事业和养老产业，优化孤寡老人服务，推动实现全体老年人享有基本养老服务。正如中国社会保障学会会长郑功成所言：养老保障制度是解决人口老龄化的定海神针，其担负着实现我国老年人老有所养、老有所医、老有所为、老有所学、老有所乐的重要使命。

本书作为国内第一本全面和系统地介绍我国养老保障制度体系的教材，有以下3个创新点：首先是把养老保险和养老服务结合在一起进行研究，突出养老保障不仅是养老资金的筹集，同时还需要供需匹配，不能有钱却买不到服务。其次是做到每一部分都介绍了国外的做法和经验启示。最后是突出思政教育和新文科教学改革的“两性一度”要求。在案例教学和思考训练方面，注重提升学生利用所学所悟来解决现实中的复杂问题，突出高阶性、创新性和挑战度。

全书编写由云南财经大学劳动与社会保障专业教研室教师及研究生们共同完成，具体分工为：导言、第一章、第二章、第五章、第十五章由陈龙、何顺群、高珊、徐银丽、房晓霖、周莉力、李暄婷、陈迪飞、马培蓓、叶港、胡桥福编写；第八章、第十一章、第十二章、第十三章、第十四章由木薇、郭晨、柯雅萍、阿以朦、黄腾编写；第三章、第四章、第七章由阮翔编写；第九章、第十章由马克继、江永莎、谭雯文编写；第六章由范永娴、王培源编写。本书文责自负，欢迎读者批评指正，促进书稿质量不断提高。

编　者（chenlong@ynufe. edu. cn）

2025年1月12日